D1730058

Hans Steuerwald · Der Untergang von Atlantis

Printed in Germany

ISBN 3-88961-000-5

Hans Steuerwald

Der Untergang von Atlantis

– das Ende einer Legende

Mit 3 Karten, 3 Zeichnungen
und 7 einfarbigen Abbbildungen

Kulturbuch-Verlag Berlin · 1983

Inhalt

Vorwort

Seit vielen Jahrhunderten liefert die dramatische Erzählung von der an einem Tag und in einer Nacht vom Meer verschlungenen Insel Atlantis den Wissenschaftlern, Laienforschern, Schriftstellern und Künstlern schier unerschöpflichen Stoff. Angeblich sollen mehr als 20 000 Bücher, Aufsätze und Artikel, davon allein 7 000 Bücher, in den verschiedensten Sprachen über Atlantis verfaßt worden sein. Über jene geheimnisvolle Insel, auf der sich die Hauptstadt eines ungewöhnlich reichen, kulturell hochstehenden Volkes befand, das in geradezu paradiesischer Vollkommenheit lebte.

Trotz der Fülle der über dieses faszinierende Thema geschriebenen Werke ist das Rätsel, ob es diese untergegangene Insel überhaupt gegeben und wenn ja, wo sie gelegen hat, bis heute ungelöst. So groß der Aufwand der Forscher an Fleiß und Scharfsinn, so klein ist der Erfolg. Denn in einem Punkt ist sich die Wissenschaft einig: keine der vielen im Laufe der Jahrhunderte bis in die jüngste Zeit vorgetragenen Thesen und Lokalisationen kann als richtig anerkannt werden. Keine ist bewiesen, nur sehr wenige sind wahrscheinlich, die meisten unwahrscheinlich, viele unmöglich.

Eine bedauerliche Folge dieser fortwährenden vergeblichen Lösungsversuche war, daß das Thema Atlantis sogar zu einem Experimentierfeld für Phantasten und Fanatiker wurde. So glaubten manche Autoren, des Rätsels Lösung im Übernatürlichen, Mystischen suchen zu müssen, was zur Aufstellung der merkwürdigsten, zum Teil sogar absurden Hypothesen führte, die zwar nicht die Lösung des Problems förderten, aber kommerziellen Gewinn brachten. Mit Recht hat sich die Wissenschaft gegen diese unsinnigen Thesen gewehrt, aber leider beschränken sich – von wenigen Ausnahmen abgesehen – die Fachwissenschaftler darauf, die vorgebrachten Thesen zu kritisieren, ohne eigene Theorien aufzustellen. Es gilt beinahe als wissenschaftlich bedenklich, sich ernstlich mit dem Thema Atlantis zu befassen. Daher ist es kein Wunder, daß die meisten „Lösungen" von Laienforschern stammen und die Zahl der Mißerfolge so groß ist.

Auf der anderen Seite macht die endlose Kette der vergeblichen Lösungsversuche stutzig. Ist das Problem vielleicht doch unlösbar? Das ist nur scheinbar der Fall. Studiert man nämlich die ernst zu nehmenden Lösungsvorschläge, dann zeigt sich, daß der Mißerfolg zumeist gewissermaßen „vorprogrammiert" ist. Er hat – so unglaublich das klingen mag – zum überwiegenden Teil seine Ursache in der ungenügenden, bisweilen voreingenommenen Beachtung der überlieferten Quellen, den solon-platonschen Atlantis-Berichten. Man vermißt – trotz häufig anderslautender Beteuerungen – den konsequenten Willen, diese Berichte in allen Punkten ernst zu nehmen. Das sollte man jedoch tun, und es wird sich zeigen, daß ein Lokalisierungsversuch keineswegs erfolglos sein muß.

Mancher Leser mag vielleicht fragen, ob der geistige Aufwand lohnt, der mit der Suche nach der Lösung des Rätsels Atlantis verbunden ist. Ginge es nur um die zwar reizvolle, aber im Grunde wenig fruchtbare Aufgabe, eine in grauer Vorzeit versunkene Insel aufzuspüren, so würde er sich in der Tat nicht lohnen. Es geht jedoch um mehr. Sollte es nämlich gelingen, dieses Rätsel zu lösen, dann wäre damit gleichzeitig der Beweis erbracht, daß die überlieferten Atlantis-Berichte eine Geschichtsquelle von unschätzbarem Wert sind. Der Fall ist vergleichbar mit der „Odyssee" Homers. Die Auffindung der einzelnen Irrfahrtsstationen des Odysseus ist nicht bloß ein amüsantes Spiel, sondern sie beweist zugleich, daß es sich bei diesem Epos nicht lediglich um ein gelungenes Werk dichterischer Fabulierkunst, sondern um eine in künstlerische Form gebrachte Erzählung mit Wirklichkeitsgehalt handelt, die in unvergleichlicher Weise der Wissenschaft Aufschluß gibt über Land und Leute der Frühantike.

Ebenso liegt es im Falle Atlantis. Könnte durch die Auffindung von Atlantis die Historizität der Berichte von Solon und Platon erwiesen werden, dann besäßen wir in den Atlantis-Erzählungen eine wissenschaftliche Quelle von hervorragender Bedeutung. Wir könnten damit eine Vielzahl bisher unbeantworteter Fragen der antiken Welt klären, Fragen, die nicht bloß die griechische und ägyptische Geschichte betreffen, sondern auch die ebenso schwierige wie wichtige Frage nach einem der damals bedeutendsten Völker der Erde, dem Volk der Megalither. Es gibt also eine Fülle von wissenschaftlichen Gründen, die eine mühselige Suche nach dem geheimnisvollen Atlantis rechtfertigt.

Berlin-Zehlendorf,
im Sommer 1982

Hans Steuerwald

1. Kapitel
Die grundlegenden Fragen über Atlantis

Der Wahrheitsgehalt

Die faszinierende Erzählung vom plötzlichen Untergang einer reich gesegneten Insel, von der aus treffliche Könige ein mächtiges Staatswesen in mustergültiger Weise regierten und viele andere Länder beherrschten, diese Geschichte von der durch eine Naturkatastrophe mit ihrer ganzen Bevölkerung versunkenen Insel Atlantis ist allein in zwei Schriften eines griechischen Philosophen, Staatsmannes und Schriftstellers aus dem 5. Jahrhundert vor der Zeitenwende überliefert. Es ist der Athener P l a t o n , der von 427 bis 347 v. Chr. lebte und in zwei seiner Bücher, dem „Timaios" und dem „Kritias", von Atlantis und seinem Untergang berichtet. Bei diesen Werken, die der bedeutende Grieche in hohem Lebensalter schrieb, handelt es sich um fingierte philosophische Streitgespräche. In diese Dialoge eingefügt ist die Erzählung von Atlantis, die im „Timaios" nur kurz, im „Kritias" eingehend, aber leider unvollendet gebracht wird.+)

Das Material für seine Erzählung erhielt P l a t o n nach seinen Angaben von einem Mitschüler seines Lehrers S o k r a t e s , von dem jüngeren K r i t i a s . Als kleiner Junge hatte dieser die Geschichte von seinem damals 90 jährigen Großvater K r i t i a s , dem Älteren, erfahren. Dieser wiederum hatte sie von S o l o n erhalten, mit dem der Vater des älteren K r i t i a s mit Namen D r o p i d e s verwandt und befreundet war. Auch die schriftlichen Aufzeichnungen, die S o l o n über Atlantis besaß, erhielt der ältere K r i t i a s und gab sie an seinen Enkel weiter.

+) Da beide Berichte von demselben Verfasser stammen, ist der Einfachheit halber in diesem Buch regelmäßig nur von e i n e m Atlantis-Bericht die Rede.

Dieser Solon, auf den also letztlich die Atlantis-Erzählung zurückgeht, ist kein Geringerer als der bekannte griechische Staatsmann und Philosoph, den man den „weisesten unter den sieben Weisen Griechenlands" nannte und dessen Lebensdaten zwischen 640 und 560 v. Chr. liegen. Er will den Atlantis-Bericht aus einer ägyptischen Quelle haben. Als er während einer längeren Auslandsreise zwischen 570 und 560 v. Chr. auch in Ägypten weilte, sollen ihm Priester der unterägyptischen Stadt Saïs, die enge religiöse und kulturelle Beziehungen zu Athen hatte, die Geschichte von Atlantis erzählt haben. Die saïtischen Gottesmänner hätten wiederholt die geschichtliche Wahrheit ihrer Angaben betont und sich dabei auf alte ägyptische Tempelaufzeichnungen und Papyrustexte berufen. Da Solon bereits ein Jahr nach seiner Rückkehr in Athen starb, kam er selbst nicht mehr dazu, an Hand der mitgebrachten Aufzeichnungen das geplante Werk über Atlantis zu schreiben.

Hiernach hat also die Erzählung von Atlantis den Verfasser Platon erst auf – allerdings bekannten – Umwegen erreicht. Wie immer, wenn ein kulturgeschichtliches Rätsel sich zunächst der Lösung verschließt, gibt es vermeintlich kritische Stimmen, die selbst schriftliche Unterlagen und Fakten als Märchen, ja sogar als Fälschungen und Lügen bezeichnen. Das gilt auch für den Atlantis-Bericht. Gewiß sind, besonders wenn es sich um vorgeschichtliche Dinge handelt, Zweifel, Bedenken und Zurückhaltung geboten. Man sollte sich jedoch hüten, zuviel mit den Argumenten des Märchens, der Fälschung oder der Lüge zu arbeiten, besonders dann, wenn man selbst diese Anwürfe nicht beweisen kann. Eine solche nur scheinbar kritische Argumentation hat schon oft der Wissenschaft empfindlich geschadet, wofür es leider in allen Zeiten zahlreiche Beispiele gibt.

Man denke nur an den phönizischen Kapitän, der im Auftrag des Pharao Necho II. im 6. Jh. v.Chr. vom Roten Meer aus Afrika von Ost nach West umsegelte und durch die Straße von Gibraltar wieder nach Ägypten zurückgelangte. Sein Bericht, er habe während der Fahrt die Sonne zur Rechten gesehen, trug ihm den Vorwurf der Lüge ein, weil damals die Fachgelehrten noch nichts von der Kugelgestalt der Erde wußten. Nicht besser erging es zwei Jahrhunderte später dem großen Forscher und Seefahrer Pytheas aus dem 4. Jh. v. Chr., dem wegweisende Einsichten besonders in den Fragen der Entstehung der Gezeiten, der geographischen Bestimmung eines Ortes und der Veränderlichkeit der Tagesdauer gelungen waren. Bereits seine Feststellung, im äußersten Norden Europas – er war 6 Tagereisen nördlich von Schottland bis „Thule" (Island) und zur Treibeisgrenze gekommen – betrage der Tag nur wenige Stunden, reichte aus, ihn in Fachkreisen als einen „Erzlügner" zu bezeichnen.[1)]

Auch die Neuzeit kennt viele traurige Beispiele zu diesem Thema. Hohn und Spott erntete z. B. im 19. Jahrhundert zeitlebens der Oberlehrer Fuhlrott, als er 1856 den vorgeschichtlichen Menschen, den Neandertaler, fand, den die hervorragendsten Gelehrten jener Zeit für einen gichtkranken Mann der geschichtlichen Epoche erklärten, der mehrere Schädelverletzungen glücklich überstanden hatte. Immerhin dauerte es bis zum Jahre 1886, bis die Fachwissenschaft ihren Irrtum einsah. Einen Fälscher und Betrüger nannten die „kritischen" Wissenschaftler den spanischen Edelmann de Sautuola, der 1879 die herrlichen späteiszeitlichen Höhlenmalereien von Altamira entdeckt hatte. Als die Gelehrten schließlich im Jahre 1901 ihre falsche Ansicht erkannten, war auch hier der Entdecker bereits verstorben. Wie wurde Schliemann von der Fachwelt verlacht und verspottet, als er eine scheinbar absurde Idee verfolgend im Jahre 1870, die „Ilias" des Homer in der Hand, das angeblich bloß legendäre antike Troja gesucht und gefunden hatte. Bei dem anderen Werk Homers, der „Odyssee", liegt es ähnlich. Das mindeste, was sich der griechische Dichter von manchen Kritikern gefallen lassen muß, ist der Angriff, er habe sich in kleinasiatischen Hafenkneipen von pfiffigen Fahrensleuten Seemannsgarn aufschwätzen lassen, doch findet sich auch der Vorwurf der Lüge. Gottlob gibt es heute nur noch sehr wenige Zweifler, die der „Odyssee" einen Wahrheitsgehalt absprechen.[1)]

Auch im Falle Atlantis haben glücklicherweise zahlreiche Forscher inzwischen erkannt, daß Platons Erzählung weder eine Fiktion noch ein Produkt dichterischer Fabulierkunst noch eine

Lügengeschichte ist, sondern ein zwar in der Form sehr ansprechender, aber sachlich fundierter Tatsachenbericht. Die Skepsis vieler Wissenschaftler betrifft heute weniger den Wahrheitsgehalt der Erzählung als die Richtigkeit der zahlreichen „Lösungen" des Atlantisproblems. Und das zu Recht.[2)]

Bereits die Integrität der Gewährsmänner spricht für einen ernst zu nehmenden Tatsachenbericht. Das gilt nicht bloß für die saïtischen Priester sondern vor allem für S o l o n und P l a t o n . Beide waren bedeutende Politiker, hochgeachtete Schriftsteller und ehrenwerte Bürger ihres Landes. S o l o n war bekanntlich der erste griechische Staatsmann, der seinen athenischen Mitbürgern demokratische Gesetze gab. P l a t o n war nicht nur hochgebildet und untadelig, er war auch ein bedeutender Philosoph. Beide sind Persönlichkeiten, die Anspruch auf Glaubwürdigkeit erheben dürfen, trotz mancherlei Angriffe in dieser Richtung. Es ist bezeichnend, daß es bis heute den „Zweiflern" nicht gelungen ist, die Unglaubwürdigkeit der beiden Männer zu beweisen. Nicht minder sind die zahlreichen Bemühungen bislang erfolglos geblieben, in der Atlantis-Erzählung lediglich einen Mythos oder eine Legende zu sehen. Wäre nur ein Teil des Aufwandes, der für den Nachweis der angeblichen Unglaubwürdigkeit unserer Gewährsmänner oder des mythischen oder legendären Gehalts der Atlantis-Geschichte getrieben wurde, zur Lösung des Rätsels verwendet worden, dann hätte man Atlantis wahrscheinlich längst gefunden. Wenn P l a t o n an vier Stellen seines Berichts immer wieder beteuert, es handele sich bei seiner auf den ersten Blick phantastisch und unglaubhaft anmutenden Erzählung um eine wahre Geschichte, so sollten wir ihm Glauben schenken, anstatt diese Beteuerungen für einen schriftstellerischen „Trick" zu erklären, der lediglich dazu diene, die Wirkung der Erzählung zu erhöhen.[3)]

Übrigens erfährt der Atlantis-Bericht eine, wenn auch späte, Bestätigung durch den griechischen Schriftsteller P r o k l o s (410 bis 485 n. Chr.). Er schreibt von dem ersten Platon-Kommentator K r a n t o r aus Soloi, der von 330 bis 275 v. Chr. lebte, ihm hätten bei einem Besuch in Ägypten die Priester von Saïs ebenfalls die Aufzeichnungen über die Atlantis-Geschichte gezeigt, so daß er sich von der Richtigkeit der Darstellung Platons selbst habe überzeugen können.[4)]

Vor allem aber ist es die Fülle kennzeichnender Details, die für den Wahrheitsgehalt der Atlantis-Erzählung spricht. Eine solche Vielzahl von charakteristischen Einzelheiten kann niemand, auch kein noch so phantasiebegabter Dichter „erfinden". Wie immer ist der beste Beweis für die „Echtheit" eines Berichtes die Auffindung seiner Entsprechung in der Realität. Daß diese Entsprechung bei Atlantis bisher nicht gefunden wurde, ist allerdings kein Beweis für die Unmöglichkeit sondern bloß für die Ergebnislosigkeit der Suche, denn das der Forschung zur Verfügung stehende Material ist so vielversprechend, daß eine Lösung des Rätsels möglich sein muß.

Verwirrt durch die Vielzahl der vergeblichen Anläufe wird mancher Leser erstaunt fragen, ob hier tatsächlich ein neuer Versuch unternommen werden soll, die Angaben Platons in der Wirklichkeit nachzuweisen. Ja! Und zwar an Hand der neuesten Erkenntnisse aller beteiligten Wissenschaften, von der Archäologie und Historie bis zur Botanik, Zoologie und Ethnologie, von der Geographie bis zur Geologie, Klimakunde und Seismologie. Denn die Lösung des Problems ist nicht Sache einer einzelnen wissenschaftlichen Disziplin, sondern nur aus der Gesamtschau aller Forschungsergebnisse der berührten Wissenschaften möglich. Ausgangspunkt unseres Unternehmens aber bleibt die sorgfältige, unvoreingenommene Prüfung der beiden Atlantis-Texte, die am Ende des Buches auszugsweise wiedergegeben werden. Strikte Voraussetzung für ein Gelingen dieses neuerlichen Versuches ist allerdings, daß man die Fakten, die Platon an die Hand gibt, nicht nur wirklich ernst, sondern auch so nimmt, wie er sie gibt, also vollständig, ohne Auslassungen, ohne willkürliche Interpretationen oder „Rektifizierungen". Jedes Wort der Berichte ernst zu nehmen, ist in diesem Fall nicht das Zeichen einer „naiven Buchstabengläubigkeit" oder ein Mangel an wissenschaftlicher Kritik, sondern ein Gebot der Objektivität sowie der Fairneß gegenüber den Gewährsmännern. Es wird sich dann überraschend zeigen, daß die verfügbaren Angaben einen reichen Hintergrund an realen Gegebenheiten offenbaren. Ebenso überrascht wird auch der Leser sein, der da glaubt, eine solche Prüfung sei angesichts der vielen bisherigen Lösungsversuche überflüssig, weil sie selbstverständlich längst vorgenommen worden sei, wenn er erfährt, daß das – so unglaublich das klingen mag – leider nicht der Fall ist! Wen wundert es da, wenn bislang eine Lösung dieses Rätsels nicht gefunden wurde?

Bevor die Textprüfung beginnt – die sich natürlich nur auf die wesentlichen Punkte bezieht und keine den Leser ermüdende akribische Textanalyse sein wird –, eine Überlegung von grundsätzlicher Bedeutung: sie betrifft die

Ursachen der bisherigen Mißerfolge

Nach den vielen, mit großem Scharfsinn und enormem Fleiß von Wissenschaftlern und Amateurforschern der verschiedensten Disziplinen und Nationen unternommenen vergeblichen Lösungsversuchen drängt sich unausweichlich die Frage nach den Ursachen dieser fortwährenden Mißerfolge auf. Am mangelnden Wahrheitsgehalt der Atlantis-Erzählung dürfte es kaum liegen. Alle Hinweise auf Märchen, Legenden, Fiktionen, Utopien udgl. sind im Grunde nur Ausflüchte und Entschuldigungen. Was aber sind die wirklichen Ursachen für die zahlreichen fehlgeschlagenen Lokalisierungsversuche?

Gewiß ist in vielen Fällen die Erfolglosigkeit dadurch sozusagen „vorprogrammiert", daß man den Atlantis-Bericht einfach nicht ernst genommen, ihn „ausgelegt", „richtiggestellt", einzelne entscheidende Angaben unbeachtet gelassen oder falsch verstanden hat. Wir werden im folgenden wiederholt solchen „Verbesserungen" und Mißverständnissen begegnen. Aber diese Fehler sind nicht in allen Fällen gemacht worden; es muß also auch andere Gründe für die Mißerfolge geben. Liegt vielleicht die Ursache der Fehlversuche weniger darin, daß man an der falschen S t e l l e nach Atlantis gesucht, als in dem Umstand, daß man nach dem falschen O b j e k t gefahndet hat? Möglicherweise läßt sich die Fehlerquelle erkennen und die Lösung finden, wenn man sich einmal eingehender mit der grundsätzlichen Frage befaßt: w a s genau suchen wir? Die rasche Antwort auf diese Frage lautet: die untergegangene Insel Atlantis. Aber – und da wird die Schwierigkeit der scheinbar simplen Frage erkennbar –, was ist das eigentlich „die Insel Atlantis", ist es ein Kontinent, eine sehr große Insel oder nur ein kleines Eiland? Man sollte meinen, diese Frage ließe sich leicht und eindeutig beantworten, doch ist das ein grundlegender Irrtum, wie bereits die verschiedenen, teilweise sehr kontroversen Lösungsthesen zeigen.

Da ist zum Beispiel die *Mittelmeer-Theorie,* die gerade in jüngster Zeit von mehreren namhaften Fachwissenschaftlern vertreten wird.[5)] Nach ihr soll das versunkene Atlantis eine relativ *kleine* Insel im mediterranen Raum gewesen sein, was nach dieser These verständlich ist, denn eine größere untergegangene Insel hätte dort keinen Platz. Das Gebiet um die durch schwere Vulkanausbrüche im 15. und 13. Jh. v. Chr. teilweise zerstörte Insel Santorin (Thera) nordöstlich von Kreta und die Insel Kreta selbst als Mittelpunkt der plötzlich erloschenen minoischen Kultur spielen dabei eine wichtige Rolle.

Ganz anderer Ansicht sind dagegen die Verfechter der *Atlantik-Theorie,* die von der Mehrheit der Forscher gutgeheißen wird. Sie suchen Atlantis im Atlantischen Ozean, und die überwiegende Zahl ihrer Vertreter nimmt an, Atlantis sei ein Kontinent, zumindest jedoch eine sehr große Insel gewesen, die auf den Grund des riesigen Atlantik abgesunken sei.[6)]

Unwillkürlich fragt man sich, wie es überhaupt möglich ist, daß die einen Beurteiler von einer kleinen, die anderen von einer Insel größerer Dimensionen ausgehen? Wer hat hier Recht? Die Antwort ist frappierend: keiner von beiden! Nämlich dann nicht, wenn die Verfechter nur ein Entweder – Oder kennen. Die Begründung für diese Antwort und zugleich für die so stark differierenden Auffassungen über die Größe des versunkenen Atlantis liegt darin, daß P l a t o n in seinem Bericht *die Worte „Insel Atlantis" in mehrdeutigem Sinne verwendet!*

Der Begriff „Insel Atlantis"

Im „Timaios" (25 c-d), dort, wo von der Katastrophe von Athen und dem Untergang von Atlantis die Rede ist, heißt es: „Späterhin aber entstanden gewaltige Erdbeben und Überschwemmungen, und es versank während eines schlimmen Tages und in einer schlimmen Nacht das ganze streitbare Geschlecht bei euch [d.i.Athen] scharenweise unter der Erde, und ebenso verschwand die Insel Atlantis, indem sie im Meer unterging". Zuvor steht die Bemerkung (Timaios 24 c): „. . . vor der Mündung, welche ihr in euerer Sprache die Säulen des Herakles heißt, hatte es eine Insel, welche größer war als Asien und Libyen zusammen."

Der vorschnelle Schluß des unbefangenen Lesers lautet, im Verlauf von 24 Stunden sei ein insulärer Landkomplex von gewaltigem Ausmaß im Meer versunken, eben die Insel Atlantis. Das ist dann auch die gängige Auffassung, die uns das grausige, erschütternde Bild malt von einer ungeheueren, verheerenden Flutkatastrophe, die, durch ein Erdbeben ausgelöst, mit einem Schlag eine riesige Insel mit vielen Hunderttausenden von Menschen samt ihren Häusern, ihren Gerätschaften und ihrem Vieh verschlang. Indes: dieses Bild ist falsch! Daß es nicht richtig sein kann, ergeben drei Stellen bei „Kritias".

Die Atlantis-Erzählung berichtet, dem Gott Poseidon sei bei der Verteilung der Erde die „Insel Atlantis" im Loswege zugefallen (Kritias 113 c). Da ihm 10 Zwillingssöhne geboren waren, teilte er sein gesamtes Land unter sie auf.

Deshalb steht im „Kritias" 113 e: „An männlicher Nachkommenschaft aber erzeugte er fünf Zwillingspaare und zog sie auf, zerlegte sodann die ganze Insel Atlantis in zehn Landgebiete und teilte . . .". Der älteste der Söhne mit Namen Atlas erhielt mit dem mütterlichen Wohnsitz und den ringsherum liegenden Gebieten den größten Teil. Dann heißt es weiter (Kritias 114 b): „Dem nachgeborenen Zwillingsbruder ferner, welcher den äußersten Teil der Insel, von den Säulen des Herakles bis zu der Gegend, welche jetzt die gadeirische heißt und von der damals so genannten diese Bezeichnung empfangen hat, als seinen Anteil erhielt, gab er in der Landessprache den Namen „Gadeiros".

Mit diesem „äußersten Teil der Insel" ist nach einhelliger Forscheransicht das südwestliche Gebiet der Pyrenäenhalbinsel an der Atlantikküste gemeint, wo westlich der Straße von Gibraltar in der Antike die Stadt Gadeira lag, das heutige Cadiz oder Cadix. Unbestreitbar ist dieser Teil der Iberischen Halbinsel nie im Meer versunken. Deshalb kann der Begriff „Insel Atlantis" in „Timaios" 25 c-d, wo vom Untergang der Insel Atlantis die Rede ist, *nicht identisch* sein mit der scheinbar selben Bezeichnung „Insel Atlantis" in „Kritias" 113 c, wo gesagt wird, welchen Teil der Erde der Gott Poseidon bei der Verlosung erhielt. *Derselbe Ausdruck* bezeichnet also ganz offensichtlich *verschiedene Gebiete* von erheblich abweichender Größe!

Erkennbar ist der bei „Kritias" 113 c verwendete Begriff „Insel Atlantis" der gebietsmäßig größere, denn er umfaßt das vollständige, später in 10 Teilgebiete aufgegliederte Gesamtreich. Das macht besonders die folgende Stelle bei „Kritias" 113 e deutlich, wo bei der Zerlegung des Gesamtreiches die Bezeichnung „die ganze Insel Atlantis" gebraucht wird. Damit ist klargestellt, daß trotz der Verwendung desselben Ausdrucks mit der untergegangenen „Insel Atlantis" bei „Timaios" 25 c-d *nicht das Gesamtreich Atlantis gemeint sein kann,* da Teile davon heute noch existieren. Eine Feststellung von weittragender Bedeutung!

Keineswegs zur Klärung, eher zur Steigerung der Verwirrung des Lesers, trägt allerdings bei, daß an einer anderen Stelle, nämlich in „Kritias" 114 a gesagt wird, „die ganze Insel und das Meer, welches ja das Atlantische heißt", hätten ihren Namen von dem erstgeborenen König Atlas erhalten. Derselbe Ausdruck „die ganze Insel" findet sich auch in „Timaios" 25 a, wo steht: „Auf dieser Insel Atlantis nun bestand eine große und bewunderungswürdige Königsherrschaft, welche nicht bloß die ganze Insel sondern auch viele andere Inseln und Teile des Festlandes unter ihrer Gewalt hatte".

Hier wird erkennbar, daß die Bezeichnung „die ganze Insel Atlantis" in „Kritias" 113 e eindeutig etwas anderes meint als der in

„Timaios" 25 a verwendete Ausdruck „die ganze Insel". Offensichtlich umfaßt „die ganze Insel Atlantis" einen größeren geographischen Bereich, nämlich außer der „ganzen Insel" noch viele andere Inseln und Teile des Festlandes. „Die ganze Insel" ist also nur ein kleiner Teil der „ganzen Insel Atlantis", womit das atlantische Gesamtreich gemeint ist. Genauer gesagt: „die ganze Insel" ist derjenige Teil des atlantischen Großreiches, der dem Sohn Atlas als Ältestem zugeteilt worden war; es ist das Kernland des gesamten Reiches, von dem es, wie das umliegende Meer, den Namen erhalten hatte. Auch die weitere Stelle in „Kritias" 118 a ergibt, daß mit dem Ausdruck „die ganze Insel" nur die Insel des Königs Atlas angesprochen ist. Denn es heißt hier, nachdem zuvor von der großen Ebene die Rede war,: „Von der ganzen Insel nämlich lag dieser Teil nach der Südseite zu . . .".

Ein weiterer Punkt, der dem uneingeweihten Leser die Anschauung nicht gerade erleichtert, sondern das scheinbare Durcheinander vergrößert, ist folgender: der Bericht spricht selbst dann, wenn er das Kernland des Atlas mit der großen Ebene meint, nicht jedes Mal von der „ganzen Insel", sondern verwendet dafür wiederholt nur den Ausdruck „die Insel". Die Verwendung dieser Kurzform ist bei dem häufigen Gebrauch dieser Bezeichnung zwar verständlich, aber, wie gesagt, geeignet Verwirrung zu stiften.

Um das Maß voll zu machen, findet sich im Atlantis-Bericht der Ausdruck „die Insel" auch dann, wenn lediglich das kleine Eiland gemeint ist, auf dem sich die Geburtsstätte der ersten 10 Könige, der Tempel des Poseidon und die Burg des Königs Atlas befanden (z. B. Kritias 113 d). „Die Insel" war der kulturelle und, da König Atlas zugleich das Amt des obersten Königs innehatte, auch der politische Mittelpunkt des atlantischen Großreiches. Gott Poseidon hatte „die Insel" selbst geschaffen, indem er einen Berg auf der „ganzen Insel" in der Nähe der Küste mit mehreren Wasser- und Landgräben umgab und so eine künstliche Insel kreierte. *Diese künstlich geschaffene, winzige Insel,* die sich als eine Art Wasserburg auf der „ganzen Insel" befand und später durch einen langen Kanal mit dem Meer verbunden wurde, ist auch und im eigentlichen Sinn *die Insel Atlantis,* was soviel bedeutet wie „die Insel des Atlas"!

Da somit im Atlantis-Bericht unter derselben Bezeichnung häufig Verschiedenes verstanden wird, folgende Klarstellung: die „Insel Atlantis" kann sein:

1. das gesamte *Reich* Atlantis, ein riesiges Inselreich, das aus der „ganzen Insel, vielen anderen Inseln und Teilen des Festlandes" bestand. Es war von Poseidon unter seine 10 Söhne aufgeteilt worden; der älteste der Brüder, Atlas, wurde der Oberkönig. Für dieses Großreich findet sich gelegentlich die Bezeichnung „die ganze Insel Atlantis";
2. das *Kernland* des Reiches Atlantis, eine Insel, auf der ursprünglich Atlas, der Oberkönig, herrschte. Er gab dieser Insel, dem Gesamtreich und dem die Teile des Reiches verbindenden Meer den Namen. Der Atlantis-Bericht nennt diese recht große Insel meist „die ganze Insel";
3. eine *kleine*, künstlich geschaffene Insel, auf der sich die Hauptstadt des ganzen Reiches Atlantis befand mit dem Kultzentrum der Atlanter und der Burg des Oberkönigs Atlas. Diese kleine Insel Atlantis – die Forscher nennen sie gewöhnlich die „Königsinsel" – war aus einem Teil des Kernlandes, der „ganzen Insel", heraus gebildet worden. Die Atlantis-Erzählung verwendet für diese Königsinsel in der Regel den Ausdruck „die Insel"; noch ein Begriff verdient Erwähnung:
4. der *Herrschaftsbereich* des atlantischen Imperiums. Neben den genannten Teilen gehörten zu Atlantis auch mehrere Länder im Mittelmeerraum, nämlich auf der europäischen Seite die Territorien bis Tyrrhenien (Italien, Etrurien, Toskana) und auf dem afrikanischen Ufer die Länder bis hin nach Ägypten. Sie waren nicht dem Reich Atlantis eingegliedert, wurden aber von ihm beherrscht.

Hat man sich diese Begriffe erst einmal klargemacht, dann lichtet sich überraschend der Nebel der Verwirrung, und man erkennt, daß hier eine sorgfältige Trennung der Begriffe möglich, aber auch dringend geboten ist, wenn man nicht zu falschen Schlüssen kommen will. Die begriffliche Klarstellung macht deutlich, daß – wenn in Platons Bericht der Ausdruck „Insel Atlantis" verwendet wird – *in jedem einzelnen Fall nach dem Sachzusammenhang* und nach dem Sinn sorgfältig geprüft werden muß, welches der vier *Gebilde damit gemeint ist!*

Da weder das gesamte Reich Atlantis (Nr. 1) untergegangen– die Iberische Halbinsel exisiert noch heute–, noch der Herrschaftsbereich von Atlantis (Nr. 4) verschwunden ist – Italien und Nordafrika bestehen weiter –, sind für die Identifizierung des versunkenen Atlantis nur zwei Gebilde von Bedeutung: die „ganze Insel", also das Kernland (Nr. 2), und die kleine Königsinsel, die Nr. 3 unserer Begriffsskala. Welches dieser beiden Gebilde ist das untergegangene Atlantis? Ist nur eines von ihnen oder sind gar beide im Meer versunken? Die Antwort auf diese eminent wichtigen Fragen gibt ein sorgfältiges Studium der bereits zitierten Textstelle von „Timaios" 25 c-d, die den Untergang von Atlantis beschreibt.

Dem kritischen Betrachter fällt auf: bei den Athenern ist lediglich davon die Rede, daß an dem folgenschweren Schreckenstag „das ganze streitbare Geschlecht . . . scharenweise unter der Erde (versank)". Von einem völligen Landuntergang im Meer ist nichts gesagt. Mit Recht, denn Athen ist nicht untergegangen. Umgekehrt ist bei Atlantis nur vermerkt: „ebenso verschwand die Insel Atlantis, indem sie im Meer unterging". Davon, daß auch alle Menschen von Atlantis umkamen, wird nichts verlautet. Dieses Schweigen wäre unverständlich, wenn tatsächlich die Kerninsel Atlantis (Nr. 2) versunken wäre, weil diese – wie wir noch genauer sehen werden – recht große Insel dicht bevölkert war, so daß eine Riesenzahl von Menschenopfern zu beklagen gewesen wäre. Die Nichterwähnung dieser außergewöhnlichen Bevölkerungskatastrophe läßt nur den Schluß zu, daß offensichtlich beim Untergang von Atlantis lediglich eine vergleichsweise kleine Zahl von Menschen getötet wurde. *Demnach kann es sich bei dem versunkenen Atlantis nur um die kleine Königsinsel (Nr. 3) handeln!*

Dem kann man nicht entgegenhalten, es sei überflüssig gewesen, den Tod aller Bewohner von Atlantis ausdrücklich zu erwähnen, weil mit dem vollständigen Untergang der Insel logischerweise auch alle Menschen umgekommen seien. Das ist aus zwei Gründen nicht richtig: einmal sagt der Text nichts davon, obschon das aus verschiedenen Gründen nahegelegen hätte. Aus dem Wort „ebenso" läßt sich insoweit nichts ableiten. Es bezieht sich nämlich nur auf die Ursachen der Katastrophe („gewaltige Erdbeben und Überschwemmungen"), nicht dagegen auf den Umfang des Desasters. Die Annahme, alle Bewohner der Kerninsel Atlantis seien bei der Überschwemmung ums Leben gekommen, ist also eine bloße Vermutung. Platon hat das n i c h t gesagt, und es ist dies eine falsche Interpretation seiner Worte, die den Weg zu einer richtigen Lösung verstellt.

Gewichtiger ist der andere Grund: die behauptete logische Folgerung ist gar nicht zwingend! Denn es gibt noch die weitere Möglichkeit, daß mit dem Ausdruck „Insel Atlantis" tatsächlich nur die kleine Königsinsel gemeint ist, daß also lediglich sie in den Fluten versank, während die Hauptinsel von Atlantis erhalten und die Masse seiner Bewohner am Leben blieb. Diese Möglichkeit ist deshalb gegeben, weil der Begriff „Insel Atlantis " in „Timaios" 25 c-d, wie wir gesehen haben, sich auch und allein auf die kleine künstliche Insel des Königs Atlas beziehen kann. Es gibt also – zumal der Text nichts davon sagt – keinen zwingenden Grund, anzunehmen, daß die gesamten, sehr zahlreichen Bewohner der Kerninsel von Atlantis ein Opfer der Katastrophe wurden.

Für unsere Ansicht spricht zudem folgende Überlegung: Gottvater Zeus hatte, betrübt über die beklagenswerte Entartung des Geschlechts der Atlanter, „in der Absicht, sie dafür büßen zu lassen, damit sie zur Besonnenheit gebracht, verständiger würden", eine Götterversammlung einberufen (Kritias 121 b-c). Welche Strafe zur Buße über die Atlanter verhängt wurde, erfahren wir jedoch nicht, da bedauerlicherweise der Dialog Kritias hier mitten im Satz abbricht. Die häufig vertretene Ansicht, diese Strafe sei der vollständige Untergang von Atlantis gewesen, ist jedoch sicher nicht richtig. Denn durch die gleichen Ereignisse – „gewaltige Erdbeben und Überschwemmungen" – wurde auch Athen betroffen. Die Überschwemmung Athens, die den Tod aller seiner Bewohner zur Folge hatte, kann aber keine Strafaktion gewesen sein, weil die so hoch gelobten Athener keine Strafe verdient hatten. Dann kann man das auch nicht für Atlantis annehmen, denn derselbe Elementarvorgang kann nicht gut mal blinder Zufall, mal göttliches Walten gewesen sein.

Außerdem – und das ist entscheidend – wäre diese Art von Strafe wenig geeignet gewesen, die Atlanter zu bessern. Mit dem Tode der Masse der Atlanter hätte eine Bestrafung keine erzieherische Wirkung mehr ausüben können. Es wäre niemand mehr da gewesen, der „zur Besonnenheit gebracht, verständiger" geworden wäre.

Die Stelle in „Kritias" 121 b-c zwingt deshalb zu dem umgekehrten Schluß, daß die große Masse der Atlanter den Untergang von Atlantis überlebt hat. *Folglich kann mit der versunkenen „Insel Atlantis" nur die kleine Königsinsel gemeint sein!* Mit ihr gingen allerdings nicht bloß ihre Bewohner, sondern auch die Familie des Oberkönigs und die Gesamtheit der höchsten Priester des Reiches zugrunde, denn es versanken mit der Insel die Königsburg und das höchste Heiligtum, der Poseidontempel, und damit das politische und religiöse Zentrum des Reiches.

Nach allem ist es daher gerechtfertigt, wenn verschiedene, namentlich neuere Forscher, annehmen, es sei nur die kleine Königsinsel in den Fluten verschwunden. *Nur diese kleine Insel mit der Burg des Königs Atlas und der Tempelanlage ist das untergegangene Atlantis, das es zu suchen gilt!*[7)]

Was ist mit dieser Erkenntnis gewonnen? Bestätigt sie nicht nachgerade die Ansicht der Verfechter der Mittelmeer-Theorie, die nur nach einer *kleinen* Insel im mediterranen Raum suchen?

Nein!

Wer so folgert, übersieht einen wesentlichen Punkt: die kleine Königsinsel mit der Hauptstadt des Reiches war aus der „ganzen Insel" heraus geschaffen worden. *Während nur die Königsinsel in den Wellen des Meeres versank, blieb nicht nur das gesamte Inselreich sondern auch der übrige große Teil der „ganzen Insel", also das Kernland von Atlantis, erhalten!*

Nur zwei Alternativen

Die Konsequenz dieser Überlegungen ist: für eine erfolgreiche Suche nach dem untergegangenen Atlantis gibt es lediglich zwei Möglichkeiten. Entweder man nimmt – entgegen der hier vertretenen Ansicht – an, sowohl die Königsinsel als auch die „ganze Insel" seien vom Meer verschlungen worden. Dann heißt es, eine recht große, untergegangene Insel wiederzufinden. Denn auf dieser „ganzen Insel" befand sich eine riesige Ebene in den Ausmaßen von 3000 mal 2000 griechischen Stadien, wie wir im einzelnen noch sehen werden. Oder man geht – wie das hier geschieht – davon aus, daß mit der versunkenen Insel Atlantis lediglich die kleine Königsinsel gemeint ist. Dann genügt es jedoch nicht, allein dieses Inselchen zu finden, sondern es muß auch die größere Insel nachgewiesen werden, von der die kleine Königsinsel einst ein Teil war. Denn diese „ganze Insel" ist ja nie untergegangen, sie muß also heute noch vorhanden sein!

Für die Auffindung von Atlantis sind diese Erkenntnisse von allerhöchster Wichtigkeit. Versteht man unter dem versunkenen Atlantis eine *sehr große* Insel, vielleicht sogar einen Kontinent, dann kann die *Mittelmeer-Theorie* schon deshalb nicht richtig sein, weil für eine untergegangene Insel größerer Dimensionen im mittelmeerischen Raum kein Platz ist. Gleiches gilt aber auch, wenn man unter Atlantis nur die verschwundene *kleine* Königsinsel begreift. Denn dann müßte die übrige „ganze Insel", die bekanntlich recht groß ist und die Katastrophe überstanden hat, noch heute im Mittelmeerraum nachweisbar sein, weil von einem weiteren Landuntergang ja nicht die Rede ist. Eine so große Insel ist jedoch im mediterranen Raum nicht zu finden. Daß dabei die damals den Ägyptern und Griechen bekannten, noch heute vorhandenen Inseln und Halbinseln nicht in Frage kommen, bedarf keiner besonderen Hervorhebung.

Für die *Atlantik-Theorie* ergeben sich andere Folgerungen: war das untergegangene Atlantis eine Insel von *sehr großen* Ausmaßen, gar ein Erdteil, dann wäre da an sich genügend Platz auf dem weiten Grund des Atlantischen Ozeans. Trotz intensivster Bemühungen hat sich jedoch bis heute weder eine solche große Insel noch ein Kontinent auf dem Boden des Atlantik nachweisen lassen. Dabei ist es völlig gleichgültig, ob man Atlantis in einer versunkenen Landbrücke zwischen Afrika und Amerika, im Dolphinrücken, oder als Überreste eines versunkenen großen Landes in den Inseln Madeira, Azoren oder Kanaren, den Bermudas, Bahamas oder Antillen, in Island, Jan Mayen oder Spitzbergen oder in sonst einer Insel im Atlantischen Meer wiedererkennen will.

Überdies hat sich in keinem Fall in der Zeit, da Atlantis versunken sein soll, ein so gewaltiges Naturereignis ermitteln lassen, das den *plötzlichen* Untergang einer riesigen Landmasse im Atlantik herbeigeführt haben könnte. Wegen der Plötzlichkeit des Geschehens könnte eigentlich nur ein mächtiger Vulkanausbruch oder ein ungewöhnlich starkes Seebeben in Betracht kommen, so daß neben den Geologen die Seismologen und Geophysiker auf den Plan gerufen waren. Aber gerade diese Fachleute haben immer wieder darauf hingewiesen, daß der Untergang einer sehr großen Insel oder gar eines Kontinents an *einem* Tag und in *einer* Nacht geologisch und physikalisch *unmöglich* ist! Wenn so große Landmassen im Meer versinken, dann ist das ein Vorgang, der sich langsam, in einem Zeitraum von vielen Jahrzehnten oder sogar Jahrhunderten vollzieht, aber nicht in einer plötzlichen Katastrophe innerhalb von 24 Stunden. Im übrigen weisen die Fachwissenschaftler den Atlantischen Rücken, die Azoren, Kanaren, Madeira usw. *nicht* als die Reste einer geologischen *Absenkung* sondern im Gegenteil als die Zeugen einer *Erhebung* des Meeresbodens aus, die auf vulkanische Tätigkeit zurückzuführen ist.[8)]

Wenn trotz dieser ernüchternden Erkenntnisse die Suche nach einer untergegangenen Rieseninsel im Atlantik unverdrossen weitergeht, so liegt das an der Weite und Tiefe des Atlantischen Ozeans; hier ist genügend Raum für ein solches riesiges Atlantis.

Ganz anders ist die Situation nach der Atlantik-Theorie, sofern man unter dem versunkenen Atlantis eine k l e i n e Insel begreift. Da lediglich die kleine Königsinsel ein Opfer der Meeresfluten geworden war, der übrige Teil der „ganzen Insel" aber erhalten blieb, stellt sich das Problem so: es gilt nicht nur eine kleine, im Atlantik versunkene Insel zu suchen – davon dürfte es etliche geben –, sondern auch in deren unmittelbaren Nähe eine jetzt noch vorhandene große Insel, die in allen Punkten den zahlreichen Angaben des Atlantis-Berichtes über die „ganze Insel" entspricht, von der das untergegangene Atlantis nur ein winziger Teil war.

Dieser Problemstellung gegenüber dürfte der naheliegende Einwand sein, eine solche Sucherei sei vergebliche Liebesmüh, denn wenn es diese große, heute noch existierende Insel im atlantischen Raum gäbe, dann hätte man sie längst gefunden. Das scheint plausibel, ist jedoch leider ein schwerwiegender Irrtum! Es klingt unglaublich, ist aber wahr: *man hat diese große, erhalten gebliebene Insel einfach deshalb bisher nicht gefunden, weil man sie ernstlich nie gesucht hat!* Die Mehrheit der Forscher ist von der falschen Voraussetzung ausgegangen, es gebe nur die beiden Alternativen: eine versunkene Rieseninsel (oder ein Kontinent) oder ein kleines untergegangenes Eiland. D a s dürfte einer der entscheidenden Gründe für die bislang erfolglose, jahrhundertelange Suche nach Atlantis sein! Erst die Erkenntnis der dritten Möglichkeit, daß lediglich die kleine Königsinsel verschwunden ist, daß aber die größere, die „ganze Insel" und mit ihr auch die übrigen Teile des atlantischen Großreiches heute noch existieren, liefert den Schlüssel zur Lösung des uralten Rätsels.

Statt nach dem Sachzusammenhang richtigerweise unter der versunkenen „Insel Atlantis" die kleine Königsinsel zu begreifen und nach der erhalten gebliebenen größeren Atlantis-Insel Ausschau zu halten, hat man weitschweifig die Fragen diskutiert, ob die Atlantis-Erzählung eine dichterische oder staatsmännische Erfindung, ein Mythos oder eine Legende sei. Man hat Platon die Behauptung unterstellt, die riesige Insel Atlantis sei innerhalb von 24 Stunden im Meer versunken, Grund genug, um dann triumphierend seine Angaben als phantastisch und unreal zu verdammen. *Aber Platon hat das niemals behauptet!* Das ganze Gerede und Geschreibe von Märchen, Legende, Mythos, Fiktion usw. wäre nie aufgekommen, wenn man erkannt hätte, daß der griechische Philosoph nur die kleine Königsinsel des Atlas meint, wenn er vom „Untergang von Atlantis" spricht.

Die Aufgabe dieses Buches wird es deshalb sein, zunächst die erhalten gebliebene größere Atlantis-Insel, die „ganze Insel", nachzuweisen. Erst dann kann ihr im Meer versunkener Teil, die kleine Königsinsel, und ihr Untergangsort gesucht und gefunden werden. Der Leser möge diesen Weg Schritt für Schritt mit uns gehen. Die Lösung wird sich dann nicht als eine vorgefaßte Meinung sondern als das Ergebnis zwingender Folgerungen einstellen.

Am Anfang dieses allerdings nicht ganz leichten Weges steht die Aufgabe – unbeeinflußt von allen Theorien –, allein nach den überlieferten Texten Klarheit zu schaffen über die grundsätzliche Frage:

Wo lag Atlantis?

Der Bericht Platons gibt die allgemeine Lage mit folgenden Worten an: „Vor der Mündung, welche ihr in eurer Sprache die „Säulen des Herakles" heißt, hatte es eine Insel . . ." (Timaios 24 c). Es sollte eigentlich kaum zweifelhaft sein, daß mit diesen „Säulen des Herakles" die Straße von Gibraltar gemeint ist, denn so wurde in der Antike, und zwar bereits zur Zeit Solons, diese Meerenge immer genannt. Atlantis muß daher „draußen" gesucht werden, außerhalb des Mittelländischen Meeres, im Atlantik.

Nichtsdestoweniger sind bis in die jüngste Zeit immer wieder Versuche unternommen worden, das versunkene Atlantis ins Mittelmeer zu verlegen. Trotz aller Argumente, Überlegungen und archäologischen Funde ist ihnen jedoch kein Erfolg beschieden gewesen. Weshalb nicht, haben wir bereits oben gesehen. Hinzuzufügen ist diesen Argumenten, daß auch Wortlaut und Sinn der platonschen Erzählung einer Verlegung der Insel Atlantis in den mediterranen Raum entgegenstehen. Das gilt nicht nur von dem Satz mit den „Säulen des Herakles" sondern auch von der weiteren Textstelle, die da lautet: „Denn alles das, was sich innerhalb der eben genannten Mündung befindet, erscheint wie eine bloße Bucht mit einem engen Eingang; jenes Meer aber kann in Wahrheit also und das umliegende Land mit vollem Fug und Recht Festland heißen" (Timaios 25 a).

Daß der Erzähler sehr wohl das Mittelländische Meer als Binnenmeer kennt – was ohnehin anzunehmen war – und deshalb zwischen beiden Meeren genau zu unterscheiden weiß, macht die Textstelle unmißverständlich deutlich. Das vom Berichter gewählte Bild des Mittelmeeres, das er als eine „bloße Bucht mit einem engen Eingang" zeichnet, ist so hübsch zutreffend, daß Zweifel hier kaum möglich sind. *Das Mittelmeer* kann man daher *nicht* als Ort der Insel Atlantis annehmen, ohne dem Bericht Gewalt anzutun. Da helfen auch alle Deutungen und Erklärungen nichts.

Bleibt also nur die Möglichkeit: Atlantis im Atlantik? Bei der Beantwortung dieser Frage empfiehlt es sich, einen Blick zu werfen auf

Das Weltbild der Antike

Nach der Vorstellung der Griechen zur Zeit Solons und Platons war die Erde eine nahezu kreisrunde, dicke Scheibe. Im Mittelpunkt dieser Scheibe lag der Olymp, der Sitz der Götter. Im Boden der Erdscheibe, die vom Himmelsgewölbe überdeckt wurde, befanden sich zwei übereinanderliegende Hohlräume. Im oberen Erdgewölbe lag der Hades, das Schattenreich der Toten, darunter in großer Tiefe der Tartaros, der Aufenthaltsort der besiegten alten Götter und Titanen. Der breite Strom des Okeanos umfloß die Erdscheibe ringsum. Dieser Okeanos entsprach somit heute im Westen dem Atlantischen Ozean, im Osten dem Indischen Ozean. Theoretisch kämen, da das Meer „vor den Säulen des Herakles" der Okeanos ist, als Ort für Atlantis beide Weltmeere in Betracht, doch enthebt uns der solon-platonsche Bericht einer Entscheidung: ausdrücklich wird das Meer, in dem Atlantis lag, als das „Atlantische Meer" bezeichnet (Kritias 114 a). Der herrschenden Atlantik-Theorie ist daher zuzustimmen.

Diese Erkenntnis hat gleichwohl viele Atlantis-Forscher nicht davon abgehalten, die geheimnisvolle Insel auch an anderen Orten unseres Erdballs zu suchen. Die zahlreichen Lokalisationen umfassen alle Meere und nahezu alle Erdteile, selbst der Boden der Sahara – einst ein Binnenmeer – ist nicht ausgenommen. Soweit sie jedoch nicht den Atlantik als Lageort ansehen, müssen diese Thesen am klaren, eindeutigen Wortlaut des Atlantis-Berichtes scheitern, so daß sich schon deshalb eine nähere, kritische Stellungnahme zu diesen „Lösungen" erübrigt.[9)]

Halten wir fest: Atlantis ist allein im Atlantischen Ozean zu suchen. Das ist eine weitere entscheidende Weichenstellung, jeder andere Weg führt unentrinnbar in die Irre. Es gilt nun die ebenfalls wichtige Frage zu klären:

Wie groß war Atlantis?

Gemeint ist hier mit dem Begriff „Atlantis" das gesamte Inselgroßreich, das aus „der ganzen Insel, vielen anderen Inseln und Teilen des Festlandes" bestand. Nach Platons Erzählung soll das Gesamtareal von Atlantis „größer als Asien und Libyen zusammen" gewesen sein (Timaios 24 e, Kritias 108 e). Offensichtlich handelt es sich um beträchtliche Flächengrößen, die in den europäischen Binnengewässern schlecht unterzubringen sind. Darum hat man versucht, den Text zu „interpretieren". Statt des griechischen Wortes „meizon" = größer, müsse richtig „meson" gelesen werden, was „mitten" bedeutet. Die Berichtstelle besage daher „mitten zwischen Asien und Libyen". Mit Recht hat die herrschende Meinung diese fragwürdige Korrektur abgelehnt. Nach einer anderen Ansicht soll das Wort „größer" im übertragenen Sinne verstanden werden, die Textstelle somit „mächtiger als Asien und Libyen zusammen" bedeuten. Auch das ist abzulehnen, denn nichts ist dafür ersichtlich, daß das Adjektiv „größer" hier bildlich aufzufassen ist. Der Begriff muß vielmehr im üblichen Sinn, also raumgeographisch verstanden werden. Es bleibt daher bei der Feststellung, Atlantis sei flächenmäßig größer gewesen als „Asien und Libyen zusammen".[10)]

Die Deutung hat vielen Forschern erhebliche Schwierigkeiten bereitet, besonders deshalb, weil in der Antike „Libyen" die gebräuchliche Bezeichnung für Afrika war. Legte man die heutigen Flächengrößen der beiden Kontinente Asien und Afrika zugrunde, ergäbe sich für Atlantis ein Gesamtareal, das viele Millionen Quadratkilometer umfaßte. Eine offenbare Unmöglichkeit! Für eine Reihe von Autoren war das zugleich ein Beweis für die Unbrauchbarkeit der geographischen Angaben des Atlantis-Berichtes. Das wiederum hat zahlreiche Interpreten dazu veranlaßt, die ganze Erzählung als Utopie zu bezeichnen oder wenigstens alle Größenangaben zu ignorieren und durch eigene Vorstellungen zu ersetzen. Beide Wege sind falsch! Richtig ist: man muß sinnvollerweise die Angaben Solons aus der Sicht der damaligen Zeit verstehen, also unter Beachtung der erdkundlichen Kenntnisse jener Epoche. Die geographischen Fakten des Berichts können nicht besser sein als die Vorstellungen der Fachgelehrten der damaligen Zeit. Daher gilt es zunächst, einige Worte zu verlieren über das geographische Wissen des Altertums.

Die antike Geographie

Vom Atlantis-Bericht kann man schon deshalb keine wissenschaftlich exakten Größenangaben im heutigen Sinne erwarten, weil die geographischen Kenntnisse der Antike nicht gerade überragend waren; man kann sie ohne Übertreibung sogar als dürftig bezeichnen. Das gilt namentlich, was die Länder außerhalb des Mittelmeeres anlangt, also speziell für unseren Fall. So hat es beispielsweise viele Jahrhunderte gedauert, bis das Altertum eine klare Vorstellung des Küstenverlaufs von der Nordwestecke der Pyrenäenhalbinsel bis zur Bretagne hatte. Von der Einbuchtung des Golfs von Biscaya wußte man lange nichts, sondern nahm an, die Küste verlaufe von Spanien bis zur Bretagne in gerader nördlicher Richtung! Die an Ort und Stelle getroffenen, richtigen Feststellungen des großen Seereisenden P y t h e a s von Massalia, der um 300

v. Chr. lebte, nahm man nicht zur Kenntnis oder lehnte sie als falsch, ja sogar als Lügen ab.[11]

Es verdient hervorgehoben zu werden, daß man im 6. Jh. v. Chr. in Griechenland und Ägypten nicht einmal die ungefähren Umrisse und die Lage von England kannte und von der Halbinsel Skandinavien keine Vorstellung hatte. Man sehe sich nur einmal die Weltkarte an, die der weitgereiste griechische Schriftsteller Hekataios von Milet (um 550 bis 476 v. Chr.) seiner um 500 v. Chr. verfaßten Schrift „Umwanderung der Erde" (die leider nicht erhalten ist) beigefügt hatte. Hier fehlen nicht nur die Biscaya-Bucht sondern auch die Inseln England und Irland sowie die skandinavische Halbinsel. Überdies sind die Erdteile Afrika und Asien völlig falsch dargestellt, besonders was Form und Größe anlangt (siehe Abbildung Nr. 1).

Selbst die etwa 200 Jahre jüngere, erheblich bessere Erdkarte des Eratosthenes (285 bis 205 v. Chr.) ist in dieser Hinsicht alles andere als exakt. So sind z. B. Britannien und Irland zwar eingezeichnet, aber viel zu groß, Skandinavien und die Ostsee fehlen noch immer, Afrika und Asien entsprechen kaum der Realität (siehe Abbildung Nr. 2). Von besonderem Interesse ist hier die wohl älteste Weltkarte überhaupt, die des griechischen Reisenden und Schriftstellers Anaximandros, der gleichfalls aus Milet stammte und von 610 bis 546 v. Chr., also in der Zeit Solons lebte. An dieser Erdkarte ist nicht so wichtig das Fehlen der Inseln Britannien und Irland sowie der Halbinsel Skandinavien wie die Darstellung von Kleinasien (Asia) und Afrika (Libya): beide sind als Länder von bescheidenen Ausmaßen wiedergegeben (Abbildung Nr. 3). Da dies die Weltkarte aus der Zeit der Entstehung des Atlantis-Berichtes ist, kann man wohl zu Recht annehmen, daß so etwa das Weltbild ausgesehen haben dürfte, das die saïtischen Priester und Solon hatten. Unter diesem Blickwinkel stellt sich daher die Frage, was bedeutet der Vergleich und stimmt er wirklich? Dabei bereitet die Ermittlung des Areals von „Asien" die geringeren Schwierigkeiten, weil man hier von der unbestrittenen Auffassung ausgehen darf, die Antike habe unter „Asien" stets nur Kleinasien, und zwar ursprünglich sogar nur die Westküste von Kleinasien verstanden. Für die Zeit Solons dürfte es sich hiernach allerhöchstens um die Landmasse gehandelt haben, die im Norden vom Schwarzen Meer, im Westen von der Ägäis, im Süden vom Mittelmeer und im Osten von einer Linie begrenzt war, die etwa von der antiken Stadt Sinope im Norden an der Mündung des Flusses Halys (jetzt Kisil Irmak) bis zum Golf von Iskenderum im Süden verlief.

Legte man die heutigen Maße dieses Gebietes zugrunde, dann ergäbe sich ein Areal von c. 400 000 Quadratkilometern. Diese Flächenberechnung würde jedoch dem Atlantis-Bericht und seinen Größenvorstellungen nicht gerecht; sie ist offensichtlich zu hoch gegriffen. Denn nach damaliger Vorstellung war – die Erdkarte des Anaximandros beweist es! – dieses „Asien" nur ein relativ kleines Gebiet, höchstens etwa halb so groß wie die Pyrenäenhalbinsel. Wenn man von der wirklichen Größe von Iberien von rd. 600 000 qkm ausginge, dann ergäbe das allenfalls für „Asien" eine Fläche von 300 000 Quadratkilometern. Sehr wohl ist einem bei diesem Zahlenexperiment allerdings nicht, weil man gezwungen ist, einmal die antiken Vorstellungen, sodann die heutigen Flächenmaße zugrundezulegen. Es ist eben mißlich, die antiken erdkundlichen Angaben an unserem geographischen Wissen zu messen und hier mit exakten Zahlen zu operieren. Begnügen wir uns daher mit der für den Zweck unserer Untersuchung ausreichenden Feststellung, daß nach den Anschauungen des Altertums dieses „Asien" kein sonderlich großes Gebiet war.

Noch komplizierter ist die Größenermittlung von „Libyen". Hier ist nur soviel sicher, daß darunter weder das heutige Libyen noch der jetzige Erdteil Afrika zu verstehen ist, obschon in der Antike der Name „Libyen" für diesen Kontinetn gebräuchlch war. Aber die Geographen hatten damals – wie die Weltkarten von

Anaximandros und Hekataios lehren – eine völlig andere Vorstellung von Form und Größe dieses Erdteils. Mit dem heutigen Afrika hat das antike „Libyen" keine auch nur entfernte Ähnlichkeit. Es war – vor allem nach der älteren, zeitgenössischen Erdkarte des Anaximandros – lediglich ein schmales Band, das sich zwischen Mittelmeer und südlichem Okeanos von der Gibraltarstraße bis zum Nil hinzog. Dabei bestand bereits damals Einigkeit, daß Ägypten und Äthiopien, die zwei Länder beiderseits des Nilstromes, zu diesem „Libyen" nicht gehörten.

Diese Feststellung erleichtert jedoch nicht wesentlich unsere Aufgabe, da sich leider weder Ägypten noch Äthiopien für die hier interessierende Zeit sicher abgrenzen lassen. Nach Westen reichte Ägypten etwa bis zur Großen Syrte, während es im Süden an Äthiopien grenzte. Dieses Land seinerseits erstreckte sich südwärts bis zum südlichen Okeanos, weil der Nil - nach einer etwas merkwürdigen Vorstellung der Antike – außer in das Mittelmeer auch in den Okeanos mündete. Unter „Libyen" dürfte man also damals vermutlich einen schmalen Teil des heutigen Nordafrika verstanden haben, der sich von der Straße von Gibraltar bis zur Großen Syrte erstreckte, nach Süden hin aber kaum weiter reichte als bis zu der Stelle, wo das Atlas-Gebirge an die Sahara stößt. „Libyen" war also nach dem Weltbild des 6. Jh. v. Chr. – und darauf allein kommt es an! – mit Gewißheit kein Riesenareal. Wie die Weltkarte des Anaximandros erweist, war es nach damaliger Anschauung etwa eineinhalbmal so groß wie Iberien. Wenn man unbedingt Zahlen hören will, dann ergäbe die allein mögliche grobe Schätzung eine Bodenfläche von höchstens etwa 900 000 Quadratkilometern. In jedem Fall jedoch ein beachtlich großes Gebiet!

Die Gesamtfläche von „Asien und Libyen zusammen" war also auch nach den antiken Vorstellungen recht bedeutend. Exakte Zahlen lassen sich nicht geben, doch dürfte es sich um ein Territorium gehandelt haben, das äußerstenfalls ein Gebiet von etwa 1,2 Millionen Quadratkilometern umfaßte. Mit Sicherheit kann man nur sagen, das Inselreich Atlantis war nach dem gewählten Vergleich ein recht großes Areal, zwar nicht von etlichen Millionen, aber doch von vielen Hunderttausenden Quadratkilometern.

Damit werden die scheinbar phantastischen Angaben des Atlantis-Berichtes aus der Welt der Utopie in die Realität zurückgeführt. Wir dürfen und müssen sie daher ernst nehmen. Das – und nicht die Ermittlung von exakten Zahlen – ist der eigentliche Sinn dieser Überlegungen, bei denen es auf einige Tausend Quadratkilometer nicht ankommen kann.

Erfreulicherweise begnügt sich Platon nicht mit dem Vergleichsbild „größer als Asien . . .", sondern liefert weitere Angaben über die Größe des atlantischen Reiches, indem er bemerkt, es habe aus der „ganzen Insel, vielen anderen Inseln und Teilen des Festlandes" bestanden. Die Flächengrößen dieser einzelnen Teile gilt es daher zu ermitteln, um herauszufinden, ob das Vergleichsbild wirklich stimmt. Leider kennen wir bis jetzt die Teile des Gesamtreiches nicht. Das wird erst möglich sein, wenn das Kernland, die „ganze Insel", feststeht, eine komplizierte, aber lösbare Aufgabe.

Die ganze Insel

Daß sie im Atlantik zu lokalisieren ist, dürfte nach dem eindeutigen Wortlaut des Berichtes feststehen. Auch kennen wir ihre ungefähre Größe. Die Atlantis-Erzählung enthält nämlich zu diesem Punkt eine wichtige Angabe von geradezu genialer Einfachheit. Es heißt da in „Kritias" 118 a-b, auf der ganzen Insel befinde sich eine große Ebene, „. . . eine ganz glatte und gleichmäßige Fläche, die in ihrer Gesamtausdehnung eine längliche Gestalt hatte, indem sie nach der Seite zu dreitausend Stadien, in der Mitte aber vom Meere aufwärts nur zweitausend betrug. Von der ganzen Insel nämlich lag dieser Teil nach der Südseite zu, indem er sich von Norden nach Süden erstreckte". Einige Sätze später wird von der Ebene vermerkt: „Zum größten Teil bildete sie nämlich wirklich bereits ein vollständiges Viereck".

Die große Ebene

Obwohl im einzelnen die Übersetzungen teilweise voneinander abweichen, läßt sich doch grundsätzlich feststellen, daß es eine recht große Ebene sein muß, die im wesentlichen die Form eines länglichen Vierecks hatte mit Längen von 3000 und 2000 Stadien. Das ist natürlich keine exakte sondern nur eine ungefähre Größenangabe; dafür sprechen bereits die abgerundeten Zahlen. Hinzu kommt, daß für die Zeit Solons und Platons eine einheitliche Bestimmung des Längenmaßes „Stadion" fehlt.

Ein „Stadion" – ursprünglich das Maß für den sportlichen Kurzstreckenlauf – wurde dann, weil diese Distanz jedermann geläufig war, als Längenmaß verwendet. Später war es der Ausdruck für den Wettlauf selbst und dann sogar für die Kampfbahn, auf der dieser Lauf stattfand. Die Schwierigkeit in unserem Falle resultiert daraus, daß man zwar gewöhnlich ein Stadion mit 600 Fußlängen berechnete, aber dabei örtlich verschieden von einer anderen Fußgröße ausging. So gab es ein pythisches Stadion von 165 Metern Länge, während das attische Stadion 178 Meter betrug. In Olympia wurde das Stadion mit 192 Metern gemessen, weil man hier die großen Füße des Riesen Herakles zugrunde legte. Das ionische Stadion hatte sogar eine Länge von 210 Metern, und erst in der klassischen Zeit war eine Strecke von 180 Metern allgemein als Stadion anerkannt.

Aber damit nicht genug der verwirrenden Vielfalt. Es gibt in der Antike noch ein anderes Stadion als Längenmaß, das gerade für unseren Fall erhöhte Bedeutung gewinnt: das *Itinerarstadion*, ein Wegemaß, das für die Bemessung von Etnfernungen benutzt wurde. Nach Eratosthenes (3. Jh. v. Chr.) berechnete man es mit 240 Schritten = 157 Metern. Später, zur Zeit Strabos und Ptolemaios (1. und 2. Jh. v. Chr.) bezifferte man das Itinerarmaß auf 166 Meter.[12)]

Von welchem Längenmaß die ägyptischen Priester ausgingen und wie Solon und Platon das Stadion berechneten, ist leider nicht bekannt. Das kann aber nicht bedeuten, daß jeder Atlantis-Forscher nach Gutdünken eines der genannten Stadionmaße zugrunde legen darf, weil sich sonst leicht nicht unwesentliche Differenzen ergeben, die zu falschen Schlußfolgerungen führen. Ginge man beispielsweise bei der Flächenermittlung der großen Ebene vom klassischen Stadionmaß von 180 Metern aus, dann ergäbe dies bei

Seitenlängen eines Rechtecks von 3 000 Stadien = 540 km und 2 000 Stadien = 360 km ein Areal von rd. 195 000 Quadratkilometern. Bei Annahme des älteren Itinerarmaßes lauteten die entsprechenden Zahlen 471 und 314 km = 148 000 Quadratkilometer, sofern man von der üblichen – aber wie sich erweisen wird, unberechtigten – Annahme ausgeht, die Ebene habe die Form eines Rechtecks gehabt. Also eine nicht unerhebliche Differenz von c. 47 000 Quadratkilometern!

Welches Stadionmaß ist nun hier das richtige? Man wird der Wahrheit am nächsten kommen, wenn man folgendes bedenkt: einmal stehen hier Entfernungen im Gelände, also Wegstrecken, zur Diskussion. Das legt es nahe, ein Wegemaß, also das Itinerarstadion, zu verwenden. Sodann ist zu beachten, daß Solon und Platon im 6. und 4. Jh. v. Chr. lebten. Das rechtfertigt es, vom älteren Itinerarmaß auszugehen. Wir werden deshalb unseren Untersuchungen ein Stadionmaß von 157 Metern zugrunde legen.

Der Bergteil

Mit der errechneten Flächenzahl von rd. 148 000 Quadratkilometern ist die Größe der „ganzen Insel" allerdings noch nicht gefunden, weil die Ebene nur einen Teil von ihr, wenn auch offensichtlich den größten, ausmacht. Im Süden reichte die Ebene bis ans Meer, aber im Norden bedeckten viele schöne und große Berge mit ausgedehnten Waldungen die Insel (Kritias 118 b).

Die Größe des Bergteils zu bestimmen, ist nicht einfach. Manche Forscher tun sich da leicht und berechnen den Gebirgsteil genau so groß wie die Ebene, in der Annahme, die Ebene mache etwa die Hälfte der Insel aus, obschon davon nichts im Bericht steht. Das erscheint auch deshalb bedenklich, weil offenkundig die Berge sich hauptsächlich nur im äußersten Norden der Insel befinden, und weil nach Platon die Bewohner der Berge bei der Landeinteilung den Distrikten der Ebene zugewiesen waren, sozusagen als Anhängsel,[13] so daß eine Halbierung keinesfalls gerechtfertigt ist. Nach der gesamten Darstellung wird das Bild der „ganzen Insel" entscheidend geprägt durch die große, sich von Norden nach Süden erstreckende Ebene. Das läßt es nur zu, den bergigen Teil mit höchstens einem Drittel der „ganzen Insel" anzusetzen. Damit ergäbe sich bei einer Größe des Bergbereichs von allenfalls etwa 75 000 Quadratkilometern eine Gesamtflächengröße der Kerninsel Atlantis von ungefähr 225 000 Quadratkilometern.

In jedem Fall ein großes Areal! Weil die Unterbringung dieser Gesamtfläche, namentlich bei der Verlegung der „ganzen Insel" ins Mittelmeer, erhebliche Schwierigkeiten bereitet, versucht man sich durch eine „Korrektur" der Angaben Platons zu helfen. Den Ausweg soll folgendes Argument liefern: so wie die ägyptischen Priester offenbar das Datum des Atlantisunterganges mit „9000 Jahren" irrtümlich um das Zehnfache zu hoch angegeben hätten, man richtig also „900 Jahre" zu lesen habe, ebenso müsse bei den Angaben über die große Ebene jeweils die letzte Null gestrichen werden. Die Zahlen lauteten deshalb „richtig": 300 mal 200 Stadien.[14)]

Dank dieses „Schrumpfungsvorganges" paßt nunmehr Atlantis unschwer in den mediterranen Raum. Diese „Richtigstellung" erscheint jedoch schon deshalb nicht vertretbar, weil es sich bei der Zahl „9000 Jahre" nicht um eine falsche Angabe der ägyptischen Gewährsleute sondern allenfalls um ein Mißverständnis auf der Seite Solons handeln dürfte. Unser Problem hängt also mit der höchst bedeutsamen Frage zusammen:

Wann ging Atlantis unter?

Entgegen der häufig anzutreffenden Meinung, der solon-platonsche Bericht enthalte nähere Angaben, die eine exakte Datierung des Untergangs der Atlantis-Insel ermöglichten, ergibt eine sorgfältige Prüfung des Textes, daß das nicht der Fall ist. In beiden Büchern Platons tauchen allerdings feste Jahreszahlen auf. So nennen die ägyptischen Priester im „Timaios" (23 e) bestimmte Zahlen für die Gründung des athenischen und des saïtischen Staatswesens. Die Errichtungszeit von Saïs soll „8000 Jahre" zurückliegen, der angeblich „1000 Jahre" ältere Stadtstaat Athen „9000 Jahre" vor Solon geschaffen worden sein. Auch im „Kritias" (108 e, 111 a) findet sich wiederum die Zahl „9000". So wird vermerkt, seit dem Krieg zwischen den Atlantern und den Athenern seien „9000 Jahre" verflossen. Die zweite Stelle berichtet, daß in den vergangenen „9000 Jahren" viele Überschwemmungen Griechenland heimgesucht hätten. Es ist aber nirgendwo angegeben, in welchem Jahrhundert, geschweige in welchem Jahr Atlantis untergegangen ist.

Nach der Bemerkung, seit dem Krieg seien „9000 Jahre" verstrichen (Timaios 111 a), kommt zunächst die Feststellung: „Atlantis war ja damals noch nicht im Meer versunken". Dann folgt der entscheidende Satz: „Späterhin aber entstanden gewaltige Erdbeben und Überschwemmungen und . . . ebenso verschwand die Insel Atlantis . . .". W a n n g e n a u das war, wird nicht gesagt, denn der Zeitbegriff „später" wird nicht erläutert. Man kann diesen Zeitpunkt auch nicht auf andere Weise annähernd exakt bestimmen. Daher ist es bedenklich, wenn vielfach auf das Jahr genau Daten für den Untergang von Atlantis angegeben werden. Die häufig gebrachte Datierung „9570 v. Chr.", nämlich 9000 Jahre vor dem Besuch Solons in Ägypten (570 v. Chr.), ist schon deshalb so nicht richtig.

Sie ist es auch aus einem anderen Grund nicht, denn die Zeitangaben „vor 8000" oder „9000 Jahren" müssen anders verstanden werden. Es ist die beifallswerte Meinung verschiedener Forscher, daß hier ein Mißverständnis vorliegt. Richtig ist jedenfalls, daß es in der angegebenen Zeit – „9000 Jahre vor Solon" – auf der ganzen Welt keine Kultur gab, wie sie von den Atlantern beschrieben wird, insbesondere keine so entwickelte Metallkultur. Auch nach den neuesten Erkenntnissen der Altertumswissenschaften, namentlich der Archäologie, die teilweise erhebliche Korrekturen zu Gunsten des Alters der vorgeschichtlichen Kulturen gebracht haben, ist eine so frühe Datierung unmöglich. *Mit Sicherheit kann man nach den archäologischen Befunden davon ausgehen, daß kein Volk der Erde um 9000 v. Chr. mit den im Atlantis-Bericht erwähnten Metallen (Kupfer, Eisen) und Metallegierungen (Bronze) umzugehen verstand.*[15)]

Gleiches gilt für die Tatsache, daß nach Platons Bericht die Atlanter eine Schrift besaßen – so gravierten die Richterkönige ihre Urteile in goldene Platten, und die wichtigsten Gesetze des Landes waren auf einer Säule im Zentralheiligtum aufgezeichnet. Auch dies ist ein Beweis dafür, daß die Zahlenangabe „vor 9000 Jahren" anders zu verstehen ist. Bei keinem Volk der Welt gab es 9000 Jahre vor Solon eine Schrift. Das ist unbestritten.

Wir stehen hier wiederum an einem Scheideweg der Atlantis-Frage: wer blind den Zahlenangaben „8000" und „9000 Jahre" folgt, verbaut sich den Weg zur Lösung des Rätsels und endet zwangsläufig in einer Sackgasse. Darum ist es kein Zufall, wenn bei starrer Befolgung dieser Zahlen trotz aller angestrengten Bemühungen eine befriedigende Lösung bisher ausblieb. Die gefundene angebliche „Lösung" ist automatisch falsch, und da helfen auch keine noch so scharfsinnigen Überlegungen und Argumentationen. Man kann es daher gut verstehen, wenn viele Forscher, die diese Zahlen zugrunde legten, zu dem Ergebnis kamen, es könne sich bei der Atlantis-Erzählung nicht um historisches Material handeln. Aber auch diese Folgerung ist verfehlt.

Welches jedoch ist der richtige Weg? Lag vielleicht ein Übersetzungsfehler vor? Man hat daran gedacht, die saïtischen Priester hätten sich versprochen oder zwar von 800 und 900 Jahren geredet, Solon habe jedoch die Zahlenangaben falsch verstanden oder unrichtig aufgeschrieben. Derartige Erklärungen sind wenig überzeugend angesichts der übrigen vielen Größen- und Zahlenangaben. Warum sollten sich die Geistlichen gerade bei diesen wiederholt genannten, so wichtigen Zahlen versprochen oder Solon sich geirrt haben? Auch die These ist nicht gut vertretbar, die angegebenen Jahreszahlen müßten jeweils um eine Null gekürzt werden, weil Platon bewußt die Angaben um das Zehnfache übertrieben habe. Warum sollte er?

Einleuchtender erscheint da die schon im Altertum vertretene Ansicht, die ägyptischen Gewährsmänner hätten zwar die Zahlen 8000 und 9000 genannt, aber unter „Jahren" eine andere Zeitrechnung als die Griechen verstanden. Tatsächlich maßen ursprünglich fast alle Völker die eine größere Anzahl von Tagen umfassende

Zeit nach Mondmonaten! *Nicht die schwer zu ermittelnde Umlaufzeit der Sonne (365 Tage) sondern die durch die veränderliche Gestalt jedermann erkennbare kürzere Dauer des Mondumlaufes (28 Tage) war die erste längere Zeiteinheit; sie war das älteste „Jahr".* Wenn darum damals die Völker, besonders des Orients, von „Jahren" sprachen, so meinten sie in Wahrheit Monate!

Dafür, daß auch die Ägypter der Zeit Solons unter „etos" = Jahr nicht die Dauer des Sonnen- sondern des Mondumlaufes verstanden, gibt es zahlreiche schriftliche Belege antiker Fachleute. Sowohl der griechische Mathematiker und Astronom Eudoxos von Knidos (um 370 v. Chr.) als auch der Historiker Plutarch (46 bis 120 n. Chr.) haben erklärt: „Die Ägypter rechnen einen Monat für ein Jahr". Noch klarer sagt das in seiner „Weltgeschichte" (I,25) der römische Geschichtsschreiber Diodor (1. Jh. v. Chr.): „In alter Zeit, als die Bewegungen der Sonne noch nicht bekannt waren, pflegte man das Jahr nach dem Lauf des Mondes zu berechnen. Folglich bestand das Jahr aus 28 Tagen, es war ja auch unmöglich, daß einige Menschen 1200 Jahre lebten." Die letzte Bemerkung könnte auch die Altersangaben des Alten Testaments einbeziehen, die wiederholt eine Quelle von Mißverständnissen waren. So sollen zahlreiche Vorfahren der Juden viele hundert Jahre alt geworden sein. Beispielsweise hätten nach der Bibel (1. Buch Mose Kap. 5 Verse 5 f.) Adam 930, Seth 912, Jared 962 und Methusalem 969 Jahre gelebt. Im Alter von 500 Jahren soll Noah seine Söhne Sem, Ham und Japhet gezeugt haben.[16)]

Diese Angaben – wörtlich genommen – sind eine biologische Unmöglichkeit, die nicht einmal der Leichtgläubigste ernst nehmen kann. Berechnet man allerdings das Jahr nach dem Lauf des Mondes, dann entsprächen 13 (Mond)Jahre mit 13 mal 28 Tagen = 364 Tagen ziemlich genau *einem* Jahr unserer Zeitrechnung (und auch der der Griechen damals), die sich am Lauf der Sonne orientiert. Folglich ist, wenn man die alten Jahresangaben, z. B. der Bibel, umrechnen will, nicht einfach der Begriff „Jahre" durch den der „Monate" zu ersetzen, sondern es ist die angegebene Zahl der „Jahre" durch 13 zu dividieren. Alsdann ergeben sich als Lebensdaten von Adam und Methusalem 71 und 74 Jahre, ein für die damalige Zeit mit ihrer niedrigen durchschnittlichen Lebenserwartung hohes, aber biologisch durchaus erreichbares Alter. Und mit 38 Jahren konnte Noah sehr wohl noch seine Söhne zeugen.

D a s also ist der Weg zum richtigen Verständnis der so unmöglich scheinenden Jahreszahlen in der Erzählung Platons. Weder auf Seiten der Ägypter noch auf Solons oder Platons Seite lag ein „Fehler" vor; die ägyptischen Gewährsmänner verwendeten lediglich einen Begriff, unter dem beide Gesprächspartner sich etwas anderes vorstellten. Um ein Beispiel aus unserer Zeit zu nehmen: ein US-Amerikaner spricht von „60 Grad Wärme" und denkt dabei – ohne das ausdrücklich zu erwähnen – natürlich an Fahrenheitsgrade. Sein europäischer Kontrahent, der stillschweigend als selbstverständlich von Celsiusgraden ausgeht, ist über die große Wärme erstaunt, obschon es sich in Wahrheit nur um eine Temperatur von + 20° Celsius handelt. Ein typischer Fall des Mißverständnisses, wie er häufiger vorkommt, wenn Menschen verschieden entwikkelter Kulturkreise sich unterhalten.

Ebenso bekannt ist – um ein anderes Beispiel zu nennen – die abweichende Zählweise in den Vereinigten Staaten und in Frankreich, nach der die Zahl „1 Billion" nicht = 1 Million mal 1 Million bedeutet sondern 1 Tausend mal 1 Million, eine Ziffer, die bei den anderen Völkern als „1 Milliarde" bezeichnet wird. Es gibt eine Fülle von weiteren Beispielen, die erweisen, wie falsch es ist, Fakten in jedem Falle „objektiv", will sagen, ausschließlich aus der Sicht des späteren Betrachters zu verstehen. Man denke nur an die von Land zu Land und von Jahrhundert zu Jahrhundert abweichenden Längen- und Maßeinheiten, wie z. B. die Meile, die Elle, die Rute usw.

Übrigens braucht man in unserem Falle nicht einmal ein Mißverständnis zu bemühen, um die Datenangaben des Atlantis-Berichtes richtig zu verstehen. Wenn man sich erinnert, daß E u d o x o s von Knidos – von dem wir wissen, daß er die ägyptische Jahresmessung nach Mondmonaten kannte – ein Freund und Mitforscher von Platon war, dann kann sogar der Schluß gewagt werden, sowohl Solon als auch Platon hätten von vornherein die Zahlenangaben der saïtischen Priester nach der alten ägyptischen

Zeitmessung verstanden und wiedergegeben. Möglicherweise haben sogar auch Platons Zuhörer und Leser die Zahlen sogleich richtig zu deuten gewußt, und erst, als die abweichende frühere ägyptische Zählweise in Vergessenheit geraten war, wurde ein Mißverständnis daraus.

Gleichviel, ob Mißverständnis oder nicht, in jedem Falle darf man nicht nur, sondern man m u ß die Jahreszahlen im Sinne der alten ägyptischen Zeitmessung lesen, wenn man dem Solon-Platonschen Bericht Gerechtigkeit widerfahren lassen will. Das ist nicht – wie oft behauptet wird – ein Trick, eine Ausflucht, eine unzulässige Korrektur oder ein Abweichen von dem Grundsatz, die Atlantis-Erzählung Wort für Wort ernst zu nehmen. Im Gegenteil! Wer die tatsächlichen Angaben eines Berichters aus früherer Zeit und aus einem anderen Kulturkreis wirklich „ernst nimmt", der darf sie nicht aus seiner eigenen Zeit und seinem Verständnis beurteilen, sondern muß sie aus der Zeit und der Welt des Berichters heraus verstehen. Das gilt auch hier. Die beiden Griechen Solon und Platon geben keine eigenen Zahlen, sie referieren nur, was sie von den ägyptischen Priestern erfahren haben, die ihr Wissen wiederum nicht auf eigene Anschauung gründen. Platon bemerkt ausdrücklich, die saïtischen Geistlichen hätten darauf hingewiesen, daß diese Zahlen in den heiligen Schriften ihres Landes eingetragen seien. Da somit die Zahlenangaben von Angehörigen eines anderen Volkes mit einer anders gearteten Kultur aus einer lange zurückliegenden Zeit stammen, müssen sie so verstanden werden, wie sie in Wahrheit gemeint waren, nämlich im Sinne der alten ägyptischen Zeitmessung. Eine starre wörtliche Festlegung nach der abweichenden griechischen und heute geltenden Jahresberechnung wäre ein Verstoß gegen die Pflicht zur Objektivität und zugleich gegen das Gebot der kritischen Quellenbenutzung, das die Wissenschaft sonst zu Recht immer verlangt.[18)]

Die Wichtigkeit dieser Klarstellung kann nicht genug betont werden, denn ihre Unterlassung ist einer der weiteren fundamentalen Gründe für die vielen Mißerfolge bei dem Versuch, das Geheimnis von Atlantis zu lüften. Ubrigens tastet diese gebotene Textauslegung die Glaubhaftigkeit des ganzen Atlantis-Berichtes in keiner Weise an, im Gegenteil bestätigt sie recht eigentlich, daß Solon seine Angaben aus einer ägyptischen Quelle hat!

Das Fazit dieser Überlegungen: es ist anstatt von 8000 und 9000 Jahren unserer Zeitrechnung, die sich an den Sonnenumläufen orientiert, von ebenso vielen Mondumläufen auszugehen, so daß die Zahlen des Atlantis-Berichtes nach unserer Zeitmessung 615 (8000 : 13) und 692 (9000 : 13) Jahren entsprechen. Wahrscheinlich hat Solon – genau läßt sich das nicht feststellen – das grundlegende Gespräch über Atlantis mit den Priestern bereits bei seinem ersten Besuch im Jahre 570 v. Chr. geführt – die Wichtigkeit des Themas spricht dafür. Alsdann ergibt sich bei entsprechender Rückrechnung für die Gründung des hellenischen Athen das Jahr 1262, für die Stadtgründung von Saïs die Zeit um 1185 vor Christi Geburt, so daß die Gründungsdaten der beiden Städte nicht 1000 sondern nur 77 Jahre auseinander liegen. Erfuhr Solon erst bei seiner letzten Reise nach Ägypten (560) von Atlantis, dann lauten die Gründungsdaten 1252 und 1175 v. Chr.

So gelesen, ist der im Atlantis-Bericht gegebene Zeitpunkt für die Gründung von Athen zudem überraschend gut gut vereinbar den Erkenntnissen der Historiker unserer Zeit. Ein sicheres und genaues Datum vermag allerdings die Altertumswissenschaft bislang nicht zu nennen. Zwar nimmt sie an, der Berghügel der Akropolis sei bereits um 3000 v. Chr. besiedelt gewesen, aber man weiß, daß erst in der 2. Hälfte des 13. Jh. v. Chr. der Bergfelsen von Athen mit einer mehrere Meter dicken und 10 Meter hohen Mauer aus unbehauenen Felsblöcken umgeben wurde, übrigens in der gleichen Bauweise wie die Burgmauer von Mykene. Die auch als Pelasgermauer bezeichnete, älteste steinerne Wehr- und Schutzanlage Athens dürfte offensichtlich dieselbe Mauer sein, von der im „Kritias" (112 b) bei der Beschreibung der Gründung von Athen berichtet wird. [19] Weit auseinander liegen also die Angaben der Atlantis-Erzählung und die griechische Chronologie der modernen Wissenschaft nicht. Auch das ist ein Beweis für die richtige Interpretation der Zahlenangaben des Berichtes. Welche weiteren Konsequenzen ergeben sich daraus?

Abb. 1 Die Erdkarte des Hekataios von Milet (um 500 v. Chr.). Die Bucht von Biscaya und der Vorsprung der Bretagne sind nur schwach angedeutet. Die Britischen Inseln und Irland fehlen ebenso wie die skandinavische Halbinsel. (Nach A. Forbiger, Handbuch der alten Geographie, I, Hamburg 1877, 2. Aufl. I, S. 50.)

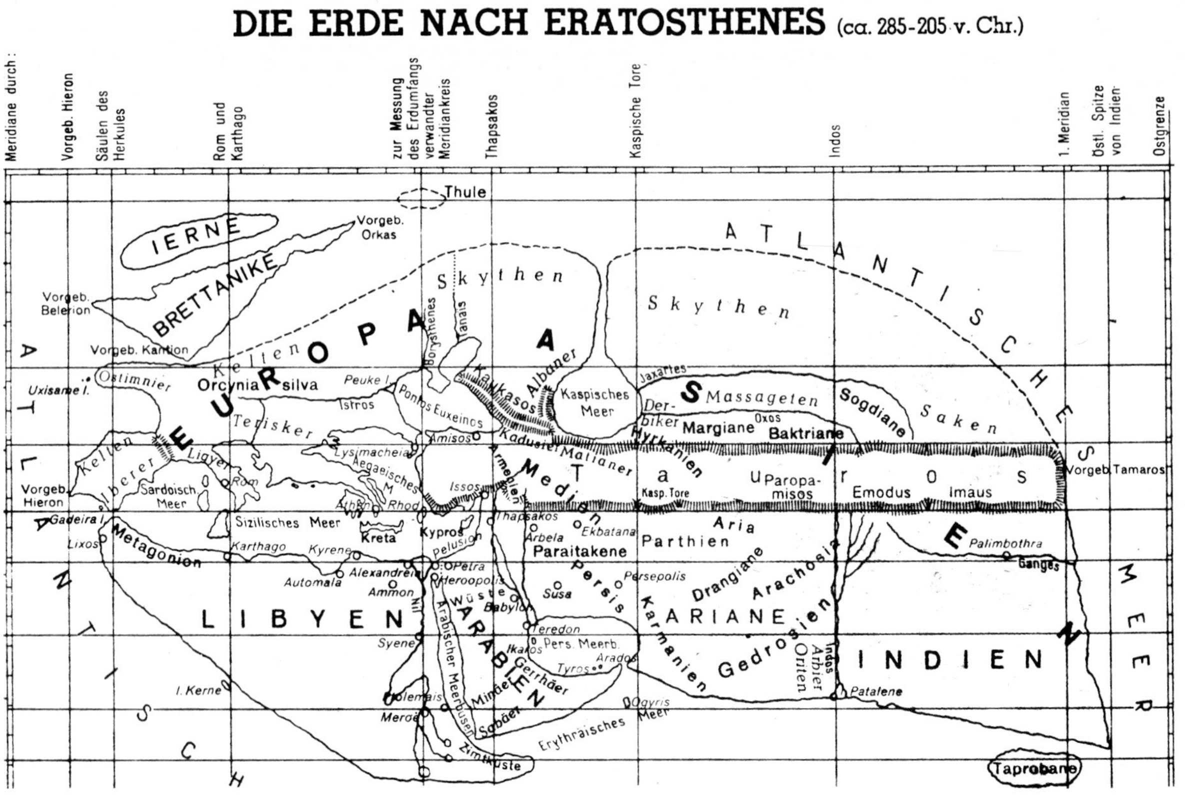

Abb. 2 *Auch auf der Erdkarte des Eratosthenes ist Afrika (Libyen) zu klein wiedergegeben. Gut erkennbar ist die Dreiecksform der viel zu groß dargestellten Insel England (Brettanike). Die skandinavische Halbinsel fehlt noch immer. (Nach Forbiger, Handbuch der alten Geographie, I, S. 180) Auch hier fällt die relative Kleinheit von Afrika = Libyen und Kleinasien auf.*

Nach Platons Bericht kam es im 13. Jh. vor der Zeitrechnung zu einem erbitterten Ringen der Mittelmeervölker mit den aus dem Westen anstürmenden Atlantern. Der Tapferkeit der allein auf sich gestellten Athenern gelang es, den ihre Freiheit bedrohenden Angriff auf ihre Stadt erfolgreich abzuwehren. Da seit dem Krieg der Athener mit den Atlantern gleichfalls „9000 Jahre" ägyptischer Zählung, also wiederum 692 Jahre unserer Zeitrechnung, verstrichen sein sollen, kann dieser Kampf nicht vor dem Jahre 1262 v. Chr. stattgefunden haben, denn vor der Stadtgründung kann es nicht zu einem Krieg mit den Athenern gekommen sein. Weil vor Beginn dieses Kampfes Atlantis „noch nicht im Meer versunken war", ist dieses Jahr zugleich der frühest mögliche Zeitpunkt für den Untergang von Atlantis. Nach aller Wahrscheinlichkeit ist dieses Datum jedoch eine stattliche Reihe von Jahren später anzusetzen. Denn wenn Athen um das Jahr 1262 (oder 1252) v. Chr. gegründet worden war, wird es sicher etliche Jahre, vermutlich sogar Jahrzehnte gedauert haben, bis die geeigneten Verteidigungsmaßnahmen getroffen waren, die einen so erfolgreichen Abwehrkampf ermöglichten. Vor der Mitte des 13. Jh. vor der Zeitenwende dürfte daher der Sieg der Athener kaum zu datieren sein.

Der Text des Berichtes stellt weiter klar, daß der Untergang von Atlantis n a c h dem so hochgerühmten Abwehrsieg der Athener stattfand, ohne leider diesen Zeitpunkt („späterhin") genauer anzugeben. Daher wissen wir nicht, ob sich die Katastrophe von Atlantis noch im 13. Jh. oder erst in der 1. Hälfte des 12. Jh. v. Chr. ereignete.

Die „Seevölker"

Hier hilft nun ein Umstand etwas weiter, wenn man der These folgt, die Atlanter seien identisch mit dem Hauptvolksstamm der sog. Seevölker oder Nordleute, die im 13. Jh. vor Christi Geburt alle Länder am Mittelmeer mit einem furchtbaren Krieg überzogen. Diese riesige Kriegslawine, die man auch die „Große Wanderung" nennt, kam erst in Ägypten durch mehrere Land- und Seesiege des

Pharao R a m s e s III. – er regierte vermutlich von 1198-1166 v. Chr. – endgültig zum Stehen. Ägyptische Papyrusurkunden und vor allem Steinreliefs und -inschriften am Amon-Tempel von Medinet Habu (unweit der ägyptischen Stadt Theben), den der Pharao nach seinem Sieg erbauen ließ, stützen diese Theorie.[20)]

Betrachtet man den Atlantis-Bericht als geschichtliches Dokument und folgt in der Kriegsfrage seinen Zeitangaben, die ins 13. Jh. v. Chr. weisen, nimmt man weiter die ägyptischen Angaben in den Papyris und die steinernen Zeugen von Medinet Habu ebenfalls als historische Fakten, dann bleibt kaum eine andere Möglichkeit, als die These von der Identität der Atlanter und der „Seevölker" zu bejahen. Es ist – da keine Angaben über weitere große Kriege vorliegen – schlechterdings unmöglich anzunehmen, in derselben Geschichtsepoche habe sich ein so unerhörtes, katastrophales Ereignis wie die kriegerische Überflutung des ganzen Mittelmeerraumes durch eine alle Völker unterjochende, gewaltige Heeresmacht zweimal abgespielt. Wenn sowohl nach den Unterlagen von Medinet Habu sich eine riesige Kriegslawine von Nordwesten her durch ganz Europa und Asien wälzte, als auch im solon-platonschen Bericht gesagt wird, die Atlanter seien „übermütig gegen ganz Europa und Asien zugleich vom Atlantischen Meer herangezogen" (Timaios 24 e), dann *muß* es sich um dasselbe Vorkommnis handeln.

Eine Menge Details untermauern die These von der Gleichheit der Atlanter und der Hauptstämme der „Seevölker": die Herkunft aus dem ozeanischen Bereich, die körperliche Übergröße – sie überragten ihre Gegner um Haupteslänge –, die eigentümliche Form und Takelung ihrer Seefahrzeuge, die Eigenart ihrer Bewaffnung und vieles andere sind da beweiskräftige Indizien.

Folgt man aber der These von der Identität der Atlanter und der „Seevölker", dann läßt sich an Hand der ägyptischen Unterlagen folgendes feststellen: die gefangengenommenen Krieger der besiegten „Seevölker" berichten, das Meer habe große Teile ihres Heimatlandes fortgerissen. Dabei werden als Heimatland „die Inseln im Ozean („im Großen Wasserkreis"), die im Norden liegen", angegeben. Zu den „fortgerissenen Landteilen" gehörte offensichtlich auch die Königsinsel mit der Hauptstadt des Reiches, denn es heißt am Tempel von Medinet Habu: „das Haupt ihrer Städte ist im Meer versunken". Diese Landzerstörungen durch das Meer müssen logischerweise v o r dem Aufbruch der „Seevölker" zum Krieg im Mittelmeer erfolgt sein – sonst könnten die Gefangenen nicht von ihnen berichten. Dieser Aufbruch aber muß vor geraumer Zeit geschehen sein, denn inzwischen waren etliche Jahre vergangen, wenn man den viele Tausende Kilometer weiten, durch fortgesetzte Kämpfe mit den unterworfenen Völkern verlangsamten Marsch der Ochsenkarren-Trecks vom Atlantik bis nach Ägypten bedenkt.

Der Atlantis-Text zwingt auch keineswegs zu der Auffassung, diese Landverluste, insonderheit der Untergang der Hauptstadt, hätten sich erst n a c h Abschluß des atlantischen Kriegszuges ereignet. Es wird zwar berichtet, die Katastrophe mit Athen und Atlantis habe n a c h dem Sieg der Athener stattgefunden. Das ist aber nicht gleichbedeutend mit dem Ende des ganzen Feldzuges, der sich – auch nach der Erzählung Platons – sowohl gegen Athen wie gegen Ägypten richtete. Hätten aber die Athener die aus dem Westen anstürmenden Atlanter bereits e n d g ü l t i g besiegt, dann hätten die Ägypter sich an dem Kampf nicht mehr zu beteiligen brauchen. Der Krieg muß also nach dem Sieg Athens weitergegangen sein.

Auch sonst ist in diesem Punkt kein Widerspruch zwischen beiden Quellen festzustellen. Wenn der Atlantis-Bericht den Sieg der Athener über die Atlanter herausstreicht, dann ist das durchaus vereinbar mit den Aufzeichnungen von Medinet Habu. Verständlicherweise schreibt die Darstellung der Ägypter den Endsieg über die „Seevölker" ihrem Pharao zu, während es nach dem solon-platonschen Bericht den Anschein hat, als gebühre allein Athen das Verdienst, den Angriff der Atlanter auf die Mittelmeervölker erfolgreich abgewehrt zu haben. Genaues Zusehen erweist indes, daß dieser Schein trügt! Schuld an dieser falschen Vorstellung ist der Umstand, daß die maßgebliche Textstelle 25 b-c bei „Timaios" von den verschiedenen Übersetzern unterschiedlich übertragen wird. Dies gilt vor allem von dem letzten Satzteil dieser Passage, der davon handelt, daß der Sieg der Stadt Athen über die Atlanter die noch nicht unterworfenen Völker des Mittelmeeres vor der Knechtschaft bewahrte. Von den verschiedenen Fassungen wie „gewährte sie großügig die Befreiung", „befreite sie" oder „gab sie... die Freiheit zurück" u. ä., überzeugt am ehesten die Übersetzung Spanuths (Die Atlanter, S. 452), „half sie großzügig zur Befreiung". Sie macht deutlich, daß der Abwehrsieg der Athener ein wichtiger Beitrag war zur Befreiung der übrigen Mittelmeervölker, und sie kennzeichnet die Bemerkung der ägyptischen Priester über den athenischen Sieg als im wesentlichen eine Geste der Höflichkeit. Denn es ist völlig ausgeschlossen, daß die – nach dem Abfall der anderen Hellenen – auf sich allein gestellten, zahlenmäßig vergleichsweise wenigen Athener in der Lage gewesen wären, die gewaltige atlantische Streitmacht endgültig zu besiegen. Was die Athener erreicht haben dürften – auch das ist höchst rühmenswert –, ist die erfolgreiche Abwehr des atlantischen Angriffs auf Athen und Attika. Die Niederlage der Atlanter vor Athen erhielt aber nicht nur Attika die Freiheit, sondern sie hatte auch neben einer militärischen Schwächung des Angreifers eine moralische Stärkung der Angegriffenen zur Folge gehabt und so letztlich zum Sieg der Ägypter beigetragen.

Für unser Problem ergibt sich aus diesen Überlegungen: die Königsinsel Atlantis ist nach dem siegreichen Abwehrkampf der Athener in den Fluten versunken, aber vor dem schließlichen Sieg des ägyptischen Pharao in der Schlacht am Nil, die vermutlich zwischen 1195 und 1177 v. Chr. stattfand – das exakte Datum ist umstritten. Nimmt man diese Schlacht als die absolut unterste Grenze für die Zerstörung von Atlantis, dann erscheint die These nicht mehr so unwahrscheinlich, daß der Untergang noch in der 2. Hälfte des 13. Jh. vor der Zeitenwende geschah.[21)]

Diese Datierung fügt sich gut ein in die anderen Ereignisse jener Zeit. So haben die Fachgelehrten festgestellt, daß dieser Zeitraum nach den überlieferten Berichten und archäologischen Erkenntnissen zugleich eine Epoche „gewaltigster Erdbeben und Überschwemmungen" war, von denen der Atlantis-Bericht spricht.[22)] In dieser Periode fanden auch im atlantischen Bereich große Vulkanausbrüche statt, und zwar vornehmlich waren es die seit Jahrtausenden bis in die neueste Zeit tätigen Vulkane auf Island, Madeira, den Kanarischen und Kap Verdischen Inseln, die hier eine Rolle spielen, weil ihre Eruptionen und Erschütterungen in vielen Fällen wegen der Meeresnähe gleichzeitig große Überschwemmungen zur Folge hatten. Auf diese Frage kommen wir noch ausführlicher zu sprechen.[23)]

Auf der einen Seite haben wir also als frühesten Zeitpunkt für den Untergang von Atlantis die Jahreszahl 1262 (oder 1252) v. Chr., das Gründungsdatum von Athen und den Beginn des Atlanterüberfalles. Auf der anderen Seite ist – sofern man der Theorie von der Identität der Atlanter und der „Seevölker" folgt – der Endsieg des Pharao Ramses III. in der See- und Landschlacht am Nil zwischen 1195 und 1177 vor der Zeitrechnung das späteste Datum.

Es gibt aber noch eine weitere Möglichkeit, den Untergang von Atlantis zeitlich zu fixieren, das ist

Die Sage von Phaeton

Nach dieser hübschen griechischen Sage, die auch im Atlantis-Dialog erwähnt wird, wollte Phaeton, der junge Sohn des Sonnengottes Helios, einmal selbst den Sonnenwagen über den Himmel lenken. Er verstand es jedoch nicht, die ungestümen Sonnenpferde zu zügeln. Das Gefährt kam von der Bahn ab und der Erde zu nahe, die von den glühenden Sonnenstrahlen versengt wurde. Städte gingen in Flammen auf, Wälder verbrannten, Quellen versiegten, Seen und Binnenmeere trockneten aus und wurden zur Wüste. Gottvater Zeus bewahrte die Erde vor der völligen Vernichtung, indem er den jungen Sohn des Sonnengottes durch einen Blitzstrahl tötete. Dieser stürzte in den Fluß Eridanos und wurde von seinen Schwestern viel beweint, deren Tränen zu Bernstein erstarrten.

In der Regel sieht man in dieser Sage nur eine Schilderung der zerstörenden Wirkung allzugroßer Sonnenglut, jedoch steckt mehr dahinter. Es ist die in Sagenform gefaßte Erinnerung an einen ungewöhnlichen Naturvorgang mit katastrophalen Folgen. Im Atlantis-Bericht kommt die Phaeton-Sage bei der Erörterung der mannigfachen Katastrophen zur Sprache, die der Menschheit seit je durch Feuer und Wasser drohen. Zuvor hatte Solon den ägyptischen Priestern als eine der ältesten Geschichten seines Landes die Sage von der großen Wasserflut erzählt, der allein Deukalion und Pyrrha entkommen konnten. Lächelnd klären die saïtischen Gottesdiener den Griechen auf, daß es sich weder bei der deukalionischen Wasserflut noch bei Phaeton um bloße Sagen handele. Die Phaeton-Sage betreffe in Wahrheit einen Naturvorgang, der auf eine „Abweichung der am Himmel die Erde umkreisenden Sterne" zurückzuführen sei (Timaios 22 c-d). Diese Bemerkung offenbart erstaunliche astronomische Kenntnisse für jene frühe Zeit, die man nur mit Verwunderung und Hochachtung registrieren kann. Denn tatsächlich gab es nach den Aussagen der Astronomen damals eine Zeit, da der mächtige *Halley'sche Komet* mit seinem Riesenschweif die Erde streifte, wodurch verheerende Brandkatastrophen ausgelöst wurden. Wir kennen auch den Zeitpunkt dieses verhängnisvollen Zusammentreffens unseres Planeten mit dem glühenden Himmelskörper: es war – wie sich aus dem 76 jährigen Umlaufzyklus des Kometen exakt rückrechnen läßt – das Jahr 1226 v. Chr.! [24)]

Auch dieser Vorgang führt uns datumsmäßig wieder in die 2. Hälfte des 13. vorchristlichen Jahrhunderts. Er bietet zugleich die Möglichkeit, den Zeitraum für den Untergang von Atlantis näher einzugrenzen. Da Solon zwar die Sage von Phaeton kannte, aber nichts von den Kämpfen der Athener mit den Atlantern und der anschließenden Atlantiskatastrophe wußte, wird man annehmen dürfen, daß der Untergang von Atlantis das zeitlich weiter zurückliegende Ereignis war. Das Jahr 1226 selbst kommt als Untergangsdatum nicht in Betracht, weil das Feuer des Phaeton mehr die Bergbevölkerung traf als „die Anwohner der Flüsse und des Meeres" (Timaios 23 d). Mit anderen Worten: Atlantis muß v o r dem Jahre 1226 v. Chr. versunken sein! Demnach ergäbe sich für die Datierung des Unterganges von Atlantis die Zeitspanne zwischen 1262 und 1226 vor der Zeitenwende.

Damit kommen wir in die *Bronzezeit*, von der ganz offensichtlich der Atlantis-Bericht handelt. Ihr Höhepunkt lag in den Jahren 2000 bis 1000 v. Chr., und sie ist eine der glänzendsten Vorgeschichtsepochen unserer Erde. Sie ist das sagenhafte „goldene Zeitalter" im tatsächlichen wie im übertragenen Sinn: es dominierten das Gold und die goldschimmernde Kupfer-Zinn-Legierung, die Bronze. Ein ungewöhnlicher Menschenschlag schuf damals, auf Grund einer hochentwickelten Kunst der Metallbehandlung, begünstigt durch ein extrem warmes Klima und die große Fruchtbarkeit des Bodens, eine hochstehende Kultur. Sie dokumentierte sich in der Gründung prächtiger Städte, einem hohen Stand der Kunst, der Bildung eines vielfältigen Handwerks und der Schaffung eines blühenden Handels. In den ägyptischen, mykenischen und kretischen Hochkulturen sowie der des Hethiterreichs tritt uns nach den Ausgrabungsfunden der Archäologen diese Blütezeit der Bronzekultur im Mittelmeerraum deutlich vor Augen.

Die Datenangaben über den Kampf der Athener mit den Atlantern und den Untergang von Atlantis sind also von den ägyptischen Priestern richtig geliefert worden. Auch die nur gelegentliche Erwähnung des Eisens im Atlantis-Bericht (Kritias 119 e) passt zu der Datierung in das 13. vorchristliche Jahrhundert: es ist die früheste Zeit der allmählich beginnenden Eisenkultur. Sind die Zeitangaben aber richtig, dann haben wir auch kein Recht, die Angaben über die Maße der großen Ebene zu „korrigieren". Hier kann auf Seiten Solons auch kein Mißverständnis vorgelegen haben. Es bleibt also dabei, die „ganze Insel" ist ein ziemlich großes Gebilde mit einer riesigen Ebene in den Ausmaßen von 3000 x 2000 Stadien. Wenn das in eine Theorie nicht passt, dann sind nicht die Zahlenangaben des Atlantis-Berichtes korrekturbedürftig sondern die betreffende Lokalisationsthese.

Nunmehr können wir uns der entscheidenden Frage zuwenden:

Welches Eiland ist die „ganze Insel"?

Für die Suche liefert die Atlantis-Erzählung eine Reihe brauchbarer Fakten. Zwei davon haben wir schon kennengelernt: die „ganze Insel" liegt im Atlantik, und sie besitzt eine beachtliche Größe, denn auf ihr befindet sich eine Ebene von beträchtlichen Dimensionen. Als weitere Charakteristika dieser großen Insel sind zu nennen: die große Ebene wird im Norden von vielen hohen, bewaldeten Bergen gegen die rauhen Nordwinde abgeschirmt, im Süden ist sie zum Meer hin offen. Außerdem ist die Insel reich an wertvollen Bodenschätzen, vor allem an Gold, Silber, Kupfer und Zinn.

Diese Orientierungsanhalte dürften vorerst ausreichen, um aus der Zahl der in Betracht kommenden Inseln und Länder der antiken Welt die „ganze Insel" herauszufinden. Um ganz sicher zu gehen, sollen nicht nur alle großen Inseln im Atlantik in die Prüfung einbezogen werden, sondern auch die Halbinseln, weil die griechische Sprache damals nicht zwischen Insel und Halbinsel unterschied. Vorsorglich werfen wir zusätzlich einen prüfenden Blick auf die atlantischen Küstenländer West- und Nordeuropas.

Da nur größere Territorien in Frage kommen, stehen folgende Inseln, Halbinseln und Länder – in ihrer heutigen Bezeichnung – zur Auswahl: Island, Irland, Frankreich, Belgien, die Niederlande, Deutschland, Dänemark, Schweden, Norwegen, Spanien, Portugal und England. Keine Sorge, ihre Prüfung wird nicht viel Zeit in Anspruch nehmen, weil der größte Teil dieser Gebiete schnell und sicher abgelehnt werden kann.

So scheidet die Insel *Island* von vornherein aus, weil sie mit 102 800 Quadratkilometern zu klein ist, keine große Ebene besitzt und nicht über die erwähnten Bodenschätze verfügt.

Die zwar vorwiegend flache, aber noch kleinere Insel *Irland* kommt ebenfalls nicht in Frage, zumal sie auch keine hohen Berge im Norden schützen.

Von den anderen Ländern können wir gleichfalls rasch *Frankreich, Belgien, die Niederlande, Deutschland* und *Dänemark* schon deshalb ausschließen, weil sie alle keine hohen Berge im Norden besitzen, sondern im Gegenteil nach Norden zur See offen und flach sind.

Auch *Norwegen* fällt aus, weil ihm die große Ebene fehlt.

Das ist anders bei *Schweden*, das zudem über hohe, windabweisende, bewaldete Berge im Norden verfügt und nach Süden zum Meer hin flach ist. Aber es fehlen für die Zeit der Antike die spezifischen wertvollen Bodenschätze wie Gold, Silber, Kupfer und Zinn – die schwedischen Kupfergruben z. B. wurden erst im Mittelalter erschlossen.

Auch *Spanien* und *Portugal*, die Länder der Pyrenäenhalbinsel, kommen nicht in die engere Wahl. Zwar sind hier die erwähnten Erze in reichlichem Maße vorhanden. Es gibt überdies hohe, windabweisende Berge im Norden, aber eben nicht nur hier, sondern auch in der Mitte und im Süden dieser Halbinsel. Das Kastilische Scheidegebirge im Zentrum ragt über 2500 Meter hoch auf, und im Süden ist das Land alles andere als flach. Die Sierra Morena mit Höhen von 1000 bis 1800 Metern und die Sierra Nevada, deren Gipfel sogar über 3400 Meter aufsteigen, lassen weder Platz für eine große Ebene, noch kann man sagen, das Land sei nach Süden zum Meer hin flach.

Es bleibt als einziges Land aus der ganzen Reihe die Insel *England*. Es lohnt sich ihrer Untersuchung ein Kapitel zu widmen.

2. Kapitel
England – die Insel Atlantis?

Bereits der erste Anschein spricht dafür diese Frage zu bejahen: England – hier natürlich einschließlich Wales und Schottland – ist eine große Insel mit schützenden Bergen im Norden, größtenteils bedeckt von einer riesigen, fruchtbaren Ebene, die sich von Norden nach Süden erstreckt und dort zum Meer hin offen ist. Die Insel war schon immer reich an den erwähnten kostbaren Bodenschätzen.

Wichtiger aber als die Erfüllung dieser großen Fakten ist, ob auch die konkreten Angaben des solon-platonschen Berichtes im Detail auf England zutreffen. Da ist zunächst die Frage: ist auf der Insel ausreichend Platz für eine Ebene von der Form und den Ausmaßen der Atlantis-Erzählung?

Das Bild der großen Ebene

Form und Größe dieser Ebene werden im Buch „Kritias" (118 a) beschrieben: „eine ganz glatte und gleichmäßige Fläche, die in ihrer Gesamtausdehnung eine längliche Gestalt hatte, indem diese nach der Seite zu dreitausend Stadien, in der Mitte aber vom Meer aufwärts nur zweitausend betrug". Ergänzend vermerkt die Stelle 118 c: „Zum größten Teil bildete sie nämlich wirklich bereits ein vollständiges Viereck ...".

Diese Angaben ermöglichen ein brauchbares Bild von der Ebene und sind zugleich wertvolles Lokalisationsmittel. Die Ebene hat sonach die Form eines regelmäßigen Vierecks. Wenn gelegentlich das Wort „Rechteck" verwendet wird, dann dürfte das nicht ganz zutreffen, mag auch diese Übersetzung philologisch „richtig" sein.

Viereck und Rechteck sind jedoch im geometrischen Sinn keine synonymen Begriffe. Das Charakteristikum des Rechtecks ist, daß jeder Innenwinkel 90° hat, weil die gegenüberliegenden Seiten nicht nur gleich lang sind, sondern auch parallel zueinander verlaufen. So ist es hier offensichtlich nicht.

Das folgt aus der präzisen Angabe über die *Breite* dieses Gebildes, und zwar aus den Worten, die Ebene sei „in der Mitte aber vom Meer aufwärts nur zweitausend" Stadien breit gewesen. Die Breite war also nicht durchgehend gleich, sondern ergab lediglich in der Mitte (der Viereckform, nicht etwa der Insel gemessen) eine Strecke von 2000 Stadien. Die Grundseiten dieses Formgebildes müssen hiernach oben und unten verschieden lang gewesen sein. Das schließt jedoch ein Rechteck aus.

Die Ebene hatte somit zwar die Form eines „regelmäßigen", also symetrischen Vierecks, aber eines mit einer Mittellinie. Nun gibt es tatsächlich die geometrische Form eines symetrischen Vierecks mit einer Mittellinie: das gleichschenklige *Trapez!* Bei ihm sind die beiden Hochseiten oder Schenkel gleich lang, aber nicht parallel, die Grundseiten dagegen parallel, aber verschieden lang. Man bezeichnet beim gleichschenkligen Trapez die Linie in der Mitte, die parallel zu den beiden Grundseiten verläuft, schlechthin als „Mittellinie" oder „Mittelparallele". Dabei ist diese Linie, die die Breite des Trapezes in seiner Mitte angibt, halb so lang wie die beiden Grundseiten zusammen.

Nach diesem kleinen geometrischen Exkurs lassen sich die Angaben des Atlantis-Berichtes besser verstehen. Die Bemerkung, „in der Mitte aber vom Meer aufwärts nur zweitausend" Stadien breit, besagt also, daß in diesem symetrischen Viereck die Länge der Mittellinie – das ist gleichzeitig die Breite des Vierecks – 2000 Stadien beträgt. Der Hinweis, „nach der Seite zu dreitausend Stadien", verrät, daß die beiden Seiten oder Schenkel jeweils 3000 Stadien lang sind.

Leider wird über die Länge der einzelnen Grundseiten nichts gesagt. Wir wissen nur, daß sie zusammen 4000 Stadien lang sind, denn im gleichschenkligen Trapez ist die Mittellinie halb so lang wie die Summe der beiden Grundseiten. Diese Länge bestätigt eine andere Passage im „Kritias" 118 c-d, wo davon die Rede ist, die Atlanter hätten um das Viereck der Ebene einen riesigen Kanal gezogen. Von ihm heißt es: „... und als er nun die ganze Ebene herumgezogen war, da ergab sich für ihn eine Länge von zehntausend Stadien". Da die Länge der beiden Schenkel mit je 3000, also insgesamt 6000 Stadien bekannt ist, verbleiben für die beiden Grundseiten zusammen noch 4000 Stadien. Das wiederum deckt sich exakt mit der Angabe, die Mittellinie des Vierecks sei 2000 Stadien lang.

Man sieht, die Berichtsangaben sind geometrisch erstaunlich korrekt und in sich widerspruchslos. Leider ist damit die genaue Länge der Grundseiten und damit die Form des Vierecks noch immer nicht geklärt. Etwas weiter hilft die Überlegung, daß offenbar die beiden Grundseiten in ihrer Länge stärker differierten, weil es sich sonst praktisch um ein Rechteck gehandelt hätte, so daß die Angabe der Mittel-Linie überflüssig gewesen wäre. Ein gleichschenkliges Trapez mit erheblich verschiedener Länge der Grundseiten nähert sich stark einem gleichschenkligen Dreieck, und das wiederum würde gut für England passen, weil Britannien – wie wir gleich sehen werden – nach den antiken Vorstellungen die Form eines gleichschenkligen Dreiecks hatte.[25)]

Gehen wir einmal davon aus, daß die südliche Grundseite unseres Trapezes recht lang war, vielleicht 3000, möglicherweise sogar 3200 Stadien lang, so verbliebe für die nördliche Grundseite eine Höchstlänge von 800 bis 1000 Stadien. In Kilometern ausgedrückt ergäbe das bei einem Itinerarstadion von 157 Metern im Norden eine Strecke von 125 bis 157 Kilometern, im Süden von 371 bis 502 Kilometern.

Eine präzise Angabe ist leider nicht möglich, gleichwohl sind diese Überlegungen keine wertlosen Zahlenspiele, sondern machen deutlich, daß der Atlantis-Bericht keine unabänderlich festgelegte Form der Ebene aufzwingt, wie das bei einem Rechteck der Fall wäre. Der Erzähler hat kein starres Schema verwendet, sondern sein Formbild offensichtlich den besonderen Gegebenheiten der „ganzen Insel" angepaßt. Hat aber – so muß man weiter fragen – eine Ebene dieser Form und dieser Größe überhaupt Platz auf der englischen Insel?

Sie hat! Zwischen dem Solway Firth und der Tyne-Mündung im Norden, der Talsenke südlich der schottischen Cheviot Hills, wo heute noch die Reste des römischen Hadrianswall zu sehen sind, und der Kanalküste im Süden liegt ein riesiges ebenes Gelände. Nur die Cambrian Mounts in Wales und der mäßig hohe, flache Rücken des Pennine Gebirges in Nordengland unterbrechen zeitweilig die mächtige Ebene, die im Süden zum Ärmelkanal hin völlig offen, deren Nordteil jedoch durch die hohen schottischen Berge gegen die kalten Winde abgeschirmt ist. Es ist das gleiche Bild, wie es die Atlantis-Erzählung gibt!

Diese riesige Fläche hat auch die geometrische Form eines hochgestellten, gleichschenkligen Trapezes mit den angegebenen Längen. Von Land's End im Westen bis hinauf zum Solway Firth und – auf der Gegenseite – von Ramsgate bis Tynemouth betragen die Entfernungen in nordsüdlicher Richtung jeweils etwa 550 und 475 Kilometer, also wenig mehr als 3000 Stadien (= 470 km). Bei den Grundseiten ist die Distanz im Norden von Solway Firth nach Osten bis Tynemouth c. 125 Kilometer, also rund 800 Itinerarstadien, während es im Süden von Land's End ostwärts bis Ramsgate rund 525, also etwas mehr als 3200 Stadien = 502 Kilometer sind. In der Mitte dieser großen Fläche – quer über die Insel – liegt zwischen der Cardigan Bucht und dem „Wash" eine Strecke von c. 325 Kilometern, mithin etwa genau 2000 Stadien. Das sind frappierend die gleichen Abmessungen, wie sie der Atlantis-Bericht gibt, ohne daß es dafür einschneidender „Korrekturen" bedürfte!

Natürlich lassen sich die Entfernungen nicht exakt vermessen, schon deshalb nicht, weil wir die genauen Maße der Grundseiten nicht kennen. Auch sind die (abgerundeten) Zahlenangaben offensichtlich nur grobe Schätzungen, denn der Bericht ist keine wissenschaftliche Expertise. Nicht stören darf schließlich, daß innerhalb dieser großen Ebene einige Erhöhungen liegen, z.B. die Pennine Kette, denn Platon vermerkt selbst von dem riesigen Umfassungskanal um die Ebene, „er nahm auch die von den Bergen herabfließenden Wasser auf . . ." (Kritias 118 d).

Endlich darf man nicht erwarten, daß sich die trapezförmige Ebene mit den angegebenen Maßen exakt in die Umrißlinien Englands einfügen läßt. Zum Teil fehlen einige kleine Landteile – das gilt vor allem für den Westen –, zum Teil ist das Land an einigen Stellen breiter – das ist besonders auf der Ostseite der Fall. Diese geringen Abweichungen sind selbstredend immer gegeben, wenn eine größere Landfläche in ihrer natürlichen Gliederung mit den starren Linien einer geometrischen Grundform verglichen wird. Man versuche einmal, die Insel England in eine einfache geometrische Figur einzufügen, und man wird die Schwierigkeit dieses Vorhabens erkennen. Übrigens sagt der Atlantis-Bericht selbst, daß die Viereck-Form nicht an allen Stellen der Insel erreicht wurde. In „Kritias" 118 c heißt es: „Zum größten Teil bildete sie nämlich wirklich ein vollständiges Viereck . . ." und dann noch einmal: „wo es noch an der vollen Regelmäßigkeit dieser Gestalt fehlte . . ."

Es erübrigt sich daher auch, an dieser Stelle auf die komplizierte Frage einzugehen, wieweit das Meer im Laufe der vergangenen Jahrtausende die Umrißgestalt der Britischen Insel verändert hat. Tatsächlich haben erhebliche Veränderungen, besonders in der Bronzezeit, stattgefunden, und viele der Einbuchtungen, besonders auf der Westseite, sind offensichtlich das spätere Werk der zerstörenden Kräfte des angreifenden Meeres, das hier mit Höhen bis zu 14 Metern (!) die stärksten Tiden Europas aufweist. Wir kommen darauf noch zu sprechen.

England und die antiken Weltkarten

Es kommt etwas anderes hinzu. Der antike Bericht von Atlantis muß in seinen erdkundlichen Angaben an den geographischen Vorstellungen und Kenntnissen seiner Zeit gemessen werden. Wie ein Blick auf die Erdkarte des Eratosthenes (3. Jh. v Chr.) lehrt, hatte nach dem erdkundlichen Wissen des Altertums die Insel England (Bretannike, Albion) etwa die Form eines gleichschenkligen Dreiecks! (siehe Abbildung Nr. 2). Selbst die 350 Jahre jüngere, wesentlich bessere Weltkarte des

Klaudias P t o l e m a io s (um 150 n. Chr.) zeigt diese Dreiecksgestalt, allerdings mit einer „Fahne" am Nordostende.

Von besonderem Interesse ist für uns die ältere Erdkarte des Eratosthenes. Es lohnt sich, sie genauer anzusehen. Während die ptolemaische Karte auf der Westseite von „Albion" die Cardigan-Bucht in Wales wenigstens leicht andeutet, fehlen auf der Weltkarte des Eratosthenes die großen Einbuchtungen auf der Westseite der Britischen Insel, wie die des Bristol Kanals, der Cardigan Bucht und der Bucht von Blackpool – von einer kleinen Einbiegung abgesehen – völlig! Auch auf der Ostseite der Insel ist weder der Einschnitt der Themsemündung noch der „Wash" dargestellt.

Diese Einbuchtungen auf der West- und Ostseite der Insel England waren also offenkundig den Fachgelehrten im 3. Jh. v. Chr. nicht bekannt, also auch nicht Platon, erst recht nicht unseren Gewährsmännern aus dem 6. vorchristlichen Jahrhundert, den saïtischen Priestern. Wenn gleichwohl ihr Bild von der „ganzen Insel" und ihren Ausmaßen und Formen so überraschend weitgehend mit der Realität übereinstimmt, dann beweist das, daß ihre Angaben auf Landeskundige, vermutlich also die Aussagen der gefangenen Atlanter („Seevölker"), zurückgehen. Diese in den Papyris und Tempelinschriften von Medinet Habu festgehaltenen Aussagen auf ihre Richtigkeit zu überprüfen, waren jedoch weder die Ägypter noch Solon oder Platon in der Lage.

Wie wenig der Wirklichkeit entsprechend die antiken Vorstellungen von der geographischen Gestalt Englands waren, zeigen einige Beispiele aus späterer Zeit. So berichtet der römische Feldherr und Staatsmann Julius C ä s a r (100 bis 44 v. Chr.), der selbst zweimal persönlich eine Invasion Englands durchgeführt hat (55 und 54 v. Chr.), von der geographischen Form Britanniens im 5. Buch Kap. 13 seines Werkes „De bello gallico": „Die Insel hat die Gestalt eines Dreiecks". Er schätzt die Seitenlängen mit 500, 700 und 800 römischen Meilen, also (1 röm. Meile = 1,481 km) mit 750 Kilometern die Südseite, mit 1050 die westliche und mit 1200 die Ostseite. Wie man sieht, besteht eine erhebliche Differenz zur Wirklichkeit.

Abb. 3 Weltkarte des Anaximandros (6. Jh. v. Chr.). Asia (Kleinasien) ist als kleines Land dargestellt, Libya (Afrika) nur als schmales Band zwischen Mittelmeer und Okeanos. England und Irland scheinen als Inseln unbekannt. – Die älteren antiken Erdkarten sind nicht überliefert; es handelt sich um Rekonstruktionen an Hand der Literatur.

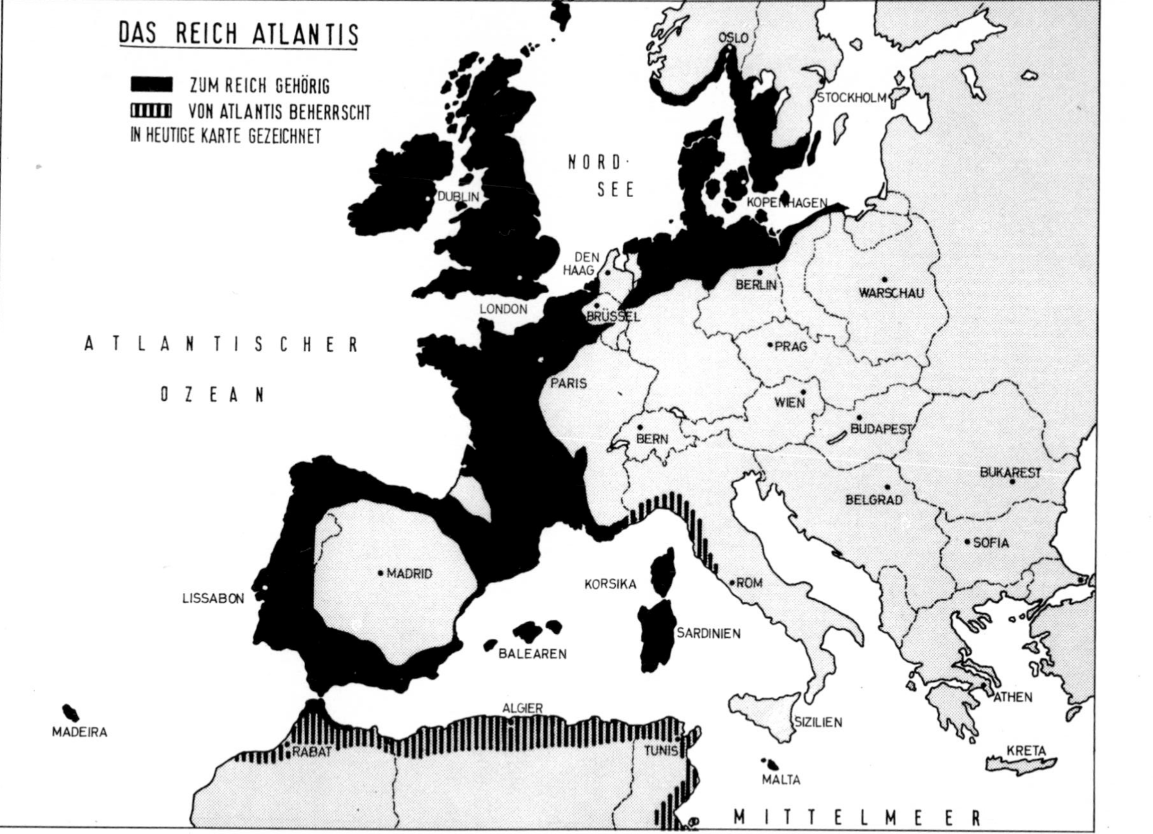

Abb. 4 Die Karte gibt die vermutliche Ausdehnung des Inselreiches Atlantis mit der „ganzen Insel" (England) und den „übrigen Inseln und Teilen des gegenüberliegenden Festlandes" wieder. Atlantis deckt sich weitgehend mit dem Verbreitungsgebiet der Megalither in Nord- und Westeuropa.

Die Dreiecksform der Insel England war offenbar aus den Vorstellungen jener Zeit nicht wegzudenken. So hat sich der Zeitgenosse Cäsars, der griechische Geograph Strabo (63 v. bis 19 n. Chr.) in seinem großen Werk „geographie" (II,4 Kap. 1-3) ebenfalls für die Dreiecksgestalt von Bretannike eingesetzt. Dabei bestimmte er die Länge der Südseite mit 5000 Stadien (nach Itinerarmaß = 785 km). Auch der bekannte Geschichtsschreiber Diodor aus Sizilien, der um die gleiche Zeit lebte, sagt von England in seiner „Weltgeschichte" (bibliotheke V Kap. 21): „Britannien ist dreieckig wie Sizilien; aber die Seiten sind nicht gleich lang". Die Seitenlängen gibt er mit 7500 Stadien (= 1180 km), 15000 St. (= 2350 km) und 20000 St. (= 3200 km) an. Ebenfalls nicht gerade sehr wirklichkeitsnah ist das Bild, das etwas später Cornelius Tacitus (c. 55 bis 120 n. Chr.), der Verfasser der berühmten „Germania", in seinem Buch „Agricola", Kap. 10 vermittelt: „Britannien, unter den Inseln, welche römische Kunde umfaßt, die größte, liegt, was Ausdehnung und Himmelsstrich betrifft, gegen Norden Germanien, gegen Abend Hispanien gegenüber; gegen Mittag liegt es den Galliern sogar vor Augen . . . Die Gestalt des gesamten Britannien haben Livius, der Älteren, und Fabius Rusticus, der Neueren wohlredendster Geschichtsschreiber, einer länglichen Schüssel oder Doppelaxt verglichen . . ."

Legte man entsprechend den antiken Vorstellungen eine Dreiecksgestalt Englands mit diesen Maßen zugrunde, so ließe sich darin unsere große Ebene mit den angegebenen Dimensionen mühelos unterbringen. Besonders leicht wäre es bei der Erdkarte des Eratosthenes, der Bretannike in erheblich übersteigerter Größe wiedergibt. Der Fachman zeichnet nämlich England nahezu doppelt so groß wie die in Wahrheit größere Iberische Halbinsel, die eine Ebene unserer Ausmaße problemlos aufnehmen könnte.

Ohne den Dingen Gewalt anzutun, kann mithin unbedenklich festgestellt werden, daß sowohl nach den Vorstellungen des Altertums als auch nach der heutigen Wirkllichkeit England eine Insel ist, die einer Ebene von den Formen und Ausmaßen der Atlantis-Erzählung genügend Raum bietet.

Wenden wir uns deshalb den weiteren Angaben des Berichtes zu.

Die schönen bewaldeten Berge

Neben der großen Ebene finden insbesondere die hohen, schönen Berge mit ihren ausgedehnten Wäldern, die Schutz vor den Nordwinden bieten, Erwähnung. Von diesen Bergen rühmt der Bericht: „Die Berge aber . . . wurden damals als solche gepriesen, welche an Menge, Größe und Schönheit alle jetzt vorhandenen übertrafen, indem sie viele Flecken mit einer reichen Zahl von Bewohnern, ferner Flüsse, Seen und Auen, welche allen möglichen Tieren hinreichendes Futter darboten, sowie endlich Waldungen in sich faßten . . ." (Kritias 118 b).

Tatsächlich gibt es in Schottland, im Norden der Britischen Insel, zahlreiche hohe Berge, die nicht bloß die kalten Nordwinde abhalten, sondern obendrein einen außerordentlich schönen Anblick bieten. Der besondere Reiz der nicht nur an Bergen sondern auch an Flüssen und Seen, Wäldern und Wiesen reichen schottischen Highlands liegt darin, daß die vielen, oft schneegekrönten oder nebelverhangenen Berggipfel mit ihren bisweilen bizarren Formen, umrahmt von prächtigen Wolkenkulissen, sich in den klaren Seen und Flüssen, und vor allem in den weit ins Land reichenden tiefen Meeresbuchten spiegeln. Ein harmonischer Zusammenklang von Bergen, Wäldern, Wiesen und Wasserflächen zu einem großartigen Panorama, das auch heute noch den ausländischen Besucher überrascht und entzückt.

Gewiß kennt der Beschauer aus dem Mittelmeerraum größere Berge, die Höhen bis über 3500 Meter erreichen, während der höchste Berg Schottlands, der ständig schneegekrönte Ben Nevis, lediglich 1343 Meter hoch aufsteigt. Aber bei den unseren ägyptischen Erzählern bekannten mediterranen Höhenzügen handelt es sich in der Regel um menschen-, tier- und wasserarme Bergkuppen, die meist kahl oder nur schwach bewaldet waren. Diesen Mittelmeer-Bergen fehlen nicht nur die ausgedehnten dichten Wälder, die in Schottland früher noch mächtiger waren als heute und die, besonders im Wechsel der Jahreszeiten, einen unvergleichlich schönen Anblick boten und jetzt noch bieten, sondern es fehlen ihnen auch die Flüsse, Seen und Auen, an denen das schottische

Hochland so reich ist. Was Wunder, daß die Erzählung von dem herrlichen atlantischen Bergwald das höchste Erstaunen und die Bewunderung der ägyptischen Gewährsleute hervorriefen, und daß sie diese Besonderheit so gut im Gedächtnis bewahrten!

Steil aus dem Meer aufsteigend

Was hat es mit dem weiteren topographischen Detail auf sich, der Bemerkung über eine jäh abfallende Steilküste rings um die Insel? „Zunächst nun wurde mir das Land im ganzen als sehr hoch gelegen und steil aus dem Meer aufsteigend geschildert . . .", heißt es bei „Kritias" 118 a. Tatsächlich trifft diese Charakterisierung auf England zu. Das gilt mit Sicherheit für die Südküste, die von den Kreidefelsen bei Dover im Südosten bis zu den Granitkliffs bei Land's End im äußersten Südwesten steilabfallend, stellenweise über 70 Meter hoch ist. Gleiches gilt für die Westküste, von Cornwall bis hinauf zum Kap Wrath an der nordwestlichsten Ecke Schottlands. In steilabfallender Weise präsentiert sich auch die felsige schottische Nordküste in ihrer vollen Breite. Selbst die Ostseite der Insel ist keineswegs flach. Die schottischen Berge reichen dicht an die Ufer der Nordsee. Sogar die Ausläufer des Pennine Gebirges bilden in den Grafschaften Northumberland und York bis zur Mündung des Humber eine steil zum Meer abfallende Küste. Man sehe sich nur die über 100 Lichtbilder an, die Steers rund um die englische Küste aufgenommen hat. Sie beweisen überzeugend, daß die Angabe des Atlantis-Berichtes über die hohen Küsten der „ganzen Insel" ebenfalls ihre Entsprechung in der Wirklichkeit findet[26)] (siehe Abbildung Nr. 12).

Wertvolle Bodenschätze

Auch hinsichtlich der Bodenschätze wird die Insel England diesen weiteren Erfordernissen gerecht: in ihrem Boden finden sich tatsächlich die hochgerühmten kostbaren Erze in großer Menge und Vielfalt. Neben Spanien waren die Britischen Inseln das bedeutendste Erzland der Antike. Das gilt nicht nur für das damals so ungemein wichtige Zinn, das im Boden Cornwalls in großen Mengen gefunden wurde, sondern auch für Kupfer, das dort ebenfalls reichlich vorkommt. Selbst an Silber sowie Eisen war kein Mangel, und Gold gab es in Wales und in bedeutendem Umfang besonders im nahe benachbarten Irland.

Nach der solon-platonschen Erzählung waren die Bewohner von Atlantis ein reiches Volk, vor allem dank dieser Bodenschätze und eines damit betriebenen ausgedehnten Handels. Sehr ausführlich wird vermerkt, wie prächtig der Haupttempel des Poseidon und die Königsburg auf der kleinen Insel ausgestattet waren. Da heißt es (Kritias 116 d-e), der ganze Tempel sei mit Silber, die Zinnen jedoch mit Gold überzogen gewesen. Im Innern habe die elfenbeinerne Tempeldecke reiche Verzierungen aus Gold, Silber und „Oreichalkos" aufgewiesen, womit auch die Mauern, Säulen und der Fußboden belegt gewesen seien. Eine große goldene Statue des Poseidon im Tempel habe den Gott als Lenker von 6 geflügelten Rossen gezeigt, umgeben von 100 Nereiden auf Delphinen sitzend. Ferner habe es viele goldene Statuen der Frauen und Nachkommen der 10 Urkönige gegeben. Besondere Erwähnung erfährt noch eine Säule aus „Oreichalkos", die im Tempel gestanden habe und auf der die Gesetze des Landes und die Namen der bisherigen Könige eingegraben gewesen seien – die Atlanter besaßen also eine Schrift!

Der geheimnisvolle Oreichalkos

Was ist das für ein Stoff, dieser mehrfach erwähnte „Oreichalkos", was wörtlich übersetzt „Bergerz" bedeutet, von griechisch „oros" = Berg und „chalkos" = Erz? In der Wissenschaft ist seit langem ein großes Rätselraten im Gange, doch konnte die Frage bis heute nicht zufriedenstellend beantwortet werden.

Dieser „Oreichalkos" soll an vielen Stellen der Insel aus dem Boden gegraben worden sein – ein Zeichen seiner verhältnismäßigen Häufigkeit dort. In anderen Ländern aber muß dieses „Bergerz" ziemlich selten oder gar nicht vorhanden gewesen sein, denn es heißt, daß „Oreichalkos" bei den damaligen Menschen außer dem Golde am meisten geschätzt wurde. Bekanntlich ist es gerade der Seltenheitswert, der die Wertschätzung eines guten Werkstoffes bestimmt. Und dieses so wertvolle Material war nach dem Atlantis-Bericht ideal geeignet zum Belegen von Mauern und Böden sowie zur Verzierung von Decken und Herstellung einer Gesetzessäule. Ein feuriger, rötlicher Glanz ging von ihm aus.

Die Meinungen der Forscher über den „Oreichalkos" laufen weit auseinander. Sie reichen von organischen Stoffen wie Bernstein über reine Erze wie Kupfer, Eisen und Zink, von natürlichen Mischerzen bis zu Legierungen wie Messing, Goldkupfer und Bronze.

Der Auffassung Spanuths, das Atlantis-Problem sei gelöst, wenn es gelänge, den „Oreichalkos" zu bestimmen, möchte man sich gern anschließen, aber nicht seiner Deutung, es handele sich um *Bernstein.* Richtig ist, daß man den Bernstein damals hoch schätzte – der Beiname „Gold des Nordens" verrät es –, und daß er aus der Erde gegraben werden kann. Aber er ist nun mal kein „Erz" sondern ein fossiles Baumharz. Das wußten sicher schon die Fachleute der Antike, ebenso die ägyptischen Priester, mag ihnen auch die chemische Struktur dieses Stoffes nicht näher bekannt gewesen sein. Für dieses Wissen spricht die Bemerkung des römischen Naturforschers *Plinius* d.Ä., der vom Bernstein sagt: „daß er ein Baumsaft ist, haben auch unsere Altvorderen geglaubt". *Tacitus* wußte ebenfalls, daß Bernstein kein Bergerz sondern ein Baumharz ist, das vom Meer an Land geschwemmt worden war, und schon vor ihm bezeichneten *Pytheas* und *Diodor* Bernstein als einen „Auswurf des Meeres".[27]

Außerdem dürfte Bernstein im 6. Jh. v. Chr. nicht zu den Stoffen gehört haben, die – wie der Atlantis-Bericht sich ausdrückt – „heute nur noch dem Namen nach bekannt sind". Gewiß war der Handel mit dem nordischen Bernstein in der 1. Hälfte des 1. Jahrtausends v. Chr. ins Stocken geraten, aber es gelangte ausreichend Bernstein anderer Provenienz (Spanien, Süditalien, Balkan) in die

Länder des Mittelmeerraumes. Schließlich erwähnt Homer in der „Odyssee" den Bernstein mehrmals (Od. 4, 73; 15, 461; 18, 294), doch nennt er ihn stets „Elektron". Wäre „Oreichalkos" wirklich Bernstein gewesen, dann hätten mit Sicherheit Solon und Platon ebenfalls den damals offenbar gebräuchlichen Namen „Elektron" gewählt.

Dieser „Oreichalkos" kann auch nicht *Kupfer* gewesen sein, obschon das griechische Wort „chalkos" ebenfalls Kupfer bedeutet. Denn dieses Metall war zur Zeit Solons und Platons wohl bekannt und keineswegs selten. Gewiß war es ein wertvolles Erz, aber längst nicht so rar und kostbar wie Gold. Außer in England (Cornwall) und Spanien kam es besonders auf Zypern, der Sinai-Halbinsel und in Etrurien vor.

Während die Ablehnung des roten Metalls *Eisen* keine Schwierigkeiten bereitet, weil es im Atlantis-Bericht ausdrücklich erwähnt wird (Kritias 119 e), ist das bei *Messing*, das auch einen dem Golde ähnlichen rötlichen, feurigen Glanz hat, schon komplizierter. Für diese Kupfer-Zink-Verbindung wurden in der griechischen Sprache gelegentlich die Worte „eridros chalkos" oder „oreichalkos" verwendet. Trotz dieses positiven philologischen Argumentes bestehen jedoch Bedenken. Diese Legierung setzt als Komponente Zink voraus, ein Mineral, das zwar nicht allzu häufig im Boden gefunden wurde – Fundstätten waren im Altertum neben Sardinien und Algier vor allem Spanien und England –, aber keinesfalls eine Kostbarkeit war. Daher kam auch Messing ebensowenig wie Zink in der Wertschätzung nicht annähernd dem Golde gleich.

Andere Forscher wollen im „Oreichalkos" eine erheblich wertvollere Legierung sehen, nämlich *Goldkupfererz*, eine Verbindung von Gold und Kupfer. Bedeutende Fundstätten von Gold waren in der Antike – von den ostafrikanischen Goldländern einmal abgesehen – wiederum Spanien und der britische Archipel, vor allem Irland. Die Vermischung der beiden Metalle verlieh dem Produkt einen feurigen, rötlichen Glanz.

Gleiches gilt für eine andere, später gebräuchliche Goldlegierung, die man wegen ihrer bernsteinähnlichen Farbe *Elektron* nannte. Es handelt sich um eine Verbindung von Gold und Silber. Aber weder Goldkupfer noch Elektron wird man als den „Oreichalkos" von Atlantis ansprechen können, weil die Grundstoffe, Gold, Silber und Kupfer, auch im 6. Jh. v. Chr. noch ausreichend im Mittelmeerraum zur Verfügung standen, so daß die Bemerkung der saïtischen Priester, es handele sich um einen Stoff, der „heute nur noch dem Namen nach bekannt" sei, unverständlich wäre.[28)]

Schließlich ist an *Bronze* zu denken. Die Wertschätzung dieser Metallverbindung war „damals", besonders im 2. Jahrtausend vor der Zeitenwende, sehr groß. Wir wissen das aus „Odyssee" und „Ilias", wo sie sogar v o r dem Golde rangiert! Bei der Aufzählung der Geschenke, die Odysseus von den Phäaken erhielt, beginnt die Reihenfolge immer mit der Bronze. Da heißt es „die gar schönen (erzenen) Dreifüße und Becken und das Gold und die schönen gewobenen Gewänder" (Od. 13, 218, 368). Ferner – in einem Gespräch zwischen Zeus und Poseidon – „Erz und Gold genug und gewobene Gewandung" (Od. 13, 135 f.) oder – bei einer Unterhaltung zwischen Odysseus und dem Schweinehirten Eumaios – „Erz und Gold und vielbearbeitetes Eisen" (Od. 14, 324). Auch in der „Ilias" gilt diese Rangordnung: „Erz und Goldes genug und schön geschmiedetes Eisen" (Ilias 10, 379). Die Bemerkung bei „Kritias" 114 c, daß jener Stoff Oreichalkos von den Menschen damals neben dem Gold am meisten geschätzt wurde, paßt daher auf kein Erz besser als auf die Bronze.

Philologische Schwierigkeiten gibt es ebenfalls nicht. So bedeutet das griechische Wort „chalkos" = Erz sowohl Kupfer als auch Bronze; einen besonderen Ausdruck für Bronze kannte die Antike nicht. Selbst der rotgoldene Glanz fehlt der Bronze nicht; besonders wenn man sie polierte, leuchtete sie wie Gold.

So weit, so gut. Es scheinen jedoch zwei gravierende Bedenken zu bestehen. Einmal: wie kann die Bronze, im 1. Jahrtausend v. Chr. in Griechenland bestens bekannt und viel verwendet, ein Stoff sein, der „heute nur noch dem Namen nach bekannt" ist? Und zweitens ist die Bronze eine künstliche Legierung: sie besteht in ihrer klassischen Zusammensetzung aus 90 Teilen Kupfer und 10 Teilen Zinn, wobei der Zinnzusatz entscheidend dafür sorgt, das an sich weiche Kupfer hart zu machen. Bei dem „Oreichalkos" des Atlantis-Berichtes handelt es sich offenbar jedoch um ein bergmännisch gewonnenes, natürlich vorkommendes Erz, möglicherweise eine Metallvermischung, aber nicht um die künstliche Verbindung getrennt geschürfter und erst später verschmolzener Mineralien. Das scheint gegen die Bronze zu sprechen – ein Einwand übrigens, der auch gegenüber den anderen künstlichen Legierungen, wie Goldkupfer und Messing, vorzubringen ist.

Hier spielt nun die ungewöhnliche Tatsache eine besondere Rolle, daß es in der Antike nur e i n e n Ort gab, wo die beiden Komponenten der Bronze, Kupfer und Zinn, als natürliches Mischerz im Boden vorkommen: das war Cornwall in England! Man brauchte nur das aus der Erde gegrabene Mineral wie jedes andere Erz zu schmelzen und hatte die fertige Bronze. So gesehen ist in der Tat die Bronze ein „Bergerz".

Auch der andere Einwand kann unschwer ausgeräumt werden. Im Altertum gab es im Grunde nur 2 Stellen, wo das für die Bronzeherstellung so unentbehrliche Zinn gefunden wurde: Galicia in NW-Spanien und das englische Cornwall. Die Ägypter hatten ihr benötigtes Zinn vornehmlich aus England (Britannien) bezogen – das für Zinn gebräuchliche ägyptische Wort „pithran" = britannisches Erz beweist es. Diese Zufuhr geriet im 6. Jh. v. Chr. durch eine punische Maßnahme empfindlich ins Stocken. Die Karthager, die seit geraumer Zeit bemüht waren, das einträgliche Zinnmonopol in ihre Hand zu bekommen, erreichten das ersehnte Ziel tatsächlich in der 2. Hälfte des 6. Jh. durch die rücksichtslose Ausschaltung der atlantischen Hafenstadt Tartessos in Südwestspanien – des bedeutendsten Metallumschlagplatzes der Antike – und durch die totale Sperre der Straße von Gibraltar. Allen Schiffern, die nicht im Auftrag Karthagos fuhren, war die Durchfahrt bei Todesstrafe verboten. Das Verbot wurde rigoros gehandhabt. Die widerspenstigen Kapitäne wurden getötet, ihre Schiffe konfisziert oder versenkt, während die Mannschaften das damals übliche Los der Gefangenen erlitten: sofern sie nicht sogleich den Göttern geopfert wurden oder in den spanischen Bergwerken zugrunde gingen, blieben sie ihr Leben lang Sklaven.

Durch diese brutale Sperre der Gibraltarstraße wurde der Zustrom des „britannischen Erzes" nach Ägypten einschneidend gedrosselt. Nur in sehr reduziertem Umfang gelangte danach britisches Zinn von der Kanalküste auf dem Landweg bis zur Rhonemündung zum griechischen Hafen Massalia (heute Marseille) und von dort zu den Ländern des Mittelmeeres. Der direkte Bezug Ägyptens von „britannischem Erz" war damit praktisch abgeschnitten. Der „Oreichalkos", das cornische Mischerz, wurde damals aus der Sicht der saïtischen Priester zu einem Stoff, der in Ägypten im 6. Jh.v. Chr. „nur noch dem Namen nach bekannt" war.[29)]

Dieser kleine mineralogische Exkurs zeigt, wie schwierig die Frage nach dem „Oreichalkos" zu beantworten ist. Die Lösung dieses komplizierten metallkundlichen Problems dürfte Sache der Fachleute, der Mineralogen sein. Glücklicherweise kommt es bei unserer These auf diese Lösung nicht an, und zwar nicht etwa bloß deshalb, weil die Frage von untergeordneter Bedeutung ist. Unsere Untersuchungen haben nämlich die überraschende Feststellung erbracht, daß a l l e als „Oreichalkos" in Betracht kommenden Mineralien jeweils auch in England, vorzüglich in Cornwall, gefunden werden konnten, und zwar in bedeutendem Umfang! Das besagt, daß es dann keine Rolle spielt, welches Erz dieses „Bergerz" ist, wenn der Fundort in England liegt. Deshalb können wir die Entscheidung des Oreichalkos-Problems offen lassen, ohne unsere Theorie in Frage zu stellen. Übrigens gibt es – von Spanien abgesehen, das aber als die „ganze Insel" offensichtlich ausscheidet – nur e i n Land, bei dem dies möglich ist: England!

Sprechen bereits diese Kriterien dafür, daß England die gesuchte „ganze Insel" ist, dann liegt die Vermutung nahe, daß auch die anderen Angaben über Atlantis hier ihre Entsprechung finden. Das gilt namentlich für die Bemerkung über die

Flora auf Atlantis

Höchst aufschlußreich ist hier die Feststellung, daß der größte Teil der Lokalisierungs-Theorien mit den detaillierten Angaben über die üppige Vegetation von Atlantis kaum etwas anfangen kann. Soweit diese Theorien in Atlantis ausschließlich eine kleine Insel sehen, ist dafür ohnehin kein Platz, sofern sie für einen untergegangenen Kontinent oder eine versunkene Rieseninsel plädieren, sind die Bemerkungen zur Flora, weil meist nicht mehr nachprüfbar, wertlos. Ganz anders ist das bei unserer These, weil Atlantis in der Form der „ganzen Insel" ja heute noch vorhanden sein muß. Die floristischen Angaben sind dann gerade Identifizierungshinweis und Bestätigung zugleich.

Vor einer Prüfung der einzelnen Angaben empfehlen sich einige grundsätzliche Bemerkungen zum Klima von England in der damaligen Zeit.

Das englische Klima – damals

Von großer Bedeutung ist in diesem Zusammenhang der Satz des Berichtes: „. . . dies alles brachte die Insel, die damals durchweg der Sonne zugänglich war, in vortrefflicher und bewundernswerter Gestalt und in der reichsten Fülle hervor" (Kritias 115 b). Wer davon ausgeht, die große Insel Atlantis sei versunken, dem sagt der Satz nicht viel. Selbstredend konnte die Sonne die Insel nur bescheinen, solange sie noch nicht untergegangen war, und nach dem Untergang war es mit der Vegetation ohnehin zu Ende.

Ein ganz anderes Gesicht und Gewicht hingegen bekommt der Satz bei der Annahme, die große Insel habe nach dem Versinken der kleinen Königsinsel weiterbestanden. Er besagt dann nämlich, daß von einem bestimmten Zeitpunkt an die Sonnenverhältnisse auf Atlantis sich grundlegend änderten! Man erkennt jetzt in der Bemerkung Platons einen deutlichen Hinweis auf eine starke Klimaänderung, und das läßt sogleich an die einschneidende Klimaverschlechterung nach dem Klimaoptimum der Bronzezeit denken.

Etwa im 15. bis 13. Jahrhundert vor der Zeitrechnung setzte diese *Klimaverschlechterung* ein. Von c. 5500 bis 2500 v. Chr. war die Witterung der sogenannten Atlantischen Periode feuchtwarm, schlug dann in ein mehr trockenes Klima um und wurde nach 700 v. Chr. wieder feuchter, aber kälter. Die durchschnittliche Jahrestemperatur sank erheblich. Vorher war sie so hoch gewesen, daß man sagen kann, das Gebiet von England habe – nach heutigen Maßstäben gemessen – etwa 1000 Kilometer weiter südlich gelegen!

Dieses sehr warme Klima der Bronzezeit wirkte sich naturgemäß vorteilhaft auf die Vegetation aus. Denn neben ergiebigem Regen ist vor allem Wärme bekanntlich eine notwendige Voraussetzung für ein üppiges Wachstum. Diese Wärme lieferte zusätzlich zu dem Klimaoptimum schon damals eine ozeanische Meeresströmung, die auch heute noch den britischen Archipel begünstigt, – der *Golfstrom*. Die warmen Wassermassen aus den tropischen Gewässern Mittelamerikas bestreichen die Küsten von Irland und England, während gleichzeitig eine untermeerische Bodenschwelle zwischen Island und den Shetland Inseln den Zustrom kalten Polarwassers hindert.

Da außerdem die Britischen Inseln insgesamt auf einem relativ flachen Kontinentalschelf vor dem europäischen Festland liegen – der erst nach der letzten Eiszeit vom Meer überspült wurde –, erwärmt der Golfstrom die küstennahen, wenig tiefen Gewässer besonders kräftig. Durchschnittlich ist hier das Meerwasser 4 - 5 ° Celsius wärmer als in anderen Gewässern gleicher nördlicher Breitenlage![30] Der Golfstrom bringt aber nicht nur Wärme, sondern wirkt sich auf die gesamte Witterung des Landes günstig aus. Das Klima ist ozeanisch, d. h. die Sommer sind nicht so heiß, die Winter mild, Frosttage sind selten. Zugleich sind viele Niederschläge zu verzeichnen: laue Winde, vornehmlich aus Südwesten, bringen schützende Bewölkung und vielen warmen Regen. In der Bronzezeit also ideale Bedingungen für die Vegetation, in keiner Weise vergleichbar mit dem meist kühlen, nebligen und feuchten Wetter unserer Zeit.

Dem Golfstrom ist es zu danken, daß sich noch heute in verschiedenen Teilen Englands ein Abglanz dieses vollkommenen bronzezeitlichen Klimas mit seinem subtropischen Wachstum findet, nämlich auf der Insel Man, in Devon und in Cornwall. Hier begegnen uns zu unserem Erstaunen, im Freien wachsend, typische Pflanzen aus den warmen Mittelmeergebieten, nicht nur Oliven, Orangen, Feigen und Granatäpfel, sondern auch Erdbeerbäume, Oleander, Lorbeer, Myrthe usw. Selbst Palmen überwintern draußen ohne winterlichen Schutz. „So milde Wintertemperaturen wie hier sind in diesen Breiten zwischen 50° und 60° n. Br. auf der ganzen Erde nicht anzutreffen".[31)]

Günstige klimatische Voraussetzungen für ein üppiges Wachstum waren auf England damals also zweifellos gegeben. Wie steht es mit den floristischen Angaben Platons im einzelnen?

Große Wälder und saftige Weiden

Da ist die Rede von größeren Waldungen mit zahlreichen Baumarten, die den Handwerkern alles für ihre Arbeit erforderliche Holz liefern. Man spürt förmlich die Begeisterung des Berichters über die Vielfalt der Holzarten. Für einen Anwohner des Mittelmeeres, namentlich einen Ägypter, ist diese Angabe besonders interessant. Denn er kannte, selbst zu der Zeit, da Raubbau noch nicht die einst baumreichen Inseln und Küsten des Mittelländischen Meeres entwaldet hatte, nur einen etwas monotonen lichten Wald, der vorwiegend aus Zedern, Korkeichen, Palmen-, Pappeln- und Olivenhainen bestand.

Das Bild von den an Baumsorten reichen, großen Waldungen paßt dagegen vorzüglich auf das England der vorchristlichen Zeit. Damals war die Insel mit mächtigen Wäldern gesegnet, die in verschwenderischer Fülle die verschiedensten Holzarten lieferten, wie sie von den einzelnen Handwerksberufen unterschiedlich benötigt wurden. Da gab es vor allem Eichen, Ahorn, Buchen, Föhren, Birken und Haselnuß sowie ausgedehnte Eschenbestände. Das alles sind Holzarten, die jahrtausendelang für den Haus- und Schiffsbau, den Bau von Ställen und Schuppen sowie für Haus- und Arbeitsgeräte bevorzugt Verwendung fanden und heute noch finden.

Von diesen herrlichen Waldbeständen Englands sind in unseren Tagen allerdings fast nur noch die schottischen und walisischen

Hochwälder erhalten. Alle anderen sind durch einen permanenten Raubbau, besonders seitens der „Besatzungsmächte", namentlich der Norweger, größtenteils vernichtet worden, soweit nicht – wie vor allem in Cornwall – die Suche nach Zinn und Kupfer, später nach Kohle, bei der während mehrerer Jahrtausende die Erde um und um gewühlt wurde, die Landschaft entwaldet hat. Nicht gering zu veranschlagen ist auch das Heer der Bäume, die für die Verhüttung der Erze als Brennmaterial in die Schmelzöfen wanderten. Was nach diesen bedauerlichen Eingriffen noch an Wald in den Niederungen übrigblieb, schlug man größtenteils nieder, um Platz zu gewinnen für weitere Äcker und Weiden sowie für Park- und Rasenflächen, so daß das einst so waldreiche England heute zu den waldärmsten Ländern Europas gehört.[32)]

Auch die im Atlantis-Bericht gerühmten saftigen *Wiesen* und *Weiden* finden in der Wirklichkeit ihren Platz. Schon in alten Zeiten gaben die Ebenen Mittel- und Südenglands gutes Weideland ab. Die Berge im Norden und Westen der Insel boten nicht nur Schutz vor kalten Winden, sondern dienten auch als Regenfänger, an denen sich die von den ständigen westlichen Winden über den Atlantik herangeführten Wolken entluden. Was an natürlichen Niederschlägen fehlte, ersetzten die Atlanter durch ein ausgeklügeltes künstliches Bewässerungssystem. Rings um die große Ebene hatten sie einen 30 Meter tiefen, 180 Meter breiten und c. 1600 Kilometer langen Graben angelegt, der die von den Bergen herabkommenden Flüsse aufnahm. Zusätzlich war das Land in Abständen von 100 Stadien (etwa 16000 Meter) von Kanälen durchzogen, die zueinander in Querverbindung standen. Diese Kanäle dienten sowohl Verkehrszwecken wie der Bewässerung der Felder und Weiden (Kritias 118 c-e). Die Atlanter hatten offenbar eine Meisterschaft in der Kunst der Bewässerung erlangt, wie sie später nur die Araber erreichten. Die künstliche Bewässerung, reichlicher natürlicher Regen, dazu eine durch Klimaoptimum und Golfstrom bedingte feucht-warme Witterung schufen auf dem nahrhaften, ebenen Boden ideale Voraussetzungen für ausgezeichnete Weideflächen.

Ähnlich ist es mit der

Ackerkultur auf Atlantis

Erstaunlich ist die Fülle der detaillierten Berichtsangaben über die Agrarwirtschaft auf Atlantis mit seinen vielseitigen Fruchtkulturen. Da heißt es: „Was überdies die Erde jetzt nur irgend an Wohlgerüchen nährt, sei es von Wurzel oder Gras oder Hölzern oder hervorquellenden Säften oder Blumen oder Früchten, das alles trug und hegte die Insel vielfältig" (Kritias 115 a-b). Dann fährt der Bericht fort: „. . . nicht minder die milde Frucht und die trokkene, deren wir zur Nahrung bedürfen, und alle, deren wir uns zur Speise bedienen und deren Arten wir mit dem gemeinsamen Namen der Gemüse bezeichnen". Wichtig ist noch die anschließende Stelle: „. . . ferner die [sc. Frucht], welche baumartig wächst, und Trank und Speise und Salböl zugleich liefert" sowie der folgende Satz: „ferner die schwer aufzubewahrende Frucht der Obstbäume, welche uns zur Freude und zur Erheiterung geschaffen ist".

Nichts verrät übrigens mehr, daß wir es bei der Atlantis-Erzählung nicht mit einem Märchen oder einer Sage zu tun haben, sondern mit einer Wirklichkeitsschilderung als diese detaillierte, anschauliche und lebensnahe Darstellung der Landwirtschaft und ihrer Produkte. Nach den Betrachtungen über das besonders warme Klima zur Bronzezeit, den Einfluß des Golfstroms und das vorzügliche Bewässerungssystem klingt der Satz in „Kritias" 118 e: „Auch ernteten sie infolgedessen zweimal des Jahres . . . " nicht mehr so phantastisch und irreal, gewissermaßen an paradiesische Zustände erinnernd. Tatsächlich ermöglichten die besonderen Verhältnisse im damaligen England zwei Ernten im Jahr, zumal es die Atlanter verstanden, der Trockenheit des Sommers durch die Anlage von Bewässerungskanälen zu begegnen, während in der übrigen Jahreszeit reichlicher Regen für genügend Wasser sorgte. Nichts zwingt daher, Atlantis nur in einer südlicheren, namentlich mediterranen Klimazone zu suchen, wo übrigens die günstigen Ernteverhältnisse üblich und allgemein bekannt waren und keine besondere Erwähnung verdient hätten.

Die milde Frucht

Wenn der Atlantis-Bericht von einer „milden" und einer „trokkenen Frucht" spricht, die zur Nahrung benötigt werden, so ist unter den Forschern kaum streitig, daß mit der letzteren das *Getreide* gemeint ist. In der Vorzeit wurden als Getreidesorten vor allem Gerste, Roggen, Hafer und die Vorläufer des heutigen Weizens, das Einkorn, der Emmer und der Spelt (Dinkel) angebaut. Das gilt auch für England.

An wissenschaftlicher Einigkeit fehlt es dagegen über den Begriff der „milden Frucht". Einige Autoren wollen in ihr die Banane, andere die Weintraube, wieder andere Hülsenfrüchte sehen. Um Bedenken aus pflanzengeographischer Sicht zu begegnen, erscheint es angebracht, einige Worte zu diesem Thema zu sagen.

Es mag angehen, die *Banane* als eine „milde" Frucht zu bezeichnen. Sie ist auch ein Grundnahrungsmittel, denn das ist sie zum Teil heute noch für Millionen von Menschen in den heißen Ländern. Aus der Bemerkung über „die schwer aufzubewahrende Frucht der Obstbäume" ergibt sich jedoch, daß im Land Atlantis dieses Grundnahrungsmittel für eine längere Vorratshaltung geeignet gewesen war. Das ist bei der rasch verderblichen Banane gerade nicht der Fall. Sie scheidet schon deshalb aus dem Kreis der Bewerber aus. Auch wiegt der Einwand, die aus Ostindien stammende Banane sei erst in sehr viel späterer Zeit als Kulturpflanze in den Westen gelangt, schwer.[33)]

Ebenso ist es kaum möglich, in der „milden" Frucht die *Weintraube* zu sehen.[34)] Gegen ihren Anbau im England der Bronzezeit bestünden freilich bei den günstigen Klima- und Wachstumsverhältnissen keine grundsätzlichen Bedenken, zumal man in früherer Zeit geringere Ansprüche an die Qualität des Weines stellte. Man kannte keine „naturreine" Weine; jeder Wein wurde damals gewürzt und gesüßt sowie meist mit Wasser vermischt getrunken. Aus der „Odyssee" wissen wir, daß es sogar verpönt war, den Wein unvermischt zu trinken. Auch die atlantischen Könige tranken aus einem Mischkrug (Kritias 120 a). Die im Verlauf der Jahrtausende kühler gewordene, aber dank des Golfstromes noch immer milde Witterung, vor allem im Süden Englands, erlaubte nicht nur in mittelalterlicher Zeit, sondern gestattet auch heute noch den Anbau der Weinrebe im Freien. Für das Gedeihen der wärmeliebenden Rebe schuf das ehemals nahezu subtropische Klima sogar beste Voraussetzungen, und es ist unter den Botanikern unbestritten, daß in der Bronzezeit der Rebstock in erheblich nördlicheren Gefilden Europas als heute wuchs, beispielsweise in Skandinavien. Aber die leicht verderbliche Weintraube ist, auch wenn sie in getrocknetem Zustand als Rosine lange haltbar gemacht werden kann, nun mal kein Grundnahrungsmittel. Überdies hätten Solon und Platon die ihnen bekannte Weintraube sicher mit dem griechischen Namen angesprochen und nicht dafür den obskuren Ausdruck „milde Frucht" verwendet.[35)]

Schon eher kann man hier an die ebenfalls zur Wahl stehenden *Hülsenfrüchte*, insbesondere an Bohnen, Erbsen und Linsen denken. Bereits im frühen Altertum wurden sie – namentlich die Bohnen – vielerorts in großem Umfang zu Brot, Kuchen, Brei und Suppe verarbeitet gegessen: sie waren also ein Grundnahrungsmittel. Zudem sind die Hülsenfrüchte nicht leicht verderblich, sondern sind getrocknet jahrelang haltbar. Es dürfte daher kaum falsch sein, in der „milden Frucht" die vor dem Trocknen weichen Hülsenfrüchte zu sehen. Daß diese Schmetterlingsblüher schon damals in England angebaut wurden, beweisen reiche archäologische Funde in den prähistorischen Gräbern.[36)]

Die baumartige Frucht

Keine Einigkeit besteht ferner unter den Interpreten über die Frucht, „welche baumartig wächst und Trank und Speise und Salböl zugleich liefert". Ob damit, wie viele Forscher annehmen, die *Kokospalme* gemeint ist, erscheint fraglich. Denn die Kokospalme ist ein richtiger, sogar recht hoher Baum, der bis zu 25 Metern aufsteigt, und nicht bloß ein „baumartiges" Gewächs, worunter offensichtlich ein größerer Strauch zu verstehen ist. Gleiches gilt für die ebenfalls ins Feld geführte *Ölpalme*, die eine Höhe von 15 Metern erreicht. Beide Bäume dürften daher ausscheiden, denn die Angaben Platons wollen genau verstanden werden.[37)]

Darum liegt es näher an den *Holunder* zu denken, den heiligen Strauch der Frau Holle, der seit den urältesten Zeiten bei den Gehöften der Bauern Mittel- und Nordeuropas angesiedelt ist. Das gilt vornehmlich für den Schwarzen Holunder, der im Durchschnitt 3 bis 6 Meter hoch wird: er wächst also „baumartig". Die Pflanze ist in vielen Teilen dem Menschen nützlich. Schon immer wurde aus dem blutroten Saft der Früchte ein wohlschmeckender Beerenwein gewonnen. Die in großen Mengen anfallenden vitaminreichen schwarzen Beeren werden seit altersher als Suppe oder Mus gegessen. Die stark duftenden weißen Blüten verwendet man nicht nur zu Heilzwecken (Fliedertee) sondern noch heute vielerorts in Deutschland bei der Zubereitung von Pfannkuchen. Wie die Blüten enthalten die kräftig aromatisch riechenden Blätter ein ätherisches, medizinisch wirksames Öl, das seit Urzeiten als „Salböl" gegen rheumatische Erkrankungen verwendet wird.[38)]

Man braucht also keine exotischen Pflanzen zu bemühen, um den Angaben des solon-platonschen Berichtes gerecht zu werden, denn der Holunder wuchs schon immer und wächst auch heute noch auf dem Boden Englands.

Gemüsebeete

Wenn schließlich in der Erzählung berichtet wird von Obstbäumen, Gemüsebeeten und Gewürzpflanzen, dann deutet das nicht allein auf ein gutes Vegetationsklima sondern zugleich auf eine hohe Zivilisationsstufe. Vor allem gilt das für die Gemüsebeete und die Gewürzpflanzen, deren Kultivierung neben guten botanischen Kenntnissen eine langjährige Erfahrung voraussetzt und auf einen hohen Stand der Eßgewohnheiten und der Kochkunst hinweist. Daß auch diese drei Pflanzengruppen noch heute in England im Freien gedeihen, bedarf keiner Begründung. Die „Odyssee" liefert übrigens den Beweis, daß diese Pflanzen bereits lange vor der Zeitrechnung auf den Britischen Inseln kultiviert wurden. Homer erwähnt bei den Phäaken – die offensichtlich ebenfalls eine hohe Stufe landwirtschaftlicher Entwicklung erreicht hatten – nicht nur die verschiedenen Obstbäume sondern auffallenderweise ausdrücklich auch die Gemüsebeete (Od. 7,116 f.). Auf die Frage, was die Phäaken mit England und den Atlantern zu tun haben, werden wir später noch näher eingehen.

Als nächstes Kriterium soll uns die Fauna auf Atlantis beschäftigen.

Elefanten auf Atlantis

Über die Tierwelt auf der Insel Atlantis sind die Angaben des Berichtes leider nur spärlich und wenig differenziert. Lediglich von „wilden und zahmen Tieren" sowie von der Gattung der Elefanten ist die Rede. Mancher Leser mag sich an der Bemerkung stoßen, auf Atlantis habe es Elefanten gegeben, und sogar in großer Zahl. Wie verträgt sich diese Angabe mit einer Lokalisierung in England?

Zur Erklärung dieser Stelle könnte man an Restbestände von Waldelefanten oder an Mammute denken, die in vorgeschichtlicher Zeit neben Hirsch, Elch, Löwe und Bär in England lebten. Daß der Mensch der jüngeren Steinzeit auf den Britischen Inseln ihr Zeitgenosse war, ist archäologisch erwiesen. Die postglazialen Tierwanderungen konnten, da England – anders als Irland – erst in erdgeschichtlich junger Zeit vom europäischen Festland getrennt und zur Insel wurde, Britannien auf dem Landwege erreichen. Weil dieser Hinweis aber nicht sonderlich überzeugend klingt, hat man daran gedacht, hier könnte wieder einmal ein Übersetzungs- oder Hörfehler vorliegen. Vielleicht wurde das Wort „elaphos" = Hirsch irrtümlich als „elephas" = Elefant verstanden, oder es liegt eine Verwechslung mit „elebhant" = Auerochse vor. Das sind jedoch reine Mutmaßungen, außerdem gehören weder Hirsch noch Auerochs, wohl aber die Elefanten zu einer Tiergattung, „die die größte und gefräßigste von allen ist" (Kritias 115 a).[39]

Es gibt indes eine viel einfachere, einleuchtende Erklärung. Das Auftreten dieser Waldriesen auf den Britischen Inseln ist nämlich gar nicht so verwunderlich, wenn man sich klarmacht, daß der Herrschaftsbereich von Atlantis bis nach Nordafrika (Libyen) reichte. Damals gab es dort nicht nur Löwen (Berberlöwen) sondern auch wilde Elefanten in großen Mengen. Berberlöwe und nordafrikanischer Elefant sind erst in der jüngsten Neuzeit in Nordafrika ausgerottet worden. Daher liegt es nahe, daß man Jungtiere fing, per Schiff nach England brachte und sie dort aussetzte, damit sie sich vermehrten – des begehrten Elfenbeins wegen. Zwei Angaben des Atlantis-Berichtes stützen diese Annahme. In „Kritias" 116 d ist davon die Rede, daß die Decke des Poseidontempels aus Elfenbein bestand – man legte also großen Wert auf dieses Material –, und zuvor heißt es (Kritias 114 d-e): „Denn vieles ward diesen Königen von auswärtigen Ländern her infolge ihrer Herrschaft über diese Gebiete zugeführt" – man importierte also aus fremden Ländern, die Teil des atlantischen Herrschaftsbereiches waren. Zu diesen beherrschten fremden Gebieten gehörte auch Nordafrika, wie der Atlantis-Bericht ausdrücklich vermerkt.

Bei dem hohen Stand der Seeschiffahrt und den vorzüglichen Verkehrsverbindungen der Atlanter konnte ein Tiertransport von Nordafrika nach England keine großen Schwierigkeiten bereiten. Man denke nur daran, daß die Wikinger in ihren vermutlich kleineren Booten Schafe, Ziegen, ja sogar Rinder über den offenen Atlantik nach Island und Grönland brachten. Die atlantischen Schiffe, die das britannische Zinn und Kupfer in den Mittelmeerraum transportierten, dürften kaum leer zurückgefahren sein. Das besonders milde Klima der Bronzezeit war auch den Elefanten auf der Britischen Insel zuträglich. Futter war selbst für diese Tierriesen mit ihrer beträchtlichen täglichen Nahrungsaufnahme auf der Insel mit ihren großen Waldungen reichlich vorhanden. Dank dieser guten ökologischen Bedingungen konnten sich die Elefanten sogar stark vermehren.

Gleichsam eine Bestätigung unserer auf den ersten Blick vielleicht etwas kühnen Überlegungen liefern die berühmten spätsteinzeitlichen Felsbilder von Bohuslän in Schweden. Unter den vielen in den Fels geritzten Darstellungen finden sich zahlreiche Bilder typisch afrikanischer Tiere, wie Strauß, Giraffe, Kamel, Leopard oder Löwe und vor allem Elefanten. Hervorzuheben ist ein Felsbild in der Domäne Backs, Gemeinde Brastad, das u.a. ein großes Sonnenrad zeigt, „daneben sind zwei kleine reizende Elefanten, die sich am Rüssel festhalten". Bemerkenswert ist, daß es sich eindeutig um afrikanische Elefanten handelt – die großen Ohren beweisen das – und daß es offensichtlich Jungtiere sind – es fehlen die Stoßzähne.

Gewiß beweisen die Felsbilder nicht, daß damals diese afrikanischen Tiere in Schweden lebten, aber sie dokumentieren auch nicht bloß, daß die nordischen Seeleute diese Lebewesen auf ihren Fahrten kennen gelernt hatten. Wie der Zusammenhang mit den Schiffen ergibt, wurden diese Tiere – einige sind auf anderen Bildern sogar auf den Booten stehend dargestellt – offenbar auf Schiffen transportiert. Tiertransporte auf See über weite Strecken von Afrika bis hinauf in den Norden Europas – das entspricht genau der hier gegebenen Erklärung für das Auftreten von Elefanten auf der „ganzen Insel" Atlantis![40)]

Die Überlegungen in diesem Kapitel haben gezeigt, daß tatsächlich die Insel England nicht nur in den grundlegenden Fragen sondern auch in den Details Punkt für Punkt den Erfordernissen entspricht, die der Atlantis-Bericht an die „ganze Insel" stellt. Da ist ein großes Inselland von langgestreckter, trapezähnlicher, in Nord-Süd-Richtung verlaufender Form mit der Topographie einer umlaufenden Steilküste und einer riesigen, im Süden ans Meer stoßenden Ebene von großer Fruchtbarkeit, mit bewaldeten Bergen im Norden, die die Winde abhalten, einer dank eines milden Klimas üppig gedeihenden, vielfältigen Flora mit prächtigen Wiesen, mächtigen Wäldern und einer gepflegten Ackerkultur mit Obst-und Gemüseanbau. Die Insel bietet geeigneten Lebensraum für zahme und wilde Tiere, selbst für Elefanten. Schließlich ist England eine Insel, die mit den damals wertvollsten Bodenschätzen, Zinn und Kupfer, reich gesegnet war. Besonders frappierend ist endlich, daß selbst die Dimensionen der „ganzen Insel" mit denen Englands übereinstimmen. Das gilt nicht nur für die Maße der großen Ebene sondern auch für die vollständige Insel, deren Flächengröße wir allein nach den Angaben Platons mit etwa 225000 Quadratkilometern ermitteln konnten. Wenn man bedenkt, daß die tatsächliche Größe der Insel England einschließlich Wales und Schottland eine Fläche von 229903 Quadratkilometern aufweist, dann wirkt diese Ähnlichkeit fast gespenstisch. Dabei ist sie keineswegs das Ergebnis einer Zahlenmanipulation, sondern das nachprüfbare Resultat von nüchternen Berechnungen an Hand des Atlantis-Berichtes.

Nach allem kann nicht zweifelhaft sein, daß wir die „ganze Insel" Platons in der Insel England wiedererkennen dürfen. Überdies – und auch das spricht für unsere Identifizierung – wird es äußerst schwer fallen, eine andere Insel auf der damaligen Weltkarte zu finden, die in so hervorragender Weise allen prinzipiellen und detaillierten Angaben des solon-platonschen Berichtes über die „ganze Insel" gerecht wird.

3. Kapitel

Die Ausdehnung des Reiches Atlantis

Ist tatsächlich die Britische Insel die „ganze Insel" der Atlanter, dann läßt sich zugleich feststellen, welche anderen Länder zum Großreich Atlantis gehörten, und damit gleichzeitig die Frage klären, ob Atlantis wirklich größer war als „Asien und Libyen zusammen". Auch ohne Festlegung auf exakte Zahlen hat sich gezeigt, daß Atlantis, selbst unter Beachtung der antiken geographischen Vorstellungen, ein ausgedehntes Gebiet von vielen Hunderttausenden von Quadratkilometern Größe war. Für unseren Test sei daran erinnert, daß zum Reich Atlantis laut Platon außer der „ganzen Insel" auch „viele andere Inseln und Teile des Festlandes" gehörten.

Nehmen wir England als die „ganze Insel", dann rechnen dazu selbstverständlich die Regionen von Wales und Schottland. Unter den „vielen anderen Inseln" wären neben Irland vor allem die Äußeren und die Inneren Hebriden, die Orkney- und die Shetland-Inseln, ferner die Inseln Man, Anglesey und Wight sowie die Scilly- und die Kanalinseln zu begreifen. Zählte man alle Inseln, die zu dem Archipel Großbritannien und Irland gehören, dann käme man auf die stattliche Zahl von über 5000! Jetzt wird verständlich, weshalb sich der Atlantis-Bericht mit der summarischen Aufzählung – „viele andere Inseln" – begnügt. Die Gesamtgröße dieses ganzen Gebietes errechnet sich auf rd. 314000 Quadratkilometer.

Jetzt gilt es die komplizierte Frage zu beantworten, was unter dem Begriff „Teile des Festlandes" zu verstehen ist. Dreimal wird dieses Festland im Text des „Timaios" angesprochen. Die erste Stelle (24 e) lautet:„... von ihr [d.i. die Insel Atlantis] konnte man damals nach den übrigen Inseln hinübersetzen, und von den Inseln auf das ganze gegenüberliegende Festland, welches jenes recht eigentlich so zu nennende Meer umschließt". Gleich darauf (25 a) wird vermerkt: „... jenes Meer aber kann in Wahrheit also und das umgebende Land mit vollem Fug und Recht Festland heißen". Die dritte Stelle schließt sich an: „Auf dieser Insel Atlantis nun bestand eine große und bewundernswürdige Königsherrschaft, welche nicht bloß die ganze Insel sondern auch viele anderen Inseln und Teile des Festlandes unter ihrer Gewalt hatte".

So verlockend es sein mag, der von verschiedenen Vertretern der Atlantik-Theorie geäußerten Ansicht zu folgen, unter dem „gegenüberliegenden Festland" sei der *amerikanische Kontinent* zu verstehen,[41] so ist doch diese Auffassung abzulehnen. Die Bedenken gegen diese Ansicht leiten sich allerdings weniger daraus her, daß Amerika deshalb nicht zum atlantischen Reich gehört haben könne, weil es damals noch nicht „entdeckt" war. Denn nach den archäologischen Befunden und ihren neuesten Datierungen ist heute kaum mehr bezweifelbar, daß lange vor der Entdeckung der „Neuen Welt" durch die Iren, Wikinger und Kolumbus Menschen einer weißen Kultur aus Europa nach Amerika gelangt sind. Diese Menschen – ausgezeichnete Seefahrer, dabei besessen von einem unstillbaren Wander- und Kolonisationsdrang – betraten schon in der Bronzezeit amerikanischen Boden. Es könnten also sehr wohl die Bewohner von Atlantis gewesen sein.[42]

Die Bedenken sind anderer Art. Es besteht nämlich kein zwingender Grund, den Ausdruck „das ganze gegenüberliegende Festland" so zu verstehen, als könne damit n u r das im W e s t e n , auf der anderen Seite des Atlantik liegende Festland gemeint sein. Die Textstelle ergibt vielmehr auch dann einen guten, ja sogar besseren Sinn, wenn man den Blick von Atlantis aus nach O s t e n richtet! Das wird besonders deutlich, wenn man England als die „ganze Insel" erkennt. Das „gegenüberliegende Festland, welches jenes recht eigentlich so zu nennende Meer umschließt" sind dann vor allem die nord- und westeuropäischen Küstengebiete, zu denen man von England und den „anderen Inseln", nämlich den Scilly-Inseln, der Insel Wight, den Kanal-Inseln sowie den Orkneys und den Shetlands aus gelangen kann.

Um welche Teile des europäischen Festlandes handelt es sich im einzelnen? Keine sonderliche Schwierigkeit dürfte die Zuordnung der *nordfranzösischen, belgischen und holländischen* Küstengebiete bereiten. Diese Territorien liegen ganz augenscheinlich der Insel England „gegenüber". Aber auch die atlantischen Küstengebiete der *Iberischen Halbinsel* kann man hinzurechnen. Denn bei der Teilung des Reiches unter die Söhne des Poseidon erhielt bekanntlich der Zwillingsbruder des Atlas, Gadeiros, „das äußerste, nach den Säulen des Herakles, dem Landstrich, der jetzt der gadeirische heißt, gelegene Stück" zugesprochen. Unstreitig handelt es sich dabei – auch ohne nähere geographische Festlegung des „gadeirischen Landes" – um den Bereich beiderseits der antiken Stadt Gadeira, dem heutigen Cadix oder Cadiz. Da dies der „äußerste Teil", also der am weitesten vom Kernland entfernte Teil des Reiches war, kann man unbedenklich die zwischen England und Gibraltar liegenden Küstengebiete, also außer *Portugal* und den übrigen atlantischen Bereichen von *Spanien* auch die Küstenstreifen von *Westfrankreich* zum Staatsgebiet von Atlantis hinzuzählen.

Wie weit hinauf nach den nordeuropäischen Küsten reichte Atlantis? Sicher gehörte außer *Norddeutschland* mit der bernsteinreichen jütländischen Halbinsel auch *Dänemark* zum atlantischen Großreich. Wie aber steht es mit Schweden und Norwegen? Die Siedlungsgebiete der Atlanter sind – wie wir später noch sehen werden – weitgehend mit denen der nord- und westeuropäischen Völker der Megalithkultur identisch. Wenn das so ist, dann dürfte, wie die Ausgrabungen der Archäologen beweisen, sicher auch *Südschweden* zum Atlantisreich gehört haben. Das mag bei *Norwegen* vielleicht zweifelhaft sein, obschon die norwegische Küste geographisch ebenfalls zum „gegenüberliegenden Festland" gehört und von den Megalithern auf ihren Wanderzügen auch erreicht worden ist.[43)]

Welche Gesamtfläche von Atlantis als Reich ergibt sich hiernach?

Da ist zunächst einmal die „ganze Insel" England nebst Irland mit allen Nebeninseln, ein – wie wir gesehen haben – etwa 314000 Quadratkilometer großes Territorium. Sehr viel weniger exakt läßt sich das weitere Gebiet, „Teile des Festlandes" beziffern, weil es sich hier um Küstenstreifen handelt und wir nicht im einzelnen wissen, wie weit ins Landesinnere sie reichten. Die Atlanter waren ein (bäuerliches) Seefahrervolk, dem die leicht erreichbare Nähe des Wassers ein Lebensbedürfnis war, so daß sie sich nicht allzuweit von ihrem Element entfernten. Aber wie weit? Als Anhaltspunkt kann hier die Beobachtung dienen, daß im Altertum kolonisierende Seefahrer, wenn sie, den Flußläufen folgend, landeinwärts vordrangen, in der Regel sich selten weiter als 100 bis 150 Kilometer von der Meeresküste entfernten. Das beweisen die archäologischen Erkenntnisse, die die Wissenschaft bei dem seefahrenden Volk der Megalither gewonnen hat.[44]

Legt man dementsprechend eine Siedlungstiefe von nur 100 Kilometer landeinwärts zugrunde, so ergibt das allein für den Küstenstreifen von Gibraltar bis zum Skagerrak mit einer ungefähren Länge von 3000 Kilometern eine Fläche von – grob gerechnet – c. 300000 Quadratkilometern. Das bisher ermittelte Gesamtareal von demnach c. 414000 Quadratkilometern erhöht sich um über 100000 Quadratkilometer, wenn man dazu den Siedlungsraum der Dänischen Insel, der westlichen Ostsee und von Südschweden addiert. Sodann sind die mittelmeerischen Küstengebiete von Spanien und Frankreich einschließlich der Inseln Korsika, Sardinien und der Balearen zu berücksichtigen. Wenn man schließlich die Länder hinzurechnet, die nach dem Bericht Platons ausdrücklich als zum „Herrschaftsbereich" von Atlantis gehörend bezeichnet werden, nämlich Tyrrhenien, also Ligurien und Etrurien, sowie Nordafrika bis nach Ägypten, dann ergibt sich unschwer ein riesiges Territorium von über 1 Million Quadratkilometern. Mit einem Male ist der Satz, Atlantis sei größer als „Asien und Libyen zusammen" nicht mehr so aus der Phantasie gegriffen. Dabei ist es ziemlich egal, ob man bei dem Vergleichsbild eine kleinere oder größere Arealzahl einsetzt, als wir es im 1. Kapitel mit 1,2 Millionen Quadratkilometern getan haben, sofern man nur – entsprechend den geographischen Vorstellungen des 6. Jh. v. Chr. – die Größenrelation von „Asien" (Kleinasien) und „Libyen" (Nordafrika) nicht außer Acht läßt (siehe Abbildung Nr. 4).[45]

Man sage nicht, das alles sei ein bloßes Spiel mit Zahlen, ohne Beweiswert. Natürlich war es nicht der Zweck dieses Rechenwerkes exakten Beweis zu erbringen. Das kann es schon deshalb nicht gewesen sein, weil der Atlantis-Bericht augenscheinlich auf geographischen Vorstellungen fußt, die von den Erkenntnissen der modernen Geographie erheblich abweichen. Die angestellten Berechnungen hatten nur eine – allerdings höchst wichtige – Funktion: sie sollten beweisen, daß aus der Sicht der Antike, speziell des 6. Jh. v. Chr. – und nur darauf kommt es an! – die Größenangaben der Erzählung Platons durchaus realistisch sind und weder poetische Übertreibung noch Utopie sein müssen. Dieser Beweis ist erbracht und damit zugleich dargetan, daß es an jeglicher Legitimation fehlt, auch die übrigen Angaben der Darstellung nicht ernst zu nehmen.

4. Kapitel

Die Menschen von Atlantis

Halten wir als Ergebnis der bisherigen Untersuchungen fest: nach den geographischen, topographischen, mineralogischen, botanischen, zoologischen und klimatischen Angaben des Atlantis-Berichtes spricht eine hohe Wahrscheinlichkeit dafür, daß England die „ganze Insel", also das Kernland des atlantischen Reiches ist. Auf die Britische Insel treffen alle diese Angaben uneingeschränkt zu, und es gibt überdies kein anderes Land, insbesondere keine Insel, die dieser Fülle von Fakten in gleichem Maße gerecht wird. Auch die territorialen Angaben Platons stimmen. Atlantis war zwar keine Rieseninsel oder gar ein Kontinent, aber immerhin ein ausgedehntes Inselgroßreich, zu dem viele Küstenstreifen Nord- und Westeuropas bis hinunter nach Gibraltar gehörten.

Wie aber steht es mit den anthropologischen Angaben der solon-platonschen Erzählung? Können die Menschen, die damals England bewohnten, die Atlanter gewesen sein?

Eine berechtigte und keineswegs leichte Frage, deren Beantwortung man sich kaum mit dem einfachen Hinweis wird entziehen können, Platons Bericht sage über die Menschen von Atlantis nichts. So einfach geht das schon deshalb nicht, weil in der Erzählung sehr eingehend die Organisation sowie der kulturelle und zivilisatorische Status der Atlanter geschildert werden. Es bleibt daher immer die Frage offen, ob die damaligen Bewohner Englands auf Grund ihrer menschlichen Fähigkeiten, insbesondere ihrer geistigen Entwicklung überhaupt in der Lage gewesen sein können, ein so kompliziertes und wohlgeordnetes Staatswesen mit einer so hochstehenden Kultur wie Atlantis zu führen. Hinzukommt, daß der solon-platonsche Bericht zwar nur wenige Anhaltspunkte für das Äußere der Atlanter liefert, aber die charakterlichen, vor allem moralischen Qualitäten der Menschen von Atlantis lobend preist. Die Atlanter müssen danach wirklich Menschen von einer hohen sittlichen und Kulturstufe gewesen sein.

Verschiedene Forscher vertreten allerdings die Auffassung, Platon habe die menschlichen Qualitäten stark übertrieben, um die Atlanter in ein möglichst gutes Licht zu setzen. Er habe gewissermaßen ein erdachtes Idealvolk beschrieben, und zwar in voller Absicht, denn schließlich seien die Bücher „Timaios" und „Kritias" Anhängsel seines großen Werkes über den „Staat". Der schlaue Philosoph und Staatsmann habe den moralisch nachlässig gewordenen Athenern die von ihm erfundenen Idealgestalten der Atlanter als leuchtendes Vorbild vor Augen halten wollen.

Diese bequeme „Erklärung" basiert jedoch nicht auf nachprüfbaren Tatsachen, sondern ist eine reine Unterstellung. Sie ist zudem schon deshalb nicht haltbar, weil sie auch Solon miteinbeziehen müßte; für ihn galt diese „Zwecklüge" jedoch mit Sicherheit nicht. Die Ansicht, hier sei mit Absicht stark übertrieben oder sogar Falsches berichtet worden, ist daher nicht vertretbar. Eine Antwort auf die ebenso schwierige wie wichtige Frage, was für Menschen die Atlanter waren, bleibt uns daher nicht erspart.

Für viele Autoren gab der Umstand, daß der Atlantis-Bericht scheinbar vom äußeren Bild der Atlanter nichts überliefert, grünes Licht für eigene Vorstellungen. Darum begegnen wir auch den seltsamsten Bildern von den Leuten auf Atlantis.

Waren die Atlanter Neger oder Indianer?

So waren, um nur zwei krasse Beispiele anzuführen, nach einer Auffassung die Atlanter von ziemlich dunkler Hautfarbe, dabei großgewachsen, mit einer hohen Stirn, einer kurzen Nase über wulstigen Lippen und einem kleinen Kinn. Dieses Bild zeichnet der bekannte Afrikaforscher Frobenius, der Atlantis in der Südsahara im Yoruba-Land zu finden glaubte. Gleichen hier die Atlanter sichtlich Negern, sahen sie nach anderer Ansicht, die bis in die neueste Zeit vertreten wird, so aus, wie wir uns die „Rothäute", die amerikanischen Indianer vorstellen. Es sind vor allem jene Forscher, die Atlantis im Seegebiet des Atlantik zwischen Afrika und Amerika ansiedeln wollen, die dieses Bild schufen.[46)]

Wie sahen die Atlanter wirklich aus?

Sagt tatsächlich der Atlantis-Bericht so gar nichts über das Äußere der Atlanter, so daß man sich eine beliebige – meist durch die vorweggenommene Lokalisation bedingte – Vorstellung von ihrem Aussehen machen kann?

Nein, so ist es nicht!

Denn wir erfahren von Solon und Platon jedenfalls das eine, daß die Atlanter Nachkommen des Meergottes Poseidon und der Kleito, einer sterblichen Frau, waren. Das scheint nicht viel, besagt aber bei einigem Nachdenken doch eine ganze Menge.

Poseidon war ein bedeutender Gott der Griechen. Aus zahlreichen Darstellungen der griechischen Kunst und aus der Mythologie wissen wir, wie die Griechen sich ihre Götter vorstellten: als besonders schöne, große und kräftige Exemplare der Menschen ihres eigenen Volkes. Es ist dieselbe uralte Vorstellung, wie wir sie auch aus der Bibel kennen: „Gott schuf den Menschen ihm zum Bilde, zum Bilde Gottes schuf er ihn" (1. Buch Mose Kap. 1 Vers 27). Dabei darf man allerdings, wenn hier von Griechen die Rede ist, nicht in erster Linie an die relativ große Zahl der heutigen Bewohner Griechenlands denken, die vielfach nur mittelgroß, dunkelhaarig und von dunklem Teint sind. Sowohl die mykenischen Griechen der Ära des Odysseus als auch die dorischen Griechen der Zeit Homers waren in der Regel hochgewachsen und von heller Haut- und Haarfarbe. Das Wort „Hellenen" für die Griechen – auch der Atlantis-Bericht verwendet diesen Ausdruck – rührt davon her. Das heute häufiger in Griechenland anzutreffende andere Erscheinungsbild ist erst die Folge einer jahrhundertlangen Vermischung mit Menschen eines kleinwüchsigen, dunklen Typs.[47)]

Wollen wir das wahre Bild vom Äußeren Poseidons und seiner Nachkommen gewinnen, dann gilt es sich an die bildlichen und schriftlichen Dokumente der Kunst und Literatur der klassischen griechischen Zeit zu halten. Diese Dokumente aber weisen den Meeresgott Poseidon – insoweit dem Zeus ähnlich – als eine majestätische Gestalt von sehr hohem Wuchs und imponierender Körperstärke aus, dabei von einem wilden, etwas ungepflegten Aussehen. Vielleicht hängt letzteres damit zusammen, daß Poseidon, wie auch die „Odyssee" verrät, als Ausnahme unter den griechischen Göttern jener Zeit, dunkles Haupt- und Barthaar besaß. Homer nennt ihn den „Dunkelgehaarten". Ob man dabei an ein tiefes Schwarz oder ein dunkles Blau dachte – in Anspielung auf die Farbe des Meeres – ist ungeklärt.[48]

Daß Poseidon besonders groß gewachsen war, bezeugt nach der griechischen Mythologie bereits sein Stammbaum, wie ein kurzer Ausflug in die griechische Götterwelt bestätigt.

Die Mythologie der Griechen

Man sage nicht, Mythologie, die Wissenschaft von den Gottheiten der Völker, sei bloßes Märchengespinst oder eine Sammlung von Sagenerzählungen, als wissenschaftliche Quelle daher ungeeignet. Der Mythos ist die älteste Form der Geographie und Geschichte eines Volkes. In ihm sind die „Ur-Erfahrungen eines Volkes aufbewahrt, meist in symbolischer Verhüllung, vermischt mit religiösen Deutungsversuchen; auch frühe geschichtliche Begebenheiten sind in ihm eingeschlossen . . . " In der Tat enthält die Mythologie in gestraffter, bisweilen verbrämter Form durchaus Wahrheiten über die Natur einer bestimmten Zeit sowie die Menschen und ihr Verhältnis zueinander.[49] Sie ist deshalb wert als Belegmaterial herangezogen zu werden.

Seltsamerweise ist die Mythologie der Griechen – genau übrigens wie die der Germanen – durch den Kampf zwischen einem älteren und einem jüngeren Göttergeschlecht gekennzeichnet. In beiden Fällen sind es Riesen, die um die Macht streiten. Bei den Griechen ist es der wilde Kampf der Titanen mit den Olympiern, bei den Germanen das erbitterte Ringen zwischen Vanen und Asen.

Die Ureltern der griechischen Götter sind die Riesen Uranos, der Gott des Himmels, und Gaia, die Göttin der Erde. Sie hatten zusammen 12 Kinder, die Titanen; sie verkörpern die Naturgewalten. Die beiden bedeutendsten Titanenkinder waren Kronos und Rhea. Sie vermählten sich, und aus dieser Geschwisterehe gingen die Söhne Zeus und Poseidon hervor. Durch eine Empörung seiner beiden Söhne wurde Kronos entmachtet und zusammen mit den übrigen Titanen in den Tartaros geworfen, den tiefsten, finstersten Raum unter der Erde. Fortan herrschte das Göttergeschlecht der Olympier unter Führung seines Stammvaters Zeus. Als Dank für seine Hilfe im Kampf mit den Titanen gestand Zeus seinem Bruder Poseidon die Mitregentschaft zu. Poseidon ist also, genau wie sein Vater Kronos, selbst ein Riese. Es versteht sich daher, daß auch seine Kinder Riesen waren. Von einem seiner Söhne ist das sogar literarisch bezeugt: es ist der aus der „Odyssee" bekannte, von dem listenreichen Odysseus geblendete Kyklop, der Riese Polyphem.[50)]

Wenn der Meergott Poseidon, bis auf die Farbe seines dunklen Haares, so aussah, wie die Griechen sich ihre Götter vorstellten, dann glich er mit Sicherheit weder einem Neger noch einem Indianer. Denn es gibt, gleichermaßen in der frühen wie in der klassischen griechischen Kunst, keine Götterdarstellungen mit den typischen Merkmalen eines Negers – dunkle Haut, krauses Haar, flache, breite Nase, wulstige Lippen – oder eines Indianers – rötlich braune Haut, Adlernase, betonte Backenknochen, strähniges Haar. Da macht auch die Darstellung Poseidons keine Ausnahme.

Ist Poseidon aber weder als Neger noch als Indianer vorstellbar, dann gilt das gleichermaßen von seinen Nachkommen, den Atlantern. Denn mit großer Wahrscheinlichkeit haben Poseidon und Kleito ihr äußeres Erscheinungsbild ihren Kindern weitergegeben, mag sich dieses Bild auch im Laufe der Generationen durch eine Vermischung mit Menschen ohne „göttliche Eigenschaften" verändert haben. Daß diese Idee einer Vermischung mit Menschen eines anderen Aussehens und damit eines anderen Wesens und anderer Eigenschaften keine bloße Vermutung ist, ergibt sich überraschend aus dem Atlantis-Bericht selbst.

Bei „Kritias" 121 b heißt es, daß erst dann der moralische Niedergang der Atlanter eintrat, „als ihr Anteil am Wesen des Gottes durch eine vielfache und häufige Beimischung der Sterblichen in ihnen zu schwinden begann und die menschliche Art überwog". Wer die Atlanter und wer diese „Sterblichen" waren, mit denen die Atlanter die für sie so verhängnisvollen Verbindungen eingingen, wissen wir erst, wenn wir die Völker kennen, die in dem hier interessierenden Zeitraum Atlantis bewohnten. Um die Beantwortung nicht unangebracht zu komplizieren, soll sich die Untersuchung vornehmlich auf das Kernland von Atlantis als dem wichtigsten Teil, also auf die „ganze Insel", will sagen England, beschränken.

Außerdem scheint es geboten, klarzustellen, wen wir mit „den Atlantern" meinen. Bekanntlich umfaßte das Reich Atlantis ein geographisch großes Gebiet, das mit hoher Wahrscheinlichkeit zuvor von anderen Völkern bewohnt war. Denn die Atlanter waren – wie der Gesamtaufbau ihres ausgedehnten Inselreiches mit der bevorzugten Besiedlung von Inseln und Küstengebieten beweist – von See her in diese Landstriche gekommen, als Eroberer, Einwanderer, Kolonisatoren, Missionare oder wie immer man diese Landnahme bezeichnen will. Bei der weiten Ausdehnung dieses Staatswesens dürfte es sicher sein, daß die Atlanter in großen Teilen ihres Staatsgebietes nur die herrschende Oberschicht der Bevölkerung bildeten, und zwar eine relativ dünne Oberschicht. Das macht auch das anfängliche Streben der Atlanter nach Distanz bis hin zur Inzucht verständlich, das Bemühen, sich möglichst nicht mit anderen Völkern zu vermischen, wie das ja aus dem solon-platonschen Bericht herauszulesen ist.[51)]

Daß die Atlanter mit ihrem Isolierungsbestreben nicht allein in der Antike standen, dafür gibt es ein klassisches Beispiel: die Phäaken der „Odyssee". Auch sie waren aus anderen Gebieten eingewandert (Od. 6,3 f.). Sie lehnten es strikt ab, sich mit fremden Völkern zu vermischen. Voller Stolz erklärt die phäakische Königstochter Nausikaa dem Odysseus: „Wohnen wir abgesondert im stark aufbrandenden Meere an dem Ende der Welt und haben mit keinem Gemeinschaft" (Voß Od. 6,204-205). Nicht umsonst warnt die Göttin Athene ihren Schützling Odysseus beim Gang zum König Alkinoos davor, andere Phäaken anzuschauen und anzusprechen: „Denn die hier dulden nicht gern fremde Menschen bei sich" (Od.7,31). Der sich in einer Fremdenfeindlichkeit manifestierende Wille zur volksmäßigen Isolierung war offensichtlich stark ausgeprägt.[52)]

Wenn also in diesem Kapitel von „den Atlantern" die Rede ist, so ist damit nicht die Gesamtheit der Bewohner des Reiches Atlantis gemeint, sondern nur die bestimmende, auf Distanzierung bedachte Oberschicht, und zwar in erster Linie im Kernland England. Trotz dieser Beschränkung und trotz des Inselcharakters ist jedoch die Feststellung, wer diese Atlanter waren, nicht leicht zu treffen. Das liegt vor allem daran, daß England im Laufe seiner Geschichte zu wiederholten Malen von Invasionen größerer Völkergruppen heimgesucht worden ist, die sich mehr oder minder stark mit der herrschenden Schicht vermischten.

Invasionen in England

Die Besiedlungsgeschichte Englands ist ein Buch voll von bunten, erregenden Bildern. Blättern wir einmal in diesem Buch rückwärts vom 1. Jahrtausend n. Chr. an, unter bewußter Begrenzung auf das hier Bedeutsame.

Da begegnen uns die Einfälle und Landnahmen der Jüten, Angeln und Sachsen, die mit dem 5. Jahrhundert n. Chr. einsetzten, gleich nachdem die Römer im Jahre 410 n. Chr. das Land nach über 400 jähriger Besatzung verlassen hatten. Es folgten die Wikinger und die Dänen. Diese Invasionen dauerten viele Jahrhunderte lang; sie nahmen erst mit dem Normanneneinfall im 11. Jahrhundert (Schlacht bei Hastings 1066 n. Chr.) ihr vorläufiges Ende. Hier sollen uns diese Einwanderungen jedoch nicht sonderlich interessieren, weil alle diese Landnahmen germanischer Volksstämme erst n a c h der Zeitenwende begannen. Anders ist es mit einem

Volk, das lange vorher auf der Insel saß und mit dem die germanischen Eindringlinge erbitterte Kämpfe auszutragen hatten, bevor es ihnen gelang in England Fuß zu fassen: das Volk der Kelten. Die naheliegende Frage lautet daher:

Waren die Atlanter Kelten?

Viele Jahrhunderte vor der Zeitrechnung waren die Kelten – in der Geschichte auch als Gallier oder Galater bekannt – aus ihrer ursprünglichen Heimat am Oberrhein und der oberen Donau aufgebrochen, um neue Siedlungsgebiete zu finden. Dabei eroberten sie im Laufe ihrer Wanderungen weite Teile Europas und Kleinasiens. Die Namen Gallien, Galicia (Spanien), Galizien (Balkan) und Galatien (Türkei) erinnern daran. Die Kelten brachen auch in den atlantischen Staatsbereich ein und machten selbst vor dem Kernland von Atlantis, den Britischen Inseln, nicht halt. Sie könnten daher durchaus die Atlanter selbst sein, wenn sie bereits in den hier entscheidenden Zeitläuften vor 1200 v. Chr. dort ansässig waren.

Unstreitig besiedelten die Kelten, über den Ärmelkanal setzend, im Laufe des 1. vorchristlichen Jahrtausends England und Irland in großen Scharen. Aber waren sie schon früher dort? Leider ist diese wichtige Frage bis zum heutigen Tag Gegenstand heftigen wissenschaftlichen Streites. Die meisten, vor allem die kontinentalen Forscher, vertreten die Ansicht, vor dem 1. Jahrtausend v. Chr. sei eine Besiedlung Englands durch die Kelten auszuschließen. Einige, vorwiegend englische Wissenschaftler, dagegen meinen, die Kelten seien bereits in der 2. Hälfte des 2. Jahrtausends v. Chr. auf der Insel seßhaft gewesen. Bislang ist jedoch diese Ansicht nicht ausreichend belegt.[53)]

Die Tatsache allerdings, daß keltische Stämme nicht nur in England und Irland siedelten, sondern auch in Frankreich und auf der Pyrenäenhalbinsel, also den hauptsächlichen Gebieten des atlantischen Reiches, könnte für die Gleichsetzung der Kelten mit den Atlantern sprechen. Demgegenüber ist freilich festzustellen, daß es die Kelten während ihrer ganzen Geschichte nirgendwo zu einem größeren staatlichen Zusammenschluß von Dauer gebracht haben, ein ebenso gewichtiges Gegenargument, um sie als Schöpfer und Leiter des riesigen Reiches Atlantis auszuschließen.

Waren die Atlanter wirklich Kelten, dann wüßten wir auch, wie die Menschen auf Atlantis aussahen, denn in vielen antiken Berichten haben griechische und römische Schriftsteller uns das Äußere der Kelten geschildert: es waren großgewachsene, kräftige Menschen mit goldblonden Haaren und milchweißer Haut.[54)] Ob dieses äußere Erscheinungsbild ausreichen würde, die Kelten als die „göttergleichen", also riesigen Atlanter anzusehen – obschon von einem Riesenwuchs nicht die Rede ist –, kann indes dahinstehen. Denn selbst wenn man eine keltische Besiedlung Englands für die 2. Hälfte des 2. Jahrtausends v. Chr. bejahte, bringt das nicht weiter. Nach der Schilderung Platons kommt nämlich als das eigentliche Volk der Atlanter nur eine Bevölkerung in Betracht, die schon *längere* Zeit vor dem Untergang der Königsinsel auf England lebte. Die vorbildliche Organisation und kulturelle Durchdringung des Insellandes, der Bau der gigantischen Kanal- und Bewässerungsanlagen von vielen Tausenden von Kilometern, der außerordentliche Reichtum aus der Gewinnung, Verarbeitung und dem ausgedehnten Handel mit den wertvollen Bodenschätzen setzen ein längeres Tun und Wirken, nicht bloß über Jahrzehnte sondern über Jahrhunderte voraus. Dafür würde aber eine keltische Landnahme seit der 2. Hälfte des 2. Jahrtausend v. Chr. schwerlich ausreichen.

Megalither auf Atlantis

Gehen wir in der Geschichte Englands noch einen Schritt rückwärts, dann stoßen wir, und zwar bereits lange vor den Kelten, auf einen wirklich riesenwüchsigen Menschenschlag: es sind die geheimnisumwobenen Megalither. In der Fachwissenschaft besteht kein Zweifel, daß diese Megalither das bedeutendste Volk der Jungstein- und Bronzezeit in Europa waren, mindestens seit dem 4. Jahrtausend vor der Zeitrechnung. Sind sie vielleicht die Atlanter?

Der moderne Sammelname für diesen Menschentyp ist aus den griechischen Wörtern „megas" = groß und „lithos" = Stein zusammengefügt. Statt von Megalithern spricht man daher auch von Großstein-Leuten. Wie der Name verrät, zeichnet sich dieser Menschenschlag besonders durch die Hinterlassenschaft von großen Steinmonumenten aus. Diese steinernen Bauwerke begegnen uns vornehmlich in der Gestalt von mächtigen Steingräbern (Dolmen oder Hünengräber, Ganggräber, Kuppelgräber), gewaltigen steinernen Rundtürmen (Nuraghen, Tholoi, Talayots, Brocks), gigantischen Mauern aus riesigen Steinblöcken (sog. Kyklopenmauern), kilometerlangen Steinalleen (Alignments), geheimnisvollen Steinkreisen (stone circles) und einzeln stehenden Steinen von imponierender Größe (Menhire).

Der Siedlungsraum dieser Megalither, die zu den seetüchtigsten Völkern des Altertums gehören, umfaßt ausweislich ihrer charakteristischen steinernen Relikte weite Gebiete der antiken Welt. Der Bogen spannt sich vom äußersten Nordwesten Europas bis in den Vorderen Orient, ja sogar weit hinein nach Asien. Selbst in Amerika treffen wir auf ihre Spuren. Besonders bedeutsam ist, daß die Megalither damals nicht nur die Pyrenäenhalbinsel, Frankreich, Belgien und Holland sondern auch Irland sowie die Britischen Inseln bis hinauf zu den Shetland-Inseln, ferner Norddeutschland, Dänemark und Südschweden besiedelten (siehe Abbildung Nr. 4): *sie saßen also exakt in den Territorien, von denen wir annehmen dürfen, daß sie zum Inselreich Atlantis gehörten!*

Wann genau diese Großstein-Leute als Immigranten nach England gekommen waren, ist bis jetzt nicht bekannt. Nach den Datierungen der Radiokarbon-Methode hatten sie jedoch mit Sicherheit bereits im 3. Jahrtausend v. Chr. Besitz von England, Schottland und Irland ergriffen. Sie saßen auch noch im 13. Jh. v. Chr., dem wahrscheinlichen Zeitpunkt des Unterganges von Atlantis, auf der Insel. Obschon der erste Anschein dafür spricht, in den riesigen Megalithern die bestimmende Bevölkerungsschicht der Atlanter zu sehen, empfiehlt es sich, zuvor zu prüfen, ob nicht noch andere Völker dafür in Frage kommen. Zu denken wäre da an

Die Leute mit der Streitaxt

Auf England findet sich nämlich um die fragliche Zeit noch ein anderes „Invasionsvolk" von heller Hautfarbe und hohem Wuchs: es sind die Streitaxt-Leute oder Schnurkeramiker. Streitaxt-Leute nennt man sie, weil sie als Hauptwaffe eine Streitaxt verwendeten, Schnurkeramiker deshalb, weil sie ihre Tongefäße mit Eindrücken von Schnüren verzierten. Dieses indogermanische Hirten- und kriegerische Reitervolk der Jungsteinzeit war ursprünglich vermutlich von Mitteleuropa bis hinunter zum Balkan und weiter ostwärts bis Südrußland beheimatet. Etwa um das Jahr 2000 v. Chr. kamen Teile dieser Volksgruppe vom Festland herüber und siedelten im Südosten und Osten Englands. Ein spezifischer Totenkult war diesem Volk eigentümlich: es bestattete seine Toten in Hokkerlage in Einzelgräbern (Steinkisten), die mit einem Erdhügel überwölbt wurden. Auch über das Aussehen der Streitaxt-Leute wissen wir einigermaßen Bescheid. Es waren Menschen von beträchtlicher Körpergröße, wenn auch nicht so großgewachsen wie die Megalither, ihre Haut- und Haarfarbe war hell.

Die Frage, ob diese Schnurkeramiker „die Atlanter" waren, wird man jedoch verneinen müssen. Einmal ist nicht zu übersehen der relativ späte Zeitpunkt der Einwanderung in England, wenn auch der Beginn der Besiedlungszeit etwas weiter zurückreicht als bei den Kelten. Sodann ist wesentlich der weitere Umstand: diese Streitaxt-Leute bewohnten zwar die norddeutsche Küste, Dänemark, Holland und Teile von England, sie stießen aber vor dem 1. Jahrtausend v. Chr. weder bis Westfrankreich noch bis auf die Iberische Halbinsel vor! Da jedoch diese Gebiete ebenfalls zum festen und wesentlichen Bestand des atlantischen Reiches gehörten, dürften diese Menschen schwerlich die Oberschicht von Atlantis repräsentiert haben.[55)]

Diese geringe westliche Siedlungsausdehnung ist es auch, die eine andere bedeutende Menschengruppe der Jungstein- und Bronzezeit, das als die Bewohner von Atlantis ausschließt. Diese Ackerbau und Viehzucht treibende Kulturgruppe, die sich zu Beginn des 4. Jahrtausend v. Chr. von Asien her entlang der großen Flüsse nach Westen ausbreitete, besiedelte am Ende ihrer Wanderung weite Gebiete von Ost- und Mitteleuropa. Im Westen stieß sie mit der Kultur der Megalither zusammen, die vom Meer her die atlantischen Küsten West- und Nordeuropas in Besitz genommen hatten. Den Namen erhielt das Volk der Bandkeramiker von der Wissenschaft auf Grund seiner mit bandartigen Mustern verzierten Tongefäße. Nicht die Suche nach wertvollen Erzen wie bei den Megalithern sondern der Wunsch nach fruchtbarem Ackerboden und gutem Weideland war die treibende Kraft dieser Volkswanderung, die jedoch westwärts im wesentlichen nur bis zum Rhein gelangte. Die großen atlantischen Gebiete der Megalither in Norddeutschland, Frankreich, England und der Pyrenäenhalbinsel blieben dieser Volksgruppe verschlossen.

Das allein reicht aus, um die Bandkeramiker, dieses Volk von Wanderbauern, das jedesmal weiterzog, wenn der bearbeitete Boden erschöpft war, und das seine Toten gleichfalls in Hockerstellung bestattete, als die Atlanter auszuschließen. Es kommt daher nicht mehr darauf an, ob nicht auch der fehlende Riesenwuchs – es handelt sich um einen mittel- bis kleinwüchsigen Menschenschlag – und das plötzliche Verschwinden dieser Volksstämme aus Mitteleuropa im Laufe des 2. Jahrtausend v. Chr. zu ihrem Ausschluß führen müßten.[56)]

Neuerdings ist die Ansicht vertreten worden, die Atlanter seien Germanen gewesen. Was ist von dieser These zu halten?

Die Germanen als Atlanter?

Diese Germanen müßten dann etwa 2000 Jahre vor ihren Stammesbrüdern, den Sachsen, Angeln, Jüten usw., nach England gekommen sein und hier das Reich Atlantis gegründet haben. Dabei taucht zunächst die von der Wissenschaft bislang noch nicht sicher entschiedene Vorfrage auf: wer waren diese Menschen, die man erst spät – im 3. Jh. v. Chr. – mit dem Sammelnamen „Germanen" belegte?

Die Fachleute neigen heute überwiegend zu der Annahme, die „Ur-Germanen" seien aus einer Verschmelzung der beiden erwähnten Völker der Megalither und der Streitaxt-Leute entstanden. Dieser Verschmelzungsprozeß habe vermutlich in Nordeuropa stattgefunden, und zwar in einem ziemlich fest abzugrenzenden Gebiet, das die heutigen Länder Niedersachsen, Schleswig-Holstein, Dänemark und Südschweden umfaßt. Unstreitig gehörten diese Territorien ursprünglich, und zwar sicher schon im 3. Jahrtausend vor der Zeitrechnung, zum Siedlungsbereich der Megalither. Etwa um 2500 v. Chr. drängte das Hirten- und Reitervolk der kriegerischen Streitaxt-Leute aus seinen östlichen Heimatgebieten nach Norden und Nordwesten vor. Dabei stieß es auf die Ackerbau und Viehzucht treibenden Megalither, wobei es zu langanhaltenden erbitterten Kämpfen kam, in denen schließlich die Streitaxt-Leute die Oberhand behielten. Die alten germanischen Heldensagen mit ihrem fortwährenden Zank und Hader, die oft als Bruderstreit mißverstanden werden, spiegeln diese harten Auseinandersetzungen der beiden Volksgruppen wider, die etwa um 1400 v. Chr. mit einem Verschmelzungsprozeß endeten. Die Kinder aus dieser Vereinigung sind die „Ur-Germanen".[57)]

Nehmen wir an, es habe sich so abgespielt, dann könnten diese Ur-Germanen vielleicht die Atlanter gewesen sein, wenn man, wie Spanuth es tut, Atlantis in der Deutschen Bucht sucht. Wie aber ist es bei einer Lokalisierung in England? Hier bestehen zunächst zeitliche Bedenken. Sollten diese Ur-Germanen tatsächlich aus einer Verbindung der um 2500 v. Chr. in den Siedlungsbereich der Megalither eindringenden Streitaxt-Leute entstanden sein, dann dürfte es eine sehr lange Zeit gebraucht haben, bis nach harten Kämpfen eine Befriedung und anschließend sogar eine Vermischung dieser Völker eintrat. Geht man mit der Wissenschaft davon aus, dieser Verschmelzungsprozeß sei etwa um 1400 v. Chr. abgeschlossen gewesen, dann müßte dieses neu entstandene Volk sich alsbald angeschickt haben, vom Meer her, über die Nordsee die Insel England zu erobern. Auch das dürfte, zumal die Britischen Inseln ein Hauptsiedlungsgebiet der Megalither waren, kaum ohne längere, heftige Auseinandersetzungen vonstatten gegangen sein. Es ist schwer vorstellbar, daß die verbleibende Zeit ausgereicht haben sollte, um auch die übrigen Teile des riesigen Atlantis-Reiches zu unterwerfen und gleichzeitig eine so hohe Kultur und Zivilisation zu entwickeln, wie wir sie von Atlantis kennen.

Aber es war nicht nur die Zeit zu knapp, es fehlt auch an dem Nachweis einer Besiedlung der so wichtigen Teile des Atlantisreiches wie Frankreich und die Pyrenäenhalbinsel im 2. Jahrtausend v. Chr. Die Germanen sind erst sehr viel später – gegen Ende des 1. Jahrtausend v. Chr. – in diese zuvor von den Megalithern und anschließend von den Kelten besetzten Gebiete eingedrungen!

Endlich gibt es noch ein anderes schwerwiegendes Bedenken. Nach den Erkenntnissen der Rassenforschung entsteht aus der Vermischung zweier Völker erst in sehr langen Zeitläuften – man rechnet mit vielen Hunderten, ja Tausenden von Jahren – nach dem Ausleseverfahren eine neue ethnische Einheit. Das bedeutet jedoch, daß in der kurzen Zeit aus der angenommenen Verbindung der Streitaxt-Leute mit den Megalithern höchstens ein Völkergemisch entstanden sein kann. Das aber bringt uns nicht weiter, denn das Volk der Atlanter soll sich doch besonders dadurch ausgezeichnet haben, daß es u n v e r m i s c h t war! Gerade die „Vermischung mit Sterblichen" ist es, die für seinen moralischen Niedergang verantwortlich gemacht wird.

Und um eine solche Vermischung handelt es sich offensichtlich bei der Verbindung mit den Germanen. Inwiefern? Was soll das überhaupt heißen „Vermischung mit Sterblichen", gehörten doch auch die Atlanter zu den Lebewesen, die sterben müssen? Der Ausdruck „Sterbliche" muß daher etwas anderes bedeuten, und das ist in der Tat der Fall, wie ein Blick auf die Terminologie der Atlantis-Erzählung zeigt.

Sehen wir uns die entscheidenden Passagen, vor allem im „Kritias", einmal näher an. Da heißt es (120 e): „Viele Geschlechter hindurch, solange die Natur des Gottes in ihnen wirksam war, waren sie den Gesetzen gehorsam und zeigten ein befreundetes Verhalten gegen das ihnen verwandte Göttliche". Etwas später (121 b) wird dieser ein wenig dunkle Satz näher erläutert: „Als aber ihr Anteil am Wesen des Gottes durch die vielfache und häufige Beimischung von Sterblichen in ihnen zu schwinden begann und die menschliche Art überwog, da erst waren sie dem vorhandenen Reichtum nicht mehr gewachsen und entarteten ...". Die Ursache für die Entartung der Atlanter war sonach ein Rückgang des göttlichen Wesensanteils durch eine zu starke Vermischung mit sterblichen Menschen.

Als mysteriös anmutende Gegensätze tauchen hier die Begriffe „göttlich" und „sterblich" auf, doch ist der Sinn dieser Gegenüberstellung, der wir in der antiken Literatur häufig begegnen, nicht schwer zu erraten. Die Götter sind unsterblich, die Menschen sterblich. Das gilt auch für ihre Nachkommen. Da jedoch die Götter der Griechen nicht nur menschengestaltig, sondern auch mit menschlichen Gefühlen und Leidenschaften ausgestattet waren, kennt die griechische Mythologie zahlreiche Fälle, in denen Götter mit sterblichen Menschen Kinder zeugten. Dieser Nachwuchs ist dann weder göttlich, noch sterblich, sondern „göttergleich" oder „götterverwandt" oder „den Unsterblichen ähnlich". Diese Bezeichnungen verwendet auch Homer in seinen Epen, zumal in der „Odyssee", wenn er von den Phäaken spricht (Od.6,241; 7,4,231).

Es handelt sich also nicht, wie vielfach angenommen wird, um reine Redensarten oder bloß formelhafte Beiworte, die lediglich eine besondere Hochachtung ausdrücken sollen, sondern es sind charakterisierende Eigenschaftsworte, die eine bestimmte ethnische Aussage machen. Da nach Homer die Phäaken Nachkommen des Meergottes Poseidon und der (nichtgöttlichen) Gigantentochter Periboa sind, verdienen sie zu Recht die Adjektiva „götterverwandt", „göttergleich" usw. Auch Odysseus, der seinen Stammbaum väterlicherseits auf Gott Zeus zurückführt, erhält das Beiwort „göttergleich". Für die Atlanter gilt dasselbe. Auch sie sind Nachfahren eines Gottes, nämlich des Poseidon, aus einer Verbindung mit einer Sterblichen, der Kleito. Sie sind deshalb „gottähnlich" und keine bloßen Sterblichen.

Wenn nun die Atlantis-Erzählung berichtet, durch häufige Vermischung mit Sterblichen sei der göttliche Wesensanteil gesunken, so ist diese Formulierung deshalb höchst aufschlußreich, weil sie nicht nur etwas aussagt über den Stammbaum sondern zugleich auch über das äußere Erscheinungsbild der Atlanter. Die Götter sind Riesen. Die überragende Körpergröße ist das äußerliche Zeichen der göttlichen Abstammung. Menschen, die von Göttern abstammen, weisen daher als erkennbares Dokument ihrer göttlichen Herkunft eine besondere Körpergröße auf. Dagegen sind Individuen mit einer deutlich geringeren Wuchshöhe als die riesenhaften Götter nur „Sterbliche". Das gilt auch für ihre Nachkommen.

Diese antike Anschauung auf unseren Fall angewendet, bedeutet: die Megalither, die eine durchschnittliche Körperhöhe von 1,80 bis 2 Meter und mehr erreichten, also „Riesen" waren, könnten durchaus die Kinder eines Gottes sein. Sie wären daher als die Atlanter sehr wohl denkbar. Nicht dagegen die Streitaxt-Leute, die den Megalithern an Körperhöhe deutlich unterlegen waren, wie die Grabfunde mannigfach beweisen. Sie waren also nur „Sterbliche". Ebenso muß man die Germanen genauso wie die Kelten, obwohl sie von großem Wuchs waren, zu den „Sterblichen" rechnen, denn sie erreichten an Körperlänge ebenfalls nicht die enorme Körpergröße der Megalither. Aus Skelettfunden, besonders Moorleichen, wissen wir, daß die durchschnittliche Körpergröße bei den Männern der Germanen bei 1,72 Meter lag. Das ist zwar beachtlich groß im Vergleich zum Wuchs der Mittelmeervölker, die im Durchschnitt nur 1,55 bis 1,60 Meter erreichten, aber es rechtfertigt nicht, von einem „Riesenwuchs" zu sprechen. Daran ändert auch nichts, daß verschiedene bekannte römische Schriftsteller, die in puncto Germanen durchaus sachkundig waren, in ihren Werken die Übergröße der Germanen betonen und von „riesigen Körpern" sprechen. Mag sein, daß sie bewußt übertrieben, um die Leistungen der römischen Truppen zu erhöhen; vielleicht aber erschienen ihnen wirklich die Krieger der Germanen im Vergleich zu ihren eigenen Landsleuten riesengroß. Hier kommt es jedoch auf eine andere Relation an, nämlich auf die zu dem körpergrößten Volk des Alter-tums, den Megalithern. An ihnen gemessen waren aber die Germanen – von einzelnen Individuen abgesehen – mit Sicherheit keine Riesen. Die Germanen verdienen deshalb nicht die Bezeichnung „göttergleich" oder „götterverwandt" – sie waren nur „Sterbliche". Auch aus diesem Grunde ist die Frage, ob die Atlanter Germanen waren, zu verneinen.[58)]

Das Volk der Glockenbecher

Bei der Suche nach den Menschen von Atlantis begegnet uns noch ein anderes Volk auf der Insel England. Es sind die Menschen der sog. Glockenbecher-Kultur, so benannt nach Gefäßkeramiken, die eine (umgestülpte) Glockenform aufweisen. Die Herkunft dieser am Ende der Jungsteinzeit auftretenden Volksgruppe ist umstritten. Sie gelangte, wahrscheinlich um 2000 v. Chr., ebenfalls nach England, allem Anschein nach aus dem Mittelmeerraum, hauptsächlich der Pyrenäenhalbinsel kommend. Ethnisch handelt es sich nach den Grabfunden – sie bestatteten ihre Toten ebenfalls einzeln, in Hockerlage, seltener in Steinkisten, meist in Flachgräbern – um einen großgewachsenen, rundköpfigen Menschenschlag von drahtigem Körperbau, bräunlicher Haut und dunkler Haarfarbe.[59)]

Auch diese Volksgruppe ist als die eigentlichen Atlanter auszuschließen. Die Menschen der sog. Glockenbecher-Kultur kamen aus dem Mittelmeerraum erst verhältnismäßig spät nach England. Zudem sind sie offensichtlich nicht gegen, sondern mit dem Willen der damals die englische Insel beherrschenden Megalither hierher gekommen. Darauf deutet insbesondere die gelegentlich gemeinsame Bestattung in den Megalithgräbern, zumal es ausgeschlossen ist, daß diese zahlenmäßig relativ kleine Volksgruppe die ihnen auch in körperlicher Beziehung weit überlegenen Megalither unterworfen haben könnte, wie das den volksstarken kriegerischen Streitaxt-Leuten teilweise gelungen war. In der 2. Hälfte des 2. Jahrtausends v. Chr. können daher die sog. Becherleute kaum die

Herren von Atlantis gewesen sein, zumal ihre Kultur in Spanien und Portugal schon um 1600 v. Chr. erlosch und in England bereits gegen Ende des 2. Jahrtausends vor der Zeitrechnung ihre Kraft verlor. Es handelte sich – wie das Fehlen geschlossener Siedlungen beweist – weniger um ein Kolonisations- als ein Handelsvolk, das mit großer Geschwindigkeit die Siedlungsgebiete der Megalither bis hin nach Polen und Ungarn durchwanderte und schnell wieder verschwand. Schließlich kann man diesen Menschenschlag schwerlich als „götterverwandt" bezeichnen. Die hagere Gestalt mit dem von der griechischen Schädelform stark abweichenden Kurzkopf und die dunklere Haut- und Haarfarbe schließen ihn als das Staatsvolk von Atlantis aus.[60)]

Wer die antiken Formulierungen über das körperliche Aussehen der Menschen – auch in den Atlantis-Berichten und der „Odyssee" – nicht bloß als ästhetisches Beiwerk oder literarische Stilmittel sondern als deutliche Hinweise auf das äußere Erscheinungsbild ernst nimmt, weiß, daß dieses Argument schwer wiegt und daher auch entscheidend ist für die Beantwortung der nächsten Frage, ob vielleicht

Die Urbevökerung Englands

die Atlanter gewesen sein könnte. Mag die Besiedlung der Britischen Inseln durch die Megalither nach den neuesten Forschungsergebnissen wahrscheinlich sogar bis in das 4. Jahrtausend v. Chr. oder noch weiter zurückreichen, so ist mit ihnen der Katalog der vorgeschichtlichen Bewohner Englands gleichwohl nicht erschöpft, denn die Großstein-Leute stellen nicht die Urbevölkerung des Landes dar. Das waren vermutlich die *Kymren,* ein wahrscheinlich nichtindogermanisches Jäger- und Sammlervolk der älteren und mittleren Steinzeit, von kleiner Statur und dunkler Haut- und Haarfarbe.[61)] Diese Menschen wurden von den ihnen körperlich und waffentechnisch weit überlegenen Eroberern ihres Landes, den Megalithern, in die unwirtlichsten Gegenden der Insel, vor allem in die Bergwälder von Wales und Schottland abgedrängt. Als „die Atlanter" sind diese Ureinwohner nicht gut denkbar. Dagegen spricht nicht nur ihr körperliches Aussehen, das sicher nicht als „götterwandt" in dem hier verwendeten Sinn zu bezeichnen ist, sondern auch ihre offenkundig primitive Kultur- und Zivilisationsstufe, von der die archäologischen Funde zeugen.[61)]

Der Kampf ums Paradies

Wie dieser kurze historische Rückblick zeigt, ist Englands Geschichte jener Tage ein geradezu klassisches Beispiel für die immerwährenden, ebenso grausamen wie offenbar unvermeidlichen Kämpfe der Völker um die Erhaltung oder Eroberung eines Lebensraumes zur Wahrung ihrer Existenz. Diese Geschichte vom „Kampf ums Dasein" erzählt vom Aufstieg und Niedergang verschiedener Völkerschaften, dem Sieg des Stärkeren und der Unterwerfung des Schwächeren, der meist nur durch seine Bedürfnislosigkeit und die Fruchtbarkeit seiner Frauen überlebte.

Was mag, so fragt man sich unwillkürlich, diese vielen Völker seit Jahrtausenden getrieben haben, nach England zu gehen und so erbittert um den Besitz des Landes zu kämpfen? Die Antwort liegt nahe: es war die große Fruchtbarkeit der Insel mit ihren holz- und wildreichen riesigen Wäldern, ihren guten Weiden und ertragreichen Ackerböden, die von zahlreichen Bächen und Flüssen wohl bewässert waren, und nicht zuletzt die ergiebigen Bodenschätze mit ihren wertvollen Erzen. Es ist alles das, was die Insel Atlantis auszeichnet! Den durch Dürrejahre, Überschwemmungen, Übervölkerung oder den Ansturm feindlicher Stämme in ihrem alten Lebensraum gefährdeten Völkern bot sich das fruchtbare England als der wahre Garten Eden geradezu an.

Das Resumé

unserer Retrospektive ist folgendes: nach allem, was wir bisher über die vorgeschichtliche Bevölkerung Englands gehört haben, kommen als die mutmaßlichen Atlanter allein die Menschen der Megalith-Kultur in Betracht. S i e müssen die eigentlichen Atlanter des solon-platonschen Berichtes sein.

Waren sie es auch wirklich?

Der gängige Einwand gegen diese These ist, für eine gesicherte Annahme wüßten wir zu wenig sowohl von den Atlantern als auch von den Megalithern. Ein Einwand, der die Schwierigkeit der Argumentation verdeutlicht, was allerdings bei einem so komplizierten Problem, das seit über 2500 Jahren seiner Lösung harrt, nicht wundernimmt. Aber der Einwand ist widerlegbar.

Um unser Bild vom Volk der Atlanter wäre es in der Tat schlecht bestellt, wüßten wir über das Äußere der Bewohner von Atlantis nicht mehr, als daß sie von „göttlicher Abstammung", will sagen sehr groß und stark und von heller Hautfarbe waren. Glücklicherweise gibt es noch eine weitere, dazu recht ergiebige Quelle: es ist die „Odyssee" Homers mit ihrer Erzählung vom Aufenthalt des Odysseus bei den Phäaken, die sog. „Phäakie" (Od. 6.-9. und 13. Gesang).

Phäaken und Atlanter

Was an der Argumentation S p a n u t h s , der Atlantis im Nordseegebiet vor der schleswig-holsteinischen Küste lokalisiert, Zustimmung verdient, ist sein Hinweis auf die Phäaken der „Odyssee". Fußend auf den Forschungen des Schweden v. Rudbeck, des Amerikaners Donnelly und der Deutschen Borchardt, Hennig, Kluge, Schulten und anderen Gelehrten vertritt er die Auffassung, *die Atlanter seien identisch mit den homerischen Phäaken.*[62] Diese Ansicht beruht auf einer weitgehenden Übereinstimmung in den Angaben des solon-platonschen Berichtes über die Atlanter und ihre Hauptstadt und Homers Schilderung von Land, Leuten und Königsstadt der Phäaken.

Man braucht nur einige Angaben aus beiden Berichten herauszugreifen, um zu merken, daß es sich hier nicht um Zufälligkeiten handeln kann. Besonders in die Augen fallend sind beispielsweise folgende Übereinstimmungen:

Beide Hauptstädte liegen außerhalb der Säulen des Herakles, im Okeanos, im Atlantischen Meer.

Atlanter und Phäaken sind beide Nachkommen des Gottes Poseidon; sie sind beide „götterverwandt", da die Stammutter eine „Sterbliche" ist. Wie ihre Stammeltern sind beide von ausnehmend großem Körperwuchs. Beide Völker legen Wert darauf, sich nicht mit „Sterblichen" zu vermischen.

Beide Staatswesen werden von einem Oberkönig und mehreren Unterkönigen regiert.

Von beiden Völkern wird gesagt, sie seien hervorragende Seefahrer.

In der Hauptstadt beider Völker steht ein prächtiger Tempel ihres höchsten Gottes Poseidon, dem Stieropfer gebracht werden. Dort befindet sich auch der Palast des Oberkönigs, der herrlich mit Gold, Silber und Bronze ausgeschmückt ist. Namentlich die allgemein hochgeschätzte Bronze steht beiden Völkern, die auch sonst reich sind, in verschwenderischer Fülle zur Verfügung; sogar die Türschwellen und die Wände sind mit diesem Metall belegt.

Beide Königsstädte sind mit mächtigen Mauern umgeben, bewehrt mit Türmen und Toren.

Zwei Quellen entspringen jeweils in den königlichen Gärten.

In beiden Fällen ist eine üppige Vegetation auf Grund eines besonders günstigen Klimas festzustellen. Hoch ist der Stand der Agrarwirtschaft; hervorgehoben wird die Anlage von Obstgärten und Gemüsebeeten.

Das sind sehr kennzeichnende Angaben, die keineswegs für beliebige andere Völker und Orte auch Geltung haben, und daher bei ihrer Fülle und auffallenden Übereinstimmung die Annahme rechtfertigen, daß es sich zumindest um sehr verwandte Völkerschaften handeln muß. Es liegt sogar die Vermutung einer Völkeridentität nahe. Falls aber die These richtig ist, die Atlanter seien mit den Phäaken identisch, und falls diese Phäaken zur Zeit des Odysseus auf England lebten, dann wäre das Problem nach dem Bild der eigentlichen Atlanter gelöst und zugleich die Frage beantwortet, ob die damaligen Bewohner Englands einen so komplizierten Staat wie Atlantis führen konnten.

Auf alle diese Fragen gibt die „Odyssee" Homers eindeutige Antworten, die unsere bisherigen Erkenntnisse bestätigen und zugleich erweitern. Laut Homer waren die Phäaken Menschen von besonders großer Statur, also Riesen. Der Dichter vermerkt, daß König Nausithoos, der Vater des Phäakenkönigs Alkinoos, aus einer Verbindung des Gottes Poseidon mit Periboia stammte, der jüngsten Tochter des Gigantenkönigs Eurymedon. Die Giganten wiederum waren die riesigen Söhne der Göttin Gaia (Od. 7,55 f.).

Während uns als Stammvater – wie im Atlantis-Bericht – ebenfalls der Gott Poseidon begegnet, tritt als Stammutter der Phäaken die ausdrücklich als Riesin gekennzeichnete Periboia auf. Da beide Stammeltern von riesenhaftem Wuchs waren, dürften sie dieses Körpermerkmal gewiß auf ihre Nachkommen, eben die Phäaken, übertragen haben. Daß dies keine bloße Vermutung ist, ergibt die „Phäakie". Denn Homer berichtet, Athene, die göttliche Beschützerin des Odysseus, habe diesen an Gestalt größer gemacht, damit er bei den Phäaken nicht an Ansehen verliere (Od. 6,30;8,18). Dabei war der „zeusentsprossene" Odysseus keineswegs von kleiner Statur („an Gestalt den Unsterblichen ähnlich" Od. 8,13). Auch Penelope rühmt vor den höhnenden Freiern ihren als Bettler getarnten, von ihr selbst nicht erkannten Gatten als einen besonders großen und stattlichen Mann (Od. 21,334). Die Phäaken müssen daher um etliches größer gewesen sein als ein großgewachsener Grieche.

Ein weiteres wichtiges Erscheinungsmerkmal verrät die „Odyssee" mit ihren wiederholten Hinweisen auf die „weißen Arme" der Phäakenkönigin Arete, ihrer Tochter Nausikaa und deren Mägde (Od. 6,186,239,249; 7,11,233,335). Die Phäaken waren also zweifellos Menschen mit einer hellen Hautfarbe. Sie waren aber nicht nur große und hellhäutige sondern auch schöne Menschen, wie andere Stellen der „Phäakie" dokumentieren. So heißt es von Nausikaa, „den Unsterblichen an Wuchs und Aussehen gleichend" (Od. 6,15). Odysseus ist von der Schönheit der Königstochter sehr angetan: „die Jungfrau mit dem schönen Antlitz" oder „Nausikaa, die von den Göttern die Schönheit hatte" (Od. 6,142; 8,57). In seiner schmeichelnden Bittrede sagt er zu der Prinzessin: „Wenn du ein Gott bist, wie sie den breiten Himmel innehaben, der Artemis mag ich dich dann, der Tochter des großen Zeus an Aussehen und Größe und Wuchs am ehesten vergleichen" (Od. 6,150 f.).

Nun ist der Begriff „schön" ein relativer, der von Volk zu Volk verschieden sein kann und es häufig auch ist. Hier muß er jedoch, weil der Berichter ein Grieche ist, im Sinne der griechischen Schönheitsvorstellungen verstanden werden. Darüber aber, was die Griechen der Zeit Homers unter einem schönen Menschen verstanden, gibt es keine Meinungsverschiedenheiten oder Geschmacksansichten, denn hier bietet die griechische Kunst in ihren zahlreich erhalten gebliebenen Statuen, Reliefs und Mosaiken sichere Leitbilder.

Die hohe Kultur der Phäaken

Die Atlanter besaßen offensichtlich eine hohe Kultur. Kann man das auch von den Phäaken sagen? Die Erzählung Homers in der „Phäakie" gibt das Recht, diese Frage zu bejahen.

Versteht man unter „Kultur" die „Veredelung des Menschen durch Ausbildung seines Geistes und der sittlichen Werte sowie in der Schöpfung von Werken, die Ausdruck einer edlen Gesinnung sind", dann waren die Phäaken für die damalige Zeit sicher ein Volk von hoher Kulturstufe.

Da ist einmal ihre Religion zu nennen, der eine besondere Bedeutung zukam. Die Phäaken achteten und ehrten die Götter sehr. Der Bau eines gewaltigen, prächtig ausgeschmückten Poseidontempels am Hafen, die zahlreichen Stieropfer und die ständigen Weihgüsse für die Götter bei allen Versammlungen sind dafür Beweise.

Die Phäaken waren edeldenkende Menschen. Ihre Einstellung gegenüber dem schiffbrüchigen Fremdling war vorbildlich. Nausikaa und der Sprecher der Fürsten, der greise Held Echeneos, sagen es: den Fremden gastlich aufzunehmen, ist eine heilige Pflicht. Die Phäaken sind nicht nur gastfreundlich zu Fremden, sondern auch hilfsbereit gegenüber Schutzsuchenden. „Denn auch sonst pflegt keiner, der in meine Häuser kommt, hier lange jammernd wegen eines Heimgeleites zu warten", sagt König Alkinoos (Od. 8,31). Und obwohl es Poseidon wiederholt verboten hatte, Fremden ein Heimgeleit zu geben, brachten die Phäaken den hilfesuchenden Odysseus auf einem ihrer Schiffe bis nach Ithaka. Die Menschlichkeit siegte über das göttliche Verbot.

Zur wahren Kultur gehört die Gesittung. Die Phäaken hatten ein feines Gefühl für Anstand und Fairneß. Als der Königssohn Euryalos den durch die Strapazen seiner langen Seereise geschwächten und deshalb wenig wettkampfbegeisterten Odysseus schmähte, er sei kein Kämpfer sondern eher ein gewinnstrebender Krämer, mußte er zur Sühne und Versöhnung dem Fremdling ein kostbares Schwert als Geschenk überreichen.

Ein Zeichen der hohen Gesittung ist auch das große Ansehen, in dem die Frauen bei den Phäaken standen. Die Königin Arete durfte sogar den Männern Streitigkeiten schlichten (Od. 7,74): für viele Völker, vor allem des Orients, eine fast undenkbare Vorstellung, zumal in der damaligen Zeit. Von allen Phäakenfrauen wird gesagt, die Göttin habe ihnen über die Maßen gegeben, „daß sie sich auf gar schöne Werke verstehen wie auch auf treffliche Gedanken" (Od.7,113).

Eine große Kunstliebe zeichnet die Phäaken aus. Sie lieben das Saitenspiel und den schönen Gesang. Der blinde Sänger am Königshofe trägt nicht bloß anspruchslose Volksweisen vor, sondern er singt von Männern, „deren Ruhm damals zum breiten Himmel reichte". Er rezitiert Götter- und Heldenlieder von Aphrodite, Ares und Hephaistos, von Troja, Menelaos und Odysseus, und er zeigt sich, wie die Erwähnung des hölzernen Pferdes beweist, wohlinformiert. Besonders lieben die Phäaken den Tanz. Odysseus ist baß erstaunt, wie geschickt „Knaben in erster Jugend den göttlichen Reigen mit den Füßen" stampften (Od. 8,263). Wie das Adjektiv „göttlich" beweist, handelte es sich offensichtlich um Kulttänze.

Auch die Ausbildung und Schulung des Körpers ist ein Stück Kultur. Verständlich daher die große Begeisterung der Phäaken an vielseitigen athletischen Kämpfen wie Ballspiel, Wettlauf, Ringen, Faustkampf, Weitsprung, Diskus- und Speerwurf.

Die Webkunst ist besonders hoch entwickelt. Die Phäaken tragen kostbare Gewänder. Odysseus erhält solche kunstreich aus Wolle und Leinen gefertigten Gewänder, ja sogar einen purpurnen Mantel zum Geschenk, und es wird ihm sein Lager aus schönen, purpurnen Tüchern, Teppichen und wollenen Mänteln bereitet (Od. 7,336).

Die plastische Kunst muß bei den Phäaken einen bemerkenswerten Stand erreicht haben. Denn ihre Künstler fertigten aus Gold und Silber Hunde als Türwächter und Knaben als Fackelhalter (Od. 7,91,99). Daß ihre Goldschmiede sich trefflich auf die Bearbeitung von Edelmetall und Bronze verstanden, zeigen auch die vielen goldenen Becher und Wasserkannen, die silbernen Waschbecken und die großen Dreifüße und Becken aus Bronze. Ein besonderes Kunstwerk dürfte das dem Odysseus geschenkte Schwert gewesen sein. Es war ganz aus Bronze, hatte einen silbernen Griff und die elfenbeinverzierte Scheide war mit Silbernägeln beschlagen (Od. 8,403 f.).

Ein Zeichen verfeinerten Geschmacks ist die prächtige Ausstattung der Häuser des Königs Alkinoos mit ihren bronzenen Schwellen und Wänden, den silbernen Türpfosten und den goldenen Türen. Daß die Phäaken auch Meister der Baukunst waren, zeigen die Errichtung des Königspalastes, der Bau des „schönen Tempel Poseidons", festgefügt mit Steinen im Boden, „die weither man holte" (Weiher, Odyssee, 6,267), und die riesige, mit Türmen und Toren bewehrte Mauer, die die Stadt umgab.

Schließlich verstanden sich die Phäaken gut auf den Bau von schnellen, seetüchtigen Schiffen („Ihre Schiffe sind schnell wie ein Flügel oder ein Gedanke" Od. 7,36) und die Kunst des Navigierens. Sie rühmen sich, sogar bei Dunst und Wolken, schnell und ohne Schaden zu nehmen, die Meere durchqueren zu können (Od. 8,557). Offenbar kannten sie bereits den Vorläufer des Kompasses, den geheimnisvollen Magneteisenstein, der – auf einem Stück

Holz in einem Becher mit Wasser schwimmend – die Einhaltung des Schiffskurses, der sonst nur nach der Sonne oder den Sternen festgelegt werden konnte, auch bei bedecktem Himmel ermöglichte, so daß es den Anschein hatte, als fänden die Schiffe von allein ihren Weg. Kein Wunder, daß die weltläufigen Phäaken sich auch im Mittelmeer bestens auskannten und um den Hafen Phorkys auf Ithaka sowie die Insel Euböa wußten, von der gesagt wird, daß sie am weitesten entfernt liege (Od. 7,320).

Diese lange Aufzählung beweist eindringlich, daß die Phäaken sich in ihrer Kultur und Zivilisation, ihren Fähigkeiten, aber auch in ihrem Reichtum durchaus mit den Atlantern messen konnten. Alles schön und gut, aber inwiefern bringt die Übereinstimmung der Berichte über Atlantis und das Land der Phäaken weiter? Das könnte doch höchstens dann der Fall sein, wenn beide Völker damals auf England lebten, wenn also auch die Phäakenstadt hier zu lokalisieren wäre. Das führt zur nächsten Frage:

Wo lag das Land der Phäaken?

Es nimmt nicht wunder, daß diese Frage sehr umstritten ist. Für „das liebliche Scheria", das Phäakenland, wird von der Wissenschaft eine Vielzahl von Orten in Anspruch genommen. Da werden Plätze genannt wie Kreta, Malta, Sizilien, Zypern, Istrien oder Kalabrien, aber auch Andalusien und Helgoland. Die überwiegende Meinung bestimmt jedoch bereits seit der Antike die Mittelmeer-Insel Kerkyra (Korfu) als den wahren Wohnort der Phäaken – insoweit abweichend von unserer oben getroffenen Feststellung, das Land der Phäaken liege im Okeanos.[63] Spricht diese Lokalisierung im Mittelmeer nicht eindeutig gegen die These, die in England lebenden Atlanter seien mit den Phäaken identisch? Beweist sie nicht nachgerade, daß England unmöglich das Land der Atlanter sein kann?

Nur scheinbar, denn die von der herrschenden Ansicht verfochtene *Lokalisation* der Phäakenstadt auf Korfu ist *unzutreffend!*

Und wo sollen Stadt und Hafen der Phäaken wirklich gelegen haben?

Es mag überraschend, ja vielleicht unwahrscheinlich klingen, aber die von Homer beschriebene phäakische Königsstadt lag tatsächlich in England, und zwar im westlichsten Teil von Cornwall! Völlig unabhängig von der mich damals nicht beschäftigenden Atlantis-Frage habe ich in meiner Studie über die Irrfahrt des Odysseus („Weit war sein Weg nach Ithaka", Hamburg 1978) unter Anführung der Argumente im einzelnen dargelegt, daß an der Stelle, wo heute die cornische Stadt Penzance an der äußersten Südwestecke Englands liegt, ehemals Stadt und Hafen der Phäaken gelegen haben. Diese These basiert auf der grundsätzlichen Annahme, der größte Teil der Irrfahrt des Odysseus habe sich im Okeanos, also im Atlantik, und zwar in dessen Nordteil abgespielt. Außer dem ausdrücklichen Hinweis Homers auf den Okeanos sprechen zahlreiche Tatsachen für diese Annahme: der starke Gezeitenwechsel in der Enge der Skylla und Charybdis, den das Mittelmeer nicht kennt; der ständig trübe Himmel und das immerfort graue Meer; die langanhaltenden stürmischen Winde; die völlige Desorientierung auf der Insel der Kirke – trotz erkennbaren Sonnenauf- und unterganges; das Fehlen einer wirklichen Enge im Mittelmeer und eine ganze Reihe anderer Gründe.

Das sind so deutliche Hinweise auf den Okeanos, daß man sich irritiert fragt, warum der Aussage Homers, Odysseus sei in den Okeanos gelangt, kein Glauben geschenkt wird. Während für alle diese Angaben des Dichters kein Platz im Mittelmeer ist, sind sie bei einer Fahrt in den Gewässern um die Britische Insel bis in die kleinsten Details erfüllt. Das gilt auch für das Land der Phäaken, das sich im antiken Zinnland Cornwall lokalisieren läßt. Hier finden wir alles wieder, wie es die „Odyssee" beschreibt.

Die steile, felsige Nordküste, die eine Landung nahezu unmöglich macht (die hohen Kliffs von Land's End bis St. Ives); die windgeschützte sandige Bucht, die überraschend dem schiffbrüchigen Odysseus ein An-Land-gehen gestattet (die Portheras Bay); den in die Bucht mündenden Fluß mit Waschplätzen der Königsfamilie (der Wasserlauf, der von Highes Boscawell kommend in der Portheras Bucht das Meer erreicht); die zum Hafen der Phäaken abfallende Straße (von Madron hinunter nach Penzance), vorbei an dem heiligen Quell der Athene (die uralte heidnische Madronsquelle); die zauberhaften Gärten (Penzance ist eine „Gartenstadt"); den „doppelten" Hafen der prächtig an einer Meeresbucht gelegenen Stadt (früher besaß das an der Mount's Bay schön gelegene Penzance zwei Häfen).

Es fehlt nichts. Weder vermißt man die für diese nördliche Breite überraschend üppige Vegetation mit nahezu subtropischem Charakter, die – wie wir bereits oben S. 76 gehört haben – sogar typische Pflanzen des Mittelmeerraumes wie Granaten, Feigen, Oliven usw. im Freien gedeihen läßt (Od. 7,118 f.). Noch fehlen die reichen Bodenschätze, vor allem die so wertvollen Metalle Zinn und Kupfer, die es den Phäaken erlaubten, Odysseus so viele Bronzegeräte und Gold zu schenken, wie er „niemals von Troja davongetragen hätte" (Od. 13,138). Solche Großzügigkeit wäre bei der bescheidenen Insel Korfu kaum gegeben.

Wie, fragt man sich weiter, vermag angesichts der vielen Argumente, die für eine Lokalisierung im Atlantik sprechen, die herrschende Meinung trotzdem an der Identifizierung mit der unbedeutenden Mittelmeerinsel festzuhalten? Man sollte meinen, dafür gäbe es überzeugende Gründe, doch ist das nicht der Fall. Die falsche Lokalisation beruht in erster Linie auf der Annahme, Homer gebe die Dauer der Rückreise des Odysseus in seine Heimat mit e i n e r Nachtfahrt an. Logischerweise könne daher das Land der Phäaken nicht weit von Ithaka entfernt gelegen haben. Genaues Hinsehen erweist indes, daß die Annahme unzutreffend ist: mit keinem Wort sagt Homer, die Rückfahrt habe nur e i n e Nacht gedauert!

Da das nicht zu bestreiten ist, glaubt man die kurze Nachtfahrt aus den Angaben des Dichters folgern zu müssen. Auch das ist nicht richtig. In der „Odyssee" ist lediglich vermerkt, der ithakische König sei am Abend der Abfahrt vom Hafen der Phäaken in tiefem Schlaf gelegen und habe bei seiner Ankunft auf Ithaka ebenfalls fest geschlafen. Aber nichts zwingt zu dem Schluß, es habe sich um Abend und Morgen *desselben* Tages gehandelt (bei den Griechen bestand ein voller Tag aus der Nacht und dem folgenden Tag). Hier wird etwas in das Epos hineingelesen, das nicht darin und überdies im klaren Widerspruch zu den Darlegungen des Dichters steht: denn Homer läßt seinen Helden wiederholt über die weite Entfernung seiner Heimat klagen! Da heißt es: „Denn als Fremder, der viel Leid erfuhr, komme ich hierher, weit aus einem fernen Land" oder „wenn ferne von euch ich auch wohne" (Od. 7,23-24; 9,18). Die Königstochter Nausikaa sagt zu Odysseus: „... wenn du auch von sehr weit her bist" (Od. 6,310). Selbst Alkinoos, der Phäakenkönig, bemerkt in seiner Rede vor den anderen Fürsten seiner Landsleute von dem fremden Odysseus, „wenn er auch von gar weit her ist" (Od. 7,193). Und da soll das nur ganze 100 Kilometer von Korfu abliegende Ithaka die „weite Ferne" sein?!

Was soll ein in Dingen der Geographie und Seefahrt so gut bewanderter Autor wie Homer eigentlich noch mehr tun, um die große Entfernung der Heimatinsel eines Fremdlings herauszustellen? Bei der geringen Distanz hätte Odysseus mit seinem Gejammer über die Ferne seiner Heimat weniger das Mitgefühl der Phäaken erobert, als sich der Lächerlichkeit preisgegeben. Das dürfte auch der ungemein seekundige Homer gewußt haben, so daß es wenig sinnvoll erscheint, dem Dichter eine Rückfahrt von nur etwa 12 Stunden zu der „weitentfernten" Heimatinsel zu unterstellen.

Es ist wirklich eine Unterstellung, denn Homer hat so etwas weder ausdrücklich noch konkludent gesagt. Er hat sich lediglich damit begnügt, Abfahrtstunde (Abend) und Ankunftzeit (Morgen) anzugeben. Über die Dauer der Fahrt schweigt er vielsagend. Für dieses Schweigen und seine Darstellung, die Phäaken hätten ihren Fahrgast im Tiefschlaf befördert, dürfte Homer gute Gründe gehabt haben. Auf diese Weise sollte nämlich eine Preisgabe des geheimzuhaltenden Weges nach dem Zinnland vermieden werden, denn das Land der Phäaken war dieses geheimnisvolle Zinnland. Sein Schweigen ist umso auffälliger, als er sonst regelmäßig bemüht ist, für jede Fahrtstrecke möglichst präzise die Zahl der Fahrttage und die vorherrschende Windrichtung anzugeben. Durch den

Kunstgriff des tiefen Schlafes und das Schweigen über die Fahrtdauer und -richtung gelang es Homer, das wohlgehütete Geheimnis des Weges nach dem wichtigsten Zinnland der Antike zu wahren. Wie gut ihm das gelang, beweist nichts treffender, als daß es bis in unsere Zeit der Wissenschaft unbekannt blieb, wo Odysseus nach einer mühseligen und abenteuerreichen Fahrt das Zinnland fand.

Daß die Phäaken ihren Gast bewußt durch ein Mittel in tiefen Schlaf versetzten, ergibt der Text. Vielsagend bemerkt König Alkinoos zu unserem Helden: „Dann sollst du vom Schlafe bezwungen liegen" (Od. 7,317 f.). Daß es sich nicht um einen natürlichen Schlaf handelte, macht auch die Stelle Od. 13,78 deutlich: „. . . ihm fiel ein tiefer Schlaf auf die Augenlider, ein unerwecklicher, ganz süßer, dem Tode am nächsten gleichend". Im übrigen brauchte Odysseus nicht während der ganzen Dauer der Rückkehr „vom Schlafe bezwungen" zu sein. Es genügte im wesentlichen, ihm bei der Abfahrt und vor der Ankunft ein starkes Schlafmittel zu verabreichen. Da die Reise die längste Zeit über das offene Meer ging – die Phäaken waren nicht wie sonst die Seefahrer des Mittelmeeres auf Küstenfahrt angewiesen –, war dem ortsunkundigen Fahrgast ohnehin eine sichere Orientierung über die Route nicht möglich.

Der Manipulation mit dem Schlafmittel hätte es allerdings nicht bedurft, wenn Korfu tatsächlich das Phäakenland gewesen wäre. Daß diese Lokalisation aber nicht richtig ist, ergibt eine weitere Überlegung: wenn man – wie das die herrschende Meinung tut – das Eiland der Kalypso, die vorletzte Station des irrfahrenden Trojabezwingers, im Mittelmeer in einer der Inseln um Sizilien sucht, warum sollte Odysseus mit seinem Floß den Umweg über das nördlich gelegene Korfu zu den ihm unbekannten Phäaken genommen haben, obschon von Sizilien aus der direkte Weg nach Ithaka der kürzere und sicherere gewesen wäre?

Weil auch die anderen Lokalisationen, die das Land der Phäaken gleichfalls im Mittelmeer bestimmen wollen, ebensowenig überzeugen, folgen wir lieber den Worten Homers, Odysseus sei in den Atlantik hinausgefahren und dort zu den Phäaken gelangt. Alsdann sprechen gute Gründe *für* und *keine* stichhaltigen Argumente *gegen* eine Lokalisierung des Phäakenlandes in England, genau gesagt in Cornwall. Ist aber das cornische Penzance die Hafenstadt der Phäaken, dann findet die auffällige Übereinstimmung zwischen der Metropole der Atlanter und der phäakischen Königsstadt – sowohl in der Beschreibung der Örtlichkeit wie der Menschen – eine einleuchtende Erklärung. Wer in England die „ganze Insel" Platons wiedererkennt, für den ist die „Phäakie" Homers ein wertvoller Beleg für die Lokalisierung von Atlantis!

5. Kapitel

Atlantis und das Volk der Megalither

Trifft unsere Lokalisierung des Phäakenlandes in Cornwall zu, dann darf auch davon ausgegangen werden, daß die um 1200 v. Chr. in England lebenden Bewohner der atlantischen Königsstadt identisch waren mit den homerischen Phäaken. Damit gewinnen wir ein brauchbares Bild von den Atlantern. Zu klären bliebe nur noch das Verhältnis zu den Megalithern, die damals die Insel England bewohnten. Sind diese Großstein-Leute ebenfalls identisch mit den Phäaken und den Atlantern?

Man könnte sich die Beweisführung einfach machen, indem man so argumentiert: als herrschende Bevölkerungsschicht Englands im 13. Jh. v. Chr. kommen nur die besonders großwüchsigen Megalither in Frage. Sie müssen daher nicht nur mit den körpergroßen Phäaken sondern auch mit den riesenhaften Atlantern identisch sein. Diese auf den ersten Blick bestechende Argumentation steht jedoch unter der Prämisse, daß die Großstein-Leute in ihrem äußeren Bild und in ihrer Kulturstufe den Phäaken und Atlantern glichen. Hier besteht leider für unsere Beweisführung insofern ein Handicup, als in diesem Punkt die Wissenschaftler wieder einmal uneins sind. Die Uneinigkeit bezieht sich sowohl auf das äußere Erscheinungsbild der Megalither (Größe, Körperbau, Haut-und Haarfarbe) als auch auf die Annahme einer einheitlichen Volksgruppe mit einer eigenständigen Kultur.[64)]

Natürlich kann hier bei dem beschränkten Raum dieses Buches nicht auf alle die Megalither betreffenden Streitfragen ausführlich eingegangen werden, aber wir müssen uns – wenigstens in großen Zügen – mit den grundsätzlichen befassen. Denn die Großsteinleute begegnen uns in unserer Darstellung auf Schritt und Tritt. Man kann nicht über Atlantis schreiben, jenem Weltreich aus der

Blütezeit der Bronzekultur, ohne sich mit den Megalithern, dem bedeutendsten Volk jener Erdepoche auseinanderzusetzen. Doch der Leser kann unbesorgt sein, es werden hier keine komplizierten anthropologischen und kulturhistorischen Probleme langatmig behandelt.

Riesenvölker im Altertum

Was den Riesenwuchs, das auffallendste Erscheinungsmerkmal dieser Großstein-Leute angeht, so muß man sich über eines im klaren sein: unter „Riesen" werden hier solche Menschen verstanden, die an Körperlänge ihre Mitmenschen sichtlich überragen, allerdings nicht um Meter, sondern um Zentimeter! Verfehlt wäre es, „Riesen" im Sinne der Märchen und Sagen zu begreifen und an 3 oder mehr Meter große Wesen zu denken. Gegenüber der Ablehnung eines solchen exorbitanten Maßes kann man sich auch nicht auf antike Texte, etwa die Bibel, berufen, in der z. B. die Größe des Riesen Goliath mit „sechs Ellen und eine Handbreit hoch" angegeben ist (1. Buch Samuel 17 Vers 4). Denn offensichtlich war die biblische Elle eine andere als die heutige, die zwischen 55 und 85 Zentimeter schwankt.

Die Elle ist ein sehr altes, natürliches, ursprünglich von der Länge des Unterarmknochens, eben der Elle, abgeleitetes Längenmaß. Erst später hat man die Länge vom Ellenbogen bis zur Spitze des Mittelfingers berechnet. Da die (ausgewachsenen) Menschen der ethnisch verschiedenen Volksgruppen eine unterschiedliche Länge des Unterarmknochens besaßen und besitzen, hat es nie ein einheitliches Ellenmaß gegeben – es war örtlich immer verschieden („jede Stelle hat ihre Elle"). Von welchem Maß der Elle das Alte Testament ausgeht, wissen wir nicht. Keinesfalls kann man das heutige Ellenmaß für die damalige Zeit zugrundelegen, denn das ergäbe die biologisch auszuschließende Körpergröße des Goliath von 3,40 bis 5,20 Meter.

Daß unsere Altvorderen eine andere Größenvorstellung von der Elle hatten, beweist auch die Stelle in der „Ilias" (6,319), wo von einem „elf Ellen langen Speer" die Rede ist. Ginge man bloß von einem Ellenmaß von 55 cm aus, dann betrüge die Speerlänge rd. 6 Meter – eine offensichtliche Unmöglichkeit! Berechnet man dagegen die Elle nach der Länge des Unterarmknochens, die in der Regel 40 cm nicht überschreitet, dann ergibt sich für den Riesen Goliath die stattliche, aber akzeptable Größe von 2,50 Metern und für den homerischen Speer eine Länge von 4 1/2 Metern, die gleichfalls hingenommen werden kann, zumal noch heute die Papuas auf Neuguinea Speere mit einer Länge von 4 bis 5 Metern besitzen. „Märchenhaft" und unrealistisch werden die Angaben der antiken Schreiber eben nur dann, wenn man unzulässigerweise spätere Maße zugrundelegt.

Man darf sich auch nicht den Blick trüben lassen durch die Tatsache, daß in den Industriestaaten unserer Erde die durchschnittliche Körperhöhe der weißen Bevölkerung in den letzten Dezennien stark, z. Teil bis zu 10 cm und mehr, zugenommen hat, so daß uns heute eine Größe von 185 bis 195 cm keineswegs als riesenhaft vorkommt. Wahrscheinlich handelt es sich bei diesem bislang nicht geklärten Phänomen nur um eine vorübergehende Erscheinung, die vielleicht mit der Ernährung oder der stärkeren radioaktiven Strahlung zusammenhängt, jedenfalls eine ganz neuerliche Beobachtung, während unsere Betrachtung sich auf eine mehr als 3000 Jahre zurückliegende Zeit bezieht.[65)]

Nicht zu übersehen ist, daß uns seit frühester Zeit übergroße Menschen begegnen, nicht bloß als exzeptionelle Einzelexemplare sondern als typische Angehörige von Volksstämmen. Diese „Riesen" treffen wir in Asien, Afrika und Europa an den verschiedensten Plätzen. Es sei nur erinnert an: die riesenhaften *Philister* der Bibel (Kampf des Riesen Goliath mit dem kleinen David) und die *Enaksöhne* in Palästina (= Philisterland); die bis zu 1,80 Meter großen Männer des *Hethitervolks* in Kleinasien; die riesigen *Serer* nördlich des Himalaya, von denen der römische Naturforscher Plinius d. Ä. berichtet; die riesenhaften *Garamanten* des griechischen Historikers Herodot in Nordafrika, vermutlich die Vorfahren der Berber und Tuaregs, der hochgewachsenen Wüstensöhne unserer Tage in Nord- und Mittelafrika; die hünenhaften *Guan-*

chen, die noch im 16. Jh. n. Chr. auf den Kanarischen Inseln lebten, bis sie von den Spaniern ausgerottet wurden.[66)]

Weitere Beispiele sind die großgewachsenen *Kelten,* die in den Augen der Mittelmeervölker „Riesen" waren. Gleiches gilt für die *mykenischen* Griechen. Zwar weisen die in den Schachtgräbern von Mykene gefundenen Skelette eine durchschnittliche Größe von „nur" 1,70 Meter auf, doch fanden sich auch solche, die größer waren als 180 Zentimeter! Ebenso dürften die Riesengestalten der griechischen *Titanen* und *Giganten* genauso wie die *Vanen* der germanischen Religion nicht bloße Erfindungen der Mythologie oder Figuren aus dem Reich der Fabel oder der Legende sein, sondern auf realen Vorbildern beruhen. Gleiches gilt wohl auch für die Riesen der „Odyssee", die *Kyklopen* und die *Laistrygonen,* die mit großer Wahrscheinlichkeit als megalithische oder cromagnide Bewohner der nordafrikanischen Küste und der Iberischen Halbinsel nachweisbar sind.

Obwohl es also offensichtlich im Altertum mehrere „Riesenvölker" gab, lehnt ein Teil der Wissenschaft es ab, die Megalither als ein solches Riesengeschlecht anzuerkennen, und zwar hauptsächlich deshalb, weil häufiger in den Megalithgräbern auch Skelett-Teile eines kleineren Menschentyps gefunden wurden.

Große und kleine Skelette in einem Grab

Zugegeben, es überrascht, in demselben prähistorischen Grab die Gebeine verschiedengroßer Menschen zu finden, ohne daß ein natürlicher Größenunterschied wie zwischen Mann, Frau und Kind der Grund ist. Wie erklärt sich dieses Nebeneinander von Skelett-Teilen sehr großer und kleiner Menschen in denselben Gräbern?

Zunächst einmal ist festzuhalten, daß sich sehr wohl zahlreiche megalithische Gräber finden, in denen n u r die Knochenreste von „Riesen" lagen. Das gilt auch für England, einem unbestrittenen Siedlungsgebiet der Großstein-Leute, und gerade für Cornwall. So hat man beispielsweise im Boden des sehr alten megalithischen

Steingrabes von *Lanyon Quoit*, nordwestlich von Penzance, lediglich die Knochenreste von ungewöhnlich großen Menschen gefunden. Besonders aufschlußreich sind insoweit die Funde in Einzelgräbern, da sie meist auf hochgestellte Persönlichkeiten hinweisen. So fanden Zinngräber im 16. Jh. n. Chr. unweit von Land's End bei dem kleinen Dorf Trebegean – das cornische Wort bedeutet: „Stadt des Riesengrabes" – eine Grabkammer, in der die Knochen eines enorm großen menschlichen Skelettes, „the bones of an excessiue bigge carkas" lagen, wie Carew in seinem „Survey of Cornwall" aus dem Jahre 1602 berichtet. Wie der vorenglische keltische Ortsname beweist, handelt es sich um ein Grab aus sehr alter Zeit[67)] (siehe Abbildung Nr. 8).

Die große Zahl der ausdrücklich als „Riesengräber" bezeichneten prähistorischen Steingräber macht deutlich, daß diese Knochenfunde sehr groß gebauter Menschen in Gräbern eines megalithischen Siedlungsbereiches nicht bloß exzeptionelle Einzelfälle sind. Das gilt auch für Cornwall. Als Beispiele seien genannt: der Giant's Quoit in Pawton, der Giant's Frying Pan von Caerwynnen, das Giant's House von Pennance bei Land's End und das Giant's Grave auf St. Marys, eine der Scilly-Inseln vor der cornischen Küste. Auch im übrigen England gibt es derartige „Giant's Graves" in großer Zahl.[68)]

Die natürliche Erklärung für die Bezeichnung dieser Grabstätten im Volksmund als „Riesengräber" (in Deutschland „Hünenbetten") ist offenkundig darin zu suchen, daß tatsächlich in ihnen Menschen von extremer Körpergröße, eben Riesen oder Hünen, zur letzten Ruhe gebettet worden waren. Demgegenüber ist die Ableitung des Riesennamens aus der Mächtigkeit der Gräber, die aus so schweren Steinen errichtet sind, daß nur märchenhafte Riesen sie erbaut haben könnten, gekünstelt und wenig überzeugend. Die bisweilen viele Tonnen schweren Steine konnten niemals allein von Hand – auch nicht von Riesenhänden – aufgetürmt worden sein. Hierfür waren in den meisten Fällen raffinierte technische Kunstgriffe, ausgeklügelte mathematische Techniken, erprobte Vorrichtungen sowie der Einsatz einer großen Zahl von Hilfskräften erforderlich. Die philologische Ableitung dürfte lediglich die spätere wissenschaftliche Erklärung eines längst im Volksmund verbreiteten Namens sein. Derartig alte Namen haben meist eine direktere Deutung: die in den Megalithgräbern bestatteten Toten waren wirklich Riesen!

Aber was ist zu der nicht zu leugnenden Tatsache zu sagen, daß sich wirklich in zahlreichen Megalithergräbern auch die Skelett-Teile von kleinwüchsigen Menschen angefunden haben? Beweist das nicht doch, daß es sich bei diesen Großstein-Leuten eben nicht um ein einheitliches Riesenvolk gehandelt haben kann?

Die Vermischung mit „Sterblichen"

Hier spielt eine wichtige Rolle die oben bereits angeschnittene Frage der Vermischung mit anderen Volksgruppen, die der Atlantis-Bericht ausdrücklich hervorhebt (Kritias 121 c). Das Problem der Völkermischung taucht überall dort mit großer Wahrscheinlichkeit auf, wo ethnisch verschiedene Menschengruppen längere Zeit auf engem Raum zusammenleben. Das gilt auch für die Megalither in England.

Naheliegend wäre es an eine Vermischung mit der Urbevölkerung der Britischen Inseln, den Kymren, zu denken, auf die zwangsläufig die Megalither bei ihrer frühen Einwanderung stießen. Diese Ureinwohner waren bekanntlich von kleinem Wuchs, dabei untersetzt und von dunkler Haut- und Haarfarbe. Es ist nicht auszuschließen, daß die Megalither als „Eroberer" die Dienste dieser Ureinwohner in Anspruch nahmen, und sei es nur als Hilfskräfte für den viele Menschenhände erfordernden mühseligen Transport der riesigen Steine für ihre gewaltigen Bauten. Gleichwohl ist nicht anzunehmen, daß die Großstein-Leute diese Eingeborenen als gleichberechtigt anerkannt und sie in ihre Gemeinschaft und ihre Gräber aufgenommen haben. Ein besonderer Hinderungsgrund war dabei der vergleichsweise sehr niedrige Kulturstand dieser Urbevölkerung. Im übrigen waren diese Menschen als Jäger und Sammler eine freie Lebensweise gewohnt. Bevor sie sich freiwillig oder gezwungen in die Dienste der Megalither begaben, dürften sie sich lieber in die unzugänglichen Bergwälder der Insel zurückgezogen haben. Endlich war diese Menschengruppe – nach den archäologischen Funden zu schließen – zahlenmäßig nicht groß. Nach allem dürfte eine Vermischung mit der herrschenden Schicht der Megalither praktisch keine Rolle gespielt haben.

Ganz anders steht es mit einer kulturellen und ethnischen Integration bei einem Zusammentreffen mit *Menschen aus dem Mittelmeerraum.* Als die Großstein-Leute in die Länder des westlichen Mittelmeeres kamen, also vor allem nach Spanien, Portugal, Italien und Südfrankreich, dürften sie sehr bald Kontakt mit der eingeborenen Bevölkerung aufgenommen haben. Diese Länder lagen nicht nur im neuen Siedlungsbereich der Megalither sondern auch in ihren wichtigsten Industrie- und Handelszentren. Die rege Bergwerkstätigkeit einschließlich des arbeitsintensiven Hüttenwesens sowie der ausgedehnte Handels- und Schiffsverkehr erforderten in erheblichem Umfang Hilfskräfte, zunächst vor allem für die niedere Arbeit.

Die dort eingesessene oder später zugewanderte Bevölkerung war von wesentlich anderer Art als die Ureinwohner Englands. Das gilt einmal für die auf der Pyrenäenhalbinsel lebenden sog. Glockenbecher-Leute. Dieser rundköpfige, körpergroße Menschenschlag spielte in der Metallurgie der Megalither und im Handel mit deren Produkten, vor allem Bronzegeräten, eine wichtige Rolle. Ihre Anstelligkeit, ihr Fleiß sowie ihre Zuverlässigkeit machten die Becher-Leute als Hilfskräfte vielseitig verwendbar, nicht nur als Arbeitskräfte und Händler sondern auch als Söldner – sie waren hervorragende Bogenschützen, wie die zahlreich in ihren Gräbern angetroffenen Armschutzplatten beweisen.

Sodann waren da die Angehörigen der mediterranen Rasse, zu denen vor allem die von Palästina bis Portugal siedelnden Natufien-Leute, die Menschen der südfranzösischen Chassey-Kultur und ein Teil der Völker der El Argar- und Almeria-Kultur zählen. Sie waren von kleinem, aber grazilem Wuchs, dabei mit langen, schmalen Schädeln.

Beide Völkerstämme, die sog. Glockenbecher-Leute und die Mediterranen waren den britischen Ureinwohnern an Geist und

Gesittung weit überlegen. Die Wahrscheinlichkeit, daß die Megalither sich im Laufe der Zeit mit diesen „sterblichen" Menschen vermischten, ist deshalb so fernliegend nicht. Hinreichend Gelegenheit bot sich nicht bloß in den südlichen Bezirken des Atlantischen Reiches, sondern auch in England selbst. Dafür gibt es eine zuverlässige antike Quelle: der römische Geschichtsschreiber Cornelius T a c i t u s . Er schreibt in seinem bereits erwähnten Buch „Agricola" im 11. Kapitel: „Was für Menschen übrigens Britannien ursprünglich bewohnt, ob Eingeborene oder Eingewanderte, ist unter ihnen als Barbaren nicht recht ausgemittelt. Ihr Äußeres ist verschiedentlich gestaltet, und daraus läßt sich manches schließen. Denn das rötliche Haar von Caledoniens Bewohnern und ihr starker Gliederbau spricht für germanische Abkunft. Der Siluren bräunliche Gesichtsfarbe, ihr meistens krauses Haar und ihr Wohnsitz Hispanien gegenüber machen es glaublich, daß alte Iberer hinübergeschifft sind und von diesen Gegenden Besitz genommen haben."

Zwar waren die rotblonden Bewohner Caledoniens, d. i. Schottland, keine Germanen sondern vermutlich Kelten – die Römer unterschieden oft nicht zwischen Germanen und Kelten –, aber richtig und wichtig ist die Feststellung, daß die Siluren mit dem bräunlichen Teint als Einwanderer von der Pyrenäenhalbinsel kamen. Offenbar sind sie, da die Iberische Halbinsel gleichfalls ein Hauptsiedlungsgebiet der Megalither war, mit deren Willen nach England gekommen. Auch aus anderen Quellen sind die Siluren als ein iberischer Volksstamm bekannt. Ihre Bereitschaft, sich mit körpergrößeren Individuen zu liieren, haben die Iberer auch später bewiesen, als sie sich mit den im 6. Jh. v. Chr. von Norden her auf die Halbinsel vordringenden hochgewachsenen Kelten zu den Keltiberen vereinigten.[69)]

Besondere Erwähnung verdient in diesem Zusammenhang noch eine andere, bereits genannte Volksgruppe: die Streitaxt-Leute. Die Vermischung mit diesen ebenfalls „sterblichen" Menschen war für die Atlanter von schicksalhafter Bedeutung, denn sie hat ihre Gesittung einschneidend verändert. Das läßt sich aus dem Atlantis-Bericht selbst herauslesen. Während ursprünglich die Atlanter dem realen Besitz wenig Bedeutung beimaßen und Reichtum eher als Bürde empfanden, veränderte sich durch die Vermischung mit „Sterblichen" ihre Denkungsart. Die alten Werte der Tugend, Gerechtigkeit und Milde traten gegenüber dem neuerlichen Streben nach Besitz und Macht in den Hintergrund (vgl. Kritias 121 a-b). Rücksichtslosigkeit, Besitzwille und Machtstreben sind es aber gerade, die das kriegerische, herrische Reitervolk der Streitaxt-Leute kennzeichnen, das sich vor allem im Laufe des 2. Jahrtausends v. Chr. anschickte, seine Herrschaft auch auf England, das Kernland der Atlanter, auszudehnen. Der Vermischungsprozeß dürfte daher im 13. Jh. v. Chr. auf der Insel stark fortgeschritten gewesen sein.[70)]

Damit haben wir eine weitere Erklärung für die zunächst befremdliche Tatsache, daß sich in den Megalithgräbern häufiger die Leichenreste von weniger großen Menschen anfinden. Zu klären bliebe lediglich, wieso sich die Skelette dieser kleinerwüchsigen Menschen in Megalithgräbern nachweisen lassen, die ganz offensichtlich lange Zeit vor dem Beginn des Vermischungsprozesses gebaut worden waren. Zu diesem Zweck ist ein kurzer Blick auf die

Totenhäuser der Megalither

vonnöten. Die älteste Form, in der die Großstein-Leute ihre Toten zur letzten Ruhe betteten, waren die *Dolmen*. Diese Dolmen (von keltisch dol-men = Tisch-Stein) waren aus mächtigen, meist granitnen Steinen errichtet, und zwar bestanden sie in der Regel aus wenigen großen, auf dem gewachsenen Erdboden senkrecht aufgestellten Steinblöcken, über die eine z. Teil viele Tonnen schwere Deckplatte (der Tisch) gelegt war. Ursprünglich nur für die Beisetzung eines einzelnen Toten gedacht, waren die Dolmen meist die letzte Ruhestätte hochgestellter Persönlichkeiten, namentlich von Königen, Stammmesfürsten oder Priestern[71)] (s. Abb. Nr. 8).

Später bauten die Megalither größere, insbesondere begehbare Gräber, sog. *Ganggräber*. Ihre Einführung deutet auf eine von vornherein geplante wiederholte Verwendung der Ruhestätte, und zwar zunächst durch eine spätere Beisetzung der Familien- oder Sippenmitglieder des elitären Personenkreises. Aus diesen „Familiengrüften" enstand in der Folgezeit das Gemeinschaftsgrab für einen größeren Personenverband, und das führte schließlich zu der für die Megalither typischen Kollektivbestattung vieler Toten in einem Grab. Man hat bisweilen die Knochenreste von 200 Menschen in einem einzigen großen Megalithgrab gefunden.[72)]

Der Brauch der *Nachbestattung* machte es möglich, ein Grab über längere Zeit – manchmal über Jahrhunderte – zu benutzen. Durch die fortschreitende Vermischung stieg im Laufe der Zeit der Anteil der kleinerwüchsigen Toten immer mehr. Soweit überhaupt noch vorhanden, dürften spätere Generationen, besonders gegen das Ende der Megalithherrschaft, wenig Bedenken gehabt haben, die Gebeine der früheren Graberbauer zu entfernen, um den notwendigen Platz für die eigenen Toten zu schaffen. So konnte es vorkommen, daß in zahlreichen Fällen überhaupt keine Skelett-Teile besonders großgewachsener Menschen in den Gräbern der Großstein-Leute auftauchen, ja daß sogar in ihnen die Gebeine von Menschen gefunden wurden, die erst nach der Zeitenwende gestorben waren. Auch hat man gelegentlich in den Megalithgräbern karthagische und römische Münzen, griechische und römische Keramik sowie Statuetten aus griechischer, römischer und galloromanischer Zeit gefunden – sichere Zeichen für ihre langandauernde Benutzung.

Wenn man zuweilen in den Megalithgräbern überhaupt keinen Knochenresten größerer Menschen begegnet, dann ist auch daran zu denken, daß die wiederholten Graböffnungen infolge des neuen Luft- und Feuchtigkeitszutrittes – es mußte jedes Mal der schützende Erdhügel geöffnet werden – wesentlich zur rascheren Zersetzung der älteren Leichenteile beigetragen haben. Möglich ist auch, daß ein aggressiver saurer Boden, wie z. B. in Cornwall mit seinen vielen säurehaltigen Granitsteinen, die älteren Knochenreste ohnehin bereits zerstört hatte, zumal gerade auf den britischen Inseln die Megalithgräber sehr lange benutzt wurden.[73)]

Das Nebeneinander von Skeletten sehr großer und weniger großer Menschen in demselben prähistorischen Grab, selbst die

Funde ausschließlich kleinerwüchsiger Individuenknochen in megalithischen Steingrüften, findet damit eine überzeugende Erklärung. Diese Funde sprechen n i c h t gegen die Annahme, die Megalither seien ursprünglich ein Menschentyp von sehr hohem Wuchs gewesen.

Die unverwechselbare Steinbauweise

Es gibt weitere einleuchtende Argumente dafür, daß es einst wirklich ein Megalithvolk gegeben hat. Bekanntlich ist ein untrügliches Zeichen einer Volkseinheit die Gleichheit der kulturellen Äußerungen. Eine dieser kulturellen Gemeinsamkeiten ist die überall im Siedlungsgebiet der Großstein-Leute anzutreffende unverwechselbare Steinbauweise. Die Megalither besaßen eine sonst nicht bekannte Vorliebe für Steine besonders großen Ausmaßes, die sie nicht nur für ihre Gräber sondern auch für ihre Tempel und Kultstätten, ihre Mauern und selbst für den Bau ihrer Häuser verwendeten, und zwar zu einer Zeit, da die anderen Völker ihre Behausungen noch aus Holz, Lederfellen, Stroh, Schilf oder Grassoden errichteten.

Man sollte meinen, diese Eigenheit sei ein brauchbares Indiz für ein einheitliches Volk. Nach Meinung verschiedener Forscher handelt es sich jedoch bei dieser weit verstreut über die antike Welt anzutreffenden Steinverwendung lediglich um eine zufällige Parallelentwicklung bei ganz verschiedenen Völkern. Diese Ansicht und ihre Begründung, es handele sich um etwas Natürliches, allen Menschen Eigentümliches, große Steine aufzustellen und für Bauten zu verwenden, ist allerdings wenig überzeugend. Vorgeschichte und Geschichte der Menschheit lehren, daß es keineswegs eine allgemeine menschliche Eigentümlichkeit ist, sehr große Steine aufzurichten und zu verbauen. Wäre das wirklich so, dann müßte uns die megalithische Steinbauweise bei allen Völkern und zu allen Zeiten begegnen. Das ist aber nicht der Fall![74)]

Obwohl wir Siedlungen der Großstein-Leute im weitesten Westen und fernsten Osten der Welt – bis nach Amerika auf der einen, Indien und Korea auf der anderen Seite – antreffen, gibt es in diesem Gesamtbereich zu keiner Zeit eine geschlossene Megalithbauweise, sondern wir stoßen immer wieder auf große besiedelte Räume, in denen sich diese Bauform nicht findet. Außerdem liegen seltsamerweise die meisten Orte des megalithischen Baustils nahezu immer in Küstennähe. Schließlich endet auffallenderweise die Bauart der großen Steine im europäischen Raum etwa zur gleichen Zeit, da die Megalithherrschaft zu Ende geht, also mit dem Ablauf des 1. Jahrtausend v. Chr. Offenbar ist die Verwendung riesiger Steine in dieser eigenartigen Form doch keine allgemeine Eigenschaft, sondern das Spezifikum eines bestimmten, plötzlich in der Geschichte auftauchenden Volkes, mit dessen ebenso unvermitteltem Verschwinden auch der Wille und die Fähigkeit dazu erloschen.[75)]

Endlich ist noch folgendes zu bedenken: das eigentlich Besondere, das Charakteristische der Megalithbauweise, liegt nicht so sehr im bloßen Aufstellen und Verwenden größerer Steine wie in der ungewöhnlichen Konstruktion der gewichtigen Bauwerke und in der eigenartigen Behandlung des einzelnen Steines. In besonderem Maße gilt das für ein typisch megalithisches Bauwerk, die *„Kyklopenmauer"*. Man versteht darunter mächtige Mauern aus großen, ungleichmäßig geformten (polygonalen) Steinen, die mit einer erstaunlichen Kunst der Bearbeitung zusammengefügt sind. Die einzelnen Steine sind an den Nahtstellen so sorgfältig bearbeitet, daß sie genau zusammen passen, und zwar so genau, daß man nicht einmal ein Messerblatt in die Fugen schieben kann. Das große Gewicht der einzelnen, zum Teil tonnenschweren Steinblöcke und der paßgenaue Zuschnitt machten nicht nur ein Bindematerial überflüssig, sondern gaben auch den Mauern einen starken Verbund, so daß sie Jahrtausende überstehen konnten.

Seit Pausanias, dem griechischen Reiseschriftsteller aus Kleinasien, der um 175 n. Chr. lebte, nennt man derartige nicht wie sonst aus Quadersteinen sondern aus unbehauenen, aber exakt zusammengefügten Felsblöcken errichtete Mauern „Kyklopenmauern". Als der Grieche die in dieser Weise aus zum Teil 3 Meter langen und 1 Meter dicken Steinen gefügten Mauern von Tiryns zum ersten Mal sah, hielt er sie nicht für Werke von Menschenhand. Er glaubte vielmehr, Kyklopen, jene kulturlosen, der Menschenfresserei frönenden, sagenhaften Riesen, seien die Erbauer. Aus der „Odyssee" wissen wir jedoch, daß die Kyklopen keineswegs Sagengestalten sind, sondern sehr körpergroße Menschen einer steinzeitlichen Kultur, Hirten und Höhlenbewohner, die wahrscheinlich zur Volksgruppe der Cro Magnon-Menschen oder der Megalither gehörten. Bereits die weite Verbreitung dieser Mauerbauweise über fast die ganze Alte und große Teile der Neuen Welt widerlegt die pausanische „Kyklopentheorie".[76)]

Eine weitere Eigentümlichkeit der Megalither, die sich ebenfalls bei anderen Völkern nicht findet, ist die bereits erwähnte Errichtung von riesigen steinernen Gräbern in der Form von Dolmen, Gang-, Galerie- und Kuppelgräbern. Hier sei auf eine andere, ebenso ungewöhnliche wie auffällige Eigenart der Großstein-Leute hingewiesen, die Angewohnheit, größere Steine in Kreisform oder in langen Reihen aufzustellen. Diese *Steinkreise* (stone circles) und *Steinalleen* (Alignments) begegnen uns nur in bestimmten, klar abgegrenzten Bereichen.

Das Argument, es handele sich gleichfalls um eine allgemeinmenschliche Neigung, verfängt hier noch weniger. Bekanntlich stellten die Megalither auch vereinzelte große Steine, die sog. *Menhire* (von keltisch „men" = Stein und „hir" = groß), auf, die bisweilen eine Höhe von mehr als 20 Metern und ein Gewicht bis zu 300 Tonnen und mehr erreichten![77)] Mag sich der Brauch, Steine aufzustellen – wenigstens soweit es sich um kleinere Steine handelt –, ebenfalls bei anderen Völkern aus der menschlichen Natur heraus entwickelt haben, so gilt das kaum für die ganz merkwürdige Art der Steinsetzung bei den Steinkreisen und Steinalleen. Denn dem Bau dieser Steinwerke liegt erkennbar ein mit dem Stand der Sterne und dem Lauf der Sonne zusammenhängendes Prinzip zugrunde, das keineswegs bloß primitive sondern außergewöhnliche astronomische und mathematische Kenntnisse voraussetzt, über die in der damaligen Zeit nur wenige Völker verfügten. Auch der mutmaßliche Zweck solcher Anlagen, auf den wir später noch zu sprechen kommen, weist auf die Eigenart eines bestimmten Menschentypus hin, die Ausdruck einer spezifischen Wesensart ist.

Gleiches gilt für die geheimnisvolle Tatsache, daß die Megalither ihre gewaltigen Bauwerke nur selten an der Stelle errichteten, wo sie das geeignete Steinmaterial fanden. In der Regel mußten die schweren Steine über größere Entfernungen – bei Stonehenge z. Teil über mehr als 300 Kilometer! – herangeschafft werden. Man kann sich nur schwer vorstellen, daß alle Völker sich dieser mühseligen Arbeit gleichermaßen unterzogen hätten; dagegen spricht bereits die vielen Völker eigentümliche allgemeine Trägheit. Zwar kennen wir die Gründe der Megalither für ihr rätselhaftes Verhalten in diesem Punkt nicht genau, aber vermutlich spielte die astronomische Ausrichtung der Bauwerke bei der Standortwahl eine entscheidende Rolle. Ganz offensichtlich handelt es sich um eine spezifische Eigenart, die in einer bestimmten geistigen Verfassung der Erbauer begründet ist.[78)]

Das führt zu dem weiteren Einwand, die Megalither könnten schon deshalb kein einheitliches Volk mit einer eigenen Kultur sein, weil wir von dem wesentlichen Kulturelement eines Volkes, der Religion der Megalither, zu wenig wüßten. Daher die nächste Frage nach der

Religion der Megalither

Auch diese keineswegs einfache Frage läßt sich befriedigend beantworten. Im Religionsbild der Großstein-Leute begegnen uns regelmäßig zwei oberste Gottheiten: eine männliche, der Gott Poseidon, und eine weibliche, die große Erdmutter, die Magna Mater.

Der Meergott Poseidon

Daß ihr höchster Gott ein Meergott ist, nimmt nicht wunder, denn die Megalither waren eines der bedeutendsten Seefahrervölker der Vorgeschichte, wie eindrucksvoll bereits die megalithische insulare Siedlungsweise beweist. Die Inseln Malta, Sardinien, Korsika, die Balearen und Kanarischen Inseln, Irland, England bis hinauf zu den Orkney- und Shetland-Inseln sind vielsagende Beispiele ihrer bevorzugten Wohnplätze. Die Liebe zur Seefahrt erklärt auch die weltweite Ausbreitung der Megalither, die weder vor dem Atlantik noch vor dem Indischen Ozean halt macht, so daß wir noch heute ihre Spuren sogar in Amerika und Asien bis nach Hinterindien feststellen können. Gerade diese weltweite Verbreitung ist es übrigens, die es vielen Forschern schwer macht, an ein einheitliches Megalithvolk zu glauben. Was würden jedoch diese Wissenschaftler von ihren Kollegen halten, die im 5. Jahrtausend n a c h Chr. trotz Ausgrabungen in England, Nordamerika, Afrika, Indien und Australien den Gedanken ablehnten, ein einzelnes Volk, nämlich die Engländer, hätte an allen diesen Plätzen kolonisiert? Warum eigentlich soll für die Megalither etwas anderes gelten als für das Kolonialvolk der Briten? Weist doch das Gesamtbild der megalithischen Ausbreitung dieselben Züge auf wie das britische Weltreich! Auch die Megalither kolonisierten weltweit, und dem „Britannia rules the waves" ging eine megalithische Herrschaft der Meere voraus.

Nun war aber Poseidon ebenfalls ein bedeutender Gott der Griechen. Er war nicht nur der Meergott sondern auch der Gott der See- und Erdbeben, der im Zorn verschiedentlich weite Landstriche Griechenlands überschwemmte. Homer gibt ihm in der „Odyssee" wiederholt den Beinamen „Erderschütterer" oder „Erdbeweger". Seine selbst für einen Gott ungeheuere Stärke und seine große Schnelligkeit werden gerühmt. Wieso ist dann – so wird man fragen – Poseidon eine megalithische Gottheit, da doch die Griechen einen Meergott dieses Namens verehrten?

Diesen scheinbaren Widerspruch können die Philologen klären. Die Etymologen haben nämlich festgestellt, daß sowohl der Name Poseidon als auch die Namen der Götter Kronos, Rhea, Athene und Okeanos nach aller Wahrscheinlichkeit *nicht* griechischen Ursprungs sind. Es handelt sich um *vor*griechische Gottheiten. Wenn wir uns an den griechischen Götterkampf der Titanen mit den Olympiern erinnern, dann ergibt sich die Lösung des Rätsels von selbst. Die riesigen Titanen sind die Götter der Megalither, der alten Herrscher von Mykene und Tiryns. Wie diese den eindringenden Dorern, so unterlagen die Götter der Megalithriesen den Olympiern. Nur wenige vorgriechische Gottheiten, darunter Athene und vor allem der Meergott Poseidon, den Homer den „Ältesten und Besten" der Götter nennt (Od. 13,142), wurden von den Siegern anerkannt und verehrt. Ein Widerspruch liegt in der Behauptung, Poseidon sei der Hauptgott des Seefahrervolkes der Großstein-Leute, also gar nicht vor.[79)]

Die Magna Mater

Die Große Erdmutter, die magna mater, ist die andere Hauptgottheit der Megalither. Das Leitfossil ihrer verbreiteten Verehrung ist ein charakteristisches Augenmotiv. Dieses Augenmotiv stellt das „allesgewahrende Auge" dieser höchsten Göttin dar. Meistens sind zwei Augen mit in der Regel 27 Wimpern stilisiert dargestellt. Man findet dieses archäologische Kennzeichen an allen bedeutenden Siedlungsplätzen der Großstein-Leute, häufig zusammen mit einem anderen religiösen Symbol, der Spirale. Nicht nur an den Megalith-Tempeln (z.B. auf Malta) sondern auch an wichtigen megalithischen Steingräbern (z.B. New Grange in Irland) und auf Geräten, die offenbar kultischen Zwecken dienten, begegnet man diesen Zeichen. Besonders zahlreich finden sie sich außerdem in Los Millares, der großen Megalithsiedlung in Südostspanien, in England und in Schweden. Es kann schwerlich nur Zufall sein, daß wir dieses kennzeichnende Augenmotiv lediglich bei der megalithischen magna mater antreffen, nicht aber sonst, wo im nichtmegalithischen Siedlungsraum ebenfalls eine Erdgöttin verehrt wurde.

Dieser Punkt ist deshalb so wichtig, weil verschiedentlich die Ansicht vertreten wird, es handele sich bei dem Kult einer Großen Erdmutter um einen bloßen Fruchtbarkeitskult, der den meisten Mittelmeer-Völkern, besonders aber den Völkern des Orients, eigentümlich gewesen sei. Von diesen hätten die Megalither ihn übernommen. Das überzeugt nicht recht, zumal ein beträchtlicher Teil des megalithischen Siedlungsbereiches nicht nur den Mittelmeerraum umfaßt, sondern auch weite Gebiete von West- und Nordeuropa. Es ist auch kein sicheres Gegenargument, jedenfalls solange nicht geklärt ist, ob tatsächlich die Großstein-Leute die Epigonen der vorderasiatischen Kulturen sind. Und das ist noch völlig offen.[80)]

Wo kamen die Megalither her?

Hierbei spielt die höchst strittige Frage nach der Herkunft und damit nach der Zugrichtung der wandernden Megalither eine bedeutsame Rolle. Die Frage ist zu komplex, um sie eingehend, und zu kompliziert, um sie beiläufig zu behandeln. Beschränken wir uns daher auf einige Bemerkungen, um die Problematik aufzuzeigen.

Nach der bislang herrschenden Meinung wanderten die Megalither von Ost nach West, genauer gesagt vom Vorderen Orient nach West- und Nordeuropa, wobei sie von den Mittelmeervölkern den Kult der Erdmutter übernahmen. Diese Auffassung fußt – entsprechend dem Grundsatz „ex oriente lux" (das Licht – die Kultur – kommt aus dem Osten) – auf der Ansicht, die Wiege aller Kultur der Menschheit liege im Raum des „fruchtbaren Halbmondes", also im Gebiet der Länder zwischen Ägypten und Mesopotamien.[81)] Die Berechtigung dieser Theorie gründete sich vor allem auf die bisherige Chronologie der Megalithgräber, die alle erst im 2. oder 3. Jahrtausend v. Chr. errichtet zu sein schienen. Diese Datierung ist jedoch in jüngster Zeit in Frage gestellt worden. Neueste Forschungen, besonders auf Grund einer durch Baumring-Messungen (Dendrochronologie) verbesserten Radiokarbon-Methode, haben nämlich ergeben, daß die nordschottischen Megalithbauten schon im 4., die Ganggräber der Bretagne sogar bereits im 5. Jahrtausend vor der Zeitrechnung entstanden sind! Damit gehören sie ebenfalls zu den ältesten großen Steinbauwerken der Menschheit und existierten schon zu einer Zeit, da die ersten ägyptischen Pyramiden – die angeblich ältesten monumentalen Steinbauten der Welt – noch nicht errichtet waren. Auch ist erwiesen, daß der 1. Steintempel der Weltgeschichte nicht in Ägypten stand sondern auf Malta. Aufhorchen läßt die jüngste Äußerung der versierten Sachkennerin der Megalith-Kulturen, S.v. Reden, die neuen Datierungsmethoden hätten den frühen Westeuropäer bereits um die Wende vom 7. zum 6. Jahrtausend v. Chr. auf dem Weg nach fernen Inseln wie Korsika gezeigt. Das Argument, die Megalither hätten den Kult der Erdmutter aus dem Orient übernommen, hat damit viel von seiner Überzeugungskraft verloren, und gleichzeitig haben die Forscher, die den Ursprung der Megalithkultur im Norden und Westen von Europa suchen, neuen Auftrieb erhalten.[82)]

Der tiefere Grund für den in jüngster Zeit wieder ausgebrochenen Streit der Wissenschaftler liegt in der Schwierigkeit, die megalithischen Steinmale zeitlich richtig einzuordnen. Ganz allgemein darf zur Datierung der Megalithbauten gesagt werden, daß sie sehr kompliziert und bisweilen zwangsläufig unrichtig, und zwar zu jung ist. Sie erfolgt nämlich – sofern wie häufig sonstige vergleichende Anhaltspunkte wie Keramik, Geräte, Waffen udgl. fehlen – nach der Radiokarbon-Methode an Hand der in den Bauten vorgefundenen organischen Gegenstände (Knochen, Hölzer, Gewebe); die Steine selbst sind dafür ungeeignet. Wurden jedoch beispielsweise Gräber über längere Zeit benutzt und fehlen organische Spuren ihrer Erbauer, dann wird die Datierung automatisch unrichtig, weil die von den Nachbenutzern zurückgelassenen testfähigen Gegenstände natürlich jünger, zum Teil oft wesentlich jünger sind als die Steinbauten selbst. Es ist daher die Möglichkeit, daß die nordeuropäischen Megalithbauten sogar noch erheblich älter sind, als die neuesten Datierungen ergeben, nicht auszuschließen.[83)]

Das Problem der Wanderungsrichtung ist übrigens untrennbar verbunden mit der Frage nach der *Urheimat* der Megalither, die bisher ebenfalls nicht beantwortet ist. Man darf als sehr wahrscheinlich annehmen, daß die Idee der Großstein-Bauten von einem bestimmten Volk in einem bestimmten Land ausgegangen ist.

Die geographische Verbreitung, besonders der insuläre Charakter der Besiedlung mit seiner weiten Ausdehnung und gleichzeitigen Begrenzung auf Inseln und schmale Küstenstreifen, die stilistische Gleichheit der Bauten, ihre Ungewöhnlichkeit und das erforderliche große technische Wissen und Können sprechen dafür.[84] Es ist aber auch unter den Vertretern einer einheitlichen Megalithkultur umstritten, von welchem Land diese Kultur ihren Ausgang nahm. Man hat dafür verschiedene Hypothesen aufgestellt, aber keine überzeugt recht. Die hochentwickelte Megalithkultur mit ihrem außerordentlichen astronomischen und technischen Wissen paßt auf keines der bekannten antiken Länder als Ursprungsland.[85]

Wir brauchen jedoch diese Frage nicht auszudiskutieren. Hier genügt der Hinweis, daß der Schluß, die Großstein-Leute hätten den Kult einer Magna Mater von anderen Völkern übernommen, nicht zwingend ist. Nichts hindert uns den bei allen Großstein-Leuten nachweisbaren Kult als einen ebenfalls eigenen megalithischen anzusehen.

Dafür spricht auch folgende Überlegung: der Kult einer Erdmutter setzt Landwirtschaft voraus, er ist vorwiegend eine „bäuerliche" Religion. Als aus den Sammlern und Jägern der Altsteinzeit nomadisierende Hirten und später in der Jungsteinzeit Bauern wurden, spielte die Fruchtbarkeit der Erde eine wichtige Rolle. Ihr entsprach die weibliche Fruchtbarkeit. Mit der wachsenden Bedeutung des Nahrung spendenden Ackerbodens, der ein Säen und Fruchtbringen kennt, gewann die Frau erheblich an Einfluß. Auch sie empfängt, und aus ihrem Leib entsteht neues Leben. Da zudem die Frau durch ihre Mitarbeit auf dem Felde wesentlich mehr als bisher zum Nahrungserwerb der Familie beitrug, wuchs ihr Ansehen beträchtlich.

Wie die zahlreich in den Megalithgräbern gefundenen Knochenreste von Pferd, Rind, Schaf und Hund bezeugen, waren die Megalither ebenfalls ein Volk von Viehzüchtern und Bauern, das sich später allerdings auch dem Bergbau und dem Seehandel zuwandte. Daher ist es verständlich, daß bei ihnen ein starker Einfluß der Frauen festzustellen ist. Auffallend ist, daß bei den Großstein-Leuten der Frau sogar eine besonders geachtete Stellung in der Gesellschaft zukommt. Dieser Zug ist geradezu kennzeichnend für die soziale Struktur der Megalither, zumal bereits die „Gleichberechtigung der Frau" keineswegs – wie häufig irrig angenommen wird – Gemeingut vieler oder gar aller Völker ist, sondern im Gegenteil eine rühmliche Ausnahmeerscheinung in der Ethnologie, der wir außer bei den Megalithern im Grunde nur bei den keltischen und germanischen Völkerschaften begegnen.[86)]

Homer gibt in seiner „Phäakie" ein eindrucksvolles Beispiel von der einflußreichen Stellung der Frau bei den Phäaken. Sowohl die Göttin Athene als auch die Königstochter Nausikaa raten dem Odysseus, im Hause des Königs Alkinoos zuerst die Königin Arete anzusprechen. An sie solle er sich wenden und um Schutz flehen, denn sie stehe in hohem Ansehen beim phäakischen Volk und seinen Führern. Wenn sie ihm wohlgesonnen sei, dann sei er gerettet (Od. 6,309 f.; 7,75 f.). Der kluge Odysseus, der diesen Rat befolgte, verdankt also seine Rettung in erster Linie dem großen Einfluß einer Frau. So jedenfalls stellt es Homer dar, und wir haben keinen Grund, ihm nicht zu glauben.

Auch die Phäaken verehrten übrigens neben dem Gott Poseidon eine Frau als höchste Gottheit. Das beweist die Stelle in der „Odyssee", wo von einem heiligen Hain vor der Stadt die Rede ist (Od. 6,320 f.). Zwar handelt es sich bei diesem Hain laut Homer um eine Kultstätte der Pallas Athene, aber eine Göttin dieses Namens dürften die Phäaken, die keine Griechen waren, nicht gekannt haben. Wenn der Dichter dieser fremden Göttin gleichwohl einen griechischen Namen beilegt, dann offenbar deshalb, weil beide Göttinnen sich kultisch entsprachen. Es ist dieselbe Erklärung, die Platon in seinem Kritias-Dialog (113 a) als Begründung dafür gibt, weshalb er Ausländern griechische Namen beilege: er habe die einzelnen Namen ihrem Sinn und ihrer Bedeutung entsprechend in die griechische Sprache übersetzt.

Für Homer ist Athene, die jungfräuliche Stadtgöttin von Athen und Beschützerin des Odysseus, eine bedeutende Gottheit. Sie, die Lieblingstochter des Zeus, ist nicht nur die Göttin der Klugheit und der Kriegsführung, sie galt auch als die Erfinderin des Schiffsbaues und Schützerin der weiblichen Webkunst. Homer gibt ihr den Beinamen "glaukopis", was neben hell- oder blauäugig auch „eulenäugig" bedeutet. Nun erinnert das Augenmotiv der magna mater, das Symbol dieser Gottheit, auffallend an die Augen einer Eule, weil bei diesen Tieren – am stärksten von allen Vögeln – die Augen nach vorne gerichtet sind. Die Gleichsetzung der megalithischen „eulengesichtigen" magna mater mit der griechischen Göttin Athene, deren Symbolvogel die Eule ist und die den Beinamen „eulenäugig" trägt, ist daher nicht von ungefähr. Sie weist die phäakische Göttin als „Erdmutter", magna mater, aus.

Die beiden höchsten Gottheiten der Megalither, der Meergott Poseidon und die Erdmutter, rechtfertigen es, von einer eigentümlichen Religion eines bestimmten Volkes zu sprechen, auch wenn wir die Riten dieser Religion im einzelnen nicht kennen.

Sie verehrten die Sonne

Ein weiteres volkliches Charakteristikum ist der überall im megalithischen Siedlungsbereich anzutreffende Sonnen- und Sternenkult. Sichtbare Beweise dieses Kultes sind vor allem die gewaltigen Megalithanlagen von Stonehenge und Avebury in England und von Carnac und Menec in Frankreich. Bekanntlich ist die Mittelachse von Stonehenge so angelegt, daß sie mit dem Punkt des Sonnenaufganges am Tage der Sommersonnenwende genau zusammenfällt. Man hat nicht zu Unrecht Stonehenge eine riesige astronomische Uhr genannt. Nach der Art der Anlage darf als sicher angenommen werden, daß die ersten Erbauer von Stonehenge, das in der Zeit von 2200 bis 1600 v. Chr. mehrmals umgebaut wurde, die Sonne verehrten; sie waren Sonnenanbeter. Was für Stonhenge gilt, hat für viele ähnliche Megalithbauten ebenfalls Gültigkeit.[87)]

Ein beredtes Zeugnis von der sorgfältigen Beobachtung des Sternenhimmels, dem erstaunlichen astronomischen Wissen und der großen Verehrung der Himmelskörper legen auch die kilometerlangen Alignments ab. Diese in mehreren Reihen aufgestellten, bisweilen aus 3000 Monolithen bestehenden, nach dem Stand der Sonne und dem Lauf der Sterne ausgerichteten Steinalleen finden sich vor allem in Carnac und Menec in der Bretagne, einem bevorzugten megalithischen Siedlungsgebiet.

Diese Sonnenverehrung durch Menschen mit einer weißen, also pigmentarmen und darum gegen Sonnenstrahlen weniger gut geschützten Haut könnte übrigens dafür sprechen, daß die Urheimat der Megalither in einem Land gelegen haben muß, das den sengenden Strahlen des Tagesgestirns weniger stark ausgesetzt war. Ist es nicht so, daß die Menschen in den kühleren, sonnenscheinärmeren Regionen der Erde das Erscheinen der wärme- und lichtspendenden Sonne besonders nach den kalten und dunklen Wintermonaten erfreut und dankbar begrüßen, während die Völker der südlicheren Breiten die Sonne eher fürchten als verehren? Der griechische Historiker Herodot berichtet sogar von den in Nordafrika lebenden Ataranten: „Dies Volk flucht der Sonne, wenn sie zu heiß brennt, und überhäuft sie mit Schmähungen, weil sie Menschen und Land ausdörrt".[88)]

Man ist daher geneigt, die These zu bejahen, die Heimat der Großstein-Leute sei in den weniger sonnenheißen Gebieten der nördlichen Erdzonen zu suchen, zumal die Fachwissenschaft, die Anthropologie, weitere Argumente dafür liefert. Unter den Rasseforschern besteht nämlich weitgehend Einigkeit, daß eine Pigmentierung, also die Ausbildung von dunklen, schützenden Farbstoffen in Haut, Haar und Augen, im sonnenreichen Klima unverzichtbar, in einer sonnenscheinarmen Umwelt dagegen nicht von lebenswichtiger Bedeutung ist. Das spricht dafür, daß eine auf Pigmentarmut beruhende Hellfarbigkeit sich nur in einer Gegend herausbilden konnte, die eine weniger intensive Sonnenstrahlung kennt. Man nimmt daher allgemein an, daß die „hellen" Rassen im Norden der Erdkugel entstanden sind. Zu diesen „Hellen" gehörten eben auch und gerade die Megalither.[89)]

Der megalithische Totenkult

Besondere Bedeutung kommt schließlich dem Totenkult zu, der sich in den Megalithgräbern manifestiert und sicher Ausdruck einer spezifischen Weltanschauung, einer Religion, ist. Mit Recht sagt Piggott, die Megalithgräber seien Zentren eines komplizierten Rituals, das sich auf weit mehr als das Begräbnis der Toten bezog.[90)]

In der Tat verrät die Beisetzung der Dahingeschiedenen in gewaltigen Kammern aus riesigen, unverwüstlichen Steinen, überdeckt von mächtigen Erdhügeln, eine eigentümliche Auffassung vom Leben nach dem Tode. Sie dokumentiert einmal eine hohe Verehrung der Verstorbenen, die - in Rückenlage ausgestreckt – bestattet wurden, umgeben von zum Teil wertvollen Geräten, Waffen, Schmuckstücken udgl. Diese wertvollen Grabbeigaben waren leider in sehr vielen Fällen der Grund, daß ein großer Teil der Megalithgräber während der vergangenen Jahrtausende von Grabräubern gründlich geplündert wurde. Ein klassisches, trauriges Beispiel ist das prächtige Kuppelgrab von Maes Hove auf der Insel Mainland des Orkney-Archipels, von dem man sagt, es sei der schönste megalithische Grabbau der Britischen Inseln. Im Jahre 1150 n. Chr. wurde das Grab von dem Wikingergraf Rognvald und seinen Leuten geplündert, und dabei ein großer Schatz entführt. Die norwegischen Grabräuber besaßen sogar die Unverfrorenheit, ihren Raub in einer Runeninschrift an den Grabwänden für die Nachwelt festzulegen. Daß bei dieser Grabschändung zwei der Gefolgsleute wahnsinnig wurden, mutet wie ein göttliches Strafgericht an.[91)]

Die Errichtung dieser ungewöhnlich dauerhaften, wirklich für die Ewigkeit gebauten Totenhäuser spricht zusammen mit den Grabbeigaben für eine ganz bestimmte Vorstellung von einem körperlichen Weiterleben nach dem Tode – eine Idee, die in dieser ausgeprägten Form keineswegs Allgemeingut vieler oder gar aller Völker ist. Nicht bloß der Glaube an die Unsterblichkeit der Seele kommt hier zum Ausdruck, wie ihn beispielsweise auch die alten Griechen kannten, sondern die Überzeugung eines physischen Weiterlebens über den Tod hinaus, der Glaube an ein „ewiges Leben". Das ist ein Gedanke, den die homerischen Griechen bekanntlich ablehnten, denn nach ihrer Vorstellung lebten nur die Seelen der verstorbenen Menschen in einem zudem freudlosen, stumpfsinnigen Schattenreich, dem Hades, der Unterwelt, weiter. Man lese nur den 11. Gesang der „Odyssee" über den Besuch des Odysseus in der Unterwelt und die bewegte Klage des Helden Achill, der lieber Ackerknecht bei einem armen Bauern auf Erden als Herr über alle Toten sein möchte.

Die Wahrscheinlichkeit, daß diesem besonderen Jenseitsglauben der Großstein-Leute eine spezifische geistige und seelische Haltung zugrunde liegt, ist darum recht groß. Auch sie rechtfertigt es, auf ein einheitliches Megalithvolk zu schließen.

Lassen wir es damit genug sein. Nach allem erscheint folgende Feststellung erlaubt: die von einem großen Teil der Wissenschaftler gebilligte Meinung, es habe in der Jungsteinzeit (Neolithikum) ein besonders großgewachsenes Megalithvolk gegeben, ist gut vertretbar. Zwar waren nicht alle Menschen dieser Volksgruppe in e i n e m Staat vereinigt; denn das Reich Atlantis war nur einer der Megalithstaaten. Weitere Beispiele megalithischer Staatsgebilde sind die Königreiche der achäischen Griechen von Mykene, Tiryns, Pylos usw., der Stadtstaat von Troja und das Hethiterreich. Das schließt die Annahme einer einheitlichen Volksgruppe jedoch nicht aus, denn die Sammlung in einem einzigen Staat ist bekanntlich kein kennzeichnendes Merkmal eines Volkes. Das lehrt uns gerade die deutsche Geschichte bis in die jüngste Zeit.[92)]

Wichtiger ist, daß diese Großstein-Leute eine einheitliche Religion und eine gleiche Kultur besaßen. Der Meergott Poseidon und die große Erdmutter waren als höchste Götter Gegenstand der Verehrung. Darüberhinaus einigte die Angehörigen dieser Menschengruppe ein ausgeprägter Ahnen- und Totenkult, der in dem Glauben an ein leibhaftiges Weiterleben nach dem Tode , eine „Auferstehung", seinen inneren und in der Errichtung riesiger Steingräber für eine „ewige Ruhe" der Verstorbenen seinen äußeren Ausdruck fand.

Diese Megalither waren zudem, nicht nur für jene Zeit, unerreichte Meister in der Kunst der Steinbearbeitung und Steinsetzung sowie in der Schaffung gewaltiger Steinbauten. Ungewöhnliche handwerkliche, technische und mathematische Kenntnisse und Fertigkeiten in der Bearbeitung, dem Aufbau und dem schwierigen

Transport schwerster Steinblöcke befähigten sie zu diesen Kolossalbauten. Die Errichtung war in den meisten Fällen nur durch ein koordiniertes Zusammenwirken vieler Arbeitskräfte möglich. Ein erstaunlich starker Schöpfungswille und eine gut funktionierende Organisation waren hierfür unerläßliche Voraussetzungen. Es ist schwer vorstellbar, solche außerordentlichen Eigenschaften und Fähigkeiten als Gemeingut aller antiken Völker anzusehen. Diese Charakteristika schließen es auch aus, die Riesenbauten lediglich als Symbole einer Religion aufzufassen und die Verbreitung der Megalithkultur als einen bloß geistigen Vorgang, eine Missionierung zu betrachten. Es war nicht bloß eine Idee, die sich weltweit ausbreitete, sondern es waren zugleich Menschen, die diese Kultur trugen und vorlebten.

Auch die astronomischen Kenntnisse der Großstein-Leute waren herausragend; davon zeugen beredt ihre nach dem Lauf der Gestirne orientierten Steinmale. Ebenso beherrschten die Megalither die Kunst des Schiffsbaues – sie besaßen seetüchtige Segel- und Ruderboote –, und ihre Perfektion in der Navigation ermöglichte ihnen ausgedehnte Wander- und Siedlungszüge an nahezu alle Meeresküsten der damals bekannten Welt.[93)] Nicht umsonst nennt man die Bronzezeit das große Jahrtausend der Seefahrt und denkt dabei in erster Linie an die Megalither, die damals die Wogen beherrschten. So gut wie sie kannte keines der antiken Völker das Meer. Diese Künste und dieses Wissen, dazu ein gut entwickeltes Organisationstalent befähigten die Großstein-Leute zu einem weiträumigen Handel zur See, vor allem mit wertvollen Edelmetallen (Gold, Silber) und wichtigen Werkstoffen (Kupfer, Zinn). Es ist sicher kein Zufall, daß wir diesem Menschenschlag an fast allen bedeutenden Erzlagern der Antike begegnen, von Irland über Cornwall und der Bretagne bis hinunter zum metallreichsten Land des Altertums, der Pyrenäenhalbinsel. Alles in allem waren die Megalither ein ganz außerordentliches Volk, das dank seiner für die damalige Zeit einzigartigen Kulturstufe durchaus imstande war, ein so hoch entwickeltes, kompliziertes und weit verstreutes Staatswesen wie das von Atlantis zu gründen und zu leiten.

Unbestritten saßen diese Großstein-Leute in der fraglichen Zeit nicht bloß in den zum Reich Atlantis gehörenden Territorien sondern auch im Zentrum des atlantischen Großreiches, in England. Die überaus zahlreichen Reste megalithischer Monumente auf der Britischen Insel sprechen insoweit eine unüberhörbare Sprache. Noch heute beherbergt England über 2000 Megalithgräber, dazu eine Vielzahl von anderen steinernen Relikten in Form von Tempelanlagen (Stonehenge und Avebury), Steinkreisen, Wehrtürmen und Menhiren.[94)]

Einen brauchbaren Hinweis darauf, daß auch die Atlanter die Megalithbauweise pflegten, enthält übrigens die Bemerkung in „Kritias" 116 d über den Poseidon-Tempel: „er hatte aber ein etwas barbarisches Aussehen". Da Barbaren nach griechischem Sprachgebrauch alle Nichtgriechen waren, könnte das lediglich besagen, der Tempel habe ein nichtgriechisches Äußeres gehabt. Es könnte aber auch – und das ist wahrscheinlicher – eine Anspielung auf die etwas klobige, ungeschlachte Form sein, die den gewaltigen Steinbauwerken der Megalithkultur eigentümlich ist.

Die Menschen von Cro Magnon

Bei der Suche nach den Menschen von Atlantis blieb bislang ein ethnischer Typ unerwähnt, der in der ausgehenden Eiszeit und der sich anschließenden Steinzeit in Europa und Nordafrika eine bedeutende Rolle gespielt hat: die Cro Magnon-Menschen. Zahlreich gefundene Skelette beweisen den sehr großen und ungemein kräftigen Wuchs dieses Menschenschlages. Die Männer errreichten eine für jene Zeit ganz ungewöhnliche Körperlänge von durchschnittlich 180 bis 200, gelegentlich bis 230 Zentimetern! Beide Geschlechter hatten starke Gliedmaßen mit kräftigen Gelenken und einen mächtigen Schädel, der mehr lang als rund ist. Selbst für einen ethnologischen Laien ist das „Vierecksgesicht" der Cromagniden unverkennbar mit seinen flacheckigen, überwölbten Augenhöhlen, der steilen, breiten Stirn, dem niedrigen Mittelgesicht und dem schweren, kantigen Kinn mit dem kräftig markierten Unterkieferwinkel.[95] In dem hier verstandenen Sinn waren also die Menschen von Cro Magnon ebenfalls „Riesen". Sie ähnelten in ihrem wuchtigen, kastenartigen Körperbau weitgehend den Megalithern. Könnten sie vielleicht die Menschen von Atlantis gewesen sein? Diese Frage ist viel gestellt und oft bejaht worden.[96]

Nun waren ohne Zweifel die Cro Magnon-Menschen für ihre Zeit ein Volk von hoher Kulturstufe. Die künstlerisch hervorragenden, weltbekannten, von den Fachgelehrten anfänglich als Fälschungen hingestellten Höhlenmalereien beweisen das schlagend. Namen wie die der Höhlen von Altamira in Spanien und Les Combarelles sowie Lascaux in Frankreich – um nur die bekanntesten zu nennen – haben einen imponierenden Klang.

Der prähistorische Menschenschlag, der diese einzigartigen Kunstwerke schuf, gehörte jedoch – wie erwähnt – der ausgehenden Eiszeit und der älteren und mittleren Steinzeit an, die Megalither sind jüngeren Datums. Das Volk der Höhlenmaler war längst verschwunden, als die Megalither in der Bronzezeit ihren Höhepunkt hatten. Gleichwohl besteht erkennbar eine Verbindung zwischen den Cro Magnon-Menschen und den Großstein-Leuten, und zwar nicht bloß im Körperbau sondern auch in kultureller Hinsicht. Es ist sicher kein Zufall, daß wir die Skelettreste der Leute vom Cro Magnon Typ vorwiegend in den späteren Siedlungsgebieten der Megalither an der Atlantikküste finden, die sich wiederum weitgehend mit denen der Atlanter decken. Die Übereinstimmung läßt den Schluß zu: die Cro Magnon-Menschen sind, ethnisch gesehen, die unmittelbaren Vorfahren, die Ahnen der Megalither, und damit auch der Atlanter, aber sie sind nicht die Atlanter selbst![97]

Hat man erst einmal die menschliche Verwandtschaft von Atlantern, Megalithern und Cro Magnon-Leuten erkannt, dann lassen sich über das Äußere der Atlanter noch nähere Angaben machen, die unser Bild von diesen Menschen abrunden.

Überlebende aus der Steinzeit

Ein Glücksfall hat der Forschung nämlich ein weißes Volk aus der Steinzeit bis in die Neuzeit lebend erhalten, und zwar an einem Ort, der zum Reich Atlantis gehört haben dürfte: die Kanarischen Inseln. Als die Spanier zu Beginn des 15. Jh. n. Chr. diese Inseln „wieder"-entdeckten, stießen sie auf eine weiße Bevölkerung, die sich auf Teneriffa „Guanchen" nannte, das bedeutet „Söhne der weißen Berge". Die Guanchen – der Name wurde später für alle Bewohner der Kanaren gebräuchlich – waren Menschen von riesenhaftem Wuchs. Die Männer hatten eine für die damalige Zeit exorbitante Größe von 180 Zentimetern und mehr, dabei waren sie von massigem und starkem Körperbau, hellhäutig und mit hellem Haar. Da die Guanchen ihre Toten mumifizierten, wissen wir über ihr Äußeres genau Bescheid. Das Museo Canario in der Stadt Las Palmas auf Gran Canaria bewahrt noch heute eine große Zahl von Skeletten und Mumien dieser Guanchen auf, an denen wir nicht nur den mächtigen Körperbau sondern auch die hellen Haare erkennen können. Daß die Guanchen „Riesen" waren mit hellen Augen, einer weißen, bei den Frauen rosigen Haut und blonden Haaren, bekunden die spanischen Missionare in ihren zahlreichen Berichten aus dem 15. und 16. Jahrhundert – wir haben keinen Grund, ihren Angaben nicht zu glauben. Sie erzählen auch, daß die Männer und Frauen der Guanchen wegen ihrer Stattlichkeit und großen Schönheit ein bevorzugter Menschenschlag für den Sklavenhandel waren – ein verhängnisvoller Vorzug, der zur schnellen Ausrottung dieses Volkes entscheidend beitrug.[98)]

Anthropologisch gehören die Guanchen zu den Cro Magnon-Menschen und sind gleichzeitig das Relikt einer frühen Megalithkultur, wie ihre Waffen aus Holz und Stein sowie ihre steinerne Hinterlassenschaft in Form von Kyklopenmauern, Steingräbern, Steinkreisen, Grabsäulen usw. deutlich machen. Steinritzzeichnungen von Schiffen beweisen, daß ihre Vorfahren sich auf die Seefahrt verstanden. Ihre mit dem Berberischen verwandte Sprache läßt erkennen, daß sie einst über See von Nordafrika zu den Kanarischen Inseln gekommen waren.

Es war schon ein erstaunliches Volk, diese tapferen Guanchen, die sich erst nach einem fast 100 jährigen erbitterten Kampf den waffentechnisch überlegenen spanischen Eroberern ergaben. In vielen Dingen glichen sie den Atlantern und Phäaken. Sie hatten eine Monarchie mit 10 Königen, beteten die Sonne an, bauten Häuser und Mauern aus schwarzen, weißen und roten Steinen, schufen gewaltige steinerne Verteidigungsanlagen und verstanden sich vorzüglich auf die Bewässerung des Landes. Die Frauen genossen gesellschaftlich ein hohes Ansehen, es gab besondere Orden heiliger Priesterinnen. Der Glaube an die Unsterblichkeit der Seele und eine Auferstehung des Leibes war der Kernsatz der kanarischen Religion. Eigenartig ist eine alte Legende der Guanchen, wonach sie die letzten Überlebenden einer Weltkatastrophe seien.[99)]

Fazit

Dieses Guanchenvolk bestätigt, daß die Megalither großwüchsige Menschen von weißer Hautfarbe waren. Damit stimmt der wiederholte Hinweis Homers in der „Odyssee" auf den hohen Wuchs der Phäaken und die weißen Arme ihrer Frauen überein. Nach der gefundenen Gleichsetzungsformel Atlanter=Phäaken = Megalither kann festgestellt werden, daß die Atlanter ein hochgewachsener hellhäutiger Menschenschlag waren. Sie waren tatsächlich Riesen, und die Bemerkung des wegen seiner Sorgfalt bekannten griechischen Historikers Theopompos von Chios (c.376 bis 300 v. Chr.), Atlantis sei von Menschen bewohnt gewesen, die von gigantischer Größe und sehr langlebig waren, erweist sich als zutreffende Feststellung und zugleich Bestätigung unserer Auffassung. Die Atlanter sahen in der Tat wie die Götter der Griechen aus. Es schließt sich der Kreis: die Atlanter Englands sind mit den großwüchsigen Phäaken volksmäßig identisch. Beide gehören anthropologisch zu der Volksgruppe der körpergroßen Megalither, die ihrerseits Nachfahren der sehr alten Rasse von Cro Magnon sind. Damit steht fest, daß die Atlanter wirklich ein ganz außergewöhnlicher Menschenschlag waren, der durchaus die körperlich und geistig herausragenden Fähigkeiten besaß, die dem Staatsvolk von Atlantis abverlangt wurden.[100)]

Der Leser möge verzeihen, daß wir uns so lange mit dem Bild der Menschen von Atlantis befaßt haben. Aber das war notwendig, denn nur ein nachweislich ungewöhnliches Volk hoher Kulturstufe konnte ein derartiges, wohlgeordnetes Riesenreich regieren. Da ist mit schönen Redensarten oder apodiktischen Behauptungen nichts getan. Wichtig ist hier allein die sachliche Feststellung, daß tatsächlich ein Menschenschlag von bemerkenswert hoher Kulturstufe in der fraglichen Zeit nicht nur England sondern auch die übrigen zum Reich Atlantis zählenden Gebiete von West- und Nordeuropa besiedelt hat. Zahlreiche Skelette, die die Anthropologen untersuchten, unzählige Bauwerke (Gräber, Tempel, Wehrtürme, Häuser, Mauern) und viele bewegliche Relikte (Waffen, Schmuck, Kultgegenstände), die von den Altertumsforschern begutachtet wurden, untermauern die Feststellung von einem besonderen Menschenschlag, der sich – vor seiner Vermischung – bereits äußerlich von allen anderen Völkern der damaligen Welt unterschied. Das lag vor allem an seinem auffälligen Körperbau – Riesenwuchs, kräftiges Knochengerüst, massiger Schädel –, und es ist dabei von untergeordneter Bedeutung, ob man jenen hellfarbigen Menschentyp als atlantisch, megalithisch, cromagnid oder fälisch (dalisch) bezeichnet.

Mit der Erkenntnis, daß es damals vor mehr als 3000 Jahren eine in jeder Beziehung herausragende Menschengruppe gegeben hat, eben den Menschen von Atlantis, ist der Weg frei für eine erfolgversprechende Suche nach dem untergegangenen Atlantis.

6. Kapitel

Die Königsinsel Atlantis

Es hat sich gezeigt, daß die Fakten, die der Atlantis-Bericht liefert, gleichviel, ob sie die Geographie, die Topographie, die Mineralogie oder die Tier- und Pflanzenwelt, das Klima, ja sogar die Menschen von Atlantis betreffen, überzeugend die Feststellung untermauern: das Kernland Atlantis, die „ganze Insel", ist England. Damit ist der Umkreis, in dem Atlantis, die Königsinsel, zu suchen ist, entscheidend festgelegt. Denn die untergegangene Königsinsel war ein Teil der „ganzen Insel". *Das versunkene Atlantis muß also ehemals ein Stück der Britischen Insel gewesen sein, das später im Meer versank!*

Grundsätzlich liegt ein solcher Landuntergang an der Küste Britanniens durchaus im Bereich der Möglichkeit, sogar Wahrscheinlichkeit, wie die geologische Struktur deutlich macht und die Erfahrung gelehrt hat. Tatsächlich gibt es verschiedene Küstenstreifen der Britischen Insel, die im Laufe der verflossenen Jahrtausende ein Opfer der Meeresfluten geworden sind. Vor allem der ständig von Westen anbrandende Atlantik hat der Insel immer wieder nicht unbeträchtliche Landteile entrissen. Von diesem „Landraub" wurde weniger die schottische Westküste betroffen, weil sie aus sehr hartem Urgestein besteht, das der zerstörenden Kraft der Wellen Widerstand bietet, als die englische West-, besonders aber die Südwestküste. Da sie nur zum Teil aus sehr widerstandsfähigem Gestein aufgebaut ist, vermochte sie nicht immer dem anstürmenden Ozean erfolgreich zu trotzen. Das gilt vornehmlich für die stark gefährdeten Küsten von Wales und Cornwall. Hier im Südwesten Englands dürfte daher das versunkene Atlantis am ehesten zu vermuten sein.

In diese Gegend weist auch die Lokalisation der Phäakenstadt, wenn wir der Argumentation folgen, daß die weithin übereinstimmende Beschreibung der beiden Königs- und Hafenstädte der Phäaken und der Atlanter für eine Identität der zwei Völker spricht. Besonders gilt das, wenn man die These bejaht, daß Penzance in Westcornwall die Stadt des Phäakenkönigs Alkinoos war. Man sollte meinen, nach diesen Überlegungen sei das untergegangene Atlantis leicht gefunden, weil offenbar beide Völker dieselbe Metropole hatten. Im Prinzip ist das richtig, aber ganz so einfach liegen die Dinge nicht, und es empfiehlt sich daher, um nicht in die Irre zu gehen, zuvor einige Punkte klarzustellen. Der erste betrifft

Inseln, die keine waren

Die Königsinsel der Atlanter war – wie dem Leser bekannt – in Wahrheit k e i n e Insel im geographischen Sinn! Es war ein künstlich geschaffenes, gewissermaßen aus dem Festland „herausgeschnittenes" Eiland, dessen Entstehung die Atlantis-Erzählung genau berichtet. Hiernach befand sich am Rand einer außerordentlich fruchtbaren, von Bergen umrahmten Ebene an einer Steilküste, etwa 50 Stadien vom Meer entfernt, ein mäßig hoher, nach allen Seiten abfallender Felshügel. Diesen Bergkegel umgab der Gott Poseidon mit mehreren konzentrischen Wasser- und Landringen. Später wurde ein Kanal von der Küste bis an die Wasserkreise um den Berg gezogen, auf dem eine Tempelanlage und die Königsburg errichtet waren. Damit war einerseits mitten auf dem Land eine Art Wasserburg geschaffen, andererseits wurden durch die Kanalverbindung der Wassergürtel mit dem Meer drei ideale Hafenbekken um den Berg gebildet.

Obwohl von vielen Forschern behauptet, lag auch die Stadt der Phäaken n i c h t auf einer Insel. Der Text der „Odyssee" gestattet es nicht, die Phäaken auf einer Insel zu lokalisieren, es sei denn, man nehme England als diese Insel. Homer spricht nirgends von einer „Insel" sondern nur vom „Land der phäakischen Männer" (Od. 6,202) mit einer Stadt und einem Hafen am Meer. Allenfalls könnte diese Stadt – die Odysseus erst nach einem mehrstündigen

Fußmarsch von der brandungsumtobten, felsigen Nordküste her erreichte – auf einer Halbinsel liegen, einem Stück Land, das auf drei Seiten vom Meer umspült wird.[101)]

Die Zeitdifferenz

Noch einen Gesichtspunkt von weittragender Bedeutung gilt es zu beachten: eine mögliche zeitliche Differenz zwischen dem Atlantis-Bericht und der „Phäakie". Nicht gemeint ist damit, daß beide Erzählungen in verschiedener Zeit entstanden sind – der Atlantis-Bericht im 6. Jh., die „Phäakie" im 8. oder 9. Jh. v. Chr., – sondern es ist darauf angespielt, daß die saïtischen Priester den Zustand der atlantischen Königsinsel vor ihrer Zerstörung im 13. Jh. schildern, Homer dagegen die Phäakenstadt in ihrem Aussehen beim Besuch des Odysseus beschreibt, der vermutlich in der 1. Hälfte des 12. Jh. vor der Zeitenwende stattgefunden hat. Nimmt man sogar an – was nicht auszuschließen ist –, daß Homer, die Stadt darstellt, wie sie zu *seiner* Zeit aussah, dann liegen zwischen den beiden Beschreibungen nicht nur etliche Jahrzehnte, sondern viele Jahrhunderte, in denen sich die örtlichen Verhältnisse entscheidend verändert haben können.

Es ist also Vorsicht geboten, wenn man aus der Übereinstimmung der beiden Berichte Schlüsse auf die lokalen Verhältnisse ziehen will. Mit anderen Worten: aus der Tatsache, daß beide Erzählungen weitgehend übereinstimmen, lassen sich nur dann sichere Folgerungen für die Lokalisation der atlantischen Königsinsel ableiten, wenn beide Darstellungen *dieselbe* Stadt, am *selben* Ort, im *selben* baulichen Zustand beschreiben.

Ist das wirklich der Fall?

Die Atlantis-Erzählung gibt unbestreitbar eine Beschreibung der Königsinsel v o r ihrem Untergang im 13. Jh. v. Chr. Zwar berichten die Ägypter dem Griechen Solon im 6. Jh. vor der Zeitrechnung, also sehr lange Zeit nach der Zerstörung von Atlantis, aber sie geben als Quelle ihres Wissens nicht etwa zeitgenössische Nachrichten sondern sehr alte Papyri und Tempelinschriften an, die ihrerseits – nach den ungewöhnlich detaillierten und exakten Angaben zu schließen – auf Augenzeugenwahrnehmungen zurückgehen dürften. Und wie ist es mit der „Odyssee"? Beschreibt die „Phäakie" ebenfalls den Zustand der phäakischen Königsstadt *vor* dem Untergang der atlantischen Königsinsel? Man kann es auch so formulieren: hat Odysseus, haben die Gewährsmänner des Homer Stadt und Hafen der Phäaken gesehen, bevor die Königsinsel des Atlas im Meer versank oder danach?

Troja und Homer

Die Beantwortung dieser Fragen bereitet einiges Kopfzerbrechen, weil auch hier die Fachwissenschaft nicht mit gesicherten Daten aufwarten kann. Schon die zeitliche Einordnung des 10 Jahre währenden trojanischen Krieges ist umstritten. In der Antike datierte man (nach unserer heutigen Zählweise) den Fall von Troja, zu dem der listige Odysseus durch seine Idee mit dem hölzernen Pferd entscheidend beigetragen haben soll, auf das Jahr 1184 (v. Chr.). Nach vorübergehendem Schwanken neigt die Altertumswissenschaft heute überwiegend dazu, diese traditionelle Zeitangabe als im wesentlichen richtig anzusehen und die Zerstörung Trojas durch die Griechen auf dieses Jahr oder etwas früher auf 1208, jedenfalls um 1200 v. Chr. anzusetzen. Vereinzelte Stimmen, die den Daten 1260 oder 1300 v. Chr. den Vorzug geben, haben keine allgemeine Anerkennung gefunden.[102)]

Die beiden nächsten sich aufdrängenden Fragen bringen gleichfalls irritierende Schwierigkeiten: hat Odysseus wirklich gelebt und wann ist er bei den Phäaken gewesen? Beide Fragen lassen sich nicht mit Sicherheit beantworten. Unser urkundliches Wissen über Odysseus und seinen Aufenthalt bei den Phäaken basiert z. Zt. allein auf der „Ilias" und der „Odyssee", den beiden Büchern Homers, der jedoch nicht verrät, woher er seine Kenntnisse hat. Im Hinblick darauf, daß besonders die „Odyssee" einige Dinge berichtet, die dichterisch nicht zwingend sind – so z. B. der blamable Überfall auf die Kikonen –,lehnt die Fachwissenschaft die Historizität des Odysseus nicht rundweg ab. In der Regel lautet das Urteil: „vielleicht doch eine historische Person", wiederholt wird sogar die Geschichtlichkeit des ithakischen Königs ausdrücklich bejaht. Wir können also – wenngleich nicht ohne Vorbehalt – davon ausgehen, daß der Held der „Odyssee" wirklich gelebt hat.[103)]

Die andere Frage, *wann* war Odysseus bei den Phäaken, kann ebensowenig mit der gewünschten Bestimmtheit beantwortet werden, wie die Vorfrage, ob überhaupt jemals die von Homer geschilderte Irrfahrt in dieser Weise stattgefunden hat. Sehr wahrscheinlich war das der Fall, aber beweisen läßt sich das bislang nicht. Jedoch kommt es für unseren Fall darauf nicht entscheidend an. Ausschlaggebend ist hier allein, daß Homer seinen Helden zu den Phäaken und ihrer Königsstadt kommen läßt und daß dies nach seiner Beschreibung offenbar eine Stadt in Cornwall ist. Da die Irrfahrt bekanntlich 10 Jahre gedauert haben soll, und das Phäakenland die letzte Etappe der Reise war, dürfte der Trojaheimkehrer vermutlich um das Jahr 1174 v. Chr. (oder um 1190 oder 1198) die phäakische Königsstadt besucht haben.

Das Fragespiel geht jedoch weiter. Woher hatte der Dichter sein Wissen von den beschriebenen Landeorten, insbesondere von der Phäakenstadt, aus älteren oder zeitgenössischen, aus mündlichen oder schriftlichen Berichten? Damit taucht unweigerlich das nächste Problem auf: wann schrieb Homer seine „Odyssee"? – wobei wir mit der überwiegenden Ansicht davon ausgehen, daß Homer wirklich gelebt und die „Odyssee" geschrieben hat. Bekanntlich sind selbst diese Fragen kontrovers.

Die Mehrheit der Homerforscher nimmt an, der griechische Dichter habe im 8. Jh. v. Chr. seine „Odyssee" geschrieben.[104)] Aber selbst wenn man der abweichenden Aussage des griechischen Geschichtsschreiber Herodot (um 484 bis 425 v. Chr.) folgt - „Homer lebte 400 Jahre vor meiner Zeit" - und als Lebenszeit des großen Dichters das 9. Jh. vor der Zeitrechnung zugrunde legt, waren viele Jahrhunderte seit der Irrfahrt des ithakischen Königs verflossen. Das Wissen Homers um die Landestationen muß daher aus *älteren* mündlichen oder schriftlichen Quellen stammen.

Dieser Konsequenz könnte man nur entgehen, wenn man einer neueren Auffassung folgte, wonach Homer 500 Jahre früher als gemeinhin angenommen gelebt habe.[105] Indes wird diese neue Ansicht von der herrschenden Meinung abgelehnt. Neben einer Reihe anderer Gründe wird namentlich darauf hingewiesen, daß Odysseus in der Dichtung die Leiche seines auf der Kirke-Insel tödlich verunglückten Gefährten Elpenor *verbrennen* läßt. Das ist ein Anachronismus. Denn die mykenische Zeit (etwa 1400 bis 1200 v. Chr.), in der nach Homers Schilderung Odysseus gelebt haben soll, kannte noch nicht die Leichenverbrennung als übliche Bestattungsart. Gerade diese Zeitwidrigkeit beweist, daß der Verfasser der „Odyssee" in einer späteren Ära gelebt hat, in der die Verbrennung der Toten bereits Sitte war. Und das war in Griechenland nicht vor dem 11. Jh. v. Chr. der Fall, mit Sicherheit nicht schon im 12. oder 13. Jh. vor der Zeitrechnung. [106]

Auf Grund dieser Überlegungen kann man sonach von folgenden Fakten ausgehen: Homer lebte und schrieb im 8. oder 9. Jh. vor der Zeitenwende. Troja fiel im Jahre 1184 v. Chr. oder etwas früher (1200 oder 1208). Odysseus war wahrscheinlich eine historische Persönlichkeit, die am Kampf um Troja teilgenommen hatte. Er kam auf seiner 10 Jahre dauernden Irrfahrt, vermutlich um das Jahr 1174 (oder 1190 bzw. 1198) v. Chr., zur Königsstadt der Phäaken. Im 13. Jh. v. Chr., nach aller Wahrscheinlichkeit in dessen 2. Hälfte, wurde die Königsinsel der Atlanter, auf der sich die Metropole ihres Reiches befand, ein Opfer der Meeresfluten.

Diese Tatsachen ergeben folgenden Schluß: *als Odysseus zu den Phäaken kam , war die Königsinsel der Atlanter bereits im Meer versunken!* Mit an Sicherheit grenzender Wahrscheinlichkeit hat Odysseus bei seinem Besuch n i c h t die ursprüngliche atlantische Königsinsel gesehen. Die Beschreibung von Stadt und Hafen der Phäaken in Homers „Odyssee" gibt daher *nicht* den Zustand der alten atlantischen Hauptstadt vor ihrem Untergang wieder!

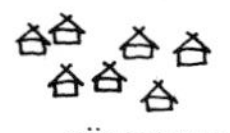

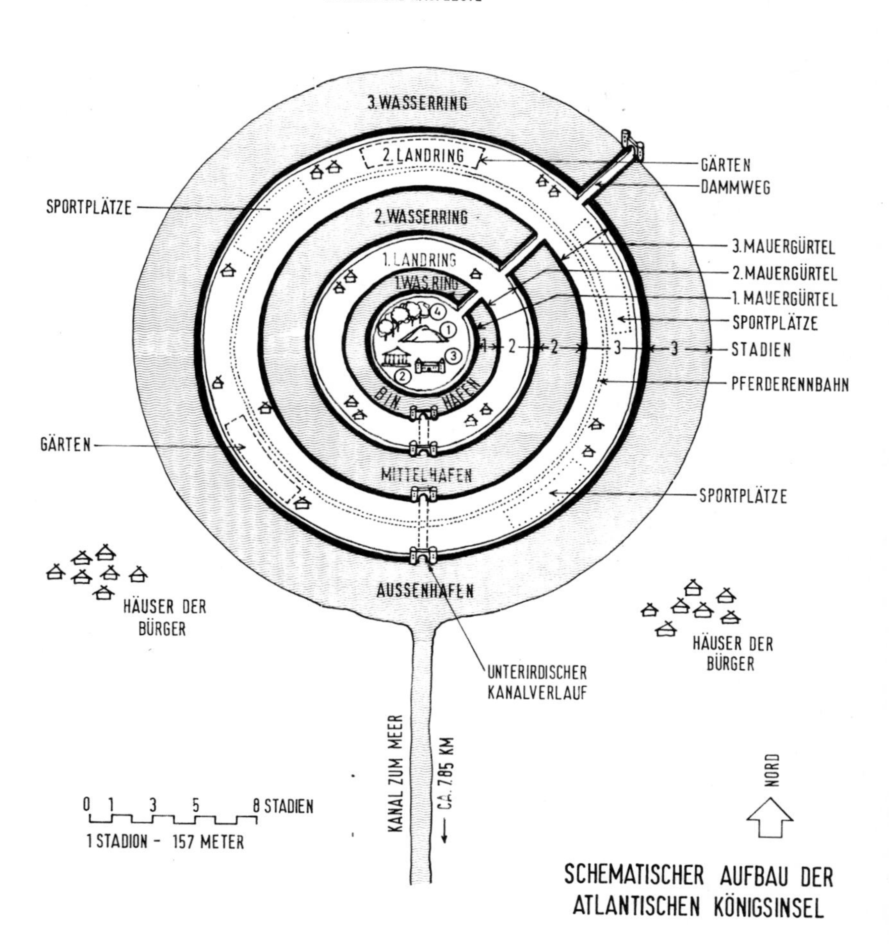

Abb. 5 Das Schema der Hauptstadt des Reiches Atlantis nach Platons Angaben. Charakteristisch sind die 3 Ringhäfen um die Landkerne und der c. 8 km lange Verbindungskanal zum Meer.

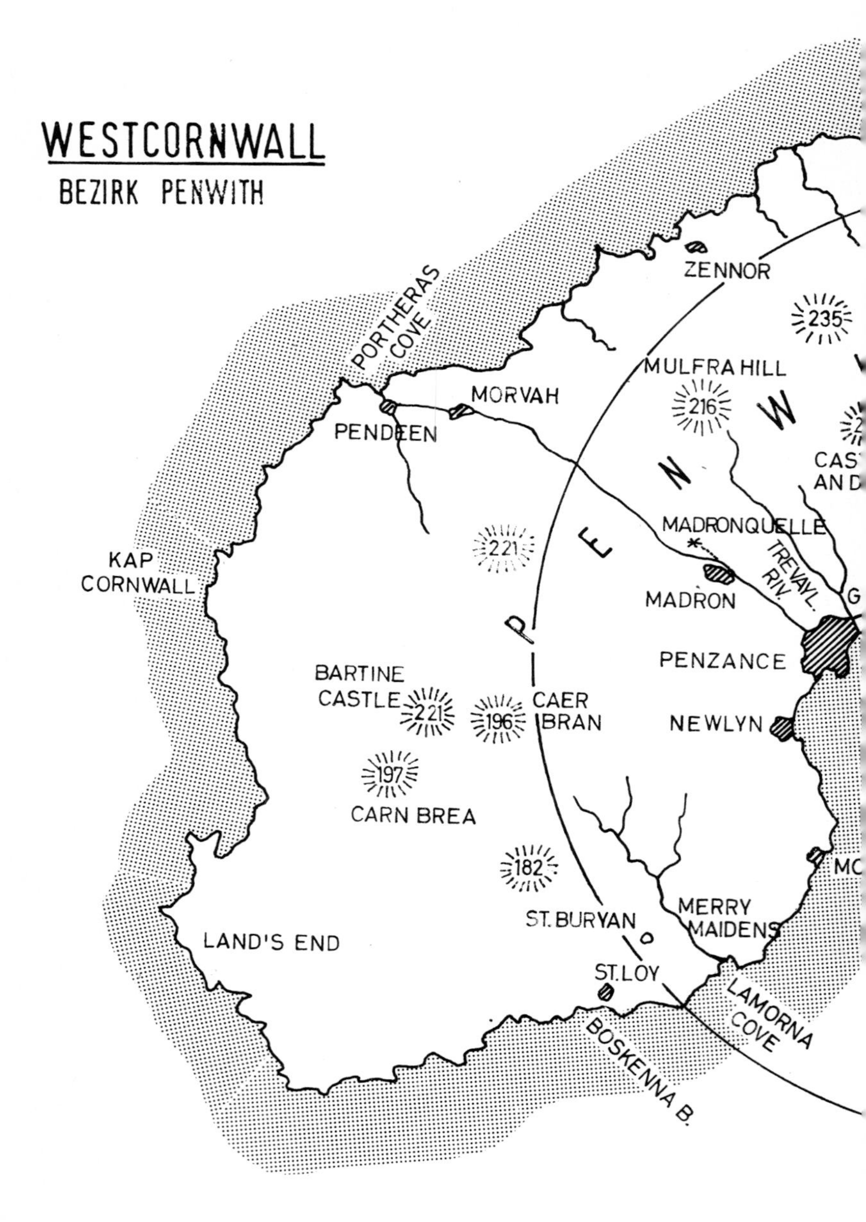

Abb. 6 Karte von Cornwall mit dem westlichen Bezirk Penwith. In diesem Gebiet mit den ergiebigsten Zinnminen der Antike lag die Metropole des Reiches Atlantis. Der sichelförmige Landvorsprung ist die „felsige Insel Elektris" der „Argonautika". Hier lag auch die Stadt des Phäakenkönigs Alkinoos.

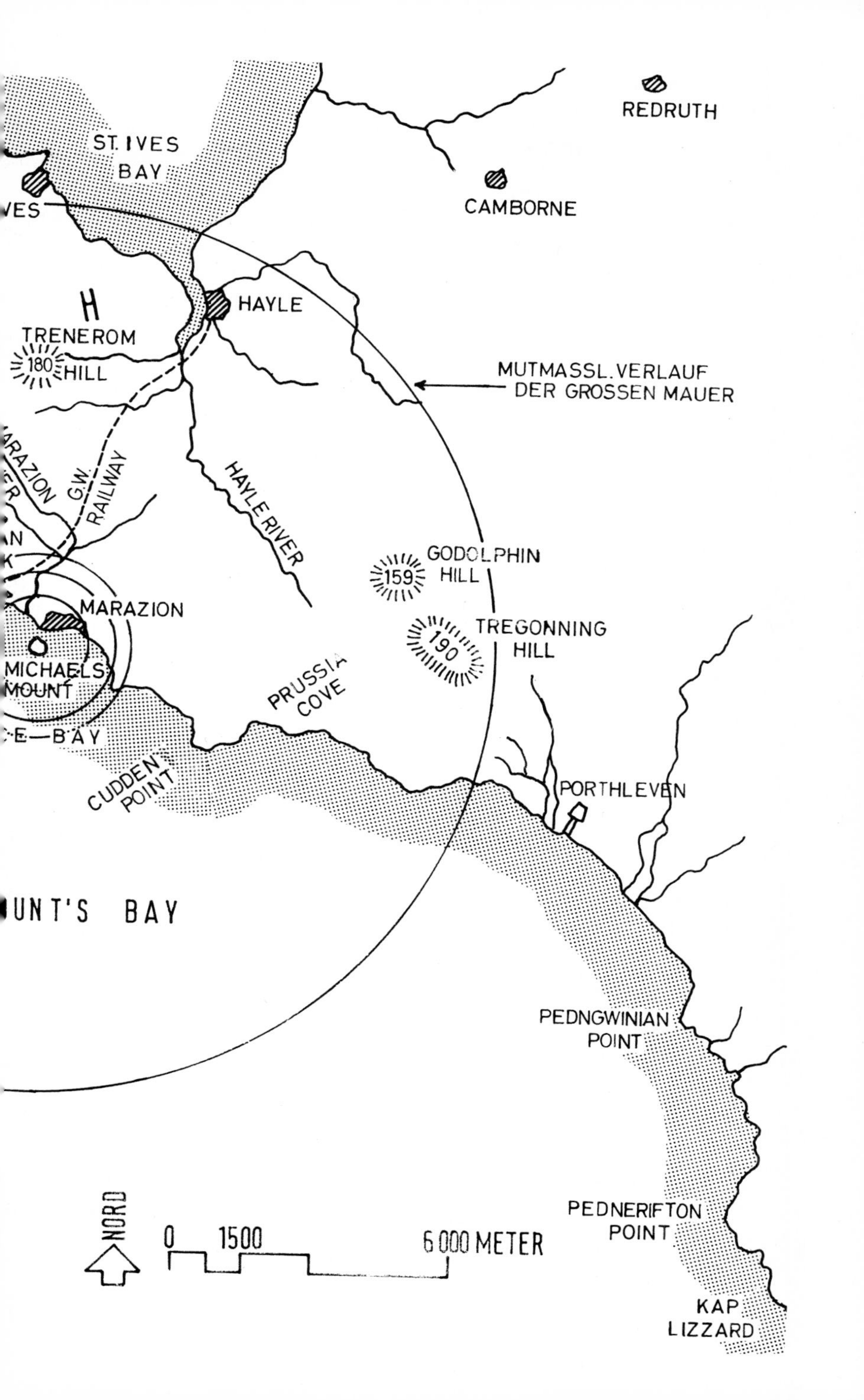

REDRUTH
ST. IVES
BAY
CAMBORNE
HAYLE
H
TRENEROM
180
HILL
MUTMASSL. VERLAUF
DER GROSSEN MAUER
G.W.
RAILWAY
HAYLE RIVER
GODOLPHIN
HILL
159
TREGONNING
HILL
190
MARAZION
MICHAELS
MOUNT
PRUSSIA
COVE
CUDDEN
POINT
PORTHLEVEN
UNT'S BAY
PEDNGWINIAN
POINT
PEDNERIFTON
POINT
KAP
LIZZARD
NORD
0
1500
6000 METER

Abb. 7 Die Insel St. Michaels Mount in der Mount's Bay in Cornwall. Der „nach allen Seiten niedrige Berg" trug schon in vorchristlicher Zeit ein Heiligtum.

Die Quellen der „Odyssee"

Es ist dabei ziemlich gleichgültig, woher Homer sein Arbeitsmaterial bezog. Benutzte er als Vorlage ein *zeitgenössisches* Fahrtenjournal, einen „periplus" – so nannten die Griechen eine Segelanweisung mit Küstenbeschreibung für Seefahrer –, so konnte und wollte dieses natürlich nicht die alte, längst versunkene atlantische Königsstadt beschreiben. Gleiches gilt, falls der Dichter sich auf *mündliche* Aussagen weitgereister Seeleute seiner Zeit gestützt hat. In besonderem Maße aber trifft das zu, wenn man die überraschend genauen Ortskenntnisse, gerade in Cornwall, darauf zurückführt, daß Homer *persönlich* im Lande der Phäaken gewesen ist – eine Annahme, zu der auch der Verfasser auf Grund der vielen, ungewöhnlich präzisen und breitgefächerten Details in der Beschreibung von Land und Leuten neigt. In allen Fällen gibt die Schilderung in der „Odyssee" die Phäakenstadt so wieder, wie sie mehr als 3 Jahrhunderte n a c h dem Untergang von Atlantis aussah!

Aber selbst wenn man annimmt, Homer habe aus *älteren* Quellen geschöpft, dürfte das im Zweifel nichts daran ändern, daß der Dichter die Stadt der Phäaken so beschrieb, wie sie sich dem schiffbrüchigen Odysseus damals bot, also *nachdem* Atlantis bereits versunken war. Theoretisch bestünde natürlich die Möglichkeit, daß Homer ein sehr alter schriftlicher Reisebericht vorlag mit einer Beschreibung der atlantischen Königsstadt v o r ihrer Zerstörung. An den Atlantis-Bericht selbst und seine Quellen darf man dabei allerdings nicht denken. Denn aus Solons Aussage ergibt sich eindeutig, daß vor ihm kein Grieche diesen Bericht gekannt hat. Das alte Fahrtenjournal müßte zudem mehr als 300 Jahre vor der Zeit Homers datieren. Solch alte Fahrtenbeschreibung ist bislang unbekannt. Als der früheste „periplus" der Küsten West- und Nordeuropas gilt der eines griechischen Seefahrers aus Massalia vom Ende des 6. Jh. v. Chr., der eine Küstenfahrt von der Bretagne bis Massalia (Marseille) beschreibt. Ihn hat Rufus Festus A v i e n u s (4. Jh. n. Chr.) in seiner Erzählung „Ora maritima" verwertet. Mag es vielleicht schon im 8. Jh. v. Chr. oder etwas früher mit Beginn der griechischen Kolonisation im westlichen Mittelmeer Fahrtenbeschreibungen gegeben haben, so ist doch die Existenz eines Periplus über die Küsten des Okeanos für eine so frühe Zeit, wie sie hier gefordert wird, wenig wahrscheinlich. Überdies müßte es ein Journal gewesen sein, das detaillierte Angaben botanischer, zoologischer, baulicher, sozialer und ethnischer Art auch über das Landesinnere und seine Bewohner enthalten hätte. Eine solche spezifizierte – der eigentümlichen Betrachtungsweise vom Meer her zudem wesensfremde – Fahrtbeschreibung ist aus der Antike für eine so frühe Zeit nicht bekannt.

Entscheidend aber ist: warum sollte Homer Stadt und Hafen der Phäaken in einem anderen Aussehen als in dem Zustand schildern, in dem sie sich dem irrfahrenden Odysseus präsentierten? Ein plausibler Grund ist dafür nicht erkennbar. Außerdem hätte es in diesem Fall nahegelegen, etwas über die spätere Zerstörung zu sagen, mit anderen Worten, Homer hätte den Untergang von Atlantis erwähnen müssen, doch sagt er kein Wort davon. Bei der sensationellen Bedeutung dieses Vorkommnisses läßt das nur den Schluß zu, daß Homer davon nichts gewußt hat. Diese Unkenntnis ergibt sich auch aus der tadelnden Bemerkung der ägyptischen Gottesleute, die Griechen wüßten nichts von Atlantis und von den Ereignissen, die mit den Atlantern und dem heldenhaften Kampf der Athener gegen sie zusammenhingen. Ebenso ist aus der Bemerkung Solons, kein Grieche habe vor ihm den Atlantis-Bericht gekannt, zu schließen, daß auch der Schöpfer der „Phäakie" vom Untergang von Atlantis nichts gewußt hat. Homer hatte also weder Veranlassung noch das notwendige Material, in seiner „Odyssee" Stadt und Hafen der Phäaken in dem Zustand *vor* dem Untergang der atlantischen Königsinsel detailliert zu schildern oder überhaupt vom Untergang der alten atlantischen Königsstadt zu berichten, der viele Jahrhunderte vor seiner Zeit lag. Eine Bestätigung dafür ist auch die wiederholte Beteuerung der saïtischen Gottesleute, die Atlantis-Erzählung gehe allein auf ägyptische Aufzeichnungen zurück. Wir haben keinen vernünftigen Grund, den Worten der Priester nicht zu glauben.[107)]

Diese Beteuerungen schließen aber zugleich die umgekehrte Annahme aus, der Atlantis-Bericht fuße möglicherweise auf der „Odyssee", so daß die Ähnlichkeit der beiden Schilderungen sich auf diese Weise erklären lasse. Daher muß es dabei bleiben: die Königsinsel Atlantis war bereits im Meer versunken, als Odysseus die Stadt der Phäaken betrat und erst recht, als Homer die Phäakenstadt beschrieb. Alle diese Überlegungen führen zu folgendem zwingenden Schluß: Atlantis-Bericht und „Phäakie" beschreiben n i c h t genau dieselbe Stadt, am selben Ort, im selben Zustand! Anders ausgedrückt: die Darstellung in der „Odyssee" verbürgt *keine völlige Identität* in der Beschreibung der phäakischen und der atlantischen Königsstadt![108)]

Unübersehbare Abweichungen

Hat man dieses ungemein wichtige Faktum erkannt, dann gewinnt die Tatsache besondere Bedeutung, daß beide Stadtbeschreibungen nicht nur weitgehende Übereinstimmungen aufweisen, sondern auch unvereinbare *Abweichungen.* Nur einige Punkte seien herausgegriffen, die das deutlich machen:

Stadt und Königsburg der Phäaken lagen unmittelbar am flachen Strand des Meeres, während die Burg des atlantischen Königs auf der Hochebene einer Steilküste lag, 50 Stadien vom Meer entfernt.

Den atlantischen Burgberg umgaben drei Wasserringe, die zusammen mit einem c. 8 Kilometer langen Kanal zum Meer als Häfen dienten. Die „Odyssee" dagegen berichtet von einem direkt am Meer gelegenen, schöngebuchteten Hafen, der sich beiderseits der Stadt erstreckte.

Nach dem Atlantis-Bericht ist der Poseidon-Tempel aus Steinen erbaut worden, die man aus dem Burgberg und seiner unmittelbaren Umgebung gebrochen hatte. Demgegenüber sind nach der „Phäakie" die Steine zum Tempelbau „von weither" geholt worden. Auch lag bei den Phäaken der Poseidon-Tempel inmitten des öffentlichen Marktes, bei den Atlantern hingegen war er innerhalb der Burgmauer errichtet – der Allgemeinheit unzugänglich.

Fünf Steinmauern und ein riesiger Ringwall umgaben Königsburg, Stadt und Häfen der Atlanter, während nach der „Odyssee" nur e i n e Mauer Burg, Stadt und Hafen schützte.

Von unterirdischen, in den Felsen getriebenen Docks und von felsengedeckten Brücken ist bei Atlantis die Rede, wohingegen Homer notiert, die Phäaken hätten ihre Schiffe auf den Strand gezogen und dort aufgestellt. Docks und Brücken werden nicht erwähnt.

Dagegen sagt wiederum Platon nichts von einem versteinerten Schiff vor der Hafeneinfahrt, über das die Erzählung Homers sich eingehend ausläßt. (Es handelt sich um jenes Schiff, das bei seiner Heimkehr von Poseidon zur Strafe in einen Felsen verwandelt wurde, weil es, dem göttlichen Verbot zuwider, Odysseus nach Hause geleitet hatte).

Muß aber angesichts dieser Differenzen nicht der Schluß gezogen werden, diese Unterschiede in den beiden Berichten seien geradezu der Beweis dafür, daß in Wirklichkeit n i c h t dieselben Plätze angesprochen sind, daß es daher mit der so gepriesenen Identität von Atlantern und Phäaken und ihrer Königsstädte nicht weit her ist, daß also die „Phäakie" unbrauchbar ist für eine Lokalisation von Atlantis? *Nein!* Es wäre ein verhängnisvoller Irrtum, wollte man diese Fragen uneingeschränkt bejahen. Vor allem hieße das, die relativ unbedeutenden Abweichungen im Detail überschätzen und die Übereinstimmungen in prinzipiellen Fragen unterbewerten, Übereinstimmungen, die nicht bloß auf eine personelle Gleichheit der beiden Völker hinweisen, sondern zugleich die große Ähnlichkeit in der Ausgestaltung der beiden Städte und ihre grundsätzliche Bedeutung betreffen. Mag auch in lokaler Hinsicht eine völlige Gleichsetzung nicht festzustellen sein, so gibt es doch erstaunliche Gemeinsamkeiten, besonders in der allgemeinen Lage, der Umgebung und Anlage der beiden Königsstädte, in den klimatischen und agrarischen Verhältnissen, dem Erzreichtum, der Schiffahrtskunst und vieles anderes mehr, die nicht übersehen werden dürfen.

Es heißt hier also behutsam vorgehen. Ebenso wie es falsch wäre, Homers Beschreibung bei der Lokalisation der atlantischen Königsinsel gänzlich außer Acht zu lassen, ebenso wäre es verfehlt, dafür blindlings und uneingeschränkt die „Phäakie" heranzuziehen. Der richtige Weg liegt in der Mitte, das heißt, die „Phäakie" ist ein geeignetes Mittel, die Königsinsel der Atlanter zu finden, aber ihre Heranziehung muß unter gebührender Berücksichtigung der festgestellten Abweichungen erfolgen, besonders soweit diese auf spätere Änderungen der Verhältnisse hinweisen.

Von großer Bedeutung ist die Übereinstimmung der beiden Quellen in der allgemeinen geographischen Lage. Beide Königsstädte liegen „vor den Säulen des Herakles", also im Okeanos, im Atlantischen Ozean. Sofern man unserer Lokalisierung des Phäakenlandes folgt und ebenso der Identifizierung der „ganzen Insel" mit der Britischen Insel, sind beide in England zu suchen. Beide liegen auch im Süden der englischen Insel. Von der Königsstadt der Phäaken wissen wir das, weil sie in Cornwall zu lokalisieren ist. Wie aber steht es mit der atlantischen Königsinsel?

Zwei Stellen bei „Kritias", nämlich 113 c und 118 a-b, spielen hier eine wichtige Rolle. Allerdings ist der unbefangene Leser und philologische Nichtfachmann überrascht, wie stark hier die einzelnen Übersetzungen des griechischen Textes voneinander abweichen. Das ist um so bedauerlicher, als durch die anderslautenden Formulierungen nicht nur sprachliche, sondern mittelbar auch sachliche Abweichungen geschaffen werden, die zu einer falschen Deutung der Berichtsangaben führen können und auch geführt haben. Wegen der großen Bedeutung ist daher eine kritische Analyse angebracht, doch soll diese so knapp wie möglich sein. Es wird sich zeigen, daß der Grund für die Abweichungen der einzelnen Übersetzer vor allem darin liegt, daß man die beiden Passagen zusammengeworfen und dabei etwas Wichtiges übersehen hat:

Es gibt zwei Ebenen!

Nach der gängigen Auffassung erzählt der Atlantis-Bericht nur von e i n e r riesigen, 3000 mal 2000 Stadien großen, sehr fruchtbaren Ebene, die sich von Norden nach Süden über die „ganze Insel" erstreckt und die Form eines länglichen Vierecks hat. Genaue Lektüre erweist indes, daß in Platons Erzählung von z w e i verschiedenen Ebenen die Rede ist! Bei der in „Kritias" 113 c genannten ebenen Fläche, welche die Königsstadt umschließt, handelt es sich n i c h t um dieselbe in „Kritias" 118 a-b erwähnte große, sondern um eine andere, k l e i n e Ebene!

Sehen wir uns die beiden fraglichen Textstellen genauer an. Die erste Passage (113 c) lautet (in der Übersetzung von Susemihl): „Ziemlich in der Mitte der ganzen Insel, jedoch so, daß sie ans Meer stieß, lag eine Ebene, welche von allen Ebenen die schönste und von ganz vorzüglicher Güte des Bodens gewesen sein soll. Am Rande dieser Ebene aber lag wiederum, und zwar etwa fünfzig Stadien vom Meer entfernt, ein nach allen Seiten niedriger Berg". Diese Stelle beschreibt also – wie auch der Zusammenhang ergibt – die unmittelbare Umgebung des Bergkegels, auf dem ursprünglich Euenor und seine Frau Leukippe wohnten, zusammen mit ihrer einzigen Tochter Kleito, in die sich nach dem Tode der Eltern der Gott Poseidon verliebte. Dieser Hügel, der später die Tempelanlage und die Königsburg trug, lag am Rande der Ebene, 50 Stadien, also etwa 8 Kilometer vom Wasser entfernt.

Ist das soweit klar, so wird die Einleitung des Satzes – „ziemlich in der Mitte der ganzen Insel . . . " – unverständlich, wenn man an die Stelle bei „Kritias" 118 a-b denkt, wo die riesige Ebene beschrieben wird. Hier liegt offensichtlich ein unvereinbarer Widerspruch vor. Denn wenn die Ebene von 113 c wirklich „in der Mitte der ganzen Insel lag", dann kann es nicht die große Ebene mit den gewaltigen Ausmaßen sein, weil diese keineswegs bloß „in der Mitte" der ganzen Insel sich befand, sondern sie von Norden nach Süden durchlief. Offenbar hat hier unser Übersetzer S u s e m i h l Platon mißverstanden. S c h l e i e r m a c h e r - M ü l l e r (Rowohlt Klassiker Nr. 680, 1978, Herausgabe von Otto, Grassi und Plamböck) übersetzen diese Stelle so: „An der Seeküste, gegen die Mitte der ganzen Insel, lag eine Ebene ... " (Ähnlich Muck, Alles über Atlantis, S. 33; Spanuth, Atlanter, S. 460; Berlitz, Atlantis-Rätsel, S. 34).

Das ergibt einen vernünftigen Sinn. Die Formulierung „gegen die Mitte ... " besagt, daß die Ebene sich „in Richtung auf die ganze Insel" erstreckte, also in einer West-Ost-Richtung verlief. Das beweist aber, daß es sich um eine andere Ebene handelt, nicht um die große Ebene, von der ausdrücklich gesagt wird, sie verlaufe von Norden nach Süden.

Ist dieser Passus einigermaßen klar, so beginnt das Verwirrspiel erneut bei der 2. Stelle (118 a-b). Da heißt es: „Über die Stadt und jenen einstigen Wohnsitz der Könige habe ich nun so ziemlich das, was mir damals erzählt wurde, mitgeteilt; nun muß ich aber auch noch versuchen, über die natürliche Beschaffenheit des übrigen Landes und die Art seiner Verwaltung zu berichten." Damit stellt Platon eindeutig klar, daß die frühere Stelle (113c) nur die Umgebung der Königsstadt – nicht das übrige Land – betraf. Wenn dann der Passus 118 a-b im weiteren „eine ganz glatte und gleichmäßige Fläche" erwähnt, „die in ihrer Gesamtausdehnung eine längliche Gestalt hatte, indem diese nach der Seite zu dreitausend Stadien, in der Mitte aber vom Meere aufwärts nur zweitausend betrug," dann muß es sich zwangsläufig bei dieser großen Ebene um eine a n d e r e als die in 113 c besprochene Ebene handeln. Man kann zudem eine 471 x 314 Kilometer große Fläche, die nahezu das ganze übrige Land ausmacht, nicht gut als die Umgebung einer Stadt schildern.

Leider verwischt Platon anschließend diese saubere Trennung der zwei Ebenen selbst, indem er – nicht ganz konsequent – bei der Stelle 118 a nochmals kurz auf die Umgebung der Königsstadt eingeht, obschon er eigentlich das „übrige Land" beschreiben will. So sagt er: „ ... die Gegend um die Stadt her dagegen durchweg als eine Ebene, welche sie umschloß, ihrerseits aber wiederum von Bergen eingeschlossen wurde, die sich bis zum Meere hinabzogen ... " Die Verwirrung des Lesers steigert sich noch dadurch, daß sofort anschließend von der 3000 x 2000 Stadien großen Ebene die Rede ist, über deren Lage vermerkt wird: „Von der ganzen Insel lag dieser Teil nach der Südseite zu ... Die Berge aber, welche ihn umgaben, wurden damals als solche gepriesen, welche an Menge, Größe und Schönheit alle jetzt vorhandenen übertrafen ... " Der flüchtige Leser muß glauben, es sei die riesige Ebene, welche die Königsstadt umschließe. Dies ist – wie wir gesehen haben – ein Irrtum. Noch eine Überlegung macht das deutlich: von der ersten Ebene (113 c) wird gesagt, sie habe die Stadt umschlossen. Damit aber kann unmöglich die große Ebene gemeint sein mit ihren gewaltigen Dimensionen, denn die Stadt auf dem Berghügel lag nur etwa 8 Kilometer vom Meer entfernt, also keinesfalls inmitten der mehr als Hunderttausend Quadratkilometer weiten Ebene.

Noch wichtiger ist folgender Gesichtspunkt, der die Berge betrifft: einmal handelt es sich um Berge, die „sich bis zum Meer hinabzogen" und die Ebene rings einschlossen, also um relativ niedrige Höhen, die ein Stück flaches Land in Meeresnähe umrahmen. Zum andern jedoch ist von vielen großen Bergen die Rede, die vornehmlich auf der Nordseite der Insel lagen, wo sie die Nordwinde abhielten. Eine Ungereimtheit? Nein! Die abweichende Charakterisierung beweist vielmehr eindeutig, daß es sich um verschiedene Berge und damit um zwei verschiedene Ebenen handelt!

Ergebnis: die Königsstadt lag nicht in der großen, sondern in der kleinen Ebene am Meer, umrahmt von mäßig hohen Bergen, die zum Meer hinabfielen. Eine für die Lokalisierung außerordentlich bedeutsame Feststellung![108)]

Und wo nun befand sich diese kleine Ebene? Sie muß, da sie sich „gegen die Mitte der ganzen Insel" erstreckte, also in Richtung auf die Inselmitte verlief, da sie „ans Meer stieß" und weil auch die große Ebene „nach der Südseite zu lag", im Südwesten oder Südosten der „ganzen Insel" gelegen haben. Man kann sogar noch einen Schritt weiter gehen: diese kleine, fruchtbare Ebene darf man im *Südwesten* Englands vermuten, denn gerade dieser Teil der Südküste ist noch heute vegetationsmäßig besonders begünstigt. Hier blühen die Schlüsselblumen im Januar, Narzissen und Rhododendron im Monat Februar und das ganze Jahr über wachsen Pflanzen der mittelmeerischen Flora im Freien (siehe S. 76). Sucht man an Britanniens Südküste eine der „schönsten und fruchtbarsten" Stellen, dann ist dafür das klimabegünstigte Cornwall, die „englische Riviera", der geeignete Platz.[109)]

Atlantis in Cornwall?

Na schön, wird man sagen, nehmen wir einmal an, das im Südwesten Englands liegende Penzance sei tatsächlich die Königsstadt der Phäaken gewesen. Und unterstellen wir weiter, Atlantis, die Königsinsel des Atlas, sei ebenfalls im südwestlichen Teil der Britischen Insel zu lokalisieren. Gehen wir schließlich sogar davon aus, die Stadt der Phäaken sei eine atlantische Königsstadt gewesen. Was bringt das weiter? Darf man daraus den Schluß ziehen, Penzance, die Stadt des Königs Alkinoos, sei Atlantis?

Nein! Das ist schon deshalb nicht möglich, weil die Königsinsel von Atlantis mit Burg und Tempelanlage im Meer versunken ist, während Penzance noch heute am Rand der Mount's Bay liegt. Hinzu kommt, daß die Stadt des Alkinoos eine *Neugründung* ist, wie die „Phäakie" verrät. Da heißt es in der „Odyssee" (Od. 6,5-9): „Diese [d.s. die Phäaken] wohnten einst in der weiträumigen Hypereia, nahe bei den Kyklopen, den übermütigen Männern, welche sie immer beraubten, und mächtiger waren und stärker. Von dort hatte sie aufstehen lassen und weggeführt Nausithoos, der göttergleiche, und angesiedelt auf Scheria, fern von erwerbsamen Menschen. Und er zog eine Mauer um die Stadt und baute Häuser und verteilte die Äcker."

Ist aber die Stadt der Phäaken eine Neugründung, die auf den Vater des regierenden Königs Alkinoos zurückgeht, so war sie zur Zeit des Odysseus allerjüngsten Datums. Sie kann daher *nicht* die sehr *alte* Königsstadt Atlantis sein! Ist sie aber vielleicht die n e u e , wiederaufgebaute Metropole des Reiches Atlantis? Dieser Gedanke ist so abwegig nicht, wenn man sich der zeitlichen Differenz zwischen dem Atlantis-Bericht und der Homer-Erzählung erinnert.

Aber auch diese Idee wird man ablehnen müssen. Einmal ist weder im Atlantis-Bericht noch sonstwo von einem (alsbaldigen) Wiederaufbau der zerstörten atlantischen Reichshauptstadt etwas gesagt. Sodann war die Metropole von Atlantis der Sitz des *Oberkönigs* eines Imperiums gewesen. Dazu waren der erstgeborene Atlas und seine Nachkommen auserkoren. Man kann annehmen, daß dieses Fürstengeschlecht des Atlas beim Untergang von Atlantis erloschen ist oder doch später in den Kriegszügen der Atlanter („Seevölker") ausgetilgt wurde. Nach den ägyptischen Angaben sind bei der vernichtenden Niederlage im Nildelta zu Beginn des 12. Jh. v. Chr. sämtliche Könige der „Seevölker" gefangengenommen und vom Pharao Ramses III. eigenhändig getötet worden.

Vielleicht hat das Fürstengeschlecht des Nausithoos, der ebenfalls von göttlicher Abstammung, „göttergleich" war, in Cornwall das Erbe der erloschenen Dynastie des Oberkönigs Atlas angetreten. Möglich, aber damit wäre es nicht automatisch in die Rechtsstellung als Oberkönig eingetreten, weil eben diese aus der Erstgeburt des Atlas vor seinen 9 anderen Zwillingsbrüdern abgeleitet war. Gegen die Stellung der phäakischen Fürsten als Oberkönig von Atlantis spricht auch die wenig rühmliche Vertreibung der Phäaken aus ihren bisherigen Wohnsitzen durch die Kyklopen. Wo dieses frühere Siedlungsgebiet „die weiträumige Hypereia", gelegen hat, vermag die Wissenschaft nicht zu sagen, vielleicht war es – wie die Nachbarschaft der Kyklopen schließen läßt – ein nordafrikanisches Territorium. Jedenfalls waren die Phäaken Vertriebene und Neusiedler, also kaum der geeignete Volksstamm, um den Oberkönig von Atlantis zu stellen. Auch die Tatsache, daß die „Odyssee" den Alkinoos nur als Herrscher über ein zwar reiches, aber doch kleines Volk schildert, ist ein vielsagendes Indiz. Scheidet jedoch Alkinoos als Oberkönig der Atlanter aus, dann kann die von seinem Geschlecht neuerbaute Königsstadt schwerlich die neue atlantische Metropole gewesen sein.

Gleichviel, ob Penzance nur die phäakische Königsstadt oder auch die wiederaufgebaute Atlantis-Metropole ist, in jedem Falle ist sicher, daß die Königsstadt der Phäaken mit Platons Atlantis, der alten Hauptstadt der Atlanter, nicht identisch ist!

Ist also doch die „Phäakie" wertlos für die Auffindung von Atlantis? Mitnichten! Denn die Erzählung Homers gibt uns einen wichtigen Fingerzeig, wo wir Atlantis zu suchen haben. Von der Metropole der Atlanter wissen wir bisher lediglich, daß sie auf der „ganzen Insel", also auf England, zu lokalisieren ist, und zwar vermutlich im Südwesten der Britischen Insel. An welcher Stelle genau, ist nicht bekannt. Hier hilft nun folgende Überlegung weiter:

Egal, ob Nausithoos als Erneuerer der alten Hauptstadt oder einfach als König der Phäaken bei seiner Suche nach einer neuen Heimstatt in die durch die Mittelmeerkriegszüge und die Flutkatastrophe entvölkerte Halbinsel Cornwall kam: in jedem Falle dürfte er gewußt haben, daß in dieser Gegend ehemals die atlantische Metropole gelegen war. Wenn er gleichwohl nach dem furchtbaren Unglück an dieser Stelle die neue Stadt baute, so mußte er dafür gewichtige Gründe gehabt haben. Welche können das gewesen sein?

Zunächst einmal – und das ist ein bestechender Grund – ist Cornwall ein ausgesprochen erzreiches Land. Da gab es im Altertum nicht nur reichlich Kupfer sondern vor allem viel Zinn, die beiden wichtigsten und wertvollsten Metalle der Bronzezeit. Nicht umsonst waren die Phäaken in der Lage, ihren schiffbrüchigen Gast Odysseus in so verschwenderischer Fülle mit Bronzegeräten zu beschenken.

Weiter ist da die verkehrsgünstige Lage dieses südwestlichsten Zipfels Englands am Atlantik, ein Umstand, der für das Seefahrervolk der Phäaken von besonderem Interesse war. Von hier aus gingen strahlenförmig die Seeverbindungen zu den bedeutendsten Handelsplätzen der damaligen Welt. Da war vor allem die Schifffahrtsroute nach Süden zur Bretagne und über Spanien ins Mittelmeer. Diese Route war der so ungemein wichtige Zinnhandelsweg über See. Nach Osten und Norden gelangte man durch den Ärmelkanal und die Nordsee zum nordischen Bernstein, der zweitwichtigsten Handelsware jener Zeit. Im Westen lag gleich gegenüber Irland, das größte europäische Goldland der Antike, und Gold war das dritte wertvolle Handelsobjekt.

Auch strategische Gründe sprachen für die Wahl von Cornwall als Standort. Dieser krallenartige oder sichelförmige, auf drei Seiten vom Meer umspülte Landvorsprung ist wegen seiner felsigen Steilküste leicht gegen Angreifer zu verteidigen. Auf der einzigen, schmalen Landseite im Osten schützen die natürlichen Sperren des Tamar-Flusses und die unzugänglichen Moorgebiete des Bodminuns des Dartmoor. Gegen Angriffe auf den Hafen von See her bot die Flotte sicheren Schutz (siehe Abbildung Nr. 6).

Es gab also eine Vielzahl von überzeugenden Gründen für die Wahl von Cornwall als Stadt und Hafen der Phäaken. *Dieselben Überlegungen dürften aber auch die Atlanter seinerzeit bei der Suche nach einem Standort für ihre erste Metropole, für Burg, Stadt und Hafen des Königs Atlas angestellt haben,* allerdings mit der hübschen Variante, daß ihnen – nach der Atlantis-Erzählung – der Gott Poseidon die Mühe der Suche abgenommen hatte. Der göttliche Stammvater hatte als Königssitz den Ort bestimmt, wo ihm seine Gemahlin Kleito 10 Zwillingssöhne geboren hatte, die die ersten Könige von Atlantis wurden. Dort stand der Tempel des Poseidon, das aufs Prunkvollste ausgeschmückte, höchste Heiligtum der Atlanter. Daß dieser Platz im Zentrum des reichsten Zinnvorkommens des Altertums, daß er im Mittelpunkt eines ausgedehnten Handelsnetzes und daß er zudem strategisch hervorragend gelegen war, das war nur die natürliche Folge, daß ein Gott die Stelle ausgewählt hatte. „Selbstverständlich" hatte er das mitbedacht.

Diese Überlegungen bringen uns auf den Gedanken, *den Platz der alten Hauptstadt, also die atlantische Königsinsel, in demselben Raum zu vermuten wie die phäakische Königsstadt.* Das bedeutet nicht weniger, als daß das versunkene Atlantis ebenfalls in Cornwall, vielleicht sogar in der Nähe von Penzance im Bereich der heutigen Mount's Bucht gelegen haben kann! *Das untergegangene Atlantis also ein im Meer ertrunkenes Stück der Halbinsel Cornwall?* Ein faszinierender Gedanke, den es zu verfolgen lohnt.

Damit stellt sich als nächste Aufgabe die Beantwortung folgender Fragen: gab es irgendwo an der Küste von Cornwall, womöglich im Raum der Mount's Bay, im 13. Jh. v. Chr. ein Stück fruchtbaren Landes mit einem allseits niedrigen Berg, das innerhalb ganz kurzer Zeit in den Meeresfluten versank? Gab es hier einst ein von Berghängen umschlossenes, ebenes Terrain, auf dem eine Stadt-

und Hafenanlage errichtet werden konnte, die der Beschreibung der Königsstadt von Atlantis entspricht? Gab es hier ehemals ein kulturelles Zentrum von besonderer Bedeutung, das die erhöhte Geweihtheit dieses Bereiches herausstrich?

Um diese Fragen beantworten zu können, heißt es zuvor, ein möglichst genaues Bild von der atlantischen Königsinsel, ihrer Lage, ihren Ausmaßen, ihrer Oberflächenbeschaffenheit, ihrer Umgebung usw. zu gewinnen. Dank der vorzüglichen Angaben der solon-platonschen Erzählung fällt das nicht schwer.

Das Bild der Königsinsel

Mittelpunkt der Königsinsel war ein „nach allen Seiten niedriger Berg". Diese Erhebung mit der äußeren Form eines nicht sonderlich hohen Bergkegels lag „etwa fünfzig Stadien vom Meer entfernt". Es war nicht bloß eine Anhäufung von Erde, Sand oder Steinbrocken, sondern es war ein gewachsener Felsen aus einem harten Gestein. Denn aus diesem Hügel und seiner unmittelbaren Umgebung brachen die Atlanter die Steine für den Bau der Tempel, des Königspalastes, der Mauern, Türme und Tore (Kritias 116 b).

Um diesen Bergfelsen herum war eine künstliche Insel in der Art einer Wasserburg angelegt. Die Konstruktion bestand – wie der Leser weiß – aus 5 konzentrischen, kreisförmigen Ringen um den im Durchmesser fünf Stadien starken Inselkern, und zwar waren es 2 Land- und 3 Wassergürtel unterschiedlicher Breite. Die Skizze (Abbildung Nr. 5) veranschaulicht schematisch den Aufbau der Königsinsel. Die Gesamtgröße dieser künstlich geschaffenen Insel läßt sich nach den Angaben des hier sehr detaillierten Berichts genau errechnen, weil die Stärke der einzelnen Land- und Wasserringe exakt angegeben ist, allerdings wiederum in Stadien. Konsequenterweise legen wir auch hier unseren Berechnungen das Itinerar-Stadion mit einer Länge von 157 Metern als Maßeinheit zugrunde.

Einiges Rechenwerk läßt sich nun nicht vermeiden, wenn man eine brauchbare Vorstellung von der Insel gewinnen will, doch bereitet das wenig Schwierigkeiten. Da ist der Inselkern mit einem Durchmesser von 5 Stadien, was nach der Kreisflächenformel bei einem Radius von 2 1/2 Stadien = 392 Metern ein Areal des eigentlichen Tempel- und Burgbezirkes von rund 460000 Quadratmetern ergibt. Es war also genügend Platz für die beiden Tempel, den Königspalast, die Häuser der Leibwache und den heiligen Hain. Um diesen Inselkern zog sich der 1. Wasserring; er war allseits 1 Stadion, also 157 Meter breit. Eine Breite von jeweils 2 Stadien gleich 314 Meter hatten der anschließende 1. Landgürtel sowie der folgende 2. Wasserring. Je 3 Stadien = 471 Meter maßen der 2. Land- und 3. Wasserring. Umlaufende Steinmauern schützten die Landringe. Die Wassergürtel waren durch Kanäle miteinander verbunden. Brücken schufen die Verbindung der einzelnen Landringe untereinander und mit dem umliegenden Land. Ein c. 8 km langer Kanal verband die Wasserringe mit dem Meer.

Wie man sieht, ein kompliziertes Kanalsystem, das nur dann erträglich funktionieren konnte, wenn eine stärkere Strömung für das Fließen und die Reinhaltung des Wassers sorgte. Im Gegensatz zum Mittelmeer war diese Voraussetzung hier in Cornwall bereits durch die Gezeiten mit ihren starken Tidenhüben – das sind die senkrechten Wasserstandsänderungen in regelmäßiger Zeitfolge – erfüllt. Während das Mittelmeer nur schwache Gezeitenhübe kennt, meist nur von wenigen Zentimetern (!) Höhe, erreichen in Westcornwall die mittleren Fluthöhen bei Springtide an der Nordküste 7 Meter, im Süden 4, vor Penzance sogar 5,40 Meter Wasserstand![110)] Bei der ausgesprochen felsigen, also beständigen Struktur der cornischen Küste dürfte das vor 3000 Jahren kaum viel anders gewesen sein.

„Die Bucht des Berges"

Die versunkene Königsinsel der Atlanter ist nach unserer These nahe der Gegend zu vermuten, wo sich Hafen und Stadt der homerischen Phäaken lokalisieren ließen: in Westcornwall, in der Nähe von Penzance, vielleicht in der Mount's Bucht. Sehen wir uns deshalb diese Meeresbucht einmal näher an. Zunächst fällt der Name auf. Es ist ungewöhnlich, eine Meeresbucht schlicht „die Bucht des Berges" zu nennen. Das läßt den Schluß zu, daß es mit diesem Berg eine besondere Bewandtnis gehabt haben muß, die den Glauben rechtfertigte, mit dem Hinweis auf diesen Berg sei die Bucht – ohne jede weitere Kennzeichnung – ausreichend und für jedermann verständlich charakterisiert.

In der Tat weist bereits der heutige Name dieses Berges, St. Michaels Mount, darauf hin, daß dieser Felskegel in der Bucht eine besondere kultische Bedeutung hatte, denn er ist – sicher nicht von ungefähr – einem bedeutenden Heiligen der christlichen Kirche, Sankt Michael geweiht. Ein kurzer Rückblick auf die Geschichte des exakt 238 feet = 78 Meter hohen, sich dicht unter der Küste bei Marazion erhebenden Bergfelsens bestätigt diese Vermutung (siehe Abbildung Nr. 7).

Um das Jahr 1044 n. Chr. gründete der englische König Edward der Bekenner (1042-1066) auf der Felseninsel ein christliches Kloster als Ableger der nordfranzösischen Benediktiner-Abtei von Mont Saint Michel in der Bucht von St. Malo. Eine erste christliche Kapelle wurde von dem Normannen William, Graf von Morton, einem Neffen von König Wilhelm dem Eroberer, 1135 erbaut und anno 1144 eingeweiht, während die heute auf der Insel befindliche Kirche aus dem späten 14. Jahrhundert stammt. Der englische König Heinrich V. konfiszierte die Abtei im Jahre 1421 als „landesfremdes" Kloster.[111)]

Die cornischen Lokalhistoriker sind der Meinung, höchstwahrscheinlich habe sich bereits in sehr früher Zeit vor dem christlichen Gotteshaus ein heidnisches, und zwar zunächst ein keltisches Kloster auf dem St. Michaels Berg befunden. Für diese Ansicht spricht einmal die durch zahlreiche Beispiele zu belegende Eigentümlichkeit fremder Eroberer – auch der christlichen –, die Kultstätten der besiegten andersgläubigen Bevölkerung mit den Gotteshäusern der Sieger zu überbauen. Man konnte so mit der Ausschaltung des alten Glaubens gleichzeitig den politischen Widerstand der Unterworfenen endgültig brechen. Auch in diesem Fall dürfte das nicht anders gewesen sein.

Sodann finden sich nachweislich an vielen Orten Europas St. Michaels-Kapellen auf Höhen, die früher heidnische Kultstätten trugen, denn das Christentum kennt nicht eine besondere Geweihtheit der Bergeshöhe.[112)] Schließlich deutet der alte keltische Name für den St. Michaels Berg – er lautet „Dinsell", was so viel heißt wie „Zelle auf dem Zinnberg" – darauf hin, daß sich vormals auf dem Berg eine keltische Kultstätte befand. Es wird sich gleich zeigen, daß tatsächlich dieser Felsen in vorchristlicher Zeit ein „Zinnberg" war, denn er spielte im antiken Zinnhandel eine wichtige Rolle.[113)]

Wir können sogar wagen, noch einen Schritt weiterzugehen. Auch die Kelten waren als Eroberer nach England gekommen. Ihre Hauptgegner waren damals in Cornwall die Megalither, die Herren des Landes. Beide Religionen, die megalithische und die keltische, waren geistig verwandt; auch die Kelten glaubten an ein Weiterleben nach dem Tode, verehrten einen Sonnengott und eine Muttergottheit und sahen Naturgegebenheiten wie markante Berge, geheimnisvolle Haine, schöne Quellen udgl. als Sitze der Gottheiten an. Daher liegt es nahe, daß der keltischen eine megalithische Kultstätte voranging. Für diese Annahme spricht die anderwärts ebenfalls festzustellende Kontinuität von megalithischen und keltischen Kultplätzen. In England ist ein typisches Beispiel das gewaltige megalithische Bauwerk von Stonehenge in der Ebene von Salisbury. Hier haben keltische Priester, Druiden, Kulthandlungen vorgenommen, weshalb man in späterer Zeit irrtümlich zunächst annahm, es habe sich um eine ursprüngliche Kultstätte der Kelten gehandelt[114)](siehe Abbildungen Nr. 10 und 11).

Im übrigen befinden wir uns in Westcornwall auf einem religiös höchst bedeutungsvollen Boden. Da ist einmal die

Heilige Quelle von Madron

Sie liegt nur wenige Kilometer nordwestlich von Penzance und hatte im Volksmund den beziehungsreichen Namen „wishing well", Wunschquelle. Das Volk glaubte, es ginge der Wunsch in Erfüllung, den man äußerte, während ein hineingeworfener Nagel auf den Grund der Quelle sinke. Es war also eine Wunderquelle, eine heilige, eine heidnische Quelle. Man schrieb ihr auch Heilkräfte zu, obwohl eine chemische Analyse aus unserer Zeit keine heilkräftigen Substanzen im Quellwasser feststellen konnte. Bis ins 17. christliche Jahrhundert hinein kamen Kranke von weit her, um durch ein Bad in diesem Born Heilung von ihren Gebresten zu finden. Jahrhundertelang tauchten christliche Mütter, gleich ihren heidnischen Vorfahren, in der ersten Mainacht jeden Jahres ihre nackten Kinder in das Wasser der Quelle, um sie vor Krankheiten, namentlich Ausschlag und Krampf, sowie gegen Verhexung zu schützen. Vergeblich versuchte die Kirche im 14. Jh. den tiefverwurzelten heidnischen Brauch durch die Errichtung einer Taufkapelle direkt über der Quelle in christliche Bahnen zu lenken. Erst die Zerstörung dieses Taufkirchleins durch die Puritaner im 17. Jh. und die Verlegung der Taufe in ein eigens erbautes Baptisterium der nahegelegenen Kirche von Madron vermochten diesem „Aberglauben" ein Ende zu bereiten.[115)]

Der Grund für das zähe Festhalten des Volkes an diesem Quellkult dürfte vor allem in dem sehr hohen Alter dieses heidnischen Bornes zu suchen sein. Aller Wahrscheinlichkeit nach handelt es sich gleichfalls um ein vorkeltisches, vermutlich megalithisches Quellheiligtum, weil die Quelle – wie wir gleich sehen werden – bereits in der „Odyssee" Erwähnung findet. Darüber hinaus muß vor Zeiten der Madronsquelle eine erhöhte Bedeutung beigemessen worden sein, denn sie ist keineswegs die einzige „heilige" Quelle in dieser Gegend. So findet sich bei Morvah an der nordwestcornischen Küste ebenfalls eine „holy well", weitere „heilige Quellen" begegnen uns bei Bone, Castle Horneck, Nanceglos und Tregaminion, alle in der näheren Umgebung von Penzance.[116)] Die besondere Bedeutung des Borns von Madron dürfte offenbar darin gelegen haben, daß er als Kultstätte der höchsten megalithischen Göttin, der Erdmutter oder Matrona geweiht war.

Daß das nicht bloß eine Vermutung ist, dafür spricht bereits der Name. Die gängige Ableitung des Quellnamens allerdings, wonach der Born seinen Namen von der erst im 14. Jh. n. Chr. erbauten, im Jahre 1336 geweihten Kirche von Madron erhalten haben soll, die etwa 1 1/2 Kilometer süd-östlich des Quellortes liegt, ist wenig überzeugend. Es ist dies übrigens der dritte Kirchenbau an dieser religiös offensichtlich bedeutsamen Stelle. Vorausgegangen waren ein keltisches und ein normannisches Gotteshaus. Die Kirche von Madron soll nun – ebenso wie die Ortschaft und die Quelle – nach einem sonst wenig bekannten christlichen Heiligen des 6. Jh. n. Chr. Madernus oder Maddern benannt worden sein, der aus Brittany (Bretagne) gekommen war und angeblich über der Madronsquelle eine kleine, heute ruinöse Taufkapelle gebaut hat. Wesentlich überzeugender erscheint die andere Version, die umgekehrt die Namen von Kirche, Ort und Quelle von „Matrona" ableitet.[117)] Tatsächlich verehrte das phäakische Volk an dieser Quelle eine solche Muttergöttin, wie uns Homer berichtet. Nach seiner Aussage in der „Odyssee" war der berühmte heilige Hain mit der Quelle vor den Toren der Phäakenstadt der Göttin Athene geweiht (Od. 6,291). Wie wir wissen, entspricht aber die griechische Athene kultisch der megalithischen Erdgöttin, der matrona.

Die große Bedeutung dieser Quelle von Madron wird weiter dadurch offenbar, daß die kleine Dorfkirche von Madron während vieler Jahrhunderte die Hauptkirche (Parish Church) der c. 3 Kilometer entfernten, ebenfalls sehr alten, aber erheblich größeren Stadt Penzance war. Das änderte sich erst im Jahre 1871, als die anno 1832 erbaute, 1836 geweihte St. Mary Church am Hafen in Penzance zur Hauptkirche wurde. Zum alten Kirchspiel von Madron, das von der Nord- bis zur Südküste von Penwith reichte, gehörte Morvah im Norden ebenso wie im Süden die Stadt Penzance und der St. Michaels Mount.[118)]

Die „heilige" Stadt

Schließlich weist auch der Stadtname von Penzance auf die außerordentliche kultische Bedeutung dieses Vorgebirges mit der Madronsquelle. Der Name ist aus den beiden cornischen Wörtern „pen" = Quelle oder Vorgebirge und „sans" = heilig (angeblich vom Lateinischen „sanctus" übernommen) zusammengesetzt. Penzance kann demnach als „Stadt der heiligen Quelle" oder „Stadt des heiligen Vorgebirges" gedeutet werden. In jedem Falle bleibt die Vorstellung, daß wir uns auf einem religiös höchst wichtigen Gelände befinden. Das bestätigt auch der Name des westlichsten Bezirks von Cornwall, Penwith. Es gibt verschiedene, zum Teil recht merkwürdige Erklärungen dieses alten keltischen Namens, wie „das letzte Vorgebirge", „das Vorgebirge zur Linken", „das Vorgebirge der Eschenbäume" und, die seltsamste, „das Kap des Gemetzels". Während diese Deutungen nicht viel bringen, ist die englische Bezeichnung aufschlußreicher; sie lautet „holy head", was wiederum sowohl „heiliges Vorgebirge" als auch „heilige Quelle" bedeuten kann. Also auch hier weist der Name diese Gegend als ein kultisch besonders bedeutsames Gebiet aus.[119)]

Der offenbar einer männlichen Gottheit geweihte heilige Berg, der St. Michaels Mount, und die heilige Quelle, die Madronsquelle, als Kultstätte der höchsten heidnischen Göttin, der Erdmutter oder Matrona, bildeten augenscheinlich ein altes bedeutendes Kultzentrum, das sich in diesem Vorgebirge etabliert hatte. Für diese Annahme gibt es sogar einen archäologischen Hinweis. Es sind dies die

Steinkreise in Cornwall

Ein für die Bewohner wenig gnädiges, für die Altertumsforscher aber glückliches Geschick hat dafür gesorgt, daß der nahezu prähistorische Charakter Cornwalls sich im wesentlichen unverändert bis in unsere Zeit erhalten hat. Das Dornröschendasein von Cornwall, dem dieser Zustand vor allem zu verdanken ist, wurde einmal durch seine geographische Lage bedingt. Es ist der westlichste Zipfel der Britischen Insel, der zudem durch den Tamarfluß und das Bodmin Moor topographisch deutlich vom übrigen England getrennt ist. Nur wenige, schwer passierbare Zugänge gab es früher nach Cornwall. Die andere Ursache ist der Niedergang der Zinn-und Kupferschürfung etwa seit 500 n. Chr. nach einer beachtlichen Blütezeit in der älteren Antike. Erst in der Neuzeit erlangte die cornische Erzgewinnung wieder an Bedeutung.

Da zudem die Landwirtschaft auf dem durch die Erzsuche zerwühlten Boden die Bewohner nicht mehr ernähren konnte, und Nahrungsmangel einen großen Teil der Bevölkerung zur Auswanderung zwang, geriet Cornwall im Laufe der Jahrhunderte in Vergessenheit. Die Abgeschiedenheit des Landes und der traditionsverhaftete Charakter seiner Bewohner bewahrten zugleich die überkommenen alten, heidnischen Bräuche, bei denen die steinernen Relikte der Megalither eine wichtige Rolle spielten. Sie waren Gegenstand der Verehrung und Furcht zugleich. Da außerdem der zerstörende Einfluß der Kirche hier weniger wirksam war, blieben die steinernen Zeugen der Vorgeschichte während der verflossenen Jahrtausende in Cornwall in großem Umfang erhalten. Nicht überall war das Schicksal den zyklopischen Steinmalen so gnädig. Anderwärts wurden in vielen Fällen die Megalithbauwerke, besonders die riesigen Steingräber, zerstört, und die harten Steine fanden für den Haus- und Mauerbau, ja sogar für Zwecke des Straßenbaus Verwendung! Ein trauriges Beispiel für diesen Unverstand ist leider das Deutschland des 18. und 19. Jahrhunderts: allein in den letzten 150 Jahren wurden etwa 5-6000, d.s. c. 90 % der deutschen Hünengräber vernichtet![120)]

Gottlob war das anders in Cornwall, einem, wie die ungewöhnlich große Zahl – mehr als sonstwo in England – von Dolmen, Hügelgräbern, Menhiren und Steinkreisen beweist, in der Bronzezeit dicht besiedelten Gebiet. Obwohl viele dieser Bauten im Laufe der Jahrhunderte von den Grundbesitzern eingeebnet oder von den Zinngräbern zerstört wurden, blieb in diesem kleinen Gebiet eine beachtliche Anzahl erhalten, allein über 1000 bronzezeitliche Grabhügel (barrows, tumuli). Von diesen Zeugen der cornischen

Vorzeit sollen uns hier nur die megalithischen Steinkreise, englisch „stone circles", interessieren. Es handelt sich bei diesen Gebilden um die Gruppierung einzelstehender, im Durchschnitt etwa 1,50 Meter hoher Steine (Monolithen) im Kreis oder Oval, gelegentlich mit einem größeren Stein in der Mitte. Meist sind es nicht mehr als 24 Steine und häufig finden sich in der Nähe Gräber, wie das z.B. auch in Stonehenge und Avebury der Fall ist. Während aber Avebury, der größte Steinkreis der Welt, einen Kreisdurchmesser von c. 350 Metern besitzt, mißt der mit 76 Steinen größte „stone circle" in Cornwall, der Stannon Circle bei St. Breward, im Durchmesser nur 97 Meter; die meisten cornischen Steinmale dieser Art sind bedeutend kleiner, höchstens 27 Meter im Durchmesser breit.

Sehr wahrscheinlich waren diese Steinkreise Sonnenheiligtümer, die der Sonnenanbetung und -verehrung dienten, und vermutlich stellt die Kreis- oder Ellipsenform den Lauf der Sonne im Jahr dar. Die Ausrichtung nach astronomischen Merkpunkten am Himmel (Sonnenwendepunkte, Mondauf- und untergänge, Konjunktionen von Planeten und Sternen usw.) belegen die Observierung des Himmels. Astronomische Beobachtungen und sakrale Zwecke schließen sich jedoch nicht aus, denn Astronomie und Religion waren, besonders in der Vorzeit und im Altertum, eng miteinander verbunden. Gestirnsbeobachtungen waren gewissermaßen Gottesdienst. Auch Stonehenge, der imposanteste megalithische Steinkreis Englands, war nicht bloß ein großes Kultzentrum und eine bedeutende Begräbnisstätte – in der Umgebung liegen mehr als 400 bronzezeitliche Gräber –, sondern gleichzeitig eine sehr wichtige astronomische Anlage, die vor allem zur Vorausberechnung der so eindrucksvollen Sonnen- und Mondfinsternisse diente.[121)]

Daß an den Steinkreisen rituelle Handlungen, namentlich Kulttänze, vorgenommen wurden, beweist der als Sage erhaltene Volksmund. Nach den cornischen Volkssagen stellen die Steinsetzungen junge, zur Strafe in Stein verwandelte Mädchen dar, die sich versündigt hatten, weil sie am heiligen christlichen Sonntag zur Musik von Pfeifern, „pipers", oder Fidlern getanzt, oder junge Männer, die „hurling" – ein sehr altes heidnisches Ballspiel – gespielt hatten. Daß es sich hierbei nicht um ausschließlich englisches Sagengut handelt, beweist die Tatsache, daß auch andernorts sich um die alten Steinkreise ähnliche Sagen gebildet hatten. Da ist z.B. der aus 7 Steinen bestehende Kreis „les Bonnettes" von Sailly im nordfranzösischen Departement Pas de Calais. Hier ging seit altersher die Kunde von 6 Mädchen, die zur Strafe versteinert wurden, weil sie zur Stunde der heiligen christlichen Messe getanzt hatten. Der 7. Stein in der Kreismitte, ein Menhir, soll den Spielmann darstellen, der den Mädchen aufspielte. Auch die cornische Namensgebung „Dawns Men", was soviel heißt wie „tanzende Steine" oder „Steintanz", findet sich in anderen Ländern. Ein Beispiel ist der sog. Steintanz bei Bützow in Mecklenburg, eine gewaltige, astronomischen Zwecken dienende, megalithische Steinsetzung aus 4 Steinkreisen mit insgesamt 28 und 13 Steinen, entsprechend den Mondumläufen des Jahres. Auch hier spricht der Volksmund von Menschen, die in grauer Vorzeit zur Strafe für ihr zügelloses Treiben bei einer Bauernhochzeit versteinert wurden.

In allen Fällen deutet die Verketzerung auf einen heidnischen, darum strafwürdigen Kult an den Steinkreisen. Es ist die gleiche Tendenz, die dazu führte, die megalithischen Steingräber, an denen vielerorts jahrhundertelang heimlich kultische Handlungen vorgenommen wurden, als „Teufelsbetten" oder „Heidenkammern" zu verrufen. Leider hat die christliche Kirche sich damit nicht begnügt, sondern durch mehrere Konzile (z.B. Arles 452, Tours 567, Nantes 658) unter Androhung schwerster Strafen jeden Kult an den Megalithbauten verboten und darüber hinaus die Geistlichen und die Gläubigen verpflichtet, möglichst alle „heidnischen Steine" zu zerstören.[122)]

Um so bemerkenswerter ist, daß von den insgesamt rund 200 auf den britischen Inseln entdeckten megalithischen Steinkreisen bis in unsere Tage in Cornwall 21 einigermaßen erhalten geblieben sind. Beschränken wir uns auf die knappe Beschreibung einiger dieser Steinkreise in Cornwall, die in ihrem Aufbau, ihrer Größe, ihrem Material und ihrer Namensgebung typisch sind.

Das gilt gleich für den bekanntesten stone circle von Penwith, der bei Boleigh liegt, 5 Meilen südwestlich von Penzance, unweit von St. Buryan. Er trägt im Volk den englischen, typischen Namen „Merry Maidens" oder die cornische Bezeichnung „Dawns Men", „tanzende Steine", also die übermütig tanzenden Mädchen bei den Steinen. In einem vollkommenen Kreis von 23 Metern Durchmesser stehen 19 granitene Steine, in deren Nähe sich ein Grabhügel (barrow) aus der Bronzezeit und 4 Menhire befinden, von denen die beiden größten im Volksmund als die „pipers" bezeichnet werden, also die Musiker, die den tanzenden Mädchen mit ihren Pfeifen aufspielten.

Auf der Straße von Penzance nach Land's End an der Westküste liegt – ebenfalls im Kirchspiel von St. Buryan – der berühmteste cornische Steinkreis, der Boscawen-Un, auch „Nine Maidens" genannt. Um einen liegenden Monolithen in der Mitte stehen in einem ellipsenförmigen Zirkel von etwa 25 Metern Durchmesser wiederum 19 Steine, und auch hier trifft man in der Nähe auf 2 bronzezeitliche Grabhügel und 2 große Menhire.

Ebenfalls westlich von Penzance, bei der Stadt St. Just, fanden sich einst bei Tregeseal 2 stone circles: der Volksmund nennt sie „Dancing Stones" und die „Merry Maidens" oder „Nine Maidens". Die Kreise mit 20 bzw. 23 Metern Durchmesser bestanden ursprünglich gleichfalls aus 19 Steinen, und zwar wie üblich aus Granit. Nachdem der eine in neuerer Zeit aus Übermut zerstört wurde, ist nur noch ein Steinkreis erhalten mit 16 stehenden Steinen, die aber nicht alle original sind. Auch hier liegen mehrere Grabhügel aus der Bronzezeit in der Nähe.

Nördlich von Penzance bei der alten Zinnmine von Ding Dong sind von dem Steinkreis von Boskednan, der einen Kreisdurchmesser von 21 Metern besitzt, noch 11 Steine erhalten. Unweit davon befinden sich die bekannten Megalithgräber (Dolmen) von Men-en-tol (= der Stein mit dem Loch) und Mulfra Quoit sowie der Men Scryfa, der „beschriebene Stein", ein Monolith mit einer späteren Inschrift aus dem 5. oder 6. Jh. n. Chr. (s. Abb. Nr. 9).

Weiter begegnen uns an der Ostgrenze von Penwith, südlich von Redruth, der Stadt mit der Kupfermine, die Reste von 2 Steinkreisen, lokal bekannt als „Nine Maidens" und „Wendron Circle", mit einem Kreisdurchmesser von 18 und 15 Metern. Der nördliche

Kreis hat noch 3 Steine – im 18. Jh. zu *Borlases* Zeit waren es immerhin noch 10 –, während von dem südlichen circle noch 5 Steine erhalten sind – *Borlase* fand noch 8 vor.

Endlich sind erwähnenswert, weil besonders eindrucksvoll, die in Ostcornwall zwischen Bodmin Moor und Tamarfluß liegenden „Hurlers": es sind 3 inmitten eines alten Minenfeldes dicht beieinander liegende große Steinkreise. Sie tragen ihren Namen davon, daß hier junge Männer zur Strafe in Steine verwandelt wurden, weil sie während des heiligen Sonntags das von der christlichen Kirche verbotene uralte Spiel mit dem Silberball, „hurling", spielten.[123)]

Wenn wir auch die Bedeutung der stone circles nicht exakt kennen, so sprechen doch zahlreiche Umstände für die Geweihtheit einer heidnischen Kultstätte. Da ist die astronomische Ausrichtung nach bestimmten Himmelspunkten, da sind die Gräber und Menhire (Grabsteine?) in ihrer unmittelbaren Nähe (man denke an die Friedhöfe um die christlichen Kirchen!), da sind eingeritzte heilige Zeichen auf den Steinen, da sind Tänze von fröhlichen Mädchen bei den Steinen (Kulttänze von Priesterinnen oder Jungfrauen?) und da sind nicht zuletzt die Volkssagen mit ihrem Hinweis auf eine Verketzerung der alten Kulttänze und Bräuche an den Steinen durch das Christentum. Ist es Zufall, daß diese geweihten, heidnischen Plätze die Mount's Bay wie ein Ring ein kultisches Zentrum umschließen?[124)]

Doch kehren wir zurück zum St. Michaels Mount.

Eine Insel fällt trocken

Es ist eine weitere Besonderheit dieser Felseninsel inmitten der Bucht, daß bei Ebbe ein Zugang vom Land – von Marazion her – zur Insel frei wird, auf dem man trockenen Fußes den Bergfelsen im Meer erreichen kann. Der St. Michaels Mount gleicht darin weitgehend seinem größeren normannischen Vorbild, dem Klosterberg Saint Michel in der Bucht von St. Malo, der ebenfalls bei Flut eine Insel bildete und nur bei Ebbe zu Fuß erreicht werden konnte (jetzt ist ein fester Damm gebaut). Dieses seltsame Überfluten und Trockenfallen muß an dieser Stelle in Cornwall umso mehr überraschen, als sonst die englische Südküste ziemlich steil ist, so daß Ebbe und Flut trotz einer Stärke des Tidenhubs von durchschnittlich 4 Metern nur wenig Land freigeben und überspülen. Bezeichnenderweise ist dieses periodische Trockenfallen der Bucht um den St. Michaels Berg keine neuerliche Erscheinung. Es ist bereits im Altertum bezeugt und war bis hinunter in den Mittelmeerraum bekannt.

Der kleine, zwar höchst malerisch anzuschauende, ansonsten aber unscheinbare Felskegel krönt nämlich keine x-beliebige Insel, wie es sie in vielen Meeresbuchten gibt, sondern mit diesem Eiland hat es tatsächlich eine besondere Bewandtnis. Die Insel, die in der Antike den Namen Ictis trug, erwähnen die alten griechischen und römischen Schriftsteller und Geographen wiederholt, weil sie in dem ehedem so wichtigen Zinnhandel eine große Rolle gespielt hat. Eingehend berichtet über sie Diodorus Siculus, der bekannte Historiker Diodor aus Sizilien (bibliotheke V Kap. 22): „An dem Vorgebirge Pretannike, das Belerion [d.i. Cornwall] genannt wird, sind die Eingeborenen sehr gastfreundlich, und sie sind durch den Verkehr mit fremden Handelsleuten zivilisiert worden. Sie produzieren Zinn, indem sie eifrig das Land bearbeiten, das Zinn enthält. Das Land ist felsig und hat Erdschichten, und dadurch, daß sie Funde bearbeiten und schmelzen, erhalten sie reines Metall. Sie formen es zu Würfeln und bringen es nach einer Insel, die vor Pretannike liegt und Ictis heißt. Denn wenn die dazwischen liegende Strecke während der Ebbe trocken liegt, so bringen sie auf Wagen eine Menge Zinn nach der Insel".

Cornwall war bekanntlich der größte Zinnproduzent der Antike, und Zinn war zur Herstellung der begehrten Bronze unentbehrlich, aber relativ selten zu finden. Bedeutendere Zinnlager gab es – nach Erschöpfung der bescheidenen Vorkommen in Etrurien und in der Bretagne – eigentlich nur noch in Nordwestspanien, in Galicia. An erster Stelle aber stand Cornwall. Wie gewaltig hier die Lager an Zinn, aber auch an Kupfer – der anderen Komponente der Bronze – waren, mag man am besten daran erkennen, daß noch im 19. Jh. n. Chr. in Cornwall Zinn zum Export geschürft und 2/3 des Weltbedarfs an Zinn und Kupfer hier gewonnen wurden.[125)]

In der nach ihr benannten Bronzezeit, die – örtlich verschieden – von etwa 2000 bis 500 v. Chr. dauerte, spielte die Bronze nicht nur für die Fertigung von Geräten und Schmuckgegenständen eine Rolle. Sie war vor allem von eminent strategischer Bedeutung. Denn aus ihr wurden die Angriffs- und Verteidigungswaffen der Soldaten, die Schwerter, Lanzen, Helme, Panzer, Beinschützer usw. hergestellt, weshalb die „Odyssee" die Bronze das „männerehrende Erz" nennt. Bronze ist äußerst widerstandsfähig; sie ist härter als Kupfer und Eisen. Bronzene Schwerter zerbrachen oder verbogen sich daher nicht im Kampf, wie das bei einfachen Eisenschwertern häufig vorkam. Dabei war Bronze auch gut zu verarbeiten, vor allem konnte man sie gießen, was bei Kupfer – wegen der Blasenbildung – nur mühselig, bei Eisen der Antike überhaupt nicht gelang. Mit Recht war daher die wie Gold glänzende Bronze das höchstgeschätzte Metall der damaligen Zeit. Auch der Name der Insel Ictis hängt mit diesem Metall zusammen: er wird von tin = Zinn abgeleitet und bedeutet entweder Zinnhafen oder Zinnberg. Es stimmt also, daß der Berg auf der Insel Ictis, der heutige St. Michaels Mount, schon in alten Zeiten als „Zinnberg" bekannt war[126)] (siehe Abbildung Nr. 13).

Resumieren wir: eine Fülle von Gegebenheiten kommt hier zusammen, die nachdenklich stimmt. Da ist ein Bergkegel, von dem man tatsächlich sagen kann, es sei ein „nach allen Seiten niedriger Berg". Er ist aus dunklem, hartem Granit und hellem Schiefermineral – ein idealer Platz für die Errichtung einer Tempel- und Burganlage. Der aus ihm gebrochene Fels gibt einen guten Baustein. Es ist ein „heiliger" Berg von offenbar großer kultischer Bedeutung, so daß man die Bucht einfach die „Bucht des Berges" nannte und später den Felskegel dem angesehenen christlichen Heiligen Michael weihte. Der Berg krönt eine kleine Insel, die in einem so wenig tiefen Gewässer liegt, daß bei Ebbe ein trockener Zugang zur Insel frei wird, die in der Antike als Verladezentrum des Zinnhandels bekannt war. Unweit des Eilandes liegen Penzance, die Stadt mit dem „heiligen" Namen, und die uralte „heilige" Quelle von Madron. Die umgebende Landschaft, als „heiliges Vorgebirge" apostrophiert, weist eine durch mildes Klima außergewöhnlich begünstigte Vegetation auf.[127)]

Nicht von ungefähr drängt sich da angesichts der Häufung von Übereinstimmungen die Frage auf: *ist vielleicht die Insel mit dem Felskegel des St. Michaels Mount,* die auch heute eine Kirche und eine Burg trägt, *das Überbleibsel der alten untergegangenen Königsinsel von Atlantis* mit ihrem „nach allen Seiten niedrigen Berg", auf dem sich das höchste Heiligtum der Atlanter, der Poseidon-Tempel, und die Burg des Königs befanden? Geht man diesem auf den ersten Blick vielleicht kühn scheinenden Gedanken nach, so kommt man zunächst überraschend zu der erstaunlichen Feststellung: *die Insel St. Michaels Mount* ist nicht immer eine Insel gewesen, sondern sie *war in sehr alter Zeit* tatsächlich *Teil des Festlandes!*

Der ertrunkene Wald

Nicht bloße Vermutung sondern beweisbare Tatsache ist, daß ein großer Teil der Mount's Bay rund um die Insel St. Michaels Mount ehemals Land war, auf dem sich auch ein Wald befand, der im Meer versunken ist. Bereits der cornische Name für den St. Michaels Mount weist darauf hin. Er lautet: „carek loys yn cos", auf englisch „the Hoar Rock in the Wood", was soviel heißt wie „der grauweiße Felsen im Wald". Die Namensgebung wird gerechtfertigt durch die Tatsache, daß bei Ebbe noch heute nach schweren Stürmen die Reste von versunkenen mächtigen Bäumen rund um die schwarzgrau und weiß leuchtenden Felsen des St. Michaels Mount im nicht tiefen Wasser der Bucht sichtbar werden!

Der bedeutende cornische Historiker und Altertumsforscher William B o r l a s e berichtete schon in seinem im Jahre 1758 veröffentlichten Buch „Natural History of Cornwall", er habe am 10. Januar 1757 in der Mount's Bucht versunkene Bäume gesehen, nachdem eine starke Sturmsee den Sand weggespült hatte. Aber erst 65 Jahre später, anno 1822, ist der von Borlase entdeckte Wald von

Henry Boase näher beschrieben worden. Dieser bemerkt, den Wald habe er begraben gefunden unter Ablagerungen von Sand und Kies, und erst starke Bewegungen der See hätten ihn freigelegt. Boase stellt dabei fest, die äußere Verlängerung des versunkenen Pflanzenbettes, in dem die Baumstrünke lagen, hätte sich weit hinaus auf die See erstreckt. Zwischen Penzance und Newlyn notiert er ein vertorftes Pflanzenbett, dessen Reste auf Sand ruhten. Weiter hebt er hervor, die Überbleibsel des Waldes hätten hauptsächlich aus Haselstrauch, zu einem kleineren Teil aus Erle, Ulme und Esche bestanden. Haselnüsse und die Überreste von Insekten, besonders von Käfern, seien zahlreich anzutreffen gewesen.[128)]

Aber Borlase war nicht der erste, der von einem in der Mount's Bay ertrunkenen Wald berichtet. Schon 150 Jahre vor ihm hat Richard Carew in seinem bereits erwähnten, 1602 erschienenen Buch „The Survey of Cornwall" davon erzählt. Er bemerkt vom St. Michaels Berg, dessen alter keltischer Name – er schreibt ihn „Cara clowse in Cowse" – auf englisch „the hoare Rock in the Wood" bedeute, dieser werde jetzt bei jeder Flut von der See eingeschlossen. Bei gewissen Niedrigwasser könne man jedoch Stümpfe von mächtigen Bäumen im Sand umher ausmachen.[129)]

Versunkene Waldreste sind jedoch nicht nur zwischen Penzance und dem St. Michaels Mount gefunden worden, sondern auch auf der östlichen Seite der Bucht. Bei Porthleven, in der Nähe von Helston, und bei Porthmellin, zwischen Porthleven und Lizzard, sind sie von englischen Forschern beobachtet und beschrieben worden. An diesen Stellen wurden ebenfalls Baumstrünke, und zwar von Eichen und Weiden, festgestellt.[130)]

In der Mount's Bay ist also nicht bloß ein schmaler Küstenstreifen an der Scheitelseite der Bucht abgesunken, sondern es fand ein Landuntergang größeren Umfanges statt, dessen Spuren rings um die Bucht festzustellen sind. Dafür spricht auch – so seltsam das klingen mag – der Fund von 4 Steinäxten an einer weit davon entlegenen Stelle, den F.S. Wallis in Stonehenge gemacht hat. Die Untersuchung einer dieser Äxte ergab, daß der Stein aus einem Gemenge von Plagioklas, Feldspat, Augit, Ilmenit und Hornblende, also aus genau demselben Material besteht, aus dem der c. 450 Meter süd-östlich von Penzance aus dem Wasser der Mount's Bucht ragende Felsen Gear Rock zusammengesetzt ist. Wenn dieser Felsen ehemals die Materialquelle für diese neolithischen Äxte war – die ungewöhnliche identische Zusammensetzung des Gesteins macht dies wahrscheinlich –, dann muß er früher einmal Teil des Festlandes gewesen sein![131]

Daß vor vielen Jahrhunderten in der Mount's Bay starke Überflutungen stattfanden, ist auch von den englischen Chronisten festgehalten worden. So berichtet die *Angelsächsische Chronik* unter dem Datum vom 1. November 1099 n. Chr., eine Meeresflut habe hier eine solche Höhe erreicht und so viel Gram verursacht, wie niemand sich erinnere, daß dies zuvor geschah. Detaillierter berichtet der Chronist *Florence* von *Worcester* (gestorben 1181 n. Chr.): am 3. Tag der Nonen des November [1099 AD] habe die See die Küsten der Mount's Bucht überflutet, wobei Städte zerstört worden und viele Menschen sowie unzählige Ochsen und Schafe ertrunken seien.[132]

Man könnte nun meinen, die von Carew, Borlase und Boase festgestellten Reste versunkener Wälder seien auf diese gewaltige Sturmflut des Jahres 1099 n. Chr. oder auf spätere Wassereinbrüche zurückzuführen, doch ist das ein Irrtum. Die Wälder sind lange *vor der Zeitenwende* im Meer ertrunken, und gleichzeitig ist dabei die Insel St. Michaels Mount entstanden! Obschon es seit längerem die einhellige Meinung der englischen Geologen war, der St. Michaels Mount sei ehemals Teil des Festlandes gewesen,[133] so blieb doch bis in die jüngste Zeit die Frage ungeklärt, wann der Berg zu einer Insel wurde, wann also der Wald um den Berg überflutet worden war. Das hat sich überraschend geändert. Neueste wissenschaftliche Untersuchungen haben nicht nur die Beobachtungen der cornischen Gelehrten der vergangenen Jahrhunderte bestätigt, sondern sie haben darüber hinaus auch den Beweis erbracht, daß der Untergang des Waldes und die Entstehung der Berginsel in der Mount's Bay sich in *vorchristlicher* Zeit ereignet haben!

Der englische Prähistoriker Gavin de Beer ist diesen Fragen nachgegangen und hat festgestellt, daß der Wald „um 1700

v. Chr." untergegangen ist.[134] Dieses Datum hat er an Hand der Radiokarbon-Methode und pollenanalytisch ermittelt. De Beer hatte mehrere Stücke Eichenholz erhalten, die im Jahre 1883 etwa 100 Yards unterhalb der Hauptebbelinie zwischen Penzance und Newlyn gefunden worden waren, und den Teil einer Eiche aus einem Fund des Jahres 1953 zwischen Penzance und Marazion. Ein Stück Eichenholz wurde dem Radiokarbon-Test unterzogen.

Eine Pollenanalyse – die Bestimmung der vor Jahrtausenden blühenden Pflanzen durch Zählung der erhaltengebliebenen Blütenstaubkörnern oder Pollen – wurde an einer Portion Torf durchgeführt, in das etliche Baumstrünke eingebettet waren. Diese Torfschicht war im Jahre 1956 nach einem heftigen Sturm und einer Springflut an einem Punkt wenige Meter vor der Seemauer zwischen Lariggan und Wherry frei geworden. Die Analyse ergab unter 500 Pollenkörnern 362 Erlen, 56 Eichen, 41 Haselsträucher, 36 Birken, 2 Buchen, 1 Esche, 1 Ahorn und 1 Kiefer. Diese Zusammensetzung, namentlich der große Anteil von Eichen sowie das Auftreten von Buchen, ist charakteristisch für das den Laubwald begünstigende sog. Atlantik-Zeitalter, das sich von etwa 3000 bis 1000 v. Chr. erstreckte.

Um sicher zu gehen, daß die untersuchten Stücke aus den letzten Jahren des Waldes vor seinem Untergang stammten, suchte de Beer Fundstücke auf dem trockenen Land, wo der Wald dem Meer nicht ausgesetzt war. Er fand solche bei Marazion in einer abgesunkenen Zinnmine. Die Ablagerungen des Marazionflusses waren hier 8 Fuß hoch, darunter war eine 4 Fuß dicke Torfschicht und unter ihr 12 Fuß Sand, den die See nach dem Untergang des Waldes abgelagert hatte. Noch tiefer fand sich in einem Torfbett eine Schicht von Eichen und Haselbäumen. Die Pollenanalyse dieser Schicht, deren Tiefe dem Grund der Mount's Bay entspricht, ergab die gleiche Häufigkeit von Eichen, Hasel, Erlen, Birken, Eschen und Kiefern wie das im Meer gefundene Torfstück. An einer anderen Stelle des trockenen Landes bei Western Green, zwischen Penzance und Newlyn, hatte seinerzeit Boase 3 Fuß unter der Oberfläche einige Zweige gefunden. Ihre pollenanalytische Untersuchung ergab ebenfalls ein sehr hohes Alter wie bei den Fundstücken von Marazion, nämlich „spätestens um 2000 v. Chr."[135)]

Wie weit der Wald ursprünglich von der jetzigen Küste hinaus auf die See reichte, ist bislang unbekannt. Nach den Beobachtungen von Boase und Joseph Carne erstreckten sich die Baumstrünke über die ganze Breite der nördlichen Mount's Bay, westwärts bis Newlyn und nach Osten bis Marazion. De Beer nimmt an, es könne sich nur um einen kleinen Wald gehandelt haben, der auf die See hinaus kaum weit reichte, da die 6-Faden-Linie (=10,80 Meter Wassertiefe) in nur 600 Yards Entfernung südlich von Penzance von West nach Ost verläuft. Dieser Ansicht wird man sich im Ergebnis anschließen können, da auch nach unserem Bild von der atlantischen Königsinsel der Wald, also der heilige Hain, nur einen kleinen Teil der Gesamtfläche ausmachte, die im übrigen von Gebäuden, Sportplätzen, einer Rennbahn und Gärten bedeckt war.[136)]

Die Untersuchungen de Beers haben sonach den Beweis erbracht, daß das von Timaios, Diodor, Plinius d.Ä. und anderen antiken Schriftstellern beschriebene Eiland Ictis (Victis, Mictis), die jetzige Insel St. Michaels Mount, bereits in vorgeschichtlicher Zeit entstanden ist und nicht erst in der christlichen Ära! Die Insel war also einstmals Teil des Festlandes; ihr Bergkegel war tatsächlich früher von einem Wald umgeben gewesen. Als Erinnerung an die Entstehung der Insel durch ein Überfluten und Absinken der Küste ist die auffallende Besonderheit geblieben, daß bei Ebbe ein trockener Zugang zur Insel frei wird.

Die Geburtsstunde der Insel

Wann genau wurde aus dem Berg im Landesinneren eine Insel im Meer? Ist die von de Beer ermittelte Datierung „um 1700 v. Chr." zwingend in dem Sinn, daß ein zeitlich späterer Untergang des Waldes und damit eine Entstehung der Insel etwa im 13. Jh. vor der Zeitrechnung ausgeschlossen ist?

Schon die Formulierung „um" verneint diese Frage. Es gibt aber noch einen anderen Grund für ihre Verneinung. De Beer kommt zu seiner Zeitangabe, nachdem die Untersuchungen bei Annahme einer „Halbwertzeit" von 5568 ± 30 Jahren für die Isotope C 14 das Jahr 3656 ± 150 Jahre ergeben hatten. Die Radiokarbon-Methode ist die zur Zeit beste wissenschaftliche Datierung alter organischer Gegenstände. Bekanntlich beruht die Zeitermittlung nach dieser Methode auf der Erkenntnis, daß alle Organismen (Menschen, Tiere oder Pflanzen) während ihres Lebens laufend nicht nur den gewöhnlichen Kohlenstoff (Karbon C 12) aufnehmen, sondern auch Kohlenstoff mit dem Atomgewicht 14 und ihn in ihrem Körper lagern. Dieser durch kosmische Strahlung entstehende Kohlenstoff der Isotope 14 ist radioaktiv. Wird er nicht laufend erneuert, dann zerfällt er. Die Geschwindigkeit seines Zerfalls ist bekannt, ebenso die durchschnittliche Karbon 14-Menge der betreffenden Materie. Daher läßt sich aus der Dauer des (konstanten) Zerfallprozesses der abgelagerten Isotope C 14 und aus der Erfahrungstatsache, daß der C 14 Gehalt nach einer Reihe von Jahren nur noch die Hälfte des Ausgangswertes beträgt (sog. Halbwertzeit), der Augenblick bestimmen, an dem der Organismus kein C 14 mehr aufgenommen hat, also abgestorben ist. Umstritten ist die exakte Dauer der Halbwertzeit.[137)]

Bei der praktischen Durchführung dieser komplizierten und daher leider nicht billigen Methode ergeben sich erfahrungsgemäß jedoch Fehlermomente, die ein Unsicherheit in der Datierung mit sich bringen. Die Angabe der Toleranz – hier „ ± 150 Jahre" – drückt die Ungenauigkeit aus. Diese Schwankung von mehr oder weniger als 150 Jahren gilt jedoch nur bei einer Wahrscheinlichkeit in der Altersbestimmung von 68 %. Bei höherer Wahrscheinlichkeit steigt sie beträchtlich. Sie verdoppelt sich bei 95 % Wahrscheinlichkeit und erreicht bei 99,7 % sogar das Dreifache.[138)]

Die Anwendung dieses Prinzips auf unseren Fall führt auf Grund der Zahlen de Beers zu folgender Datierung:

Bei 68 % Wahrscheinlichkeit ergibt sich eine Zeit zwischen 3800 und 3500 ab heute. Berechnet man die nach Christi Geburt bis heute verstrichene Zeit grob mit 2000 Jahren, dann käme man

Abb. 8 Das Megalithgrab Lanyon Quoit, nördlich von Penzance. Quoit ist der cornische Name für die Deckplatte. Ursprünglich überwölbte ein Erdhügel das Steingrab.

Abb. 9 Men en tol, der Stein mit dem Loch. Reste eines bronzezeitlichen Megalithgrabes in der Nähe von Penzance. Die Aufstellung der Steine ist nicht mehr ursprünglich. Vermutlich befand sich der durchbohrte Stein (das „Seelenloch") an einem Ende des Grabes.

Abb. 10 Stonehenge – eines der eindrucksvollsten megalithischen Bauwerke Europas – auf der Ebene von Salisbury in Südengland. Es war eine Sonnenkultstätte und diente zugleich der Beobachtung der Gestirne.

Abb. 11 Die Stürze der Trilithen waren durch Zapfen und Loch verankert. Die tonnenschweren Steine waren aus großen Entfernungen herbeigeschafft worden.

auf den Zeitraum von 1800 bis 1500 v. Chr. Bei einer Wahrscheinlichkeit von 99,7% ergäben sich die Zahlen 4100 und 3200 und damit als Datum die Zeitspanne von 2100 bis 1200 vor der Zeitrechnung. Die von de Beer genannte Zeit „um 1700 v. Chr." erweist sich damit lediglich als Mittelwert, und deshalb ist es ebenso gut möglich, als Datum die Zeit „um 1200", also das 13. Jh. v. Chr. anzunehmen. Diese Möglichkeit genügt für unsere Zwecke, zumal diese Zeitangabe sich mit der gröberen Datierung auf Grund der Pollenanalyse, „zwischen 3000 bis 1000 v. Chr.", vereinbaren läßt.

Daher ist die Ansicht durchaus vertretbar, der Landuntergang in der Mount's Bucht habe sich in der gleichen Zeit abgespielt, in der wir den Untergang der Königsinsel von Atlantis annehmen, nämlich gegen Ende des 2. vorchristlichen Jahrtausends, etwa in der 2. Hälfte des 13. Jh. vor der Zeitenwende. Als vorläufiges Ergebnis dieser Untersuchungen läßt sich deshalb festhalten:

Tatsächlich ist in weit zurückliegender Zeit, und zwar in der Blütezeit der britischen Bronzekultur, möglicherweise im 13. Jh. v. Chr., in der Mount's Bay in Cornwall ein größeres Stück Küstenland mitsamt einem prächtigen alten Wald für immer im Meer versunken. Auf diesem flachen Küstenstreifen erhob sich vor dem Landuntergang ein „nach allen Seiten niedriger Berg". Noch heute ragt der ebenso zu charakterisierende Felskegel des St. Michaels Mount aus dem Wasser der Bucht. Ganz nahe bei diesem abgesunkenen Land liegt die Stadt Penzance. Es ist eine sehr alte Stadt, die ihren Namen nach einer berühmten heidnischen Quelle in ihrer unmittelbaren Nachbarschaft trägt. Zahlreiche Riesengräber sowie Steinkreise aus vorgeschichtlicher Zeit, die offensichtlich kultischen Zwecken dienten, bedecken diese westlichste Halbinsel Englands mit dem bezeichnenden Namen „heiliges Vorgebirge". Die hochgelegene sanfte Hügellandschaft verbirgt in ihrem Boden nicht nur die bedeutendsten Zinnminen der damaligen Welt und mächtige Kupferlager, sondern sie ist auch vegetationsmäßig ungewöhnlich begünstigt durch einen fruchtbaren Boden und ein in diesen Breiten überraschend gutes Klima.

Mißt man diese Fakten an den Angaben des Atlantis-Berichtes, dann erscheint der Gedanke, daß hier einst die Metropole des atlantischen Imperiums gelegen war, gar nicht mehr so kühn. Doch zuvor gilt es eine Reihe von Fragen zu klären. Eine der gewichtigsten ist die: was hat das Absinken eines Streifen Küstenlandes in Cornwall mit dem Untergang von Atlantis zu tun, jener unerhörten Katastrophe von welterschütterndem Ausmaß? Die Antwort auf diese Frage mag manchen Leser frappieren: sehr viel, denn *Atlantis ist nicht durch eine spektakuläre Weltkatastrophe untergegangen, sondern durch ein lokal begrenztes Ereignis im Meer versunken!* So steht es jedenfalls in der Atlantis-Erzählung Platons, denn er meint – wenn er vom Untergang von Atlantis spricht – mit Atlantis weder das gesamte atlantische Imperium noch die Großinsel Atlantis sondern nur die kleine Königsinsel des Atlas.

7. Kapitel

Wie es zur Katastrophe kam

Für viele Forscher ist die Frage nach den Ursachen für den Untergang von Atlantis eine Gretchenfrage. War es ein gewaltiger Vulkanausbruch, ein mächtiges Erd- oder Seebeben, eine riesige Sturmflut, ein Aufbrechen der Erdkruste, ein herabstürzender Himmelskörper oder was sonst, das dieses Desaster hervorgerufen hat? An der Beantwortung dieser Fragen sind bisher viele Atlantis-Hypothesen gescheitert, namentlich diejenigen, die in dem versunkenen Atlantis einen großen Kontinent oder eine riesige Insel sehen wollen. Sie benötigen, um den plötzlichen Untergang solch großer Gebilde zu begründen, außerordentlich starke Naturkräfte ungewöhnlichen Ausmaßes, aber gerade diese haben sich für jene Zeit bisher nicht nachweisen lassen.

Anders ist das bei der hier vertretenen These, nach der es sich nur um die Zerstörung einer in Küstennähe gelegenen Ebene mit einer künstlich erschaffenen Insel von bescheidenen Dimensionen handelt, wofür keine Katastrophen weltweiten Ausmaßes bemüht zu werden brauchen. Sind die Maßstäbe damit ganz wesentlich kleiner, so bleibt gleichwohl die Frage nach den Gründen für den verhängnisvollen Vorgang.

Halten wir uns auch hier zunächst an den Atlantis-Bericht, der selbst in diesem Fall mit brauchbaren Angaben dienen kann. Von einer weltweiten, riesigen Katastrophe ist da allerdings nicht die Rede, sondern es wird lediglich gesagt, daß die Bevölkerung von Athen und die Insel Atlantis gleichermaßen Opfer übermächtiger Naturgewalten wurden. Nur sehr knapp ist der Hinweis im „Kritias" (108 e), die Insel Atlantis sei „durch Erderschütterungen untergegangen". Ausführlicher vermerkt der Dialog „Timaios" (25 c-d): „Späterhin aber entstanden gewaltige Erdbeben und Überschwemmungen; da verschwand während eines schlimmen Tages und einer schlimmen Nacht das ganze streitbare Geschlecht bei euch [Athen] scharenweise unter die Erde; und ebenso verschwand die Insel Atlantis, indem sie im Meere unterging." Nimmt man richtigerweise beide Textstellen zusammen, dann sind Erderschütterungen sowie lokal begrenzte, mit einer Landsenkung verbundene Überschwemmungen die Ursachen des plötzlichen Unterganges.

Damit wird zunächst deutlich, daß nicht ausschließlich ein *Vulkanausbruch* oder ein Erdbeben die unmittelbare Veranlassung für das Versinken von Atlantis im Meer gewesen ist. Uninteressant ist daher, daß in England in der fraglichen Zeit keine starke Vulkantätigkeit nachweisbar ist und daß auch die Britische Insel an dieser Stelle keinerlei vulkanische Struktur aus erdgeschichtlich jüngerer Zeit aufweist.

Verheerende Sturmfluten

Ebenso kann der Untergang von Atlantis nicht allein einer vom Wind entfachten verheerenden Sturmflut angelastet werden. Gewiß können durch Orkane, Hurrikane oder Taifune ausgelöste Sturmfluten, viele Hunderte, ja Tausende von Kilometern vom Zentrum des Wirbelsturms entfernt, verheerende Überschwemmungen anrichten.[139)] Gleiches gilt von Sturmfluten, die außer vom Wind durch die Gezeitenströme beeinflußt sind, insbesondere wenn die Sturmflutwelle mit dem Hochwasser der Springtide zeitlich zusammenfällt. Die Hollandsturmflut von 1953, bei der mehr als 1800 Menschen den Tod fanden, und die Hamburger Flutkatastrophe von 1962, der viele Hundert Menschen zum Opfer fielen, sind da mahnende Beispiele aus jüngster Zeit. Da aber nach der Atlantis-Erzählung außer Überschwemmungen auch Erderschütterungen das Debakel herbeigeführt haben sollen, reichen Sturmfluten dieser Art als Untergangsursache nicht aus.

Schon eher gilt das für die Ansicht, der Atlantis-Untergang sei auf eine seismologisch (=erdbeben) bedingte Flutwelle zurückzuführen. Wenn starke Seebeben oder ein Vulkanausbruch den Meeresboden erschüttern, können dadurch ebenfalls zerstörende Sturmfluten von beträchtlichen Ausmaßen ausgelöst werden. Die Fachwelt nennt diese Art Sturmfluten *seismische Wellen* oder – nach einem japanischen Ausdruck – „Tsunamis". Die sich bildende Wasserwelle pflanzt sich bisweilen über Tausende von Kilometern mit einer enormen Geschwindigkeit – die bis zu 800 km /h und mehr erreicht – nach allen Richtungen fort. Die Wellen, die in mehreren Schüben eintreffen und erst an der Küste Höhen bis zu 30 Metern und mehr erlangen, überschwemmen das Land weithin mit verheerender Wirkung. Klassische Beispiele hierfür sind der im Jahre 1883 in der Sundastraße bei der Eruption des Krakatau ausgelöste Tsunami, der 37000 Menschen tötete, ein Tsunami aus dem Jahre 1896 auf der japanischen Insel Hondo, bei dem binnen 5 Minuten 27000 Menschen den Tod fanden, und ein Tsunami, der im Jahre 1923 in der Sagami Bucht bei Tokio 142000 Menschen den Tod brachte.[140)] Die Zerstörungskraft des Tsunami liegt dabei gleichermaßen in der Druckwirkung der ankommenden wie in dem Saugeffekt der zurückweichenden Wellen. Das wäre also ein Fall, in dem Erderschütterungen und Überschwemmungen zusammenwirken, wie es die Atlantis-Erzählung darstellt, ohne daß die auslösenden vulkanischen Vorgänge sich in unmittelbarer Nähe abgespielt haben müssen. Sie konnten Atlantis zerstören, selbst wenn es in einem sonst erdbebenfreien Gebiet gelegen war.

Gleichwohl befriedigt diese Erklärung nicht restlos. Sie macht zwar die Zerstörung der Metropole mit allen Gebäuden verständlich, aber erklärt nicht das *endgültige Absinken* des Landes im Meer, nachdem die Wassermassen der Flut sich verlaufen hatten.

Auch der Gedanke bringt nicht weiter, das unwiederbringliche Versinken von Atlantis sei auf ein starkes Ansteigen des *Meereswasserspiegels* zurückzuführen. Gewiß haben die Geologen für die Erdperiode nach dem Ende der Eiszeit – also etwa ab 11000 v. Chr. – ein erhebliches Ansteigen der Ozeane, vor allem durch das Abschmelzen der Eiskappen an den Polen und der Gletscher auf den Kontinenten, festgestellt. Nachdem der Spiegel der Weltmeere während der Eiszeit um c. 106 bis 137 Meter abgesunken war, hob er sich durch das Schmelzwasser der Nacheiszeit kräftig. Das gilt auch für den Wasserspiegel an der Nordwestecke Frankreichs und an der englischen Südküste. England wurde zur Insel, es bildete sich der Ärmelkanal. Die Überflutung in diesem Raum bezeichnet die Fachwelt als *Flandern-Transgression.* Dabei versteht der Geologe unter „Transgression" das Ausgreifen des Meeres auf das Festland. Durch Überschwemmung des Geländes und fortschreitenden Landabbruch verschiebt sich die Küste langsam aber stetig ins Binnenland.

Die Flandern-Transgression hatte etwa gegen 5400 v. Chr. ihren Höhepunkt erreicht. Um 2400 v. Chr. begann der Meeresspiegel durch Zunahme der Vereisung mit Eintritt einer kälteren Klimaperiode wieder zu sinken. Infolge des Klimaoptimums der Bronzezeit ist jedoch gegen das Jahr 2000 vor der Zeitrechnung ein erneutes Ansteigen der Meere mit weiteren Überschwemmungen des Küstenlandes festzustellen. Gleichwohl: mit diesen eustatischen Vorgängen läßt sich das Unheil von Atlantis nicht überzeugend begründen. Einmal handelt es sich um Ereignisse, die sich langsam, im Verlauf vieler Jahre, abspielen – es fehlt ihnen die Plötzlichkeit –, zum andern bleibt die weitere Untergangsursache, die Erderschütterungen, unberücksichtigt.[141)]

Die Küste sinkt!

Nun sind allerdings die Gründe der Flandern-Transgression nicht völlig geklärt, da sie kaum allein durch ein bloßes Ansteigen des Wasserspiegels der Weltmeere hervorgerufen sein kann. Man nimmt vielmehr an, daß auch Niveauänderungen der Kontinente, die örtlich zu Landsenkungen führten, mit im Spiel gewesen seien. Derartige Niveauänderungen des Festlandes können ihrerseits durch isostatische Bewegungen d.h. Verschiebungen der Erdkruste ausgelöst werden.[142)]

Tatsächlich hat die Geologie auch im Raum der Britischen Inseln solche Erdkrusten-Bewegungen festgestellt. Das Augenfälligste dabei ist das Faktum, daß sich seit Tausenden von Jahren die

Westküste Schottlands stetig hebt, während *die Ost- und Südküsten Englands ständig sinken!*[143] Diese Landsenkungen führten zusammen mit einem starken Steigen des Meeresspiegels und infolge von Sturmfluten zum Abbruch vieler Küstenstriche, wofür die zahlreichen „ertrunkenen" Wälder, speziell in Cornwall, sichtbares Zeichen sind. Denn außer in der Mount's Bay lassen sich an vielen anderen Stellen der cornischen Küste Spuren von Wäldern, Reste von Tieren, sogar menschliche Schädel in einer Tiefe bis zu 50 engl. Fuß unter der Wasseroberfläche finden, begraben unter Schichten von Sand und Kies. Derartige Beobachtungen wurden bereits im Jahre 1842 bei Pentuan gemacht. Auch im Ästuar des Hayle Flusses bei Perran Porth, östlich von St. Agnes Head, bei Lower St. Columb Porth, ostwärts von Newquay, bei Mawgan Porth und an zahlreichen anderen Stellen Cornwalls, z.B. in der Millendreth Bay, östlich von Fowey, und bei Pendower in der Gerrans Bay, im Osten von Falmouth, wurden besonders die unterseeischen Reste versunkener Wälder gefunden.[144]

Das alles sind Beweise dafür, daß vor Zeiten tatsächlich das Land hier vom Meer überflutet und ihm für immer nicht unbeträchtliche Teile entrissen wurden. Zwar vollziehen sich nach den geologischen Erkenntnissen größere Landabsenkungen im Regelfall allmählich und in längeren Zeitabläufen, aber anders ist das bei so relativ kleinen Landteilen wie bei der schönen Ebene mit der Königsinsel. Plötzliche Landabsenkungen sind bei kleinen Landstrichen unmittelbar an der Küste durchaus möglich und keineswegs selten. Daß hier ein *plötzliches* Ereignis und nicht lediglich ein allmählicher Vorgang gewirkt hat, dafür sind vor allem die in der Mount's Bucht bei dem versunkenen Wald zahlreich gefundenen Baumfrüchte und Käfer ein sicherer Beweis. Ganz offensichtlich ist hier die Natur in ihrer vollen Funktion schlagartig überrascht worden.

Ist aber der untergegangene Wald das Opfer eines plötzlichen Ereignisses, so ließe sich die Katastrophe von Atlantis durch eine große Sturmflut zusammen mit einer Landabsenkung erklären. Bei dieser Sturmflut könnte es sich um eine seismische Welle, einen Tsunami, gehandelt haben, der durch ein entferntes Erd- oder Seebeben oder einen Vulkanausbruch hervorgerufen worden war. Alle Umstände zusammen – zu denen sich gefahrenerhöhend der durch das Klimaoptimum der Bronzezeit gestiegene Wasserspiegel des Weltmeeres gesellte – mögen zum plötzlichen Untergang der flachen, in Küstennähe liegenden kleinen Ebene mit der künstlichen Insel Atlantis geführt haben.[145)]

Unschwer kann man die Auslösung der katastrophalen seismischen Welle auf entfernte starke Vulkanausbrüche in jener Zeit zurückführen. Die 2. Hälfte des 13. Jh. v. Chr. war eine an Eruptionen reiche Erdepoche, und gerade der Atlantik ist nach Meinung der Seismologen (der Erdbebenforscher) das geologisch unstabilste Gebiet der Erdkruste. Die vulkanische Verwerfung auf dem Grund dieses Meeres zeigt eine Linie, die von Island bis zur Spitze von Südafrika verläuft. Wiederholte Vulkanausbrüche und Erdbeben auf Island, den Azoren, Madeira, den Kanarischen und Kap Verdischen Inseln weisen diese Seite des Atlantischen Ozeans als ein durch Jahrtausende bis in unsere Zeit vulkanisch aktives Gelände aus.[146)]

Was die Landsenkung betrifft, so ist hier von ausschlaggebender Bedeutung, daß sie nicht den eigentlichen, viele Tausende von Metern tiefen Meeresboden des Atlantik betrifft, sondern lediglich den flachen *Kontinentalschelf*, der sich an der Südküste Englands relativ weit in die See hinaus erstreckt. Die Königsinsel lag in unmittelbarer Küstennähe, so konnten daher beim Zusammenwirken mit anderen Naturkräften bereits verhältnismäßig geringe Bodenabsenkungen – von nicht einmal 100 Metern – dazu geführt haben, daß die Fluten des Meeres das Gelände für immer begruben und auf den Grund der neu gebildeten Bucht absinken ließen.

Versunkene Städte

Beispiele dafür, daß bei starken Sturmfluten plötzlich küstennahe Städte für alle Zeiten im Meer verschwanden, gibt es zahlreich an vielen Stellen von Europas Stränden. Erinnert sei hier an die blühende Königsstadt *Ys* an der bretonischen Küste, die vermutlich zwischen 395 und 441 n. Chr. in ganz kurzer Zeit vollständig vom Meer verschlungen wurde. Sie soll sich in der Bucht von Douarnenez befunden haben, doch sind trotz aller Nachforschungen bislang Spuren von ihr nicht gefunden worden.

Ein anderes berühmtes Beispiel ist der urplötzliche Untergang der reichen Stadt *Vineta*, die auf der Insel Wollin an der Odermündung gelegen hatte und während einer Flutkatastrophe des Jahres 1304 n. Chr. zunächst spurlos in den Wellen der Ostsee verschwand. Erst viele Jahrhunderte später, im Jahre 1934, stieß man in 6 Meter Tiefe unter dem Niveau des Meeresbodens auf ihre Ruinenreste.

Bekannt ist auch das entsetzliche Schicksal von *Rungholt*, jener Stadt in der Deutschen Bucht vor der schleswig-holsteinischen Küste, die im Jahre 1362 n. Chr. während der sog. Marcellus-Flut im Laufe einer Nacht das Opfer der brausenden Meeresfluten wurde. Dabei kamen etwa 7500 Menschen und zahlreiches Vieh ums Leben. Eine Landabsenkung in Verbindung mit einer gewaltigen Sturmflut war hier ebenfalls die Ursache der Katastrophe.[147)]

Aber nicht bloß Städte wurden vom Meer verschlungen, sondern sogar ganze Landstriche wurden zu Meeresbuchten. Dafür ist die Entstehung der riesigen Zuidersee in den Niederlanden durch eine mächtige Sturmflut im Jahre 1282 n. Chr. das beste Beispiel. Brachen damals die Deiche, so daß die Wassermassen das im Laufe der Zeit unter das Meeresniveau abgesunkene Land überfluten konnten, so waren es in Cornwall zur Zeit von Atlantis ähnliche geographische und geologische Gründe. Betrachten wir deshalb näher

Die Geologie der Mount's Bucht

Wichtig für die Entstehung des Atlantis Debakels ist die geographische Lage Cornwalls: sie macht deutlich, wieso diese Stelle durch Sturmfluten besonders gefährdet war. Das nach Westen weit in das Atlantische Meer ausgreifende Cornwall wird auf drei Seiten vom tosenden Ozean umrundet. Auch in normalen Zeiten ist dieser Landzipfel heftigen Stürmen ausgesetzt, die zu den wildesten der Welt überhaupt zählen. Außerdem sind die Gezeitenhübe sehr stark: sie erreichen rings um die Halbinsel bei Springtide durchschnittliche Höhen zwischen 4 und 8 Metern.[148)] Von entscheidender Bedeutung ist jedoch die geologische Struktur der Mount's Bay. Die unvermeidliche Frage, wieso just an dieser Stelle die eine Überschwemmung auslösende Sturmflut zu einem so verhängnisvollen Landabbruch geführt hat, beantwortet ein Blick auf die geologische Karte (siehe Abbildung Nr. 12).

Das westliche Penwith, also die ganze Westflanke der Mount's Bucht, besteht aus hartem Granit. Ein mächtiger, geschlossener Block aus diesem sehr widerstandsfähigen Urgestein zieht sich von der St. Ives Bucht im Norden über Kap Cornwall bis Land's End im Westen um die Südspitze der Halbinsel herum bis dicht unterhalb von Penzance. Dieser gewaltige Granitrücken ist seit je der eherne Schutzschild Cornwalls gegen die zerstörerischen Angriffe des Atlantik, dessen Dünungswogen bei einer durchschnittlichen Höhe von 6 Metern mit einem enormen Druck von 1 bis 3 Tonnen je Quadratfuß gegen die Küste donnern.

Ein anderes hartes, metamorphes Gestein flankiert die Ostseite der Bucht. Sein Hauptbestandteil ist Serpentin (Grünstein); seine Gesteinsmassen bedecken das Land beiderseits von Kap Lizzard. Während sich nördlich davon ein weiterer großer Granitblock um die Hügel zwischen Wendron, Redruth und Falmouth gruppiert, ist der Raum zwischen den genannten Granitblöcken in der Hauptsache mit weniger widerstandsfähigem Schiefergestein ausgefüllt. Lediglich zwischen Prussia Cove und Porthleven findet sich noch ein kleiner Granitkeil.

Dieses Bild zeigt, daß zwar mächtige Buckel sehr harten Gesteins die Bucht flankieren, daß aber ihr Inneres gegen das von Süden anbrandende Meer ziemlich ungeschützt ist. Nur unmittelbar um Penzance und in der Gegend zwischen Marazion und Cudden Point findet sich noch etwas hartes Tiefen- und Ergußgestein – Gabbro und Diabas –, ein Grund, weshalb diese Bereiche die Jahrtausende im Kampf mit dem angreifenden Meer ebenfalls überstanden haben.[149)] Die geologische Konstellation zeigt also, daß ein

Einbruch des Meeres bei einem Absinken des Landes gerade im Bereich der jetzigen Mount's Bay so unwahrscheinlich nicht ist. Wesentlich erleichtert wurde zudem die zerstörende Arbeit des Meeres durch die 3 Wasserringe, die von den Atlantern tief in den Boden um die Königsinsel gegraben worden waren und teilweise eine Breite von fast 500 Metern aufwiesen, sowie durch den 30 Meter tiefen, 90 Meter breiten und 8 km langen Verbindungskanal zum Meer. Die anstürmenden Wassermassen erlangten dadurch schnellen Zutritt tief ins Land hinein und eine rasche Möglichkeit, größere Flächen zu überschwemmen und durch ihr gewaltiges Gewicht die sinkende Küste in die Tiefe zu drücken.

Ein Übriges tat der Umstand, daß die Atlanter in beträchtlichem Umfang den Felsen am Inselkern und an den Landringen ausgebrochen hatten, um unterirdische Docks anzulegen und Steinmaterial für den Bau der Tempel, des Königspalastes, der Häuser und der Mauern usw. zu gewinnen. Der Küstenbereich wurde dadurch an dieser Stelle extrem stark ausgehöhlt und in seinem Zusammenhalt geschwächt, so daß eine plötzliche, starke Sturmflut das Land mit verheerender Wirkung aufreißen und verschlingen konnte. Derartige Aushöhlungen können zudem – wie wir aus ähnlichen Fällen wissen – bewirken, daß in ihnen die von den anstürmenden Wassermassen eingesperrte Luft stark zusammengepreßt wird, wodurch beachtliche Drücke entstehen, die sich explosionsartig entladen können. Bei einer solchen Entladung werden gewaltige Wassermengen emporgeschleudert, wobei mitgerissene Steine und Felsbrocken zusätzlich eine zerstörende Wirkung haben wie schwere Geschosse.[150)]

Alte Sagen von versunkenen Ländern

In dieses Untergangsbild paßt trefflich als eine nicht zu unterschätzende Stütze unserer Hypothese eine cornische Sage aus längst vergangenen Zeiten, die von einem im Meer verschwundenen Königsland in Westcornwall berichtet. Es ist die Legende von dem verlorenen Land von Lyonesse, „the legend of the lost land of

Lyonesse". Nach dieser sehr alten Sage ist der St. Michaels Mount der übriggebliebene Ostteil des Königreiches Lyonesse, das sich westwärts bei zu den Scilly-Inseln erstreckt haben soll.

Der Inhalt dieser Sage ist kurz folgender: es war einmal vor langer Zeit ein außergewöhnlich fruchtbares Land, zwischen den Scilly-Inseln und Cornwall gelegen. Dieses Land hieß Lyonesse. Wo heute die Wogen des Atlantik rollen, standen einst reiche Städte, und man zählte nicht weniger als 140 Kirchspiele. Eine große Stadt lag an der Stelle, an der jetzt die felsige Inselgruppe mit dem Namen „the Seven Stones" aus dem Wasser ragt. Dieses schöne Land wurde eines Tages plötzlich von der See verschlungen, und alle seine Menschen und Tiere kamen dabei um. Der einzige Überlebende war ein Mann mit Namen Trevilian. Er entging der Katastrophe, weil es ihm gelang, ein schnelles Pferd zu besteigen und auf das höher gelegene Land zu fliehen.[151)]

Wir sollten es uns abgewöhnt haben, Sagen überheblich als Ammenmärchen oder Hirngespinste abzutun. Sagen und Legenden sind Stimmen der Erinnerung des Volkes, wenn auch oft ausgeschmückt und zeitlich, gelegentlich auch örtlich verlegt, aber im Kern meist eine historische Begebenheit. Gehen wir daher ruhig dieser cornischen Legende nach. Die früheste urkundliche Nachricht von der Sage liefert der Chronist *Florence von Worcester* aus dem 11. Jh. n. Chr. Ein weiteres schriftliches Zeugnis datiert aus dem 15. Jh. n. Chr., ein lateinisches Prosawerk, der Itinerar [Reisebericht] des *William von Worcester.* Der Name „Lyonesse" taucht zum ersten Mal auf in dem Buch „Le Morte D'Arthur" des englischen Ritters Sir *Thomas Malory.* Dieses Buch, das vom Leben und Sterben des angeblich sagenhaften cornischen Königs und keltischen Kriegers Arthur (Artus) und den Rittern seiner Tafelrunde erzählt, wurde 1485 von *William Caxton* veröffentlicht. Dort wird Lyonesse als das Heimatland und Königreich des Helden Tristan bezeichnet, der für König Marke, seinen Vater (oder Onkel) die irische Prinzessin Isolde als Braut heimführen sollte, sich aber selbst in sie verliebte.

Auch *Carew* berichtet in seinem schon mehrfach erwähnten, im Jahre 1602 erschienenen cornischen Reisebericht, die angreifende See habe von Cornwall das ganze Land von „Lionesse" zusammen mit verschiedenen anderen Teilen nicht geringen Umfanges geraubt. Dafür gäbe es bleibende Beweise. Der Raum zwischen Land's End und den Scilly-Inseln, etwa 30 Meilen groß, habe bis zu diesem Tage den Namen Lionesse, in cornisch „Lethowsow", behalten, und das Meer habe hier eine gleichmäßige Tiefe von nur 40 oder 60 Faden (etwas Ungewöhnliches in diesem Seegebiet), ausgenommen eine Stelle etwa auf der Hälfte der Strecke, wo ein Felsen liege, der bei Ebbe sein Haupt entblöße. Man nenne ihn den Gulfe, indem man den anderen Namen von Scilla verwende. Fischer, die dort ihre Angelhaken auswürfen, hätten Stücke von Türen und Fenstern heraufgezogen.[152)]

Geologisch steht außer Zweifel, daß einst die granitnen Scilly-Inseln, dieser aus rund 150 Inseln bestehende Archipel, in nicht sehr weit zurückliegender Zeit höhergelegenes Land waren. Bei Ebbe kann man noch in unseren Tagen zu Fuß zwischen verschiedenen Inseln der Gruppe hin und her wandern. Bei St. Mary's und Samson Islands finden sich unter Wasser lange, geschichtete Steinreihen, die in ihrer Struktur Ähnlichkeit aufweisen mit den noch heute auf den größeren Inseln des Archipels anzutreffenden Mauern prähistorischen Ursprungs. Archäologische Beweise dafür, daß ehemals auf der Felsgruppe Seven Stones – das ist Carews Felsen Gulfe – eine große Stadt gelegen hat, haben sich allerdings bislang nicht erbringen lassen. Ebensowenig für die Annahme, diese Felsen seien einst mit dem Hauptland verbunden gewesen, weshalb die Wissenschaft das versunkene Land weniger hier vermutet als bei den Scilly-Inseln.

So völlig abwegig erscheint jedoch C a r e w s Ansicht nicht, die c. 30 Seemeilen von Land's End entfernten Scilly-Inseln hätten einst mit der Inselgruppe Seven Stones einen Teil des bis Cornwall reichenden versunkenen Landes Lyonesse gebildet. Dafür könnte die merkwürdige Stelle in dem Buch „Aithiopika" des antiken griechischen Geographen M a r c e l l u s sprechen, der von Inseln im Nordatlantik schreibt: „Die Bewohner dieser Inseln hatten die von ihren Vorfahren überkommene Erinnerung an Atlantis bewahrt, eine große Insel, die einstmals in dieser Gegend vorhanden gewesen sei und im Laufe vieler Jahrhunderte über alle Inseln des äußeren Meeres geherrscht habe und dem Poseidon geweiht gewesen sei. Diese Insel Atlantis sei vom Meer überflutet und zerstört worden. Wo sie einst lag, befinden sich jetzt sieben kleinere und drei größere Inseln, von denen die größte auch dem Poseidon geweiht ist". Vielleicht bilden diese übriggebliebenen 7 kleineren Inseln die Felsgruppe Seven Stones, während die 3 größeren Eilande die heute noch bewohnten Inseln St. Mary's, St. Martin's und Tresco des Scilly-Archipels sind? In jedem Falle ist die „Aithiopika" ein wertvoller Beweis für unsere These, die verschwundene Insel Atlantis sei in diesem Bereich des Atlantik zu suchen. Daß der oberste Gott in diesem Gebiet der Meergott Poseidon war, bestätigt auch die „Phäakie" des Homer.[153)]

In diesem Zusammenhang verdient eine andere keltische Sage kurz Erwähnung: die Legende vom versunkenen Land von Cantref, *the legend of the lost land of Cantref – y – Gwaelod.* Sie steht in Verbindung mit mehreren, zum Teil bis zu 21 Meilen weit in die See hinausreichenden Steindämmen, sog. Sarns, in der Cardigan Bucht von Wales. Nach der Sage handelt es sich um Mauerreste von Dörfern aus der Bronzezeit, die im Meer versunken sind. Die Forschung dagegen spricht sich für natürliche Formationen aus, und der bekannte englische Geologe S t e e r s hält es für möglich, daß, als vor Zeiten das Meer in der Cardigan Bucht größere Landteile überflutete, dabei die Wellen das feinere Material auswuschen und wegschwemmten, dagegen das gröbere zurückließen. Auf diese Weise könnten sich die langen Steingrate gebildet haben. Zahlreiche ertrunkene Wälder bei Borth und anderen Plätzen sprächen für größere Landüberflutungen in der Cardigan Bay zu vorgeschichtlicher Zeit.[154)]

So reizvoll es auch wäre, so ist es nicht unsere Aufgabe an dieser Stelle die Rätsel der Legenden von den verlorenen Ländern von Lyonesse und Cantref zu lösen. Interessant und für uns bedeutsam ist an diesen Sagen jedenfalls, daß – in offenbar sehr alter Zeit – wiederholt größere Teile eines fruchtbaren Küstenstriches im Südwesten Englands für immer im Meer vesanken, von Cornwall sogar samt einer großen Stadt und vielen Ortschaften. In beiden Sagenfällen denken wir unwillkürlich an Medinet Habu und die ägyptischen Urkunden, nach denen die gefangenen Seevölker-Krieger berichteten, große Teile ihres Landes seien vom Meer fortgerissen worden. Gleichzeitig dämmert die Erkenntnis, daß vor Zeiten die Westküste Englands wahrscheinlich weniger stark gegliedert war als heute, was bei der Beurteilung der antiken Erdkarten und entsprechend bei der Viereckform der großen Ebene von Atlantis zu bedenken wäre.

Nach allem, was wir bisher über Landsenkung und Überflutung im Bereich der Mount's Bay gehört haben, escheint die Erzählung vom verlorenen Land von Lyonesse nicht mehr so gänzlich aus der Phantasie gegriffen. Vielleicht ist sie verbrämter Nachhall der im Volke bewahrten dunklen Erinnerung an den Untergang der fruchtbaren Ebene mit der Königsinsel Atlantis, auf der sich außer der großen, reichen Stadt eines Königs zahlreiche heilige Stätten und viele Häuser der Bewohner befanden?

Das „unpassierbare" Meer

Zwei Stellen des solon-platonschen Berichtes – die eine im „Timaios", die andere im „Kritias" – stoßen uns auf ein Problem von eminenter Wichtigkeit für die Lokalisierung von Atlantis, ein Problem, das leider von der Forschung bisher zu wenig beachtet wurde. Es ist die Frage: wie t i e f sank Atlantis?

Verfolgt man die verschiedenen Atlantis-Theorien, dann könnte man meinen, die Erzählung Platons gebe auf diese Frage keine hinreichende Antwort, denn die meisten Forscher lassen Atlantis ohne Bedenken in die tiefsten Tiefen der Meere versinken – so vor allem die Vertreter der Atlantik-Theorie –, während andere nur ein Absinken in bescheidenere Tiefen annehmen – so namentlich die Verfechter der Mittelmeer-These. Genaueres Zusehen indessen ergibt, daß Platon diese Frage sehr wohl, und zwar recht präzise beantwortet!

Sehen wir uns darum einmal näher die fraglichen Stellen an, die sich mit diesem Problem befassen, und zwar unter dem Gesichtspunkt der „Unpassierbarkeit des Meeres" an der Untergangsstelle der Insel Atlantis. Da heißt es (in der Übersetzung von Susemihl) bei „Timaios" (25 d): „Deshalb ist auch die dortige See jetzt unfahrbar und undurchforschbar, weil der sehr hoch aufgehäufte Schlamm im Wege ist, welchen die Insel durch ihren Untergang hervorbrachte." Die andere Stelle bei „Kritias" (108 a) lautet: „... und dabei einen undurchdringlichen Schlamm zurückgelassen hat, welcher sich denen, die in das jenseitige Meer hinausschiffen wollen, als Hindernis ihres weiteren Vordringens entgegenstellt." In der Übersetzung dieser Stellen durch Schleiermacher u.H. Müller (Platon, Sämtliche Werke, 5, 1978, in Rowohlts Klassiker, 47/680) ist als Hinderungsgrund für die Seefahrt „der in geringer Tiefe befindliche Schlamm" bzw. „eine undurchdringliche, schlammige Untiefe" genannt.

Diese Passagen besagen – gleichviel welche Übersetzung man zugrundelegt – mit unmißverständlicher Deutlichkeit, daß Atlantis n i c h t in eine große Tiefe abgesunken ist, sondern nur so tief im Meer verschwand, daß die beim Untergang der Insel mit ins Meer hinabgerissenen Stein- und Erdmassen eine Schlammschicht bildeten, die nur wenig unter der Wasseroberfläche lag, so daß sie die Schiffahrt praktisch unmöglich machte. Ferner ergibt die Darstellung – wie das Wort „jetzt" und die Präsensform erweisen –, daß diese hinderliche Untiefe über dem versunkenen Atlantis auch noch zu der Zeit bestand, als die ägyptischen Gottesleute dem Solon von dem Ereignis erzählten. Atlantis muß daher an einer seichten Stelle in Küstennähe gesucht werden und wird vermutlich noch heute dort liegen, denn von einem späteren weiteren Absinken der untergegangenen Insel Atlantis ist in keinem Bericht die Rede.

Die meisten Forscher lassen, wie gesagt, Atlantis in große und größte Tiefen, zum Teil mehrere Tausend Meter tief, versinken und erklären den Passus über die „Unpassierbarkeit des Meeres" an der Untergangsstelle entweder mit den riesigen, undurchdringlichen, den Schiffsverkehr stark behindernden Tangwäldern des Sargasso-Sees, eines Teiles des Atlantik nordöstlich der Bahama-Inseln, oder – soweit sie Atlantis im Mittelmeer lokalisieren – mit den nach dem Vulkanausbruch des Santorin zurückgebliebenen

Abb. 12 Die hohe Steilküste von Cornwall. Platon berichtet: „das Land im ganzen sehr hoch gelegen und steil aus dem Meer aufsteigend."

Abb. 13 Blick von der Kuppe des St. Michaels Mount auf den alten Zinnhafen („Ictis") mit dem bei Ebbe trockenen Weg nach Marazion (am rechten Bildrand)

mächtigen Bimssteinfeldern, die das Meer um die Insel weithin bedeckten.

Nun sind aber diese Wälder des Blasentangs im Atlantik beim besten Willen nicht die Folgen eines Landunterganges, und man kann sie ebensowenig wie die Bimssteinmassen als „aufgehäuften Schlamm" bezeichnen. Auch mit der äußerst geringen Wassertiefe klappt es nicht so recht, denn ausgerechnet im Sargasso-Meer ist der Atlantik über 4000 Meter (!) tief und selbst bei Santorin erreicht das mittelländische Meer beachtliche Tiefen, die im Kraterkessel, in den Atlantis versunken sein soll, bei 400 Meter liegen. Hinzukommt, daß die Bimssteinmassen kaum noch um 570 v. Chr., also viele Jahrhunderte nach der Katastrophe, auf dem Meer trieben und den Schiffsverkehr hinderten.[155)]

Überzeugender ist da schon die Ansicht einiger Forscher, die Atlantis im Bereich des Küstenschelfs suchen, so z.B. Spanuth, der aus den Passagen glaubt den Schluß ziehen zu müssen, Atlantis habe im Wattenmeer der Nordsee gelegen, weil dieses flache Meer durch seine Schlickmassen und Untiefen noch heute die Schiffahrt behindere. Aber auch dieser Schluß ist nicht zwingend, denn es läßt sich nicht übersehen, daß das Wattenmeer den antiken Schiffen mit ihrem sehr geringen Tiefgang nur bei Ebbe ernstlich hinderlich war, so daß man nicht schlechthin von einer „Unpassierbarkeit des Meeres" sprechen kann.

Ganz anders ist die Situation in der Mount's Bucht in Cornwall, denn hier ist bis zum heutigen Tag das Meer noch immer schwer passierbar. Nicht nur sinkt bei Ebbe der Meeresspiegel um mehr als 4 Meter, so daß bei der ohnehin geringen Wassertiefe und dem flachen Strand an der Nordseite der Bay die Küste stellenweise seewärts bis zu 4 Kabellängen, d.s. 4 x 185 = 740 Meter, trockenfällt, sondern die Bucht ist auch voller Untiefen und Riffe, wobei die Felsklippen teils selbst bei Flut aus dem Wasser ragen, teils bei Ebbe trocken fallen oder dicht unter der Wasserfläche liegen. Ein Blick auf die deutschen und englischen Seekarten der Mount's Bay macht das deutlich. Zahlreiche, zum Teil nur 1-2 Meter unter Wasser liegende Felsriffe zeigen, wie gefährlich noch heute die Schiffahrt besonders in der Penzance Bucht ist — wie jetzt der Nordteil der Mount's Bay genannt wird. Am auffälligsten sind außer dem Causeway zwischen Marazion und der Insel St. Michaels Mount, der bei Ebbe trocken liegt, die Felsklippen The Greeb, Hogus Rock, die Bloom oder Raymond Rocks, die Cressar Rocks und der Gear Rock, doch weist auch der Ostteil der Mount's Bucht bis hinunter nach Kap Lizzard viele Untiefen und Felsriffe auf, von denen die Iron Gates, der Pollack Ground, der Great Row, Mountamopus, Carn Mallows und die beiden küstennahen Welloe und The Stone die gefährlichsten sind.

Diese Vielzahl von Felsriffen, die zuweilen bis zu 2 Seemeilen ins Meer reichen, sowie die zahllosen Untiefen sind – wie die Geologen bekunden und die Sage von dem versunkenen Land von Lyonesse bestätigt – ein sicheres Zeichen dafür, daß hier einst Land gewesen ist. Nachdem die alten Schiffahrtskanäle der Atlanter beim Untergang der Königsinsel zerstört worden waren, barg die neuentstandene, nur mäßig tiefe Bucht infolge der bei der Katastrophe aufgehäuften Gesteins- und Erdmassen, die das siegreiche Meer überflutete, nicht bloß für den Ortsfremden eine Fülle tückischer Gefahren, die die Zu- und Abfahrt außerordentlich erschwerten. In besonderem Maße galt das für den Seemann aus dem Mittelmeer, der stärkere Gezeiten nicht kannte und zu seinem Entsetzen feststellen mußte, daß plötzlich – bei Einsetzen der Ebbe – nicht nur das Wasser unter dem Kiel seines Bootes um ganze 4 Meter fiel, sondern allerorts auch gefährliche Felsriffe aus der See auftauchten oder kaum erkennbar dicht unter der Wasseroberfläche lauerten. In der Tat war durch den Landuntergang das Meer an dieser Stelle „unpassierbar" geworden und ist es zum Teil bis heute geblieben, weshalb das deutsche „Seehandbuch" dem ortsunkundigen Seefahrer rät, die Bucht im Winter nicht ohne Not anzulaufen.[156)]

So gesehen finden die beiden fraglichen Stellen bei „Kritias" und „Timaios" nicht nur eine einleuchtende Erklärung, sondern sie liefern zugleich ein vorzügliches Lokalisierungsmerkmal, dessen Entsprechung in der Realität eine ausgezeichnete Stütze unserer Theorie ist, Atlantis habe einstmals in dieser Bucht gelegen.

Eine Ebene versank im Meer

In welchem Ausmaß Landabsenkung und Überflutung in der Mount's Bucht geschahen, wissen wir bislang nicht exakt. Auffällig ist jedenfalls, daß der ganze nördliche Teil der Bucht zwischen Newlyn im Westen und Cudden Point im Osten, also die heutige Penzance Bay, an keiner Stelle tiefer ist als 22 Meter. Das kann man nicht allein mit dem Kontinentalschelf erklären; dafür ist die Wassertiefe zu gering. Nachdenklich stimmt weiter, daß – wie wir gehört haben – nicht nur die Penzance Bay sondern auch die Ostseite der Mount's Bucht bis weit hinaus auf die See von Felsklippen übersät ist.

Nach dem Atlantis-Bericht müßte das Land ursprünglich nicht nur die Penzance Bay sondern auch große Teile der jetzigen Mount's Bucht bedeckt haben, denn der Burgfelsen soll 50 Stadien, also etwa 8 Kilometer, vom Meer entfernt gelegen sein. Der gesamte Bereich der Mount's Bay nördlich der Linie Lamorna Cove im Westen und Pednerifton Point (bei Porth Mellin) im Osten wäre demnach ehemals Land gewesen. Das ist, nach dem Meeresgrund der Bucht zu schließen, durchaus möglich. Die geringe Wassertiefe spricht für eine nur mäßige Landabsenkung, was wiederum mit den Angaben im „Kritias" und „Timaios" übereinstimmt, der nach dem Untergang der Insel zurückgelassene Schlamm habe sich in geringer Tiefe befunden – was man von einer Wasserhöhe, die in diesem Bereich kaum die 42-Meter-Linie überschreitet, wohl sagen kann.

Wichtig ist in diesem Zusammenhang eine Bemerkung in der bereits erwähnten Chronik des Florence von *Worcester* aus dem 12. Jh. n. Chr., die besondere Beachtung verdient. Der Chronist schreibt, der St. Michaels Mount habe ursprünglich 5 oder 6 Meilen von der See entfernt gelegen und sei von einem dichten Wald umschlossen gewesen. Die zutreffende Angabe über die frühere Lage des von einem Wald umgebenen, jetzigen Inselberges auf dem Festland beweist, daß dem Schreiber sehr altes Nachrichtenmaterial aus vorchristlicher Zeit zur Verfügung gestanden haben muß. Es ist genau das Bild, das auch der Atlantis-Bericht gibt: ein

Felskegel auf dem Land, umrahmt von einem Wald, von der Meeresküste etwa 8000 Meter, also 5 englische Meilen, das sind fast genau 50 Itinerarstadien entfernt! Die Chronik bestätigt daher unsere Vermutung, daß offensichtlich ein beachtliches Stück Land ins Meer abgesunken ist.

Naheliegend daher die Frage: war hier vielleicht ehemals die Ebene, auf der die Wasserburg des Königs Atlas errichtet war? Da diese kleine, als so fruchtbar gerühmte Ebene beim Untergang von Atlantis vom Meer verschlungen wurde, darf sie heute nicht mehr existieren, aber sie könnte vielleicht tatsächlich dort gelegen haben, wo sich jetzt die weite Fläche der Mount's Bay dehnt. Die innerhalb der Bucht nach Norden hin gleichmäßig abnehmende Wassertiefe weist auf die ursprünglich glatte Oberfläche der schönen Ebene. Die geringe, stetig abfallende Wasserhöhe macht außerdem deutlich, daß bei der Katastrophe die Erdscholle mit der Steilküste nicht senkrecht in die Tiefe stürzte, sondern nach der Seeseite abkippte. Das bestätigt auch der Küstenverlauf rund um die Mount's Bay, der nur im Osten und Westen Steilabbrüche zeigt, während im Norden der Bucht das Land sanft zum Meer abfällt.

War Atlantis auf Sand gebaut?

Wäre es aber nicht töricht gewesen – und ist es darum nicht unwahrscheinlich –, wenn die Atlanter auf dieser dicht an der See gelegenen Ebene ihre Hauptstadt erbaut hätten, an einer Stelle, die ständig von den Fluten bedroht war? N e i n ! Denn die Herren von Atlantis errichteten ihre Kapitale zwar auf einem in unmittelbarer Meeresnähe liegenden Stück Land, aber auf einem stabilen Streifen, der nach menschlichem Ermessen flutsicher war. Wenn es gleichwohl zu dem entsetzlichen Unglück kam, so war das nicht vorauszusehen und niemandes Schuld.

Um das zu verstehen, muß man sich ein Bild machen von den topographischen Verhältnissen, wie sie vor dem Desaster bestanden. Die sehr genauen Angaben Platons gestatten eine gute Rekonstruktion dieser Topographie. Hiernach lag die schöne Ebene zwar am Meer, aber nicht am flachen Strand sondern auf einer Steilküste, die hoch über die Wasseroberfläche der See ragte. Erinnern wir uns der Stelle 118 a bei „Kritias": „... das Land im ganzen aber sehr hochgelegen und steil aus dem Meer aufsteigend ...". Wie „sehr hochgelegen" und „steil aufsteigend" das Land mit der im Meer abgesunkenen Ebene ursprünglich über dem Meeresspiegel war, auf diese Fragen geben die Steilufer, die heute die Mount's Bay säumen, zuverlässige Antwort.

Verfolgt man den Küstenverlauf auf der Ostseite der Bucht von Kap Lizzard an, dem südöstlichsten Punkt der Mount's Bay, in nordwestlicher Richtung, dann schwanken anfänglich die Höhen der steilabfallenden Küste zwischen 75 (Rill Point) und 80 Metern (Predannack Head). Bei Pedngwinian Point ist die Steilküste noch 60 Meter hoch, fällt bei der Mündung des Flusses Loe bis auf 15 Meter ab, um dann wieder beträchtlich an Höhe zu gewinnen. So steigt dicht nördlich von Porthleven die Küste auf 56 Meter, und bei Trewavas Head ist das Land bereits wieder über 80 Meter hoch. Von da ab nimmt die Höhe nach Nordwesten zu allmählich ab, doch erreicht sie bei Cudden Point noch einmal 60 Meter. Bei Marazion endet mit dem Rose Hill (49 m) abrupt die Steilküste der Ostseite.

Demgegenüber ist die Nordseite der Mount's Bucht völlig flach und sandig. Die hinter der Küste zum Meer abfallenden Hügel sind nur mäßig hoch; sie überschreiten zwischen Marazion und Penzance nur knapp die 30-m-Höhenlinie.

Ähnlich wie die Ostseite ist die Küste im Westen der Mount's Bay wieder steil und hoch. Das auch hier dicht hinter der Steilküste liegende Land erreicht auf der Strecke von Penzance bis zur Lamorna Bucht, dem südwestlichsten Punkt der Bay, Höhen zwischen 83 und 98 Metern.[157)]

Das Fazit dieser Beobachtungen: die hohen Steilküsten auf der Ost- und Westseite der Bucht machen deutlich, daß hier Gelände von beträchtlicher Höhe, die zwischen 50 und 80 Metern schwankt, im Meer versunken ist. Dabei zeugen die felsigen Steilküsten davon, daß das Land nicht allmählich von der See ausgewaschen und weggeschwemmt wurde, sondern daß ein plötzlicher

Abbruch der Küste stattfand, wie das bei einer Landabsenkung zusammen mit einer starken Sturmflut an Steilküsten auch sonst zu beobachten ist.

Die Atlanter hatten also nicht auf Sand gebaut. Sie hatten seinerzeit sogar ihre Wasserringe um die Burg in den schiefrigen Felsboden der hoch über dem Meer gelegenen Ebene getrieben. Daß es sich nicht um bloße Erdarbeiten handelt – der häufig von den Übersetzern gebrauchte Ausdruck „Erdwälle" ist mißverständlich –, sagt der Atlantis-Bericht klar, denn Platon betont ausdrücklich, die Atlanter hätten die für den Bau der Schutzmauern, Türme und Tore sowie für die Errichtung der Gebäude erforderlichen Steine beim Ausbau der konzentrischen Gürtel gewonnen (Kritias 116 a-b). Felsgelände war also der Untergrund der kleinen Ebene.

Daß dieses versunkene Stück Land einst sehr fruchtbar gewesen sein dürfte, ist sicher: das Land rings um die Mount's Bay beweist es. Guter Boden, Feuchtigkeit und Wärme, die Voraussetzungen für eine üppige Vegetation, waren gegeben. Golfstrom, ständige, regenreiche Südwestwinde und die gesteigerte Wärme im Klimaoptimum der Bronzezeit schufen ein feuchtwarmes, fast subtropisches Klima. Noch heute zeichnet ein Abglanz dieser günstigen Wachstumsbedingungen die liebliche Landschaft rund um die Mount's Bay aus.

Bliebe noch die Frage zu beantworten nach den sanft zum Meer abfallenden, die Ebene umschließenden Bergen. Sie sind tatsächlich vorhanden. Im Gegensatz zu den Bergen im Norden der großen Ebene, die wegen ihrer Größe, Vielzahl und Schönheit gerühmt wurden, sind nach Platons Bericht die Berge rings um die kleine Ebene offensichtlich von bescheidener Höhe, da sie sich „bis zum Meere hinabzogen". Das entspricht durchaus den Gegebenheiten: die Bergkuppen von St. Buryan im Westen über Bartine Castle, Mulfra Hill, Castle an Dinas bis Trenerom Hill und Tregonning Hill im Osten, die mäßige Höhen zwischen 122 und 230 Metern erreichen, fallen sanft zur Küste ab und umgeben Mount's Bucht wie ein Kranz (siehe Abbildung Nr. 6).

Genügend Platz für die Königsinsel?

Auch die Frage, ob es geländemäßig überhaupt möglich war, an dieser Stelle die beschriebenen 5 konzentrischen Land- und Wasserringe rund um den Burgberg zu ziehen, läßt sich sicher beantworten: es war möglich! Platz war nach allen Seiten rund um den St. Michaels Mount für diese Anlagen ausreichend vorhanden. Das sieht man, wenn man diese Kreise maßstabsgerecht in die heutige Karte der Mount's Bay einzeichnet und dabei nicht vergißt, daß das Gelände ehemals hoch über dem Meer gelegen war.

Zugleich wird dabei erkennbar, daß rund Zweidrittel der Land- und Wasserringe im Meer versanken, und lediglich von den nördlichen Teilen dieser Gürtel bescheidene Reste des alten Landes dem völligen Absinken im Meer entgangen sind. So hat sich von dem Gelände, das ehemals den 1. Landring trug, nur ein winziges Stück über der Wasseroberfläche erhalten: es ist die am Fuße des Rose Hill liegende Stelle des Strandes vor dem Städtchen Marazion – der angeblich ältesten Stadt von ganz Penwith. Ebenso sind hier kleine Teile des Unterbodens, der einst den zweiten Land- und den dritten Wasserring trug, vor dem restlosen Absinken bewahrt worden. Diese Flächen beiderseits der Bergnase des Rose Hill, die uns zugleich Aufschluß über die enorme ursprüngliche Höhe des Geländes über dem Meeresspiegel geben, verdanken ihr Überleben im wesentlichen dem Umstand, daß die Gegend zwischen dem Rose Hill und Cudden Point nicht aus dem weicheren Schieferfels sondern aus Gabbro und Diabas besteht, harten, magmatischen Gesteinen. Darum ist auch von dem nördlichen Teil des zweiten Landgürtels noch ein schmales Stück Boden übriggeblieben. Spuren der Wasserringe jedoch sind, soweit sie nicht bereits durch die zwangsläufig bei der Katastrophe aufgetretenen Landverwerfungen getilgt wurden, von den inzwischen verflossenen 3000 Jahren ausgelöscht worden. Man kann lediglich vermuten, daß die an dieser Stelle überraschende Sumpfniederung, die sich zwischen Long Rock und Gwallon hinzieht und in der die Eisenbahngeleise der „Great Western Railway" sowie ein Stück des Flußbettes vom

Marazion River und seiner Nebenflüsse verlaufen, einstmals Teil des äußersten Wassergürtels gewesen ist.

Eine Stelle in Platons Bericht verdient noch nähere Erläuterung, nämlich die, wo von gewaltigen *Brücken* über die Wasserkreise als Verbindungsweg zwischen Königspalast und dem umgebenden Land die Rede ist. Es ist der Passus bei „Kritias" 115 c, der da lautet: „Zuerst schlugen sie Brücken über die Ringe von Wasser, welche ihre alte Mutterstadt umgaben, um sich so einen Weg von und zu der Königsburg zu schaffen". Diese oder ähnliche Übersetzungen („sie überbrückten die Wasserringe", „sie überspannten die Wasserkreise mit Brücken") erwecken den Anschein, als hätten die Atlanter drei Brücken gebaut von jeweils 157, 314 und 471 Metern Länge entsprechend der Stärke der Wassergürtel von 1, 2 und 3 Stadien. Dabei sollen diese riesigen Brücken eine Breite von 100 Fuß = 30 Meter gehabt haben (Kritias 116 a).

Das alles klingt recht unwahrscheinlich und ist es auch, jedoch liegt das nicht an Platons Bericht sondern an seinen Übersetzern. Das griechische Verbum „gephyron" – dessen etymologische Herkunft unklar ist – heißt zwar auch „überbrücken, eine Brücke bauen", doch ist seine ursprüngliche Bedeutung „einen Damm bauen", „mit Hilfe eines Dammes einen Weg bahnen". Gleiches gilt für das Hauptwort „gephyra", das zunächst „Damm", erst später „Brücke" bedeutet.

Es handelt sich also nicht um echte Brücken im üblichen Wortsinn, sondern um einen festen Straßendamm, der von Land her einen Zugang zur Königsburg schuf. Für diesen einen, die drei Wassergräben überschreitenden Dammweg bedurfte es daher nicht waghalsiger Brückenkonstruktionen von gigantischen Ausmaßen, sondern es konnte die Gunst des Geländes ausgenutzt werden, indem man von vorneherein („Zuerst ... ") an der jeweiligen Stelle die Wassergürtel unterbrach und den gewachsenen Felsboden stehen ließ oder später einen Damm aus Felsbrocken aufschüttete. Terrainmäßig bot sich für die Trassenführung die Bergnase des Rose Hill dicht oberhalb des heutigen Städtchens Marazion nordöstlich des St. Michaels Mount an, zumal im Ostteil des Penwith die reichen Zinn- und Kupfergruben lagen. Vermutlich dürfte daher der Dammweg, auf dem auch die Erztransporte zur Verschiffung in den Häfen der Königsinsel abrollten, dort verlaufen sein, wo sich heute die Straße von Gwallon nach Marazion hinzieht. Da dieser Damm strategisch eine Schwachstelle bedeutete, durch die leicht ein Angreifer von der Landseite aus zum Inselzentrum vorstoßen konnte, begnügten sich die Atlanter mit *einem* Landzugang, den sie überdies – wie bei den Landringen zwischen den Wassergürteln – durch Steinmauern auf beiden Seiten sicherten (Kritias 116 a).[158]

Also auch hier keine phantastischen, unglaubwürdigen Angaben, sondern eine vernünftige, annehmbare Darstellung. Alles in allem: das einst hoch über dem Wasser emporragende Gelände um den Berg des Heiligen Michael bot ausreichend Platz für die Anlage der großartigen Wasserburg.

Das nächste Lokalisierungsmerkmal wäre

Der große Seekanal

Er ist im Meer versunken und fällt damit als Orientierungszeichen ebenfalls aus, jener 50 Stadien lange Kanal, der die Burg und ihre Häfen mit der See verband. Selbst Spuren dieses Werkes werden sich kaum finden lassen, weil die Anlagen bei dem verheerenden Landabbruch mit Sicherheit bis zur Unkenntlichkeit zerstört wurden, zumal der Kanal nicht gemauert sondern lediglich in den Felsboden getrieben worden war.

Die Himmelsrichtung, in der dieser mächtige, 90 Meter breite, 30 Meter tiefe und fast 8000 Meter lange Seekanal verlief, nennt die Atlantis-Erzählung nicht, doch kommt eigentlich gelände- und verkehrsmäßig nur die Südrichtung in Frage. Hier bot vom Terrain her die kleine, von größeren Erhebungen freie Ebene geringere Schwierigkeiten als eine ebenfalls denkbare Trassenführung nach Norden, weil das Gelände dort bergiger ist. Der südliche Kanalverlauf war zudem gleichermaßen günstig für den sich nach Süden – Gallien, Spanien und das Mittelmeer – orientierenden Seeverkehr wie für den Überseehandel durch den Ärmelkanal nach den Bernsteingebieten der Nord- und Ostsee.

Der Kanal soll nach dem antiken Text eine Tiefe von 30 Metern gehabt haben. Man fragt sich unwillkürlich, wozu diese Tiefe, denn Schiffe mit einem Tiefgang von 30 Metern gab es damals so wenig wie heute? Es muß also andere Gründe gehabt haben, wenn die Atlanter ihrem Kanal eine solche Tiefe gaben. Oder sind vielleicht die Angaben irreal? Die Antwort gibt Platons Erzählung selbst.

Die Königsinsel lag auf einer Hochebene am Rande einer Steilküste. Wenn sich dieses Plateau beispielsweise nur 29 Meter über dem Meeresspiegel erhob – mit einer solchen Höhe müssen wir nach der geologischen Konstellation in der Mount's Bay mindestens rechnen –, dann hatte der Kanal bereits bei einem Tiefgang von nur 1 Meter eine Gesamttiefe von 30 Metern! Mit der Angabe „100 Fuß Tiefe" (= 30 Meter) bei „Kritias" (115 d) ist also nicht – wie häufig irrig angenommen – die Wassertiefe des Kanals gemeint, die sich übrigens bei Flut jeweils um 4 - 5 Meter erhöhte, sondern die Tiefe der Kanalwände, von der Erdoberfläche an bis zum Wasserspiegel gemessen! Man sieht, die Angaben Platons sind keinswegs irreal, sondern wirklichkeitsnah und sinnvoll.

Will man sich eine Vorstellung von dem Aussehen des atlantischen Seekanals machen, dann bietet sich als gutes Beispiel der *Kanal von Korinth* an. Dieser Ende des vorigen Jahrhunderts geschaffene künstliche Schiffsweg durch den Isthmus von Korinth ist c. 6,5 Kilometer lang, 21 - 24 Meter breit, hat eine Wassertiefe von 7 - 8 Metern und eine Wandhöhe der Kanalseiten von 80 Metern. Damit ist er mehr als doppelt so hoch wie der Seekanal von Atlantis, der seinerseits dafür mehr als dreimal so breit ist wie der korinthische Seeweg. Auch er ist in seiner ganzen Länge aus dem Felsen herausgeschnitten. Das Beispiel lehrt, daß es technisch – heute wie damals – möglich und sinnvoll ist, eine so lange Fahrrinne für den Schiffsverkehr in den Fels zu schlagen. Beide Bauwerke sind allerdings für ihre Zeit technische Höchstleistungen, die unsere Bewunderung verdienen, zumal der Schiffsweg der Atlanter wegen der bescheideneren technischen Hilfsmittel, die vor mehr als 3000 Jahren ihren Ingenieuren und Arbeitern zur Verfügung standen.

Ein Wort noch zur Tiefe der in den Felsgrund gebrochenen *Wassergürtel!* Ausdrücklich sagt der Bericht hierüber nichts, doch muß es sich ebenfalls um beachtliche Abmessungen gehandelt haben. Ursprünglich allerdings dürften die Wasserringe, als sie noch keine Verbindung mit dem Meer hatten, nicht sonderlich tief gewesen sein – zur Feindabwehr genügten Tiefen von wenigen Metern. Damit war der Burghügel für andere Menschen „unzugänglich", denn es gab noch keinen Schiffsverkehr von See her zur Insel (So ist der Satz bei Kritias 113 e zu verstehen: „Schiffe und Schiffahrt gab es damals noch nicht"). Das änderte sich, als später der 8 Kilometer lange Zufahrtskanal geschaffen wurde. Nunmehr mußten, um den Schiffsverkehr bis zur Insel zu ermöglichen, die Wassergräben auf Meereshöhe vertieft werden. Dabei wurden, da sich die Königsburg auf einem ziemlich hoch gelegenen Plateau befand, Tiefen von mindestens 30 Meter, wahrscheinlich sogar erheblich mehr erreicht, so daß selbst die größten Schiffe mit aufrechtem Mast vom Meer her bis zum innersten Wasserring durchfahren konnten. Mit einer Einschränkung: die extrem breiten Transportschiffe konnten nur bis zum äußersten Wassergürtel gelangen. Denn, während der Seekanal eine Breite von 3 Plethren = 90 Meter aufwies, „weit genug zum Einlaufen für die größten Schiffe", hatten die Durchstiche zum mittleren und inneren Wasserring nur eine solche Breite, „daß für einen einzelnen Dreiruderer die Durchfahrt . . . möglich ward" (Kritias 115 a). Da die schlanken, schnellen Kriegsschiffe, die Trieren, mittschiffs nur 5 Meter breit waren, dürften die Durchstiche – einen Abstand auf jeder Bordseite von 1 - 2 Meter hinzugerechnet – höchstens eine Weite von 7 - 9 Meter gehabt haben, zu schmal für einen breiten Transporter.

Diese außerordentliche Tiefe der Wasserwege bestätigen übrigens zwei zunächst merkwürdig erscheinende Angaben bei Platon. Da ist einmal die Aussage, daß beim Passieren der Durchstiche an den Erdringen „die Schiffahrt hier eine unterirdische war" (Kritias 115 e). Die weitere Bemerkung, „die Ränder der Erdwälle hatten nämlich eine Höhe, welche hinlänglich über das Meer emporragte", liefert den Beweis, daß die Hafenanlagen von Atlantis tatsächlich sehr tief in den gewachsenen Boden geschlagen waren, so tief, daß die Schiffe wie durch einen Tunnel unter natürlichen Felsbrükken durchfahren konnten.

Auch die andere Äußerung, die Atlanter hätten den Fels an den Wallrändern ausgebrochen und dadurch „auf beiden Seiten Höhlungen zu Schiffsarsenalen (erlangt), welche den Felsen zur Decke hatten" (Kritias 116 b), erscheint jetzt nicht mehr so phantastisch. Bei der großen Tiefe der Wasserstraßen war die Anlage solcher unterirdischer Dockanlagen durchaus möglich. Daß die Atlanter sie in der damaligen Zeit schufen, verdient allerdings Anerkennung und Bewunderung.

Akzeptiert man diese Gedanken, dann taucht die nächste Frage auf, ob es technisch überhaupt durchführbar war, einen so tiefen und breiten Kanal auf einer so langen Strecke in den felsigen Boden zu treiben. Man könnte sich als Antwort mit dem Hinweis begnügen, den im Umgang selbst mit den härtesten Steinen äußerst versierten Erbauern der gewaltigen Megalithanlagen dürfte ein solcher Kanalbau keine unüberwindlichen Schwierigkeiten bereitet haben, zumal es sich um ein weniger hartes Schiefergestein handelte. Es gibt jedoch eine präzisere Antwort.

Vielen Kommentatoren des Atlantis-Berichtes ist ein (scheinbarer) Widerspruch in den Angaben Platons aufgefallen. Einmal heißt es bei „Kritias" 113 c, der Burgberg sei 50 Stadien vom Meer entfernt gelegen. Später (Kritias 115 d) wird vermerkt, der Zufahrtskanal habe von der See bis zum äußersten Wasserring eine Länge von 50 Stadien gehabt. Auch von der großen Rundmauer wird gesagt, sie sei vom äußersten Ringhafen immer 50 Stadien entfernt gewesen (Kritias 117 e). Da aber der äußerste Wassergürtel selbst vom Ring des Burgberges 11 Stadien ablag, ergibt sich hier eine Differenz von 11 Stadien (= rd. 1,7 km). Wie ist sie zu erklären? Widerspruch, Versehen oder Phantasiezahlen?

Keines von allem. Vielmehr lassen sich die Angaben ohne große Mühe widerspruchslos zusammenfügen, wenn man folgende Überlegung anstellt: in den Nordteil der Mount's Bucht münden heute mehrere Bäche und zwei größere Flußläufe, der Marazion River, unmittelbar nördlich der Insel St. Michaels Mount, und weiter westlich der Trevaylor Stream südlich von Gulval. Beide

Flüsse folgen der Geländestruktur, den zur Südküste abfallenden Berghängen. Ihre cañonartig in das harte Gestein gegrabenen Flußbette verraten, daß diese Wasserläufe bereits in vorgeschichtlicher Zeit, mindestens seit dem 2. Jahrtausend v. Chr., auf ihrem Weg nach Süden zum Meer hin das seit je an Niederschlägen reiche Land durchzogen haben. Damals aber – vor dem Landabbruch – hatten sie zusätzlich eine Strecke von wenigstens 50 Stadien zurückzulegen, bevor sie das angestrebte Meer erreichten. Ein weiterer Blick auf die Landkarte von Westcornwall lehrt, daß sich stets dort, wo ein Wasserlauf ins Meer mündet, in der hohen, steilen Felsenküste größere oder kleinere Einschnitte und eine Bucht finden. Ein typisches Beispiel ist der Lamorna River mit der gleichnamigen Bucht, doch gibt es noch zahlreiche andere Bäche und Flüßchen. Die vielen „coves" (Buchten), vor allem Kynance Cove, Mullion Cove, Pollurian Cove, Poldhu Cove und Church Cove an der Ostseite der Mount's Bay verdeutlichen das eindringlich.

Damit haben wir eine brauchbare Erklärung für die scheinbar widerspruchsvollen Angaben Platons. Die Entfernung vom Burgberg bis zur nächsten Stelle der Meeresküste mag durchaus 50 Stadien betragen haben, gleichwohl kann der Zufahrtskanal – vom Meer bis zum äußersten Wasserring gemessen – ebenso lang gewesen sein. Die erste Entfernung entsprach der kürzesten Distanz in der Luftlinie vom Burghügel bis zur Meeresküste, die vermutlich an dieser Stelle in das Landesinnere etwas zurückwich (darauf deutet eine nördliche Einbuchtung der 42 m-Tiefenlinie vor der Lamorna Bucht). Die zweite Entfernung ergab die tatsächliche Länge des Kanals. Sie dürfte dann mit Sicherheit größer gewesen sein, wenn der Kanal dem vorhandenen Bett eines Flusses folgte, der sich auf seinem Weg zum Meer tief in den Felsboden hatte eingraben müssen. Natürlich hatte der Fluß für seinen Lauf nicht die geometrisch kürzeste Distanz zum nächsten Punkt der Küste gewählt, sondern – wie auch sonst – das nach den geologischen Gegebenheiten günstigste Gelände, auch wenn sich dadurch eine größere Strecke ergab als bei einem schnurgeraden Lauf.

Es versteht sich von selbst, daß die Atlanter für die Anlage ihres Kanals den natürlichen Einschnitt eines Flusses benutzten, zumal wenn dieser in nordsüdlicher Richtung verlief, wie das bei dem wasserreichsten Fluß dieser Gegend, dem Marazion River, der Fall ist. Ehemals dürfte dieser Fluß, der jetzt nördlich vom St. Michaels Mount in die Bucht mündet, auf seinem Weg zum Meer an diesem Bergkegel vorbeigeströmt sein, wobei er vermutlich die alten Wasserringe mit Frischwasser versorgte und sauberhielt. Indem sie das Bett dieses Flusses nach Passieren des äußersten Wasserringes etwas verbreiterten – was gegenüber einer Neuanlage bei diesem felsigen Gelände viel Arbeit ersparte –, hatten die Atlanter einen idealen Kanal. Die starken Gezeitenströme mit ihren mächtigen Tidenhüben, die das Wasser sogar stromaufwärts trieben, erleichterten dabei nicht nur die Benutzung des Kanals und der Häfen, sondern sorgten ebenfalls für ihre Reinhaltung.[159)]

Also: keine Widersprüche, keine Phantasiezahlen, sondern plausible Angaben, selbst über die gewaltige Breite, Tiefe und Länge dieses Zufahrtskanals.

Zum Schluß noch eine Bemerkung über die große *Ringmauer*, die einstmals in 50 Stadien Abstand vom äußersten Wassergürtel die Stadt umrundete, bei der Mündung des Seekanals ins Meer begann und endete. Über ihren Verlauf im Gelände wissen wir nichts genaues, doch liefern die Angaben über den Radius und die Topographie von Westcornwall gewisse Anhaltspunkte. Danach dürfte die Ringmauer im Westen sich vermutlich an die Bergkuppen von St. Buryan, Caer Bran, Mulfra Hill und bei Towednack angelehnt, sich im Norden auf die Felsklippen bei St. Ives und Höhenzüge südlich von Hayle gestützt haben und im Osten längs der Bergrükken des Godolphin Hill und des Tregonning Hill verlaufen sein. Überreste dieses alten Walles werden sich leider ebenfalls nicht erhalten haben, denn diese Ringmauer war – im Gegensatz zu den steinernen Mauern um die Landringe – *nicht aus Steinen errichtet!* Der Atlantis-Text verwendet für dieses Bauwerk nur den Ausdruck „teichos", worunter man ursprünglich lediglich einen Wall aus Lehm oder aufgeschütteter Erde verstand. Die Chance, daß sich Reste dieses Erdwalles bis in unsere Tage erhalten haben, ist daher gleich null. Der in Cornwall reichlich fallende Regen, die immerfort wehenden Winde und eifrige, den Boden nach Erzen umwühlende Hände hatten in den vergangenen drei Jahrtausenden ein leichtes Spiel, die Spuren dieses Bauwerkes für immer auszulöschen, so daß es als Mittel der Lokalisation ausfällt.[160)]

Ein Berg überlebte die Katastrophe

Wie aber kann – so wird man sogleich fragen – die Königsstadt von Atlantis im Meer versunken sein, wenn der Bergkegel des St. Michaels Mount, der angeblich Königsburg und Tempel trug, noch heute im Nordteil der Mount's Bucht aus dem Wasser ragt?

Der St. Michaels Berg in der jetzigen Penzance Bay verdankt sein Überleben beim Untergang von Atlantis allein seiner stabilen geologischen Struktur. Mag er bei der Katastrophe etwas verschoben worden auch etliche Meter abgesunken sein, so blieb er doch in seiner Substanz erhalten. Denn er ist tief und fest im Untergrund verankert, weil er hauptsächlich aus einem sehr harten Urgestein besteht, einem dunkelgrauen Granit, während rings um ihn her das weichere Sedimentgestein des Schiefers in den Fluten verschwand. Im übrigen ist die heutige Insel St. Michaels Mount nur ein bescheidener Rest der ehemaligen Königsinsel – der größte Teil versank für immer im Meer. Bekanntlich umfaßte der 5 Stadien im Durchmesser große Inselkern mit seinen Tempelanlagen und Palastbauten ehemals eine Fläche von c. 483000 Quadratmetern. Davon blieb lediglich ein bescheidenes Areal von 40 engl. acres = rd. 163000 Quadratmetern übrig, also nur wenig mehr als ein Drittel des ursprünglichen Geländes!

Es versanken aber nicht bloß Tempel und Burg, sondern es verschwand auch der größte Teil der kleinen und großen Landringe mit vielen Gebäuden, Stallungen, Hafenanlagen, Brücken und Toren, mit Sportplätzen, einer Rennbahn, Gärten und dem heiligen Hain. Selbst der südliche Teil des Landes zwischen der großen Mauer und dem äußersten Wasserring, der mit „vielen und dichtgedrängten Wohnungen" besiedelt war (Kritias 117 e), wurde zu einem beträchtlichen Teil ein Opfer der unerbittlichen Fluten. Das waren viele Quadratkilometer (qkm) Boden, denn bereits der

Bergkegel lag etwa 8 Kilometer vom Meer entfernt. Von dem von der großen Mauer umschlossenen Gebiet von rd. 310 qkm versank zirka ein Drittel, also etwa 100 qkm im Meer. Von dem innerhalb der 5 konzentrischen Land- und Wasser-Ringe liegenden Terrain, dem Zentrum der atlantischen Metropole, mit einer Fläche von c. 13 qkm, wurde das meiste, etwa 65 %, von den Fluten verschlungen und bildet heute den flachen Grund der Mount's Bay. Praktisch kam das einer völligen Zerstörung der Königsinsel gleich.

Das einzige, was von ihr Sturmflut und Landuntergang überstand, war jener Felskegel des St. Michaels Mount mit einem bescheidenen Fleckchen Erde rings um den Berg und einige Tausend Quadratmeter Land, die heute die Nordostküste der Mount's Bucht säumen. Die ursprüngliche, kunstvoll und angreifersicher geschaffene Anlage war unwiederbringlich zerstört. Ein Wiederaufbau an derselben Stelle war nach dem Absinken des Landes ins Meer unmöglich geworden. Das um den Berg verbliebene Gelände, das auch heute wieder eine Burg und ein Gotteshaus trägt, reichte bereits flächenmäßig für die großartigen atlantischen Bauten nicht aus. Nahm doch allein der große Tempel des Poseidon mit seiner Länge von 1 Stadion (=157 Meter) und einer Breite von 3 Plethren (=90 Meter) eine Grundfläche von rd. 14000 Quadratmetern ein. An einen Aufbau der größeren Raum beanspruchenden Burganlagen auf dem bescheidenen Inselrest war deshalb nicht zu denken. Zudem wäre eine Sicherung der ganzen Anlage durch die bei den Atlantern (Megalithern) beliebten mächtigen Steinmauern unmöglich gewesen. Der Burgfelsen hätte ungeschützt in einer offenen Bucht gelegen.[161)]

Die neue Situation

Die Katastrophe hatte neue topographische Verhältnisse in diesem Raum geschaffen. Die ursprüngliche, direkte Landverbindung zwischen St. Loy und Pedngwinian Point war ins Meer abgesunken. Die See war weit nach Norden bis Penzance und Marazion vorgestoßen und hatte die tief ins Land eingreifende Mount's Bay gebildet – der St. Michaels Mount war zu einer richtigen Insel geworden. Das Terrain aber um das heutige Penzance lag plötzlich an der Küste des Meeres. Wenn sich die Phäaken für den Aufbau einer neuen Metropole in dieser Gegend entschieden, dann bot sich hier für Stadt und Hafen ein idealer Platz.

Die geologische Karte macht das deutlich. Zwar reicht der sehr harte Granit, der die Westflanke von Cornwall gegen die Wogen des Atlantik schützt, nicht bis Penzance, aber den Boden dieser Stadt bilden ebenfalls recht widerstandsfähige magmatische Gesteine: Gabbro und Diabas. Sie liefern ein gutes Fundament und gestatteten es, die neue Stadt an dem zum Meer abfallenden Hang zu bauen. Durch die Katastrophe war ein auf drei Seiten von Bergen umrahmtes, natürliches Hafenbecken entstanden, das gegen die West-, Nord- und Ostwinde guten Schutz bot. Die vorspringende Felsnase der Battery Rocks schuf einen prächtigen Doppelhafen. Die neue Siedlung lag halbwegs zwischen dem heiligen Berg und der heiligen (Madrons) Quelle. Der zur Insel gewordene Bergfelsen des St. Michaels Mount mit seinem bei Ebbe trockenfallenden Zugang gab einen idealen Pier für die Verschiffung des gewonnenen Zinns. Eine lange, durch Holzpfähle verstärkte, mit Türmen und Toren versehene Mauer schützte wirksam gegen Feindangriffe. Auf der Seeseite ließ die Mauer nur eine schmale Einfahrt frei, die im Ernstfall leicht durch die Flotte gesperrt werden konnte. Dieser doppelte Hafen mit dem schmalen Zugang und die mächtige Umwallung riefen die staunende Bewunderung des Odysseus hervor (Od. 6,260 f.; 7,43 f.). Aus dieser Quelle wissen wir auch von der Errichtung eines imposanten Poseidonheiligtums am Hafen. Die Steine für diesen Tempel hatte man – wie Homer ausdrücklich vermerkt – von weither geholt (Weiher, Od. 6,267) – durch Schaden war man klug geworden.

8. Kapitel

Nicht wesentlich, aber nicht unwichtig

Vielfarbige Steine

Von Steinen handelt auch eine Angabe des Atlantis-Berichtes, die bei „Kritias" (116 a) steht. Es heißt da: „Die Steine dazu aber, welche teils weiß, teils schwarz, teils rot waren, brachen sie unten an den Abhängen der in der Mitte gelegenen Insel ringsherum und ebenso unten an den Wallrändern nach außen und nach innen zu . . . ".

Sicherlich sind die Notizen über die mehrfarbigen Steine für die Lokalisierung von Atlantis nicht von entscheidender Bedeutung, denn Gebäude und Mauern aus weißen, schwarzen und roten Steinen haben sich an vielen Orten der Erde nachweisen lassen. Wir haben sie z.B. auch bei den Guanchen kennengelernt. Entscheidend ist vielmehr, daß unsere Lokalisation nicht deshalb unglaubwürdig wird, weil sie diese Angabe nicht erfüllt. Sie erfüllt sie in der Tat.

Cornwall besitzt zahlreiche ergiebige Steinbrüche und ist als Exportland von gutem Baustein bekannt. Führend ist dabei der Stein von Carn Menellis. Das ist ein grauer bis schwarzer Biotit-Granit, grob texturiert; von den typischen Bestandteilen Feldspat, Quarz und Glimmer tritt der Feldspat vor allem als Orthoklas und Plagioklas auf, während der Glimmeranteil durch einen schwarzen Biotit (Magnesiaeisenglimmer) vertreten wird. Auch Westcornwall verfügt über ein solches dunkles Tiefengestein, den Land's End-Granit, jedoch ist er von gröberem Korn und enthält Porphyrkristalle von besonderer Größe. Wegen seiner Härte und Wetterfestigkeit ein vorzüglicher Baustein – viele alte Häuser von Penzance sind aus diesem Granit gebaut. Ein guter Baustein ist auch der Granit von St. Michaels Mount; er ist im allgemeinen feinkörnig und weist als weitere Gemengeteile Topas, Kassiterit (Zinnstein) und andere Minerale auf.

Von der schwarzgrauen Farbe des Granits hebt sich das Weiß des Killas, eines hellen Tonschiefers, kontrastreich ab. Wegen seiner guten Spaltbarkeit ist auch er ein idealer Baustein. Wir finden ihn im östllichen Penwith verbreitet und noch heute am Felsen des St. Michaels Berges.

Selbst der rotfarbene Stein ist in Westcornwall anzutreffen. Ihn liefern Glimmerschlingen, die sich innerhalb der Schieferlager finden. Diese Intrusionen (Eindringungen) weisen eine rotbraune Färbung auf. Da dieser rote Stein relativ schnell zerfällt, wird er weniger häufig als Baumaterial verwendet, doch ist er als Verzierung gut brauchbar, und gerade diesen ästhetischen Zweck hebt der Atlantis-Bericht heraus.[162)]

Auch der Boden in und um die Mount's Bucht stellt also das vom Berichter hervorgehobene schwarze, rote und weiße, zum Haus- und Mauerbau geeignete Steinmaterial in idealer Weise zur Verfügung.

Quellen auf Atlantis

Bliebe noch die Angabe der Atlantis-Erzählung, auf der Königsinsel habe es 2 Quellen gegeben. „Kritias" (117 a) spricht „von den beiden Quellen aber, sowohl der von kaltem als der von warmem Wasser". Das Quellwasser, dessen Fülle, Wohlgeschmack und Güte gerühmt werden, leiteten die Atlanter über Behälter für Trink- und Gebrauchwasser, auch für Tiere, in den Hain des Poseidon und die Wasserringe ab.

Da offenbar beide Quellen auf dem Burgberg sprangen, dürften sie beim Untergang der Insel sehr wahrscheinlich verschüttet worden sein. Aus diesem Grunde kann die Lokalisation von Atlantis nicht an der Frage der zwei Quellen scheitern. Gleichwohl verdient hier eine cornische Legende Erwähnung, die davon berichtet, der heilige C a d o c habe in wunderbarer Weise auf dem St. Michaels Berg eine Quelle zum Fließen gebracht. Der Heilige, ein Mann von walliser Abstammung aus königlichem Geblüt, habe in die neue Quelle Jordanwasser geschüttet, das er von einer Pilgerfahrt aus dem Heiligen Land mitgebracht hatte. Diese hübsche Legende ist wohl ein Hinweis darauf, daß eine verschüttete Quelle, die früher einmal auf dem St. Michaels Mount sprang, plötzlich wieder zu fließen anfing.[163)]

Das ist so unwahrscheinlich nicht, denn mit Sicherheit gab es schon immer in dieser Gegend Quellen. Bereits Homer berichtet in der „Odyssee", in der Stadt der Phäaken habe es zwei Quellen gegeben, die im königlichen Garten entsprungen seien. Die eine verteilte sich im Garten selbst, die andere lief bis zum Haus des Alkinoos; aus ihr holten sich die Bürger das Wasser. Noch heute spendet den Bürgern von Penzance ein öffentlicher Brunnen frisches Quellwasser in der Straße „Well Fields". Diese Straße mit dem Quellnamen liegt am Nordrande des Penlee Memorial Park, eines der vielen großartigen Gärten der „Gartenstadt" Penzance, der „town of lovely gardens", den man sich gern als Garten des Königs Alkinoos vorstellen möchte.

Quellenarm ist die Gegend um Penzance – wie wir bereits oben gehört haben – bestimmt nicht, im Gegenteil, sie ist ausgesprochen reich an Quellen. C a r e w bemerkt in seinem Bericht über Cornwall: „Touching fresh water, euerie hill welneere sendeth forth plentiful, fresh, cleare, and pleasint springs . . . ". Jeder Hügel also spendete reichlich frisches, klares und angenehmes Quellwasser.[164)]

Die Hundertschaften der Bronzezeit

Endlich ist noch eine Bemerkung des Atlantis-Berichtes der Erwähnung wert: die Stelle im „Kritias" (119 a), die sich mit der Einteilung des Landes befaßt. Es heißt dort: „Was aber die Zahl der Bewohner betrifft, so bestand die Anordnung, daß in der Ebene selbst an kriegstüchtigen Männern jedes Grundstück einen Anführer zu stellen hatte; die Größe eines jeden Grundstückes aber betrug gegen hundert Quadratstadien, und die Zahl von ihnen allen sechzigtausend ..."

Diese erkennbar Wehrerfassungszwecken dienende, seltsame Landeinteilung der Atlanter in hundert Quadratstadien große Grundstücke – andere Übersetzer sprechen von Landlosen (griech. „kleros" = Los, Anteil) – scheint eine ungewöhnliche Lebenszähigkeit gehabt zu haben. Die Rechtshistoriker haben nämlich festgestellt, daß im nordischen, urgermanischen Kulturkreis der Bronzezeit die Einteilung des Landes ebenfalls in Landlose erfolgte, wobei jeweils 100 Landlose einen Distrikt ergaben, der in Schweden „Hundari", in Dänemark „Haeret" und im Gebiet der Friesen „Harde" hieß. Diese urgermanische „Hundertschaft" ist also eine Institution aus sehr frühen Tagen, die in germanischer und fränkischer Zeit beibehalten wurde. Hier gliederten sich die Grafschaften und Gaue ebenfalls in Hundertschaften, die – ursprünglich aus persönlichen Gründen der Heerespflicht geschaffen – allmählich die Bedeutung räumlicher Bezirke gewannen. Überraschend ist, daß sich diese urtümliche Landeinteilung auch in Cornwall vorfand! Viele Jahrhunderte lang bis in die Neuzeit war Cornwall in „hundreds", 9 an der Zahl, aufgegliedert.[165)]

Eine überzeugende Erklärung für diese „hundreds" hat die Wissenschaft bislang nicht gefunden. Daß sie im Mittelalter als Grundlage für die Steuereintreibung dienten, steht fest. Die Listen reichen bis ins 11. christliche Jahrhundert zurück, doch ist allgemeine Meinung, daß die „hundreds" schon lange vorher bestanden haben. Die Ansicht, sie seien alte keltische Stammesgrenzen, hat bereits der cornische Lokalhistoriker Charles Henderson zurückgewiesen. Seine Auffassung, es handele sich um eine den geographischen Verhältnissen entsprechende Bezirkseinteilung ist da schon überzeugender, aber nicht restlos zufriedenstellend. Wenig einleuchtend ist auch die Meinung, es seien Kirchenbezirke gewesen. Die unterschiedliche Zahl der Kirchspiele in den „hundreds" – im Osten in der Regel 30, im Westen 19 „parishes" – paßt hierzu nicht.[166)] Auch ist die Institution sicher älter als die Christianisierung Cornwalls.

Könnte es nicht sein, daß diese „hundreds" eine lebendige Erinnerung sind an die von den Atlantern bereits im 2. Jahrtausend v. Chr. aus militärischen Gründen praktizierte Einteilung des Landes in „hundert Quadratstadien" große Bezirke? Bei diesem Deutungsvorschlag wäre zugleich die Tatsache, wieso wir diesen Hundertschaften nicht nur im urgermanischen Raum sondern auch in England begegnen, überraschend geklärt. Da der urgermanische Raum (Schweden, Dänemark, Norddeutschland) bekanntlich einstmals zum Siedlungsgebiet der Megalither gehörte, wären die Hundertschaften mit großer Wahrscheinlichkeit gar keine ursprünglich urgermanische, sondern eine megalithische, nämlich atlantische Einrichtung, die von den Urgermanen übernommen und von den späteren Germanen beibehalten wurde. Bei einer Lokalisation von Atlantis auf dem Boden Englands fände sich alsdann wiederum eine Angabe des Atlantis-Berichtes bestätigt.

Die Reiche der Unterkönige

Zu den ungelösten Problemen von Atlantis gehört noch die Frage, wo die Reiche und die Städte lagen, von denen aus die übrigen neun Könige ihr Land regierten. Heißt es doch im „Kritias" 120 a: „Von den zehn Königen herrschte ein jeder in dem überkommenen Gebiete von seiner Stadt aus über die Bewohner . . . " Offenbar war das Reich Atlantis in der Art eines Bundesstaates organisiert. Alle Könige waren in ihrem Territorium Alleinherrscher kraft eigener Hoheitsgewalt, aber gleichzeitig einem Gesamtreich eingegliedert, dessen Leitung einem Oberkönig oblag. Sie waren aber diesem Oberkönig nicht unmittelbar verantwortlich, sondern lediglich der Gesamtheit aller zehn Könige. Mit diesem Vorbehalt wird hier – der Einfachheit halber – der Begriff „Unterkönig" verwendet.

Es braucht nicht besonders betont zu werden, daß – von einem Fall abgesehen – der Atlantis-Bericht keine detallierten Unterlagen liefert, um die Reiche dieser Unterkönige und ihre Regierungsstädte exakt zu lokalisieren. Das ergibt die Lektüre der beiden Dialoge Platons, die sich im Grunde darauf beschränken, die ersten neun Unterkönige mit Namen zu nennen. Mehr als Vermutungen lassen sich daher nicht anstellen, doch ist es auch nicht bloße Spekulation, weil sich in einigen Fällen brauchbare Anhaltspunkte für eine Lokalisierung finden lassen.

Einwandfreie Angaben liefert hingegen die Erzählung, was das Reich des Gadeiros, des ältesten Zwillingsbruders von Atlas, angeht. Er erhielt bekanntlich bei der Teilung, „den äußersten Teil, von den Säulen des Herakles bis zu der Gegend, welche jetzt die gadeirische heißt" (Kritias 114 b). Im 1. Kapitel haben wir bereits festgestellt, daß nach unbestrittener Auffassung dieser „äußerste Teil" das südwestliche Gebiet der Pyrenäenhalbinsel an der Atlantikküste ist, wo vor der Meerenge von Gibraltar im Altertum die Stadt Gadeira lag, das heutige Cadiz oder Cadix. Als Hauptstadt des Gadeiros käme somit eigentlich nur die sagenhaft reiche antike Stadt Tartessos, das Tarschisch der Bibel, in Betracht. Die Wissenschaft hat bis heute nicht klären können, wo ehemals Tartessos, dieser größte Handelsumschlagplatz des Altertums gelegen hat. Während die einen Forscher sagen, die Phönizier hätten aus Konkurrenzneid etwa um 500 v. Chr. diese Stadt gründlich zerstört, meinen andere Wissenschaftler, Tartessos sei mit Gadir oder Gadeira, einer angeblich um 1100 v. Chr. erfolgten phönizischen Stadtgründung identisch. Vielleicht liegt die Wahrheit in der Mitte: die Phönizier, die zuvor mit Erlaubnis der Tartessier in der Nähe eine kleine Siedlung gegründet hatten, bemächtigten sich später der atlantischen Stadt Tartessos, vertrieben die Atlanter, löschten den Namen Tartessos aus und nannten die Stadt fortan Gadeira. So stellt es der römische Schriftsteller Rufus Festus Avienus (4. Jhr. n. Chr.) in seinem Werk „Ora maritima" (Verse 85 und 265 f.) dar, und es klingt durchaus plausibel, zumal man seltsamerweise bislang nicht die geringsten Spuren der Stadt Tartessos gefunden hat, und es mehr als zweifelhaft ist, ob der Name Gadeira wirklich auf das phönizische Wort Gadir = Burg zurückzuführen ist oder doch wohl eher auf den Namen des atlantischen Königs Gadeiros. Wir können hier die Antworten auf diese Fragen offen lassen, weil jedenfalls alles dafür spricht, daß dieses Tartessos-Gadeira ehemals die Hauptstadt eines atlantischen Unterkönigs war, zumal es eine weitere gleichermaßen bedeutende Stadt in dieser „gadeirischen Gegend" in der Antike nicht gab.[167)]

Noch eine andere Überlegung spricht für diese Annahme. Es fällt auf, daß Atlas, der Älteste der zehn Zwillinge, „das größte und beste" Gebiet, nämlich die „ganze Insel", will sagen England, erhielt, sein Zwillingsbruder Gadeiros dagegen den entferntest liegenden Teil des Reiches. Der Grund dafür wird erkennbar, wenn man sich klarmacht, daß das wertvollste Stück das Zinnland England, hingegen das namentlich an Silber – und Kupferminen reiche „gadeirische Land" das zweitwertvollste Gebiet des atlantischen Reiches war. Dabei darf nicht übersehen werden, daß Tartessos ursprünglich nur ein Ausfuhrhafen für das im Hinterland gewonnene Erz war und erst später zum Hauptumschlagplatz für das aus der Bretagne und Cornwall verschiffte Zinn, das irische Gold und Kupfer und den germanischen Bernstein wurde, die ihm den großen Reichtum und das hohe Ansehen brachten. Das Reich war offensichtlich unter die Brüder nach der Altersfolge und dem Wert der einzelnen Länder verteilt worden, der sich hauptsächlich nach dem Vorkommen an wichtigen Bodenschätzen bemaß.

Diese Ausführungen machen deutlich, daß die von verschiedenen Forschern verfochtene These, Tartessos sei das untergegangene Atlantis, also die Hauptstadt des ganzen Reiches gewesen, schon aus diesem Grunde nicht haltbar ist.[168)] Sehr wahrscheinlich war Tartessos eine atlantische Königsstadt, aber es war eben nicht die Metropole von ganz Atlantis, sondern nur die Regierungsstadt eines ihrer *Unter*könige. Zu seinem Reich könnten auf Grund der geographischen Lage auch die Insel Madeira und die kanarischen Inseln mit ihrer Guanchenbevölkerung gehört haben, wenn man nicht sogar diese Inseln als ein weiteres Teilreich von Atlantis ansehen will. Die Erwähnung eines „Königs" Aiolos in der „Odyssee", dessen Insel des Windes wir in dieser Gegend vermuten dürfen, könnte dafür sprechen. Von anderen wichtigen Gründen ganz abgesehen, kann somit die Theorie nicht akzeptiert werden, diese Inseln seien der Überrest des versunkenen Atlantis, eine These, für die sich bereits im Jahre 1665 der Jesuitenpater K i r c h e r und gegen Ende des 19. Jahrhunderts vor allem der Amerikaner Donnelly ausgesprochen hatten.[169)]

Cornwall und Tartessos-Gadeira geben uns wertvolle Fingerzeige, wo die anderen atlantischen Unterreiche und ihre Königsstädte zu suchen sind: in den Zentren der Gewinnung von wichtigen Bodenschätzen! Da die Iberische Halbinsel ein bedeutendes Metalland der Antike war, König Gadeiros aber offensichtlich nur den Südwestteil der Insel zugewiesen bekam, dürften weitere atlantische Könige sich in dieses reiche Gebiet geteilt haben. In Betracht käme für die Anlage einer Hafen- und Königsstadt der Atlanter einer der durch „ertrunkene Flußmündungen" entstandenen Rias-Häfen an der Nordwestecke der Halbinsel, insbesondere Padron, Pontevedra oder Vigo. Diese fjordähnlichen, heute stark versandeten Mündungshäfen haben über Jahrtausende eine bedeutsame Rolle gespielt. In Galicia (wie diese Region im Altertum hieß) wurde – nächst Cornwall – das meiste Zinn im Altertum geschürft, auch auf den vorgelagerten Inseln, weshalb viele Experten glauben, in diesen Inseln die geheimnisvollen „Kassiteriden", die Zinninseln der Antike, sehen zu können.[170)] Daß sich in diesen Rias-Häfen vor und nach der Zeitenwende ein ausgedehnter Erzhandel abgespielt hat, ist unstreitig. Grund genug, hier eine atlantische Königsstadt zu vermuten.

Noch mehr gilt das für das benachbarte, gold-, silber-, kupfer- und bleireiche Lusitanien mit seinem an der Douro-Mündung gelegenen vorzüglichen Hafen, dem Porto Calo, dem heutigen portugiesischen Porto. Denn dieser „herrliche Hafen" wird bereits in der „Odyssee" als der eines Königs, nämlich des Laistrygonenkönigs Antiphates erwähnt (Od. 10,87 f.). Das spricht dafür, Lusitanien und Galicia zusammen als ein weiteres atlantisches Unterreich anzunehmen. Fast überflüssig zu erwähnen, daß die Lusitaner ein Volk von „Riesen" waren und daß Portugal zu jenen Gebieten gehört, die überreich sind an Spuren einer megalithischen Vergangenheit.

Damit war jedoch die Verteilung der wertvollen Pyrenäenhalbinsel nicht abgeschlossen, denn auf ihrer östlichen, dem Mittelmeer zugewandten Seite lagen ebenfalls ergiebige Erzvorkommen. Da uns in diesem Gebiet gleichzeitig eine vollentwickelte Megalithkultur begegnet – die Namen Almeria, Los Millares und Antequera stehen dafür –, darf man mit hoher Wahrscheinlichkeit an der spanischen Mittelmeerküste ein weiteres Unterreich von Atlantis mit Königsstadt und Hafen vermuten.

Die nächste atlantische Königsstadt könnte man vielleicht an der *Rhonemündung* annehmen. Vermutlich dürfte dem um 600 v. Chr. von den Griechen in Benutzung genommenen Kolonialhafen Massalia (heute Marseille) eine wichtige Hafenstadt der Atlanter vorangegangen sein. Die große Bedeutung dieses Hafens als Endstation für die späteren Erztransporte zu Land quer durch Gallien und die überaus zahlreichen Spuren einer großen Megalithkultur – im Languedoc gibt es mehr Megalithgräber als in ganz England – scheinen dafür zu sprechen.

Erheblich leichter dürfte es fallen, die nächste Regierungsstadt eines atlantischen Unterkönigs in der *Bretagne* zu lokalisieren. Prähistorische Zinnminen, auch auf den vorgelagerten Inseln – bekannt als „Zinninseln" waren im Altertum Uxisame (das heutige Quessant) und seine Nebeninseln – sowie eine Überfülle großartiger megalithischer Gräber und imponierender Steinalleen (Alignments) und schließlich ideale Hafenanlagen, besonders die Bucht von Morbihan, sprechen eine deutliche Sprache. Eine verkehrsgünstigere Lage für eine Seeroute vom Nordatlantik und der Nordsee nach dem Süden, nach Nordspanien, Tartessos oder direkt in das Mittelmeer, läßt sich nur schwer vorstellen.[172)]

Eine ebenso ideale Handelszentrale und damit der geeignete Ort für eine regionale Königsstadt ist die *Deutsche Bucht.* Hier war Fund- und Sammelstelle für eine andere, nicht minder wertvolle Ware der Atlanter, den jütländischen Bernstein. Wenn Spanuth in der Gegend zwischen Helgoland und der schleswig-holsteinischen Küste das versunkene Atlantis vermutet, so mag er insofern Recht haben, als dort ehemals eine atlantische Königsstadt gelegen haben könnte. Nur war es eben nicht Atlantis, die Insel des Hauptkönigs, sondern bloß die Stadt eines der atlantischen Unterkönige.[172)]

Für das nächste Unterreich ließe sich eine Lokalisierung in *Irland* wagen. Diese Insel war das bedeutendste europäische Goldland der Antike und zugleich ein weiteres Zentrum der Kultur der Großstein-Leute, wie die außerordentliche Fülle der hinterlassenen Megalithbauten deutlich macht. Daher darf man hier wohl eines der Unterkönigreiche vermuten. Für eine Hafen- und Königsstadt bot sich die Mündung des Boyne Flusses an, nach dem die gesamte irische Megalithkultur von der Wissenschaft ihren Namen erhalten hat und in dessen Nähe New Grange liegt, die gewaltigste megalithische Grabanlage des Nordens.[173)]

Besonders schwer fällt eine Lokalisierung des letzten der neun atlantischen Unterreiche. Vielleicht könnte man es in *Südschweden* bestimmen. In diesem Gebiet lag – nach den archäologischen Befunden – ein weiterer bedeutender Mittelpunkt der nordischen Megalithkultur, der seine Entstehung möglicherweise dem Umstand verdankt, daß hier der Umschlagplatz für den Ostseehandel, namentlich für den in gleicher Weise begehrten samländischen Bernstein, sowie kostbare Felle, gelegen hat. Daß wir uns an dieser Stelle jedenfalls auf atlantischem Boden befinden, wird auch durch die Tatsachen erhärtet, daß Schweden ebenfalls die atlantische Landeinteilung in Hundertschaften kennt und daß der Anteil des dalischen (megalithischen, cromagnardischen) Volkstyps hier besonders hoch ist.

9. Kapitel

Schlußbetrachtungen

Der letzte Beweis?

Eine Rückschau auf die Fülle von Tatsachen und Überlegungen, gestützt auf die zahlreichen, zum Teil sehr exakten Angaben des solon-platonschen Berichtes, rechtfertigt den zwingenden Schluß: die stolze Königsstadt Atlantis lag vor ihrem Untergang in der jetzigen Mount's Bay von Westcornwall. Der St. Michaels Mount ist der „nach allen Seiten niedrige Berg", um den herum Heiligtum, Königspalast und Hafen der atlantischen Metropole aufgebaut waren. Eine mächtige seismische Sturmflut, verbunden mit einer Landabsenkung, führte zur völligen Zerstörung der künstlich geschaffenen Königsinsel und der sie umschließenden Ebene.

Es ist schlechterdings unmöglich, die vielen Entsprechungen in der Wirklichkeit und die zahlreichen Übereinstimmungen, die für diese Ansicht sprechen, ausschließlich als reine Zufälligkeiten zu erklären. Mag das vielleicht für die eine oder andere Angabe zutreffen, so gilt es jedoch nicht für die Vielzahl von Fakten, die zudem keineswegs so sind, daß sie auch anderswo erfüllt sein könnten. Es bleibt sinnvollerweise nur die Annahme: nach aller Wahrscheinlichkeit ist Atlantis in Cornwall zu lokalisieren!

Dieser Folgerung wird man sich vor allem dann nicht entziehen können, wenn man der von vielen namhaften Forschern vertretenen Ansicht folgt, das um 1200 v. Chr. lebende, von Homer in seiner „Odyssee" geschilderte Seefahrervolk der Phäaken sei personengleich mit den die Meere beherrschenden Atlantern auf England. Wenn man weiter Penzance in Cornwall als die Stadt des Königs Alkinoos wiedererkennt, dann hat die Idee, die Insel St. Michaels Mount in der Mount's Bucht sei der Überrest der versunkenen Königsinsel Atlantis ihren hypothetischen Charakter verloren. Fast mühe- und widerspruchslos gibt diese Lokalisationstheorie zufriedenstellende Antworten auf alle Fragen, die das Problem Atlantis stellt, gleichviel, ob es um die Menschen, die Örtlichkeiten, die Schiffahrt, den unerhörten Reichtum oder sonstige Dinge geht. Verständlich werden jetzt die auffälligen Übereinstimmungen zwischen Atlantis-Bericht und der „Phäakie" Homers, aber auch die Abweichungen finden eine einleuchtende Erklärung. Selbst scheinbar so dubiose Angaben wie die von dem 50 Stadien langen Stichkanal zum Meer, der 30 Meter tief gewesen sein soll, verlieren ihren phantastischen Anflug.

Übrigens ist es für unsere These nicht entscheidend, ob man die Lokalisierung des Phäakenlandes in Cornwall akzeptiert oder nicht. Bejaht man sie, dann allerdings ist die homerische „Phäakie" ein schlüssiger Beweis für die Richtigkeit der hier vorgetragenen Auffassung, wie man ihn besser sich nicht wünschen kann. Aber auch wenn man sie ablehnt, hat die Erzählung Homers den Weg gewiesen zur Auffindung von Atlantis, einen Weg, der an Hand einer überzeugenden Indizienkette zwingend zur Lokalisation von Atlantis an der cornischen Küste führt.

Ja, selbst wenn man die „Odyssee" völlig aus dem Spiel läßt, behält unsere Lokalisierung ihre Gültigkeit. Denn es gibt nur e i n e Insel im atlantischen Raum, die sämtlichen, überaus zahlreichen und detaillierten Erfordernissen der „ganzen Insel" von Atlantis gerecht wird, und das ist England. Und nur an der englischen Südküste, und zwar in Westcornwall, gab es ein hochgelegenes, klimabegünstigtes, fruchtbares Stück Land mit einem allseits niedrigen, 50 Stadien vom Meer entfernten Berg, das während der Bronzezeit durch Landabsenkung und Sturmflut in der kontinentalen Schelfregion im Meer versunken ist: es lag im Gebiet der heutigen Mount's Bay! Die heute noch vorhandenen Reste eines versunkenen Waldes bestätigen nach der Radiokarbon-Methode den Landuntergang im 2. Jahrtausend v. Chr., und eine alte cornische Sage erzählt, daß hier in grauer Vorzeit ein Königreich mit einer prächtigen Stadt und vielen Dörfern existiert hat, das in einer gewaltigen

Sturmflut untergegangen ist. Und es ist wohl kein bloßer Zufall, daß dieser Landstreifen, von dessen megalithischer Bevölkerung bekannt ist, daß sie zu den seetüchtigsten Völkern des Altertums gehörte, im Zentrum des größten Zinngebietes der Antike lag. Die Bewohner dieses Landes besaßen erkennbar den Schlüssel zu dem sagenhaft scheinenden Reichtum von Atlantis.

Hat man sich erst einmal zu dieser Erkenntnis durchgerungen, dann stellt man mit Befriedigung fest, daß der Atlantis-Bericht, die steinernen Angaben vom Tempel in Medinet Habu samt ihren Papyri-Belegen und die Darstellung in der „Phäakie" Homers sich widerspruchslos gegenseitig bestätigen!

Ein weiterer wertvoller Beleg für unsere Theorie ist ein anderer antiker Bericht über

Die Insel der Hyperboreer

Von Hekataios, dem griechischen Reiseschriftsteller aus Milet, einem weitgereisten Mann, der als Verfasser solider Nachrichten gilt, stammt dieser Bericht. Von diesem Autor haben wir bereits die von ihm um 500 v. Chr. entworfene Weltkarte kennen gelernt. Im 2. Buch seiner „bibliotheke", einer zusammengefaßten Weltgeschichte, gibt der sizilianische Geograph Diodor (1. Jh. v. Chr.) diesen Bericht des Hekataios wieder. Es heißt dort (II, 47) – auszugsweise –: „Jenseits des Keltenlandes liegt eine Insel im Ozean, die nicht kleiner als Sizilien ist. Dieselbe erstreckt sich gegen Norden hin und wird von den Hyperboreern bewohnt, die so genannt werden, weil sie noch jenseits der Gegend wohnen, von wo der Boreas weht. Die Insel hat sehr guten Boden und ist sehr fruchtbar. Das Klima ist dort so günstig, daß jährlich zweimal Ernten stattfinden können. Auf dieser Insel soll Leto geboren sein, weshalb auch Apollon, der Sohn der Leto, von allen anderen Göttern dort am meisten verehrt wird ... Auch ein herrlicher Hain des Apollon ist dort auf jener Insel und ein berühmtes Heiligtum, das mit vielen Weihgeschenken geschmückt und kugelrund erbaut war. Auch eine Stadt, die diesem Gott geweiht ist, gibt es daselbst . . . ".

In der Antike war es allgemeine Auffassung, daß diese Hyperboreer (der Name kommt von griechisch „(h)yper = jenseits, oberhalb, und „boreas" = Nordwind) auf einer Insel hoch im Norden oder Nordwesten Europas wohnen. Deutlich ergibt sich das aus den Angaben des Hekataios: „Insel im Ozean", also im Atlantik, und „jenseits des Keltenlandes", mithin nördlich von Gallien, demnach im hohen Nordwesten Europas. Auf diese Lage weisen auch andere antike Autoren hin. So sagt z.B. der um 550 v. Chr. lebende A r i s t e a s von den Hyperboreern, sie „wohnten im fernsten Norden am Strande des Ozeans". Ebenso berichtet um 450 v. Chr. D a m a n t e s , daß die Hyperboreer „jenseits der Rhipäen (d.s. die Alpen), von denen der Boreas weht, am äußersten Ozean" wohnen (vgl. Herodot, Histor., IV, 13 f.). Da weder Nord- noch Ostsee zum eigentlichen Okeanos = Atlantischen Ozean rechnen, bieten sich als Inseln im „äußersten Ozean" in erster Linie Britannien und Irland an.

Nach der sehr kennzeichnenden Schilderung des Hekataios kann es sich bei der Insel der Hyperboreer eigentlich nur um England handeln – und das ist zu Recht die Meinung zahlreicher Forscher. Für die Identifizierung mit England sprechen auch die übrigen Angaben des Berichters, so die Erstreckung der Insel in nordsüdlicher Richtung, wie sie für England charakteristisch ist, weiter der überaus fruchtbare Boden, der zusammen mit einem günstigen Klima zwei Ernten im Jahr beschert, sowie schließlich der dem Leser schon bekannte geographische Vergleich mit der Insel Sizilien, den Diodor selbst an anderer Stelle bei der Beschreibung von Britannien bringt.[174)]

Mehreren Wissenschaftlern ist bereits aufgefallen, wie stark der Bericht des Hekataios an die Beschreibung der „ganzen Insel" in der Atlantis-Erzählung erinnert. Fast möchte man glauben, Hekataios habe Platons Geschichte gekannt, aber offenbar war das nicht der Fall, sonst hätte er die Bewohner des Landes nicht als Hyperboreer sondern als Atlanter bezeichnet. Wie dem auch sei, auf jeden Fall sind die hekataischen Angaben, falls England die

Insel der Hyperboreer ist – und das darf man nach der vorzüglichen Beschreibung annehmen –, eine ausgezeichnete schriftliche Bestätigung unserer These, daß ein Eiland wie die „ganze Insel" im hohen Norden Europas, und zwar in England denkbar ist. Dabei spielt es keine entscheidende Rolle, ob man in dem von Hekataios erwähnten berühmten „kugelrunden" Heiligtum des Gottes Apollon die Sonnen-Kultstätte von Stonehenge sieht, die in Form von mehreren konzentrischen Steinkreisen angelegt ist, oder das Heiligtum auf der atlantichen Königsinsel mit seinen 5 kreisförmigen Land- und Wasserringen.[175)]

Man kann nicht gut von Phäaken und Hyperboreern sprechen, ohne ein anderes bedeutendes griechisches Epos zu erwähnen: die „Argonautika" des *Apollonios* von *Rhodos*, der von c. 295 bis 215 v. Chr. lebte, aber höchstwahrscheinlich für sein Werk eine sehr alte, mykenische Sagenquelle benutzt hat. Gegenstand seiner Dichtung ist

Der Zug der Argonauten

Laut diesem Seefahrer- und Heldenepos fuhr – nach Eratosthenes etwa um 1225 v. Chr. – das griechische Schiff „Argo" unter Leitung des Fürsten *Jason* mit einer illustren Besatzung, zu der auch *Laertes*, der Vater des Odysseus, gehörte, nach Kolchis (Kaukasus), um das goldene Vlies zu rauben. Nach dem mit Hilfe der fremden Königstochter Medea gelungenen Raub flüchteten die Griechen, doch schnitten ihnen die Kolcher die Rückfahrt durch den Bosporus ab, so daß sie sich einen anderen Nachhauseweg suchen mußten. Daher fuhren die Argonauten einen der großen, ins Schwarze Meer mündenden Ströme bis zu seiner Quelle hinauf, entweder die Donau, den Dnjestr oder den Dnjepr. Alsdann trugen sie ihr Schiff ein Stück über Land (wie das später auch die Wikinger taten, wenn sie auf kürzestem Weg von der Ostsee durch Rußland zum Schwarzen Meer gelangen wollten), bis sie zu einem Fluß kamen, der sie wieder ins Meer brachte. Dieser Strom ergoß sich – so will es Apollonios – in die Adria, doch ist wahrscheinlicher, daß es sich um einen Fluß handelte, der die Griechen über Ost- oder Nordsee in den Atlantik gelangen ließ, also entweder die Weichsel, die Elbe oder der Rhein. So die überwiegende Ansicht der Forscher.[176)]

Gleich Odysseus kamen die Argonauten auf ihrer abenteuerlichen Heimfahrt auch in das Land der Phäaken, nachdem sie zuvor die Sireneninsel glücklich passiert und die gefährlichen Prallfelsen gemeistert hatten sowie an des Sonnengottes Insel Trinakria vorbeigesegelt waren. Von Alkinoos, dem König der Phäaken, und seiner Gemahlin Arete wurden sie freundlich empfangen.[177)] Dieser König Alkinoos hatte nach der „Argonautika" seinen Herrschersitz auf der „heiligen Insel Elektris", die an der „Mündung des Eridanos" lag. Meist wird der Eridanos, den schon der griechische Dichter *Hesiod* (geb. um 700 v. Chr.) in seiner „Theogonie" (V,337) erwähnt, mit der Elbe oder der Eider gleichgesetzt, doch ist das schwerlich zutreffend. Schon die Tatsache, daß der Eridanos wiederholt in den antiken Erzählungen als „sehr groß" (z.B. Ovid, Metamorphosen, II, 3199 f. „maximus") und breitströmend geschildert wird, spricht dagegen. Entscheidend aber ist, daß Apollonios von diesem Eridanos sagt, er „ströme von den Enden der Erde her, wo die Pforten der Nacht und ihre Behausungen liegen" (Arg. IV, 627). Zweifelsohne kommt also dieser Strom weder aus dem Süden noch aus dem Osten sondern von Norden!

Außerdem ist dieser Eridanos kein Strom im landläufigen Sinn, vielmehr ist er – genau wie der Okeanos„strom" – eine Meeresströmung. Das ergibt die weitere Bemerkung des Dichters über die zahlreichen Mündungen dieses „Stromes": „... und teils an Okeanos Ufer spült er und wirft sich teils in das ionische Salzmeer, teils auch in das sardonische Meer; dem unendlichen Busen mischt er siebenmündig sein Wasser". Ein Fluß mit 7 Mündungen, von denen 3 in Meere sich ergießen, – das wäre mehr als ungewöhnlich! In Wahrheit ist der Eridanos die mächtige Meeresströmung des Nordmeeres, das seine riesigen Wassermassen in verschiedene Seegebiete entläßt. Dieser Verteilung seiner Wasser verdankt der Eridanos auch seinen Namen, der nichts mit Eider zu tun hat und nicht „Fluß aus dem Osten" bedeutet. Es ist schlicht der „sehr geteilte" (Strom) von griechisch „eri" = sehr und „danos" = geteilt. In diesen Meeresstrom gelangten die Argonauten vermutlich über Donau-Main und Rhein, denn es heißt im Epos: sie liefen ein „in des Rhodanus tiefes Gewässer, der ja in den Eridanos mündet" (Arg. IV, 627).

Wir wissen nicht, was Apollonios mit dem „ionischen Salzmeer" und dem „sardonischen Meer" sowie mit den insgesamt 7 „Mündungen" des Eridanos meint – gewiß nicht bekannte Teile des Mittelmeeres. Nach der Sachlage kommen nur die Seegebiete zwischen Irland und Großbritannien, die Nord- und Ostsee mit der Deutschen Bucht und dem Skagerrak sowie der Ärmelkanal in Frage. Hier hilft nun eine andere Stelle der „Argonautika" weiter, die sich genauer mit der Lage der Insel des Königs Alkinoos befaßt und wo ebenfalls vom „ionischen" Meer die Rede ist (Arg. IV, 982 f.). Da heißt es: „Vorn an der Einfahrt liegt am ionischen Busen ein Eiland, weit umfassend und reich an Ertrag im Keraunischen Meer". Anschließend vergleicht der Dichter dieses Eiland mit einer mähenden Sichel, weshalb die Makris genannte Insel auch Drepane (von griech. „drepanon" = Sichel) geheißen habe. Zu diesem Eiland war die „Argo" gelangt „aus dem Trinakrischen Meer, windgetragen und ringend mit mancherlei Drangsal".

Wie wir aus der „Odyssee" wissen, ist Thrinakia, die Dreizackinsel des Sonnengottes, – die Schreibweise Trinakria = Dreieckinsel ist irrtümlich – keine andere als die wie ein Dreizack gestaltete Insel Muck in der Hebriden-See westlich von Schottland. Das „Trinakrische Meer" ist also das Seegebiet auf der Westseite von England, eingeschlossen die Irische See. Als die „Argo" vom (dort vorherrschenden Nord)wind getragen längs der britischen Westküste nach Süden trieb, stieß sie mit Sicherheit auf die fruchttragende Halbinsel Cornwall am Eingang zur Meeresseinbuchtung des Ärmelkanals. Das sichelförmig ins Meer vorspringende Cornwall mit seinen schroffen Felsenküsten, aber einem klimabegünstigten, nährenden Boden ist also das als Drepane bezeichnete Eiland, wo die „felsige" Insel Elektris lag (Arg. IV, 572). Keine Rolle spielt dabei, daß Cornwall nur eine Halbinsel ist, denn die Griechen jener Zeit unterschieden sprachlich nicht zwischen

Insel und Halbinsel, beides hieß „nesos". Mithin ist vermutlich der Ärmelkanal das „ionische Salzmeer", während das „Keraunische Meer" das Seegebiet an der Westküste Frankreichs von den Bergen der Bretagne bis zum Golf von Biscaya sein dürfte. Als die 7 "Mündungen" des Eridanos ließen sich daher außer dem Nordatlantik die Irische See, die Nordsee mit dem Ärmelkanal und der Deutschen Bucht sowie der Skagerrak mit der Ostsee begreifen, die alle ihre Wasser vom Nordmeer erhalten.

Keineswegs gegen unsere Lokalisation in Cornwall spricht der Name „heilige Insel Elektris". Er bedeutet nämlich nicht – wie vielfach geglaubt – „Bernsteininsel" (von griech. „elektron = Bernstein), sondern es ist die Insel, wo der Sonnengott Elektor (römisch Sol) verehrt wurde; darum ist sie heilig. Vom Namen des fossilen Baumharzes sagt Plinius d.Ä. (Naturgesch. 37,7): „Bernstein wird er genannt, weil Sol auch Elektor genannt wird". Da die Insel Elektris mithin ihren Namen nicht auf den Bernstein sondern auf den Sonnengott zurückführt, muß sie *nicht* in einem Bernsteingebiet, sondern kann ebensogut in England lokalisiert werden, wo sich das Zentrum der Verehrung des Sonnengottes Apollon befindet. Auch liegt die Insel nicht an der Mündung eines Flusses – etwa der Eider oder der Elbe – sondern in einem Meerbusen an einem der Strömungsenden („Mündungen") des mächtigen Nordstromes, des sich vielverteilenden Eridanos. Das trifft ebenfalls für Cornwall zu.[178)]

Selbst der Name „Bernsteinstrom", mit dem man wiederholt den Eridanos belegt hat, besagt nichts gegen unsere Ortsbestimmung. Er ist darauf zurückzuführen, daß der Nordmeerstrom das Harz der nordischen Nadelbäume, die dem Kälteeinbruch früherer Erdepochen zum Opfer gefallen waren, nach und nach an die Küsten der Nord- und Ostsee schwemmte. Denn bekanntlich sind die Hauptfundorte des Bernsteins an der jütländischen und Samlandküste keine primären Lagerstätten dieses prähistorischen Baumharzes.

Das Ergebnis unserer Überlegungen ist demnach: zufolge der Ortsbeschreibung der „Argonautika" ist die „heilige Insel Elektris", wo der Phäakenkönig Alkinoos herrschte, in England, und zwar als die Halbinsel Cornwall zu bestimmen. Diese Lokalisation erfährt eine Bestätigung durch die Erwähnung des „heiligen Volkes der Hyperboreer", das nach dem richtig verstandenen Hekataios-Bericht ebenfalls auf England lebte – und das die „Argonautika" mit dem Volk der Phäaken identifiziert. Das wiederum paßt zusammen mit der „Odyssee", nach der sich die Stadt des Alkinoos an der Mount's Bay in Cornwall lokalisieren läßt, in derselben Gegend, wo wir die Königsinsel mit dem Zentralheiligtum der Atlanter nach der Atlantis-Erzählung des Platon festlegen dürfen, der übrigens die „ganze Insel" (also England) ebenfalls als „heilige Insel", „nesos hiera", qualifiziert (Kritias 115 b).

Auch mit anderen antiken Berichtsangaben, insonderheit mit den nur bruchstückhaft erhaltenen, meist mißverstandenen Angaben des großen griechischen Forschungsreisenden Pytheas aus Massalia (4. Jh. v. Chr.), paßt unsere Identifizierung nahtlos zusammen. Wenn Xenophon von Lampsacus berichtet, in einer Entfernung von 3 Tagesreisen liege vor der skythischen Küste eine Insel Balcia von unermeßlicher Größe, und dazu bemerkt, Pytheas nenne sie Basilia, so deutet das ebenso auf England wie die Aussage Diodors (bibl. V, 83), es gebe gegenüber Skythien, das jenseits von Galatia liege, eine Insel des Meeres nach dem Ozean hin, die sog. Basileia. Diese am Okeanos – also nicht in der Nordsee – gelegene Insel Balcia, Basilia, Basileia = Königsinsel (von griech. „basileus" = König), die Pytheas bei seiner Umsegelung von Britannien betrat, ist nicht die Bernsteininsel, sondern es ist England, die heilige Insel des Sonnengottes Elektor, auf der einst in Cornwall König Alkinoos herrschte und auf der sich vor Alkinoos, also vor der Katastrophe von Atlantis, auf einer Insel die Königsstadt des Oberkönigs der Atlanter befand.

Auch zeitlich finden sich keine Widersprüche zwischen Atlantis-Bericht, „Odyssee" und „Argonautika", zumal nicht bei unserer Annahme, Atlantis sei etliche Jahre vor 1226 v. Chr., dem Erscheinen des Halley'schen Kometen, untergegangen. Im Gegenteil! Da König Alkinoos, der Sohn des Stadtgründers Nausithoos, die ihn besuchenden Argo-Fahrer empfing – was etwa um 1225 bis 1222 gewesen sein könnte –, läßt sich der Untergang von Atlantis sehr wohl für die Zeit um 1240 v. Chr. annehmen. Der das Phäakenvolk aus der „weiträumigen Hypereia" heranführende König Nausithoos konnte dann unschwer einen geeigneten Platz für seine Stadtgründung vorfinden.

Wer mag, kann sogar in den fruchtstrotzenden Gärten des Königs Alkinoos, die Homer in seiner „Odyssee" so überschwenglich preist (Od. 7, 116 f.), die paradiesischen Gärten der *Hesperiden* erkennen, wo die vier Töchter des Atlas den Baum mit den goldenen Äpfeln bewachen. Diese Gärten, aus denen nach der Sage Herakles als eine der 12 ihm aufgetragenen Arbeiten 3 goldene Äpfel holen sollte, lagen – der Name „esperos = Abend, Westen verrät es – im äußersten (Nord-)Westen der damals bekannten Erde, also dort, wo die Sonne untergeht.

Eine nähere Lokalisation ermöglichen zwei weitere griechische Autoren. Da ist einmal der große Dichter Euripides – er lebte im 5. Jh. v. Chr. –, der in seinem Drama „Hippolytos" (3. 732 f.) den „Garten der Götter", wo Hesperos Töchter die güldenen Äpfel bewachen, an die Ufer des Eridanos verlegt, an die Stelle, wo der Palast steht, in dem der König der Götter die Hochzeit begangen. Dann ist da die Aussage des Philosophen und Historikers Apollodoros von Athen – geb. um 180, gest. um 110 v. Chr. – in seiner „Chronika" (2, 5,11), die goldenen Äpfel der Hesperiden habe Herakles im Hyperboreer-Land geholt.

Aus dem Zusammenklang von „Odyssee", Hekataios-Bericht, „Hippolytos" und „Chronika" lassen sich unschwer die Gärten der Hesperiden in England, sogar exakt in Cornwall, lokalisieren, das Klima und die Gartenkunst der Phäaken in einen paradiesischen Landstrich verwandelt hatten. Homers Bemerkung, „Birne altert auf Birne und Apfel auf Apfel" (Od. 7, 122), trifft auf kein damaliges Land im äußersten Nord-Westen Europas besser zu als auf das obstbaumreiche Cornwall, wo nach alten irischen und englischen Sagen das versunkene Avallon, die Apfelinsel, gelegen haben soll. Noch heute trägt ein Tal nordöstlich von Penzance bei Tintagel, der legendären Geburtsstätte und Burg des geheimnisvollen Königs Arthur (Artus), den Namen „Vale of Avalon". Äpfel gab es in dieser Gegend schon immer in Fülle. Penzance, „the town of lovely gardens", besaß bis ins vergangene Jahrhundert neben der Vielzahl seiner Gärten, im Herzen der Stadt in der Chapel Street, seiner Hauptstraße, die zu der Hauptkirche am Hafen führt, einen großen Obstgarten, von dem ausdrücklich berichtet wird, er sei mit schönen Apfelbäumen bepflanzt gewesen.[179)]

Halten wir fest: zwischen „Timaios" und „Kritias", den beiden Atlantis-Dialogen, der „Odyssee", dem Hyperboreer-Bericht und der „Argonautika" bestehen frappante Übereinstimmungen, die sich weder mit blindem Zufall noch damit erklären lassen, die einzelnen Berichter hätten voneinander abgeschrieben. Vielmehr bestätigt die Konkordanz dieser verschiedenen Quellen vielsagend den historischen Kern dieser Erzählungen und rechtfertigt damit nicht nur die Gleichsetzung Atlanter = Phäaken = Hyperboreer sondern auch ihre Lokalisierung im südwestlichen England. Sie erhöht zugleich beträchtlich die Überzeugungskraft unserer These, das versunkene Atlantis mit dem Zentralheiligtum sei in Cornwall zu suchen.

Zur Abrundung und gleichzeitig als Beweis für die Schlüsselfunktion der hier vorgelegten Theorie über Atlantis sei noch kurz ein kulturhistorisches Problem behandelt, das seit langem die Wissenschaft beschäftigt:

Die Insel der Nerthus

Der bekannte römische Schriftsteller T a c i t u s berichtet im 40. Kapitel seiner „Germania" von der Göttin N e r t h u s, die von vielen Germanenstämmen an der Nordküste hoch verehrt wurde. Laut Tacitus ist diese Nerthus die Erdmutter („Nerthum id est Terra Matrem"), also die Magna Mater. Sie wohnt in einem heiligen Hain auf einer Insel im Ozean („in insula Oceani") und fährt zu gewissen Zeiten, besonders im Frühling, auf einem von Kühen gezogenen Wagen zu den Völkern. Nach Ende der Umfahrt wird der Wagen von Sklaven gewaschen, die anschließend getötet werden.

Man hat vergeblich das Eiland der Nerthus mit einer der Ostsee-Inseln (Seeland, Alsen, Bornholm, Rügen) zu identifizieren versucht. Das konnte nicht gut gehen, denn die Ostsee war zu keiner Zeit ein Teil des Okeanos; aber auch in der Nordsee hat man diese Insel nicht gefunden. S p a n u t h gibt dafür folgende Erklärung: die Nerthus und ihr Gemahl Poseidon waren Götter aus dem Geschlecht der Vanen, also Urgottheiten der Megalither=Atlanter. Darum sei die Nerthus-Insel identisch mit der Metropolis=Mutterstadt der Atlanter. Wie die Insel Atlantis habe das Eiland der Nerthus daher in der Deutschen Bucht gelegen, zumal man nur dann mit einem Wagen zum Festland fahren könne, wenn die Insel im Wattenmeer liege, das bei Ebbezeit trocken falle. Wenn man diese Insel heute nicht mehr finde, so deshalb, weil sie bei einer Sturmflutkatastrophe im 14. Jh. n. Chr. untergegangen sei.[180)]

Aus verschiedenen Gründen kann man dieser Argumentation nicht beipflichten.

Nehmen wir einmal an, das Eiland der Nerthus sei identisch mit der Mutterstadt von Atlantis – wofür vieles spricht – und unterstellen wir, die Deutsche Bucht gehöre zum Okeanos – was mindestens sehr umstritten ist –, dann muß die Nerthus-Insel keineswegs im Wattenmeer der Deutschen Bucht gelegen haben. Denn es gibt auch anderswo an Europas Küsten Inseln, die bei Ebbe einen trockenen Zugang zum Festland erhalten, aber darüberhinaus den Vorzug besitzen, im Okeanos zu liegen. Erwähnt seien beispielsweise der Mont St. Michel in der Bucht von St. Malo und – die Insel St. Michaels Mount in der Mount's Bay von Cornwall!

Wie wir gesehen haben, ist die Insel St. Michaels Mount die Königsinsel von Atlantis mit dem höchsten Kultzentrum des Poseidon und der Magna Mater. Sie fällt noch heute bei jeder Ebbe trokken und hat dann einen Zugang, der jahrhundertelang mit Wagen befahren wurde, später vor allem zum Zwecke der Verladung von Zinn. Hier gab es auch den erwähnten heiligen Hain. Da die Territorien der Avionen, Angeln, Variner, Suardonen usw., die Tacitus als Nerthus-Verehrer erwähnt, in den norddeutschen Küstengebieten lagen, die ursprünglich zum megalithischen (atlantischen) Kulturbereich gehörten, und weil die Angeln und Sachsen (Suardonen) bekanntlich auch England besiedelten, ist es kein Wunder, wenn wir eine Verehrung dieser Göttin sowohl in der norddeutschen Tiefebene wie in England antreffen. Man kann daher sehr wohl, und zwar mit besserem Recht, die Insel der Nerthus mit der heute noch erhaltenen cornischen Insel St. Michaels Mount identifizieren.

Der Nerthus-Bericht liefert sonach kein Argument gegen unsere Lokalisation von Atlantis in Cornwall, sondern ist geradezu eine Bestätigung unserer These.

Spuren von Atlantis?

Diese These erleidet auch keine Minderung dadurch, daß bisher – von den Spuren eines untergegangenen Waldes abgesehen – keine Überbleibsel von Atlantis, insbesondere keine Reste seiner Bauten dort in Cornwall gefunden wurden. Ganz allgemein ist zu diesem fehlenden Nachweis atlantischer Relikte zu sagen: *auch die anderen bisher vertretenen Theorien haben keinen archäologischen Beweis für das versunkene Atlantis erbracht!* Und das trotz zum Teil intensivster archäologischer Schürfarbeit – wie die Beispiele von Tartessos, Santorin und Helgoland demonstrieren. Zwar hat man da und dort antike Mauer- und Gebäudereste unter Wasser gefunden, aber es konnte in keinem Fall bewiesen werden, daß es sich um Überreste der atlantischen Metropole handelt.

Daß das Meer seine Geheimnisse nicht so leicht preisgibt, gilt auch und in besonderem Maße für die Mount's Bay. Allerdings hatte bisher niemand Veranlassung gefunden, in dieser Bucht nach dem versunkenen Atlantis zu suchen, weil bis heute die Wissenschaft Atlantis nicht auf dem Boden dieser Wasserfläche vermutet hat. Dabei ist es so unwahrscheinlich nicht, daß man nach Beseitigung einiger Sand- und Kiesschichten sowie etlicher Felstrümmer auf dem nicht sonderlich tiefen Grund der Mount's Bucht auf Spuren von Atlantis stoßen wird. Denn man hat zwar den Meeresboden im tieferen Ostteil der Mount's Bay sonographisch aufgenommen und dort nur Sand oder Felsen festgestellt, nicht aber das große Areal des seichteren mittleren Teils der Bucht, der gerade für die Auffindung von Spuren des versunkenen Atlantis von Bedeutung ist. [181] Vielleicht findet sich eines Tages ein Cousteau, der in dieser Gegend mit vermutlich größerem Erfolg als im Mittelmeer nach dem untergegangenen Atlantis taucht?

Wenig besagt es auch gegen unsere These, daß man im Boden der Stadt Penzance und der näheren Umgebung bislang keine Häuser- oder Mauerreste oder sonstige Relikte aus der Bronzezeit gefunden hat, die sichere Kunde davon gäben, daß hier einst die atlantische Metropole stand. Unter diesem Blickwinkel hat man ernstlich nach solchen Beweisstücken bisher nicht gesucht. Das bescheidene Seestädtchen am Rande einer verträumten Landschaft bot bis in unsere Zeit keinen Anlaß zu solcher Suche, obschon der archäologisch jungfräuliche Boden von Cornwall keineswegs arm ist an außergewöhnlichen, auf den Reichtum seiner früheren Bewohner hinweisenden Funden aus jener Menschheitsepoche. So wurden aus der Bronzezeit 4 goldene, halbmondförmige Halsbänder, sogenannte lunulae („kleine Monde"), gefunden, wie sie damals die vornehmen Damen trugen, ferner 8 goldene Armreifen, eine Goldkette und ein prächtiger Goldpokal. Eines der ziselierten Halsbänder, das besonders hübsch ornamentiert ist, wurde in der Nähe von Penzance ans Tageslicht gefördert. Ob es vielleicht einst den Hals der schönen Königin Arete geschmückt hat? Bedeutsam war auch ein im Jahre 1931 bei Towednack (südwestlich von St. Ives) entdeckter Goldhort, der aus 2 Halsringen, 4 Armbändern und 2 Stangen unbearbeiteten Goldes bestand. Aufschlußreich ist, daß die meisten Goldfunde aus der Bronzezeit im äußersten Westen Cornwalls gemacht wurden, und daß diese lunulae außer in Irland und Cornwall sonst nirgendwo in England gefunden wurden – sichere Zeichen nicht nur für enge Handelsbeziehungen zwischen beiden Ländern sondern auch für die zentrale Bedeutung Cornwalls in jener Zeit.

Gewiß sind das angesichts des Goldreichtums der Atlanter nur wenige Stücke, die man im 19. und 20. Jahrhundert im Boden von Cornwall gefunden hat. Aber bei der den Archäologen sattsam bekannten Goldgier der Grabräuber, denen nur selten solche Objekte entgangen und damit vor dem Einschmelzen bewahrt geblieben sind, kommt diesen Funden – nach mehr als 3000 Jahren – erhöhte Bedeutung zu. Die wenigen Stücke stehen für eine Vielzahl verlorengegangener Kostbarkeiten.

Und was die Überreste von steinernen *Wohnbauten* aus der Zeit der Atlanter, also aus der Bronzezeit, anlangt, so gibt es auch hier einiges. Im Bezirk von Westcornwall sind allein in den letzten 50 Jahren mehr als 20 Wohnsiedlungen – „settlements" – entdeckt und teilweise ausgegraben worden. Die meisten dieser Steindörfer stammen allerdings aus der hier um 550 v. Chr. beginnenden Eisenzeit und waren zum Teil bis nach Ende der römischen Besatzung im 5. Jh. n. Chr. bewohnt. Neuerliche Ausgrabungen in einigen dieser vermeintlich rein eisenzeitlichen settlements haben jedoch in einigen Häusern neben Funden aus der Eisenzeit zahlreiche Töpferware zutage gefördert, die unzweifelhaft aus der Bronzezeit stammt. Das gilt vor allem für verschiedene Steinhäuser in Bodrifty, Trevisker, Wicca Round und Kynance Gate. Offenbar sind Wohnungen aus der Bronzezeit von den Eisenzeitmenschen, vor allem von den Kelten übernommen worden, die vom Kontinent her ins Land eingedrungen waren und die früheren Erbauer vertrieben hatten. Daneben gibt es aber auch eine Reihe rein bronzezeitlicher Dörfer, so vor allem die Häuser von Kerrow, Trewey-Foage und Gwithian, doch geben sie leider keine Auskunft, ob es sich um die Überreste atlantischer Bauten handelt.[182] Bejahendenfalls würde die Fülle der prähistorischen Wohnbauten in Westcornwall den Ausspruch des Atlantis-Berichtes bestätigen: „Dieses Ganze aber war mit vielen und dicht gedrängten Wohnungen umgeben" (Kritias 117 e).

Der sagenhafte Reichtum

Zum Schluß noch ein Wort zu dem Teil des solon-platonschen Berichtes, der von dem unerhörten Reichtum der Atlanter erzählt. Auch er ist kein Märchen, kein Produkt der dichterischen Phantasie, nicht einmal künstlerische Übertreibung, sondern Wirklichkeit. Um das zu verstehen, genügt ein Blick auf die Stellen der antiken Welt, wo die wertvollsten Erze gewonnen wurden. Er gibt Antwort auf die Frage nach dem Grund für die ungeheuere Wohlhabenheit der Atlanter.

Der große Reichtum von Atlantis, wie er sich am augenfälligsten in der mit Gold, Silber, Bronze und Elfenbein prächtig ausgeschmückten Königsburg und der Tempelanlage auf der Königsinsel manifestiert, beruhte darauf, daß die Atlanter mit den wertvollsten Metallen der Antike nicht bloß Handel trieben, sondern zugleich die Orte beherrschten, wo diese kostbaren Erze und Stoffe gewonnen wurden: sie gehörten zu ihrem Reich!

Gold schürften sie, außer in Irland, dem antiken Jerne, und in England selbst (Wales), vor allem auf der Pyrenäenhalbinsel, besonders in Galicia und Asturien sowie in Lusitanien, dem Land zwischen Minho und Guadiana.

Silber gruben sie außer in England vornehmlich in den südspanischen Bergwerken der Sierras Morena, Nevada und de Torcales sowie wiederum in Galicia und Lusitanien. Dort gewannen sie auch Kupfer, wovon es in Irland und Cornwall ebenfalls reichlich gab, und ebenso Blei und Zink.

Sodann besaßen die Atlanter vor allem das Monopol über das Zinn, jenes zur Härtung des Kupfers für die Bronzeherstellung unentbehrliche Mineral. Mit Cornwall, der „Heimat des Zinns", sowie mit der Bretagne und wiederum Spanien verfügten die Atlanter über die größten und nahezu einzigen Zinnvorkommen der damaligen Welt. Das bedeutete nicht nur viel Geld, denn Zinn war noch um 350 v. Chr. 4 mal so teuer wie das auch nicht gerade billige Silber, sondern wegen der strategischen Bedeutung der Bronze für die Kriegerausrüstung auch weltpolitische Macht. Alle Länder des Mittelmeeres bis hinunter nach Ägypten wurden von den Atlantern mit Zinn und Kupfer beliefert.

Das Eisen, das im „Kritias" 119 e ausdrücklich erwähnt wird, stand den Atlantern ebenfalls ausreichend zur Verfügung. Als tellurisches Eisen fand es sich hauptsächlich in Irland, als Roteisenstein gelangte es in England und Nordspanien zur Ausbeute und in der Form des Eisenspates kam es besonders in Cornwall und Wales vor sowie wiederum in Spanien.

Endlich war es der allenthalben so begehrte Bernstein, das „Gold des Nordens", der den atlantischen Reichtum mehrte. Die Halbinsel Jütland, ursprünglich das Hauptgewinnungsgebiet dieses fossilen Harzes, gehörte zum Reich Atlantis, und ebenso lagen die Küsten der Ostsee bis nach Samland mit ihren reichen Bernsteinvorkommen im Machtbereich der Atlanter.

Der außerordentliche Reichtum von Atlantis ist daher keine Mär mit einem „phantastischen Anflug orientalischen Gepränges" sondern Realität. Er wurde durch den Besitz der Produktionsstätten der wertvollsten Erze und des Bernsteins sowie durch das Handelsmonopol mit diesen Erzeugnissen begründet.

Ob die Atlanter nicht bloß schürften und Handel trieben mit Zinn und Kupfer, sondern ob sie auch das Volk sind, dem die Menschheit die Bronze verdankt, diese Legierung der beiden Metalle mit seiner wertverändernden Bedeutung, ist ungewiß. Bei den außergewöhnlichen technischen Fähigkeiten der megalithischen Atlanter wäre das nicht weiter verwunderlich. Wir wissen es nicht, jedenfalls ist die oft vertretene Meinung, Mesopotamien sei das Ursprungsland der Bronzeentdeckung, nicht gesichert. Auch die Überlegung, das Land, das die Bronze erfunden habe, werde ihm wohl den Namen gegeben haben, bringt nicht weiter. Denn die Herkunft des Wortes Bronze, dieses Wort mit dem nasalen Klang, das vom mittellateinischen bronzium über das mittelalterliche Italienisch bronzo und das Französische bronce zu Anfang des 18. Jh. in die deutsche Sprache übernommen wurde, ist ungeklärt.

Gleiches gilt von dem griechischen Wort „Kassiteros" für Zinn, englisch tin. Auch hier sind die Sprachwissenschaftler ratlos. Der Umstand, daß die Bibel (Hesekiel 27, 12) Zinn als Einfuhrgut aus Tarsis, dem megalithischen Tartessos in Spanien, bezeichnet, legt eine Herkunft aus der Sprache der Megalithkultur nahe, zumal das keltische Wort für Zinn „stannum" heißt.

Die wahren Ursachen des Untergangs

Der nachlassende Erzhandel war es auch, der schließlich den Untergang des Reiches Atlantis herbeiführte, doch dürfte die tiefere Ursache im Menschlichen zu suchen sein.

Einen gewaltigen, folgenschweren Aderlaß an Menschenblut brachten die jahrelangen, auf die Unterwerfung aller Mittelmeervölker gerichteten Kriege. Allein der Kampf mit den Ägyptern soll die Atlanter, wenn wir den ägyptischen Berichten Glauben schenken, Hunderttausende ihrer besten Krieger gekostet haben. Ungeklärt ist das auslösende Moment für diese kriegerischen Exzesse der sonst so friedfertigen Atlanter. War es Übermut, war es Not? Nach dem Atlantis-Bericht liegt die Ursache in einem moralischen Niedergang, der durch Vermischung mit „Sterblichen" eingetreten sei und zur Bildung einer verhängnisvollen Machtgier geführt habe. Nach den Unterlagen von Medinet Habu waren gewaltige Überschwemmungen mit großen Landverlusten der Anlaß für die kriegerischen Expeditionen der Atlanter gewesen. Für beide Ursachen haben sich Befunde nachweisen lassen, für die eine die Verbindung mit dem kriegerischen Volk der Streitaxt-Leute, für die andere die beträchtlichen Landuntergänge, vor allem an den Küsten von Cornwall und Wales. Der Umstand, daß die „Seevölker" auf ihren Kriegszügen Frauen und Kinder mitnahmen, könnte ein weiteres Indiz für die Landnot sein; offensichtlich suchten sie neue Siedlungsgebiete. Gleichviel ob Übermut oder Not oder beides die Auslöser waren, in jedem Fall zerbrach mit der entscheidenden Niederlage in Ägypten die militärische Macht der Atlanter.

Das wirkte sich verhängnisvoll auf den atlantischen Welthandel aus. Denn die Phönizier – im westlichen Mittelmeer vertreten durch die Karthager, Punier – nutzten die militärische Schwächung der Atlanter und rissen den Erzhandel an sich. Erste ernste Gefahren für Atlantis waren die im 6. Jh. v. Chr. erfolgte Sperre der Straße von Gibraltar und die Ausschaltung des wichtigen Umschlagplatzes, der reichen atlantischen Handelsstadt Tartessos, durch die Karthager. Zwar versuchten die Atlanter der Blockade zu begegnen: sie verschifften das kostbare Metall von Cornwall und der Bretagne zu den Flußmündungen der Loire, Gironde oder Seine und transportierten es auf Pferderücken entlang den Flußtälern bis nach dem an der Rhonemündung gelegenen Massalia (Marseille), das noch nicht von den Puniern beherrscht war. Aber der beschwerliche Transport auf dem Landweg war nicht nur zeitraubend – nach Diodor (bibl. V, 22) nahm er 30 Tage in Anspruch –, sondern zwang auch zu einer Einschränkung des Exportumfanges. Er verteuerte zugleich das Erz und minderte dadurch den Gewinn, zumal die Karthager billiger liefern konnten. Denn sie hatten sich nach der Ausschaltung von Tartessos in den Besitz der iberischen Erzgruben gesetzt und konnten zudem – nach der Sperre der Gibraltarstraße – allein den kostensparenden und schnelleren Seeweg benutzen. Das stürmische Vordringen der Kelten nach Frankreich und Spanien behinderte den atlantischen Erzhandel auch auf dem Landweg empfindlich, bis schließlich die Besetzung Galliens durch die Römer den Erzexport der Atlanter definitiv zum Erliegen brachte.

Ein weiterer Umstand besiegelte den endgültigen Niedergang der hauptsächlich auf Zinn und Kupfer basierenden Macht der Atlanter: das aufkommende E i s e n ! Durch die Verknappung der Rohstoffe für die Bronze wich die Weltwirtschaft auf das zwar geringwertigere, dafür aber leichter erreichbare und darum billigere Eisen aus. Dieses „Bauernmetall", das bisher nur für friedliche Zwecke, besonders zur Herstellung von Ackergeräten gedient hatte, löste die Bronze, das „königliche Metall", aus dem vor allem die Waffen der Krieger hergestellt wurden, für immer ab. Der Sieg des Eisens brachte nicht nur das Ende der „Bronzezeit" sondern auch das Erlöschen der Macht und Größe von Atlantis. D a s war der eigentliche „Untergang von Atlantis"! Machtpolitische, weltwirtschaftliche und in ihrem Gefolge kulturelle Veränderungen von weltweiter Auswirkung haben das Schicksal von Atlantis besiegelt. Nicht das schaurig-schöne Drama von der Zerstörung eines geheimnisvollen, blühenden riesigen Reiches, das zur Strafe für seinen Übermut an einem einzigen Tag den sinnlos wütenden Kräften der Naturgewalten zum Opfer fiel, sondern der nicht ganz unverschuldete Niedergang einer stolzen Weltmacht in einem längeren, erbarmungslosen Daseinskampf: d a s ist die wirkliche Geschichte vom Untergang von Atlantis.[183)]

Opfer der übermächtigen Naturelemente waren lediglich die Hauptstadt des Reiches und einige Streifen Küstenlandes geworden. Dieser plötzliche Untergang war keine Katastrophe von weltweitem Ausmaß, wie es das Versinken einer sehr großen Insel oder gar eines Kontinents gewesen wäre. Aber auch dieser Vorgang, der innerhalb weniger Stunden eine blühende, von vollem Leben pulsierende Stadt samt ihren zahlreichen Bewohnern und ihren prächtigen Bauten auslöschte und in ein nasses Grab senkte, war ein erschütterndes Drama. Nur dieses Ereignis – die Vernichtung der kleinen Königsinsel des Atlas – hat Platon im Auge, wenn er in seinen beiden Dialogen davon spricht, Atlantis sei innerhalb eines Tages und einer Nacht im Meer versunken. Weder Solon noch Platon haben von dem schlagartigen Untergang einer Rieseninsel mit einer Millionenbevölkerung berichtet. Einen solchen Vorgang hat es im Zusammenhang mit Atlantis nie gegeben. Man ist einem selbst geschaffenen Phantom nachgejagt und hat sich dann immer aufs Neue gewundert, daß diese Jagd vergeblich gewesen ist, oder man hat resignierend oder in schöner Selbsttäuschung den Wahrheitsgehalt des Atlantis-Berichtes in Frage und die Suche eingestellt. Platons Geschichte wurde zu einem Mythos, einer Sage, einer Märchenerzählung vom „verlorenen Paradies", vom verschwundenen „goldenen Zeitalter" oder schließlich vom Idealland „Utopia".

Aber Atlantis – das hat unsere Untersuchung gezeigt – war und ist eine Realität, denn das von Platon beschriebene Reich Atlantis hat es wirklich gegeben und große Teile davon sind noch heute erhalten. Die bisherige Wirrnis und Unsicherheit ist einer Klarheit und Sicherheit gewichen, die meist die Kennzeichen der Wahrheit sind. Gewiß zerstört die nüchterne Feststellung der tatsächlichen Existenz des Reiches Atlantis manch schönen Traum oder phantastisches Märchen. Auch Heinrich S c h l i e m a n n hat mit der Auffindung von Troja die hübsche Legende von der geheimnisvollen Burg des sagenhaften Königs Priamos entmythologisiert, aber dadurch ist unsere Geisteswelt nicht ärmer sondern reicher geworden. So wiegt auch die Erkenntnis, daß die Atlantis-Erzählung von einem existierenden bedeutenden Volk berichtet und von dem Untergang dieses länder- und meerbeherrschenden, blühenden Reiches und seiner Metropole, daß also der Bericht über Atlantis eine historische Quelle ersten Ranges ist, die Zerstörung schöner Träume und Mythen mehr als auf. Und es ist nicht bloß tröstlich, wenn wir den Worten Platons Glauben schenken: „Es ist wirklich wahr, wenn es auch seltsam klingt" (Timaios 20 d).

Nachwort

Der 1577 verstorbene berühmte französische Arzt und Astrologe Nostradamus, mit seinem eigentlichen Namen Michel de Notre-Dame, prophezeite für das Jahr 1977 das Auftauchen von Atlantis. Vielleicht ist es für die Freunde der Sterndeutung und der Hellseherei sowie für alle, denen die Lösung des Rätsels von Atlantis die Zerstörung eines nostalgischen Traumes von einer goldenen Vergangenheit bedeutet, eine Genugtuung und ein Trost, wenn ich gestehe, daß mir in der Tat die Idee zur Entzifferung des Geheimnisses Atlantis im Jahre 1977 gekommen ist. In der Anmerkung 193 meines Buches über die Fahrt des Odysseus („Weit war sein Weg nach Ithaka", Hamburg 1978) habe ich von dem in vorgeschichtlicher Zeit versunkenen Wald in der Mount's Bucht von Cornwall berichtet. Damals kam mir der Gedanke, daß die Lokalisation des Phäakenlandes gleichzeitig der Schlüssel sei zur Lösung des Rätsels von Atlantis. Wenn die in dem vorliegenden Buch entwickelte Theorie richtig ist, dann ist tatsächlich Atlantis – bildlich gesprochen – im Jahre 1977 wiederaufgetaucht!

Auszüge

aus den Atlantis-Berichten Platons in den Dialogen „Timaios" und „Kritias".

Vorbemerkung:

Der Verfasser hat seinen Ausführungen die deutsche Übersetzung von Franz Susemihl, Platon, Sämtliche Werke, 3. Bd., Berlin 1940, Verlag Lambert Schneider, zugrundegelegt. Die zuweilen etwas altertümliche Sprache des Übersetzers wurde dabei bewußt in Kauf genommen, weil seine Übertragung die am meisten wortgetreue und am wenigsten durch sachliche Korrekturen veränderte zu sein scheint. Die Zahlen und Buchstaben am Rande entsprechen der üblichen Zitierweise nach der Pariser Plato-Ausgabe von Henricus Stephanus (1578).

Aus dem Dialog „Timaios"

20 d *Kritias:* So höre denn, Sokrates, eine gar seltsame, aber durchaus wahre Geschichte, wie sie einst Solon, der Weiseste unter den Sieben, erzählt hat.
20 e Er war nämlich, wie bekannt, ein Verwandter und vertrauter Freund meines Urgroßvaters Dropides, wie er auch selber wiederholt in seinen Gedichten sagt; meinem Großvater Kritias aber erzählte er bei irgend einer Gelegenheit, wie es dieser als Greis wiederum mir mitteilte, daß es viele vor Alters von unserem Staat vollbrachte bewunderungswürdige Taten gäbe, welche durch die Länge der Zeit und den Untergang der Menschen in Vergessenheit geraten wären; von allen aber sei eine die größte; und
21 a diese ist es, deren Andenken mir jetzt zu erneuern geziemt, um sowohl dir meinen Dank abzutragen, als auch zugleich die Göttin an ihrem gegenwärtigen Feste auf eine echte und gebührende Weise wie durch einen Lobgesang zu verherrlichen.
Sokrates: Wohlgesprochen! Aber was für eine Tat ist denn das, die Kritias, obgleich sie der Überlieferung unbekannt ist, dir dennoch als eine in Wahrheit vor alters von dieser Stadt vollbrachte nach dem Berichte des Solon mitteilte?
Kritias: So will ich denn diese alte Geschichte erzählen, die ich von einem nicht mehr jungen Manne vernommen. Es war nämlich damals Kritias,
21 b wie er sagte, schon beinahe neunzig Jahre, ich aber so ungefähr zehn alt. Nun war gerade der Knabentag der Apaturien, und was sonst jedesmal an diesem Feste gebräuchlich ist, geschah auch diesmal mit den Kindern: Preise setzten uns nämlich die Väter für den besten Vortrag von Gedichten

aus. So wurden denn viele Gedichte von vielen anderen Dichtern hergesagt; namentlich aber trugen viele von uns Kindern manche von denen des Solon vor, weil diese zu jener Zeit noch etwas Neues war. Da äußerte nun einer von den Genossen unserer Phratrie, sei es, daß dies damals wirklich seine Ansicht war, sei es, um dem Kritias etwas Angenehmes zu sagen, es scheine ihm Solon sowohl in allen anderen Stücken der Weiseste als

21 c auch in bezug auf die Dichtkunst unter allen Dichtern der edelste zu sein. Der Greis nun – denn ich erinnere mich dessen noch sehr wohl – ward sehr erfreut und erwiderte lächelnd: „Wenigstens, Amynandros, wenn er die Dichtkunst nicht bloß als Nebensache betrieben, sondern, wie andere, seinen ganzen Fleiß auf sie verwandt und die Erzählung, welche er aus Ägypten mit hierher brachte, vollendet und nicht wegen der Unruhen und durch alle anderen Schäden, welche er hier bei seiner Rückkehr vorfand,

21 d sich gezwungen gesehen hätte, sie liegen zu lassen, dann wäre, wenigstens nach meinem Dafürhalten, weder Homeros noch Hesiodos noch irgend ein anderer Dichter je berühmter geworden als er."

„Aber was für eine Geschichte war denn dies?" fragte jener. „Traun von der größten und mit vollem Rechte ruhmwürdigsten Tat von allen, welche diese Stadt vollbracht, von welcher aber wegen der Länge der Zeit und des Untergangs derer, die sie vollbracht haben, die Überlieferung sich nicht bis auf uns erhalten hat." „So erzähle mir denn vom Anfange an", versetzte der andere, „was und wie und von wem Solon hierüber Beglaubigtes gehört und es danach berichtet hat."

21 e „Es gibt in Ägypten", versetzte Kritias," in dem Delta, um dessen Spitze herum der Nilstrom sich spaltet, einen Gau, welcher der saïtische heißt, und die größte Stadt dieses Gaus ist Saïs, von wo ja auch der König Amasis gebürtig war. Die Einwohner nun halten für die Gründerin ihrer Stadt eine Gottheit, deren Name auf ägyptisch Neith, auf griechisch aber, wie sie angeben, Athene ist; sie behaupten daher, große Freunde der Athener und gewissermaßen mit ihnen stammverwandt zu sein. Als daher Solon dort-

22 a hin kam, so wurde er, wie er erzählte, von ihnen mit Ehren überhäuft, und da er Erkundigungen über die Vorzeit bei denjenigen Priestern einzog, welche hierin vorzugsweise erfahren waren, so war er nahe daran zu finden, daß weder er selbst noch irgend ein anderer Grieche, fast möchte man sagen, auch nur irgend etwas von diesen Dingen wisse. Und einst habe er, um sie zu einer Mitteilung über die Urzeit zu veranlassen, begonnen, ihnen die ältesten Geschichten Griechenlands zu erzählen, ihnen vom Phoroneus, welcher für den ersten Menschen gilt, und von der Niobe, und wie

22 b nach der Flut Deukalion und Pyrrha übrigblieben, zu berichten und das Geschlechtsregister ihrer Abkömmlinge aufzuzählen, und habe versucht, mit Anführung der Jahre, welche auf jedes einzelne kamen, wovon er sprach, die Zeiten zu bestimmen. Da aber habe eine der Priester, ein sehr bejahrter Mann, ausgerufen: „O Solon, Solon, ihr Hellenen bleibt doch

immer Kinder, und einen alten Hellenen gibt es nicht!" Als nun Solon dies vernommen, habe er gefragt: „Wieso? Wie meinst du das?"
„Ihr seid alle jung an Geiste", erwiderte der Priester, „denn ihr tragt in ihm keine Anschauung, welche aus alter Überlieferung stammt, und keine mit der Zeit ergraute Kunde. Der Grund hiervon aber ist folgender: Es haben
22 c schon viele und vielerlei Vertilgungen der Menschen stattgefunden und werden auch fernerhin noch stattfinden, die umfänglichsten durch Feuer und Wasser, andere, geringere aber durch unzählige andere Ursachen. Denn was auch bei euch erzählt wird, daß einst Phaëton, der Sohn des Helios, den Wagen seines Vaters bestieg und, weil er es nicht verstand, auf dem Wege seines Vaters zu fahren, alles auf der Erde verbrannte und selber vom Blitze erschlagen ward, das klingt zwar wie eine Fabel, doch ist
22 d das Wahre daran die veränderte Bewegung der die Erde umkreisenden Himmelskörper und die Vernichtung von allem, was auf der Erde befindlich ist, durch vieles Feuer, welche nach dem Verlauf gewisser großer Zeiträume eintritt. Von derselben werden dann die, welche auf Gebirgen und in hochgelegenen und wasserlosen Gegenden wohnen, stärker betroffen als die Anwohner der Flüsse und des Meeres, und so rettet auch uns der Nil, wie aus allen anderen Nöten, so auch alsdann, indem er uns auch aus dieser befreit. Wenn aber wiederum die Götter die Erde, um sie zu reinigen, mit Wasser überschwemmen, dann bleiben die, so auf den Bergen wohnen, Rinder- und Schafhirten, erhalten; die aber welche bei euch in
22 e den Städten leben, werden von den Flüssen ins Meer geschwemmt; dagegen in unserem Lande strömt weder dann noch sonst das Wasser vom Himmel herab auf die Fluren, sondern es ist so eingerichtet, daß alles von unten her über sie aufsteigt. Daher und aus diesen Gründen bleibt alles bei uns erhalten und gilt deshalb für das Älteste. In Wahrheit jedoch gibt es in allen Gegenden, wo nicht übermäßige Kälte oder Hitze es wehrt, stets ein
23 a bald mehr, bald minder zahlreiches Menschengeschlecht. Nur aber liegt bei uns alles, was bei euch oder in der Heimat oder in anderen Gegenden vorgeht, von denen wir durch Hörensagen wissen, sofern es irgendwie etwas Treffliches oder Großes ist oder irgend eine andere Bedeutsamkeit hat, insgesamt von alters her in den Tempeln aufgezeichnet und bleibt also erhalten. Ihr dagegen und die übrigen Staaten seid hinsichtlich der Schrift und alles anderen, was zum staatlichen Leben gehört, immer eben erst eingerichtet, wenn schon wiederum nach dem Ablauf der gewöhnlichen Frist wie eine Krankheit die Regenflut des Himmels über euch hereinbricht und
23 b nur die der Schrift Unkundigen und Ungebildeten bei euch übrigläßt, so daß ihr immer von neuem gleichsam wieder jung werdet und der Vorgänge bei uns und bei euch unkundig bleibt, so viel ihrer in alten Zeiten sich ereigneten. Wenigstens eure jetzigen Geschlechtsverzeichnisse, lieber Solon, wie du sie eben durchgingst, unterscheiden sich nur wenig von Kindermärchen. Denn erstens erinnert ihr euch nur e i n e r Überschwem-

mung der Erde, während doch so viele schon vorhergegangen sind; sodann aber wißt ihr nicht, daß das trefflichste und edelste Geschlecht unter den Menschen in eurem Lande gelebt hat, von denen du und alle Bürger

23 c eures jetzigen Staates herstammen, indem einst ein geringer Stamm von ihnen übrigblieb; sondern alles dies blieb euch verborgen, weil die Übriggebliebenen viele Geschlechter hindurch ohne die Sprache der Schrift ihr ganzes Leben hinbrachten. Denn es war einst, mein Solon, vor der größten Zerstörung durch Wasser d e r Staat, welcher jetzt der athenische heißt, der beste im Kriege und mit der in allen Stücken ausgezeichnetsten Verfasssung ausgerüstet, wie denn die herrlichsten Taten und öffentlichen Einrichtungen von allen unter der Sonne, deren Ruf wir vernommen haben, ihm zugeschrieben werden."

Als nun Solon dies hörte, da habe er, wie er erzählte, sein Erstaunen be-

23 d zeigt und angelegentlichst die Priester gebeten, ihm die ganze Geschichte der alten Bürger seines Staates in genauer Reihenfolge wiederzugeben. Der Priester aber habe erwidert: „Ich will dir nichts vorenthalten, mein Solon, sondern dir alles mitteilen, sowohl dir als eurem Staate, vor allem aber der Göttin zu Liebe, welche euren sowie unseren Staat gleichmäßig zum

23 e Eigentume erhielt und beide erzog und bildete, und zwar den euren tausend Jahre früher aus dem Samen, den sie dazu von der Erdgöttin Ge und dem Hephaistos empfangen hatte, und später ebenso den unsrigen. Die Zahl der Jahre aber, seitdem die Einrichtung des letzteren besteht, ist in unseren heiligen Büchern auf achttausend angegeben. Von euren Mitbürgern, die vor neuntausend Jahren entstanden, will ich dir also jetzt in kurzem berichten, welches ihre Staatsverfassung und welches die herrlichste Tat war, die sie vollbrachten; das Genauere über dies alles aber wollen wir

24 a ein andermal mit Muße nach der Reihe durchgehen, indem wir die Bücher selber zur Hand nehmen. Von ihrer Verfassung nun mache dir eine Vorstellung nach der hiesigen: denn du wirst viele Proben von dem, was damals bei euch galt, in dem, was bei uns noch jetzt gilt, wiederfinden, zuerst eine Kaste der Priester, welche von allen andern gesondert ist, sodann die der Gewerbetreibenden, von denen wieder jede Klasse für sich arbeitet und nicht mit den anderen zusammen, samt den Hirten, Jägern und Ackerleuten; endlich wirst du auch wohl bemerkt haben, daß die

24 b Kriegerkaste hierzulande von allen anderen gesondert ist, und daß ihr nichts anderes, außer der Sorge für das Kriegswesen, vom Gesetze auferlegt ist. Ihre Bewaffnung ferner besteht aus Spieß und Schild, mit denen wir zuerst unter den Völkern Asiens uns ausrüsteten, indem die Göttin es uns, ebenso wie in euren Gegenden euch zuerst, gelehrt hatte. Was sodann die Geistesbildung anlangt, so siehst du wohl doch, eine wie große Sorge das Gesetz bei uns gleich in seinen Grundlagen auf sie verwandt hat, indem es aus allen auf die Naturordnung bezüglichen Wissenschaften bis zu der

24 c Wahrsagekunst und der Heilkunst zur Sicherung der Gesundheit hin,

welche alle göttlicher Natur sind, dasjenige, was zum Gebrauche der Menschen sich eignet, heraussuchte und sich dergestalt alle diese Wissenschaften und alle andern, welche mit ihnen zusammenhängen, aneignete. Nach dieser ganzen Anordnung und Einrichtung gründete nun die Göttin zuerst euren Staat, indem sie den Ort eurer Geburt mit Rücksicht darauf erwählte, daß die dort herrschende glückliche Mischung der Jahreszeiten am besten dazu geeignet sei, verständige Männer zu erzeugen. Weil also die Göttin zugleich den Krieg und die Weisheit liebt, so wählte sie den Ort aus,
24 d welcher am meisten sich dazu eignete, Männer, wie sie ihr am ähnlichsten sind, hervorzubringen, und gab diesem zuerst seine Bewohner. So wohntet ihr denn also dort im Besitze einer solchen Verfassung und noch viel anderer trefflicher Einrichtungen und übertraft alle anderen Menschen in jeglicher Tugend und Tüchtigkeit, wie es auch von Sprößlingen und Zöglingen der Götter nicht anders zu erwarten stand. Viele andere große Taten eures Staates nun lesen wir in unseren Schriften mit Bewunderung; von allen jedoch ragt e i n e durch ihre Größe und Kühnheit hervor:
24 e Unsere Bücher erzählen nämlich, eine wie gewaltige Kriegsmacht einst euer Staat gebrochen hat, als sie übermütig gegen ganz Europa und Asien zugleich vom Atlantischen Meere heranzog. Damals nämlich war das Meer dort fahrbar: denn vor der Mündung, welche ihr in eurer Sprache die Säulen des Herakles heißt, hatte es eine Insel, welche größer war als Asien und Libyen zusammen, und von ihr konnte man damals nach den übrigen Inseln hinübersetzen, und von den Inseln auf das ganze gegenüberlie-
25 a gende Festland, welches jenes recht eigentlich so zu nennende Meer umschließt. Denn alles das, was sich innerhalb der eben genannten Mündung befindet, erscheint wie eine bloße Bucht mit einem engen Eingange; jenes Meer aber kann in Wahrheit also und das es umgebende Land mit vollem Fug und Recht Festland heißen. Auf dieser Insel *Atlantis* nun bestand eine große und bewunderungswürdige Königsherrschaft, welche nicht bloß die ganze Insel, sondern auch viele andere Inseln und Teile des Festlands unter ihrer Gewalt hatte. Außerdem beherrschte sie noch von den hier in-
25 b nerhalb liegenden Ländern Libyen bis nach Ägypten und Europa bis nach Tyrrhenien hin. Indem sich nun diese ganze Macht zu e i n e r Heeresmasse vereinigte, unternahm sie es, unser und euer Land und überhaupt das ganze innerhalb der Mündung liegende Gebiet mit e i n e m Zuge zu unterjochen. Da wurde nun, mein Solon, die Macht eures Staates in ihrer vollen Trefflichkeit und Stärke vor allen Menschen offenbar. Denn vor allen andern an Mut und Kriegskünsten hervorragend, führte er zuerst die Helle-
25 c nen; dann aber ward er durch den Abfall der anderen gezwungen, sich auf sich allein zu verlassen, und als er so in die äußerste Gefahr gekommen, da überwand er die Andringenden und stellte Siegeszeichen auf und verhinderte so die Unterjochung der noch nicht Unterjochten und gab den andern von uns, die wir innerhalb der herakleïschen Grenzen wohnen, mit

25 d edlem Sinne die Freiheit zurück. Späterhin aber entstanden gewaltige Erdbeben und Überschwemmungen, und da versank während eines schlimmen Tages und einer schlimmen Nacht das ganze streitbare Geschlecht bei euch scharenweise unter die Erde; und ebenso verschwand die Insel Atlantis, indem sie im Meere unterging. Deshalb ist auch die dortige See jetzt unfahrbar und undurchforschbar, weil der sehr hoch aufgehäufte Schlamm im Wege ist, welchen die Insel durch ihr Untersinken hervor-

25 e brachte." Da hast du nun, lieber Sokrates, was mir vom alten Kritias auf Solons Bericht hin erzählt wurde, so in kurzem vernommen.

Aus dem Dialog „Kritias"

108 e Vor allem nun wollen wir uns zunächst das ins Gedächtnis zurückrufen, daß es im ganzen neuntausend Jahre her ist, seitdem, wie angegeben worden, der Krieg zwischen denen, welche jenseits der Säulen des Herakles, und allen denen, welche innerhalb derselben wohnten, entstand, welchen ich jetzt vollständig zu erzählen habe. Nun wurde schon angeführt, daß an der Spitze der letzteren unsere Stadt stand und den ganzen Krieg zu Ende führte, während über die ersteren die Könige der Insel Atlantis herrschten, welche, wie ich bemerkt habe, einst größer war als Libyen und Asien zusammen, jetzt aber durch Erderschütterungen untergegangen ist und einen undurchdringlichen Schlamm zurückgelassen hat, welcher sich denen, die in das jenseitige Meer hinausschiffen wollen, als Hindernis ihres weiteren Vordringens entgegenstellt.

113 b Wie schon im Obigen erzählt wurde, daß die Götter die ganze Erde unter sich teils in größere, teils in kleinere Teile verteilt und sich selber ihre Hei-

113 c ligtümer und Opferstätten gegründet hätten, so fiel auch dem Poseidon die Insel Atlantis zu, und er verpflanzte seine Sprößlinge, die er mit einem sterblichen Weib erzeugt hatte, auf einen Ort der Insel von ungefähr folgender Beschaffenheit: Ziemlich in der Mitte der ganzen Insel, jedoch so, daß sie an das Meer stieß, lag eine Ebene, welche von allen Ebenen die schönste und von ganz vorzüglicher Güte des Bodens gewesen sein soll. Am Rande dieser Ebene aber lag wiederum, und zwar etwa sechzig +) Stadien vom Meere entfernt, ein nach allen Seiten niedriger Berg. Auf die-

113 d sem nun wohnte einer von den daselbst im Anfange aus der Erde entsprossenen Männern, namens Euenor, zusamt seiner Gattin Leukippe, und sie hatten eine einzige Tochter, Kleito, erzeugt. Als nun dies Mädchen in das Alter der Mannbarkeit gekommen war, starben ihr Mutter und Vater; Poseidon aber ward von Liebe zu ihr ergriffen und verband sich mit ihr. Er trennte deshalb auch den Hügel, auf welchem sie wohnte, rings herum durch eine starke Umhegung ab, indem er mehrere kleinere und größere

+) Die übliche Übersetzung lautet: fünfzig

Ringe abwechselnd von Wasser und von Erde umeinander fügte, und zwar ihrer zwei von Erde und drei von Wasser, und mitten aus der Insel gleichsam herauszirkelte, so daß ein jeder in allen seinen Teilen gleichmäßig von den anderen entfernt war; wodurch denn der Hügel für Menschen

113 e unzugänglich ward, denn Schiffe und Schiffahrt gab es damals noch nicht. Für seine Zwecke aber stattete er die in der Mitte liegende Insel, wie es ihm als einem Gott nicht schwer ward, mit allem Nötigen aus, indem er zwei Wassersprudel, den einen warm und den andern kalt, dergestalt, daß sie aus einer gemeinsamen Quelle flossen, aus der Erde emporsteigen und mannigfache und reichliche Frucht aus ihr hervorgehen ließ. An männlicher Nachkommenschaft aber erzeugte er fünf Zwillingspaare und zog sie auf, zerlegte sodann die ganze Insel Atlantis in zehn Landgebiete und teilte

114 a von ihnen dem Erstgeborenen des ältesten Paares den Wohnsitz seiner Mutter und das umliegende Gebiet, als das größte und beste, zu und bestellte ihn auch zum König über die anderen Söhne; aber auch diese machte er zu Herrschern, indem er einem jeden die Herrschaft über viele Menschen und vieles Land verlieh. Auch legte er allen Namen bei, und zwar dem ältesten und Könige den, von welchem auch die ganze Insel und das Meer, welches ja das Atlantische heißt, ihre Benennungen empfingen;

114 b nämlich Atlas ward dieser erste damals herrschende König geheißen. Dem nach ihm geborenen Zwillingsbruder ferner, welcher den äußersten Teil der Insel, von den Säulen des Herakles bis zu der Gegend, welche jetzt die gadeirische heißt und von der damals so genannten diese Bezeichnung empfangen hat, als seinen Anteil erhielt, gab er in der Landessprache den Namen Gadeiros, welcher auf griechisch Eumelos lauten würde und auch jene Benennung des Landes hervorrufen sollte. Von dem zweiten Paare sodann nannte er den einen Ampheres und den andern Euaimon, von dem dritten den erstgeborenen Mnaseas und den folgenden Autochthon, von

114 c dem vierten den ersten Elasippos und den zweiten Mestor, von dem fünften endlich empfing der Frühgeborene den Namen Azaës und der letztgeborene den Namen Diaprepes. Diese alle nun samt ihren Abkömmlingen wohnten hier viele Geschlechter hindurch und beherrschten auch noch viele andere Inseln des Meeres, überdies aber, wie schon vorhin bemerkt wurde, auch noch die hier innerhalb Wohnenden bis nach Ägypten und Tyrrhenien hin.

114 d Von Atlas nun stammte ein zahlreiches Geschlecht, welches auch in seinen übrigen Gliedern hochgeehrt war, namentlich aber dadurch, daß der jedesmalige König die königliche Gewalt immer dem ältesten seiner Söhne überlieferte, viele Geschlechter hindurch sich den Besitz dieser Gewalt und damit eines Reichtums von solcher Fülle bewahrte, wie er wohl weder zuvor in irgendeinem Königreiche bestanden hat, noch so leicht künftig wieder bestehen wird, und war mit allem versehen, was in der Stadt und im übrigen Lande herbeizuschaffen nötig war. Denn vieles ward diesen

Königen von auswärtigen Ländern her infolge ihrer Herrschaft über diese
114 e zugeführt; das meiste aber bot die Insel selbst für die Bedürfnisse des Lebens dar, zunächst alles, was durch den Bergbau gediegen oder in schmelzbaren Erzen hervorgegraben wird, darunter auch die Gattung, welche jetzt nur noch ein Name ist, damals aber mehr als dies war, nämlich die des Goldkupfererzes,+) welches an vielen Stellen der Insel aus der Erde gefördert und unter den damals lebenden Menschen nächst dem Golde am höchsten geschätzt ward. Ferner brachte sie alles, was der Wald zu den Arbeiten der Handwerker darbietet, in reichem Maße hervor und nährte reichlich wilde und zahme Tiere. Sogar die Gattung der Elefanten war auf ihr sehr zahlreich; denn nicht bloß für die übrigen Tiere insgesamt, welche in Sümpfen, Teichen und Flüssen, sowie für die, welche auf den Bergen und welche in den Ebenen leben, war reichliches Futter vorhanden, sondern in gleichem
115 a Maße auch selbst für diese Tiergattung, die die größte und gefräßigste von allen ist. Was überdem die Erde jetzt nur irgend an Wohlgerüchen nährt, sei es von Wurzeln oder Gras oder Hölzern oder hervorquellenden Säften oder Blumen oder Früchten, das alles trug und hegte die Insel vielfältig; nicht minder die „milde Frucht" und die trockene, deren wir zur Nahrung bedürfen, und alles, deren wir uns sonst zur Speise bedienen und deren
115 b Arten wir mit dem gemeinsamen Namen der Gemüse bezeichnen; ferner die, welche baumartig wächst und Trank und Speise und Salböl zugleich liefert; ferner die schwer aufzubewahrende Frucht der Obstbäume, welche uns zur Freude und zur Erheiterung geschaffen ist, und was wir zum Nachtisch aufzutragen pflegen als erwünschte Reizmittel des angefüllten Magens für die Übersättigten, – dies alles brachte die Insel, die damals durchweg den Einwirkungen der Sonne zugänglich war, in vortrefflicher und bewundernswerter Gestalt und in der reichsten Fülle hervor. Indem nun Atlas und seine Nachkommen dies alles aus der Erde empfingen,
115 c gründeten sie Tempel, Königshäuser, Häfen und Schiffswerften und richteten auch das ganze übrige Land ein, wobei sie nach folgender Anordnung verfuhren:

Zuerst schlugen sie Brücken über die Ringe von Wasser, welche ihre alte Mutterstadt umgaben, um sich so einen Weg von und zu der Königsburg zu schaffen. Diese errichteten sie nämlich gleich im Anfange eben auf jenem Wohnsitze des Gottes und ihrer Vorfahren, und so empfing sie der eine
115 d von dem anderen, indem ein jeder ihre Ausstattung erweiterte und nach Kräften seinen Vorgänger darin überbot, bis sie denn endlich diesen ihren Wohnsitz durch die Größe und Schönheit ihrer Werke zu einem staunenswerten Anblicke gemacht hatten: Zuerst nämlich gruben sie einen Kanal von drei Plethren Breite, hundert Fuß Tiefe und fünfzig Stadien Länge vom Meere aus bis zu dem äußersten Ringe hin und machten so eine Einfahrt von der See in denselben wie in einen Hafen möglich, indem sie

+) Im Original steht „Oreichalkos", was wörtlich übersetzt „Bergerz" bedeutet.

die Einmündung in ihn weit genug zum Einlaufen für die größten Schiffe brachen. Sodann durchbrachen sie aber auch die Kreiswälle von Erde, welche die Wasserringe von einander trennten, unterhalb der Brücken in

115 e einer solchen Breite, daß für einen einzelnen Dreiruderer die Durchfahrt von dem einen durch den anderen möglich ward, und überbrückten dann wieder den Durchstich, so daß die Schiffahrt hier eine unterirdische war; die Ränder der Erdwälle hatten nämlich eine Höhe, welche hinlänglich über das Meer emporragte. Es war aber der weiteste von den Ringen, welche einst aus dem Meere gebildet waren, drei Stadien breit, und ebenso der zunächst auf ihn folgende Wallring, von den beiden nächsten Ringen aber der aus Wasser bestehende zwei, und ebenso war ihm wiederum der aus Erde aufgehäufte an Breite gleich, endlich der unmittelbar um die Insel herumlaufende e i n Stadion, und die Insel selbst, auf welcher die Königs-

116 a burg stand, hatte fünf Stadien im Durchmesser. Diese selber nun umgaben sie rings herum, und ebenso die Ringe und die Brücke, welche e i n Plethron breit war, von beiden Seiten mit je einer steinernen Mauer und errichteten bei den Brücken nach beiden Seiten hin Türme und Tore gegen die Durchfahrten vom Meere zu. Die Steine dazu aber, welche teils weiß, teils schwarz und teils rot waren, brachen sie unten an den Abhängen der

116 b in der Mitte gelegenen Insel ringsherum und ebenso unten an den Wallrändern nach außen und nach innen zu, und dadurch, daß sie sie dort herausschlugen, erlangten sie zugleich innerhalb derselben auf beiden Seiten Höhlungen zu Schiffsarsenalen, welche den Felsen selber zur Decke hatten. Auch andere Gebäude errichteten sie aus jenen Steinen, und zwar teils einfarbige, teils auch bunte, indem sie sie aus verschiedenfarbigen Steinen zum Genuß für das Auge zusammensetzten und ihnen dadurch ihren vollen natürlichen Reiz gaben. Die Mauer endlich, welche um den äußeren Wall herumlief, faßten sie ihrem ganzen Umfange nach mit Erz ein, indem sie dieses gleichsam wie ein Salböl anwandten; die um den innern aber um-

116 c schmolzen sie mit Zinn, endlich die Burg selbst mit Goldkupfererz,+) welches einen feuerähnlichen Glanz hatte.

Die königliche Wohnung innerhalb der Burg selbst aber war folgendermaßen eingerichtet: Inmitten der letztern befand sich ein der Kleito und dem Poseidon geweihter Tempel, welcher nur von den Priestern betreten werden durfte und mit einer goldenen Mauer umgeben war, derselbe, in welchem sie einst das Geschlecht der zehn Fürsten erzeugt und hervorgebracht hatten. Dahin schickte man auch jedes Jahr aus allen zehn Landgebieten die Erstlinge als Opfer für einen jeden von diesen. Ferner stand dort

116 d ein besonderer Tempel des Poseidon, von e i n e m Stadion Länge, drei Plethren an Breite und von einer Höhe, wie sie einen dementsprechenden Anblick gewährte, er hatte aber ein etwas barbarisches Aussehen. Den ganzen Tempel nun überzogen sie von außen mit Silber, mit Ausnahmen

+) Bergerz

der Zinnen, die Zinnen aber mit Gold. Was aber das Innere anbetrifft, so konnte man die elfenbeinerne Decke ganz mit Gold und Goldkupfererz+) verziert sehen, alles andere aber an Mauern, Säulen und Estrichen überkleideten sie mit Goldkupfererz.+) Auch stellten sie goldene Bildsäulen darin auf, nämlich den Gott selbst, wie er, auf seinem Wagen stehend,
116 e sechs geflügelte Rosse lenkt, und der seinerseits so groß gebildet war, daß er mit dem Haupte die Decke berührte, rings um ihn herum aber die hundert Nereïden auf Delphinen; denn so viel, glaubte man damals, seien ihrer; außerdem befanden sich aber auch noch viele andere Bildwerke als Weihgeschenke von Privatleuten im Tempel. Außerhalb aber standen rings um ihn die Bildsäulen von allen insgesamt, nämlich von den zehn Königen selbst und ihren Weibern und allen, welche von ihnen entsprossen waren, und viele andere große Weihgeschenke von den Königen wie von Privatleuten teils aus der Stadt selbst, teils aus allen von ihnen be-
117 a herrschten Gebieten außerhalb derselben. Auch der Altar entsprach an Größe sowie an Arbeit dieser Ausstattung, und ebenso war auch die Königliche Wohnung ebensosehr der Größe der Herrschaft wie andererseits dem auf die Heiligtümer verwandten Schmucke angemessen. Von den beiden Quellen aber, sowohl der von kaltem als der von warmem Wasser, welche dessen eine reiche Fülle enthielten und es beide an Wohlgeschmack und Güte zum Gebrauche in ganz bewundernswerter Vortrefflichkeit darboten, zogen sie Nutzen, indem sie Gebäude und Baumpflanzungen, wie sie zu den Wassern sich schickten, ringsumher anlegten und ferner
117 b Wasserbehälter teils unter freiem Himmel, teils zu warmen Bädern für den Winter in bedeckten Räumen in der Umgebung einrichteten, und zwar deren besondere für die Könige und besondere für die Untertanen, ferner noch andere für die Weiber und wieder für die Pferde und die übrigen Zugtiere, und einem jeden von diesen allen die ihm angemessene Ausstattung gaben. Das abfließende Wasser aber leiteten sie in den Hain des Poseidon, welcher Bäume von mannigfacher Art und von ganz vorzüglicher Höhe und Schönheit infolge der Güte des Bodens umfaßte, teils aber auch durch Kanäle über die Brücken weg in die äußeren Ringe hinein. In der
117 c Nähe dieser Wasserleitungen wurden denn auch Heiligtümer vieler Götter, ferner viele Gärten und Übungsplätze angelegt, und zwar besondere für die auf den menschlichen Körper beschränkten Übungen und besondere für die mit dem Wagengespann auf jeder von beiden aus den Wällen bestehenden Inseln; und überdies besaßen sie auch in der Mitte der größten Insel eine ausgesuchte Rennbahn, welche ein Stadion breit und deren Länge im ganzen Umkreise zum Wettkampfe für die Rosse eingerichtet war. Um dieselbe herum lagen auf beiden Seiten die Wohnungen für die Mehrzahl der Trabanten. Die zuverlässigeren unter ihnen aber hatten ihre
117 d Wache auf dem kleineren und näher an der Burg gelegenen Wallring; den

+) Bergerz

vor allen anderen an Zuverlässigkeit ausgezeichneten endlich waren ihre Wohnungen auf der Burg selber um den Königspalast herum gegeben. Die Schiffsarsenale aber waren voll von Dreiruderern und von allem, was zu der Ausrüstung von Dreiruderern gehört, wovon alles in reichem Maße in Bereitschaft gehalten wurde.

Solches war nun also die Ausrüstung der königlichen Wohnung. Wenn 117 e man aber die frei außerhalb derselben befindlichen Häfen hinter sich hatte, so traf man auf eine Mauer, welche vom Meere begann und im Kreise herumlief, von dem größten Ringe und zugleich Hafen aber überall fünfzig Stadien entfernt war und an derselben Stelle bei der Mündung des Kanals in das Meer wieder abschloß. Dieses Ganze aber war mit vielen und dichtgedrängten Wohnungen umgeben, und die Ausfahrt sowie der größte Hafen wimmelten von Schiffen und Kaufleuten, welche aus allen Gegenden hierher kamen und bei Tage wie bei Nacht Geschrei, Getümmel und Getöse mannigfacher Art wegen ihrer Menge verursachten. Über die Stadt und jenen einstigen Wohnsitz der Könige habe ich nun so ziemlich das, was mir damals erzählt wurde, mitgeteilt; nun muß ich aber auch noch 118 a versuchen, über die natürliche Beschaffenheit des übrigen Landes und die Art seiner Verwaltung zu berichten. Zunächst nun wurde mir das Land im ganzen als sehr hochgelegen und steil aus dem Meere aufsteigend geschildert, die Gegend um die Stadt her dagegen durchweg als eine Ebene, welche sie umschloß, ihrerseits aber wieder ringsherum von Bergen eingeschlossen wurde, die sich bis zum Meere hinabzogen, und zwar als eine ganz glatte und gleichmäßige Fläche, die in ihrer Gesamtausdehnung eine längliche Gestalt hatte, indem diese nach der Seite zu dreitausend Stadien, in der Mitte aber vom Meere aufwärts nur zweitausend betrug. Von der 118 b ganzen Insel nämlich lag dieser Teil nach der Südseite zu, indem er sich von Norden nach Süden erstreckte. Die Berge aber, welche ihn umgaben, wurden damals als solche gepriesen, welche an Menge, Größe und Schönheit alle jetzt vorhandenen übertrafen, indem sie viele Flecken mit einer reichen Zahl von Bewohnern, ferner Flüsse, Seen und Auen, welche allen möglichen zahmen und wilden Tieren hinreichendes Futter darboten, sowie endlich Waldungen in sich faßten, welche in bunter Menge und in der größten Mannigfaltigkeit aller Gattungen einen reichhaltigen Stoff zu den Arbeiten jeder Art, im Großen wie im Kleinen, lieferten. Auf diese Weise 118 c war die Ebene von der Natur ausgestattet, und viele Könige hatten nicht minder an ihrer weiteren Ausstattung gearbeitet. Zum größten Teile bildete sie nämlich wirklich bereits ein vollständiges Rechteck; wo es aber noch an der vollen Regelmäßigkeit dieser Gestalt fehlte, war ihr diese dadurch gegeben worden, daß sie auf allen Seiten einen Graben herumgezogen hatten. Was mir nun von dessen Tiefe, Breite und Länge erzählt ward, das könnte unglaublich erscheinen für ein von Menschenhänden gearbeitetes Werk; es könnte unglaublich erscheinen, daß sie zu ihren vielen anderen

Arbeiten auch noch diese von so gewaltiger Ausdehnung unternommen hätten; dennoch muß ich darüber berichten, wie ich es gehört habe. Nämlich e i n Plethron tief ward er gegraben und überall e i n Stadion breit, und

118 d als er nun die ganze Ebene herumgezogen war, da ergab sich für ihn eine Länge von zehntausend Stadien. Er nahm auch die von den Bergen herabfließenden Wasser auf, und da er rings um die Ebene herumgeführt war und die Stadt auf beiden Seiten berührte, so ließ er diese auf folgende Weise ins Meer abfließen: Von seinem oberen Teile her wurden nämlich von ihm ungefähr hundert Fuß breite Kanäle in gerader Linie in die Ebene geleitet, welche wieder in den großen vom Meere aus gezogenen Kanal einmündeten und von einander hundert Stadien entfernt waren. Auf ihnen brachten

118 e sie denn auch das Holz von den Bergen in die Stadt; aber auch alle anderen Landeserzeugnisse holten sie zu Wasser heran, indem sie wieder Überfahrten aus den Kanälen in einander nach der Quere zu und ebenso nach der Stadt hin gruben. Auch ernteten sie infolgedessen zweimal des Jahres ein, indem ihnen im Winter der Regen des Zeus dazu verhalf, im Sommer aber die Bewässerung, welche das Land selber in sich trug, dadurch, daß sie sie aus den Kanälen herzuleiteten.

Was aber die Zahl der Bewohner anbetrifft, so bestand die Anordnung, daß in der Ebene selbst an kriegstüchtigen Männern jedes Grundstück ei-

119 a nen Anführer zu stellen hatte; die Größe eines jeden Grundstückes aber betrug gegen hundert Quadratstadien, und die Zahl von ihnen allen sechzigtausend; auf den Gebirgen dagegen und im übrigen Lande zählte man eine unsägliche Menschenmasse, alle jedoch waren nach ihren Ortschaften und Flecken je einem dieser Grundstücke und Führer zugeteilt. Die Führer nun aber hatten die Verpflichtung, zum Kriege ihrer sechs zusammen einen Kriegswagen zu stellen, so daß deren insgesamt zehntausend wur-

119 b den, ferner ein jeder zwei Rosse und Reiter, dazu noch ein Zwiegespann ohne Sessel, welches mit einem Krieger bemannt war, der einen kleinen Schild trug und auch herabsteigend zu Fuße kämpfte, außer diesem Wagenkämpfer aber mit einem Lenker für die beiden Rosse; ferner zwei Schwerbewaffnete und an Bogen- und Schleuderschützen je zwei, und ebenso an Stein- und Speerwerfern ohne Rüstung je drei; endlich vier Seeleute zur Bemannung von zwölfhundert Schiffen. So war das Kriegswesen in dem königlichen Staate angeordnet; in den andern neun Staaten aber auf verschiedene Weise, deren Erörterung zu lange Zeit in Anspruch nehmen würde.

119 c Die Verhältnisse der obrigkeitlichen Gewalt und der Staatswürden aber waren vom Anbeginn her folgendermaßen geordnet: Von den zehn Königen herrschte ein jeder in dem ihm überkommenen Gebiete von seiner Stadt aus über die Bewohner und stand über den meisten Gesetzen dergestalt, daß er strafte und hinrichten ließ, wenn immer es ihm gut dünkte. Die Herrschaft über sie selbst aber ward gegenseitig und gemeinschaftlich ge-

führt nach den Anordnungen des Poseidon, wie sie ein Gesetz ihnen überlieferte, welches von ihren Vorfahren auf eine Säule von Goldkupfer-

119 d erz+) eingegraben war, die in der Mitte der Insel, nämlich im Heiligtum des Poseidon, stand. Hierher kamen sie denn auch abwechselnd bald jedes fünfte und bald jedes sechste Jahr zusammen, um der geraden und der ungeraden Zahl ein gleiches Recht angedeihen zu lassen, und berieten sich auf diesen Zusammenkünften teils über die gemeinsamen Angelegenheiten, teils hielten sie Nachforschung danach, ob einer von ihnen irgend eine Übertretung begangen, und saßen darüber zu Gericht. Wenn sie aber zum Gerichte schritten, so gaben sie einander zuvor folgendes Unterpfand der Treue: Nachdem sie zu dem Gotte gebetet, daß es ihnen gelingen möge,

119 e das Opfertier, welches ihm genehm sei, zu fangen, stellten die zehn ganz allein unter den Stieren, die da frei im Heiligtume des Poseidon weideten, eine Jagd ohne Eisen bloß mit Knitteln und Stricken an, und denjenigen von den Stieren, welchen sie fingen, brachten sie oben auf die Säule hinauf und schlachteten ihn dort unmittelbar über jener Inschrift. Auf der Säule befand sich aber außer dem Gesetze noch eine Schwurformel, welche gewaltige Verwünschungen über diejenigen aussprach, welche ihm nicht gehorchten. Wenn sie nun so nach ihren Bräuchen beim Opfer dem Gotte al-

120 a le Glieder des Stieres geweiht hatten, so richteten sie einen Mischkessel zu und warfen in diesen für jeden einen Tropfen geronnenen Blutes; alles übrige aber warfen sie ins Feuer, nachdem sie die Säule ringsherum gereinigt hatten. Hierauf schöpften sie mit goldenen Trinkschalen aus dem Mischbecher, und während sie dann aus ihnen die Spenden ins Feuer gossen, schwuren sie dabei, nach den Gesetzen auf der Säule zu richten und es zu strafen, wenn einer von ihnen zuvor einen Frevel begangen, und ebenso wiederum in Zukunft keine von jenen Vorschriften absichtlich zu verletzen und weder anders zu herrschen, noch einem anderen Herrscher zu ge-

120 b horchen als dem, welcher nach den Gesetzen des Vaters regierte. Nachdem ein jeder von ihnen dies für sich selbst und für sein Geschlecht gelobt hatte, trank er und weihte sodann die Becher als Geschenk für das Heiligtum des Gottes, und sodann wandten sie sich zum Mahle, um auch den Anforderungen ihres Körpers Genüge zu tun. Sobald es aber dunkel ward und das Opferfeuer verglomm, dann kleideten sich alle sofort in ein blaues Gewand von der allerhöchsten Schönheit, und so, bei der Glut der Eidesopfer auf der Erde sitzend, indem sie gänzlich das Feuer im Heiligtume

120 c auslöschten, empfingen und sprachen sie Recht bei der Nacht, wenn etwa der eine von ihnen den andern irgend einer Übertretung anklagte. Nach vollzogenem Urteil aber schrieben sie die Richtersprüche, sobald es Tag ward, auf einer goldenen Tafel auf und weihten diese samt jenen Gewändern zum Denkzeichen. Es gab aber noch viele andere Gesetze, welche die Rechte der Könige für einen jeden im besonderen bestimmten; über allen

+) Bergerz

jedoch stand dies, daß sie niemals gegen einander die Waffen führen, vielmehr einander insgesamt Hilfe leisten sollten, wenn etwa einer von ihnen in irgend einer Stadt das königliche Geschlecht auszurotten versuchte, und daß sie nach gemeinsamer Beratung, gleichwie ihre Vorfahren, ihre

120 c Beschlüsse über den Krieg und alle anderen Angelegenheiten fassen und ausführen, den Vorsitz und Oberbefehl dabei aber dem Geschlechte des Atlas überlassen sollten. Die Vollmacht, einen seiner Verwandten hinrichten zu lassen, sollte ferner einem Könige nicht zu Gebote stehen, es sei denn, daß über die Hälfte von den zehn es genehmigt hätte. Diese Macht von solcher Art und Ausdehnung, wie sie damals in jenen Gegenden bestand, führte der Gott, indem er sie zusammentreten ließ, nun auch gegen unser Land, wozu, wie es heißt, ungefähr folgende Verhältnisse Anlaß gaben: Viele Geschlechter hindurch, solange noch irgend die Natur des Got-

120 e tes in ihnen wirksam war, waren sie den Gesetzen gehorsam und zeigten ein befreundetes Verhalten gegen das ihnen verwandte Göttliche. Denn sie besaßen wahrhafte und durchgehends große Gesinnungen, indem sie eine mit Klugheit gepaarte Sanftmut allen etwaigen Wechselfällen des Schicksals gegenüber sowie gegen einander an den Tag legten; und da sie eben deshalb alles andere außer der Tugend für wertlos ansahen, so achteten sie alle vorhandenen Glücksgüter gering und betrachteten mit Gleichmut und

121 a mehr wie eine Last die Masse ihres Goldes und ihrer übrigen Besitztümer; und nicht kamen sie, berauscht von dem Schwelgen in ihrem Reichtum, so daß sie durch ihn die Herrschaft über sich selbst verloren hätten, zu Falle, sondern erkannten mit nüchternem Scharfblick, daß dies alles nur durch die gemeinsame Freundschaft im Verein mit der Tugend sein Gedeihen empfängt, durch den Eifer, und das Streben nach ihm dagegen nicht bloß selber entschwindet, sondern auch jene mit sich zugrunde richtet. Infolge dieser Grundsätze und der fortdauernden Wirksamkeit der göttlichen Natur in ihnen gedieh ihnen denn das alles, was ich euch vorhin mitgeteilt ha-

121 b be. Als aber ihr Anteil am Wesen des Gottes durch die vielfache und häufige Beimischung des Sterblichen in ihnen zu schwinden begann und die menschliche Art überwog, da erst waren sie dem vorhandenen Reichtum nicht mehr gewachsen und entarteten und erschienen dem, welcher es zu erkennen vermochte, niedrig, indem sie von allem, was in Ehren zu stehen verdient, gerade das Schönste zugrunde richteten; denen aber, die ein wahrhaft zur Glückseligkeit führendes Leben nicht zu erkennen imstande waren, schienen sie damals erst recht in aller Herrlichkeit und Seligkeit dazustehen, als sie ungerechten Gewinn und ungerecht erworbene Macht im Überflusse besaßen. Der Gott der Götter aber, Zeus, welcher nach den Gesetzen herrscht und solches wohl zu erkennen vermag, beschloß, als er ein treffliches Geschlecht so schmählich herunterkommen sah, ihnen

121 c Strafe dafür aufzuerlegen, damit sie, durch diese zur Besinnung gebracht, zu einer edleren Lebensweise zurückkehrten. Er berief daher alle Götter in

ihren ehrwürdigsten Wohnsitz zusammen, welcher in der Mitte des Weltalls liegt und eine Überschau alle Dinge gewährt, die je des Werdens teilhaftig wurden, und nachdem er sie zusammenberufen hatte, sprach er

Anmerkungen

1) Selbst der bedeutende griechische Historiker Herodot schreibt zur Umsegelung Afrikas: „Sie (d.h. die Phönizier) erzählen, was ich allerdings nicht glauben kann, vielleicht glaubt es ein anderer, daß sie bei der Umschiffung Libyens (d.i. Afrika) die Sonne zur Rechten gehabt hätten" (Histor. IV, 42 f.). – Strabo nennt in seiner „geographie" (1,63) den Pytheas einen „Erzlügner" und gibt damit der Meinung der Fachwelt drastischen Ausdruck. Schon vorher hatte Polybios (200 bis 120 v. Chr.) die von Pytheas an den Küsten des Ozeans gemachten Beobachtungen als Lügen bezeichnet. – Über Fuhlrotts epochale Entdeckung und die tragische Geschichte des Entdeckers der Höhlenbilder von Altamira vgl. H. Wendt, Ich suchte Adam, Hamm 1953, S. 235 f. und 353 f. – Über die Anfeindungen Schliemanns seitens der Fachgelehrten vgl. zuletzt G. Gadow Der Atlantis-Streit, Frankfurt a. M. 1973, Fischer Taschenbuch, S. 65 f.
2) Für den Wahrheitsgehalt des Atlantis-Berichtes haben sich in neuerer Zeit u. a. ausgesprochen: J. Donnelly, The Antediluvian World, New York 1882, deutsch: Atlantis, die vorsintflutliche Welt, 2. Auflage, Eßlingen 1911; A. Schulten, Tartessos, Hamburg 1922 und 1950; L. Spence, The Problem of Atlantis, London 1924; L. Frobenius, Atlantische Götterlehre, Jena 1926, Und Afrika sprach, Leipzig 1911; R. Hennig, Von rätselhaften Ländern und versunkenen Städten der Geschichte, München 1925; P. Borchardt, Platons Insel Atlantis, Berlin 1927; A. Braghine, The Shadow of Atlantis, deutsch: Atlantis, Stuttgart 1939; W. Brandenstein, Atlantis, Größe und Untergang eines geheimnisvollen Inselreiches, Wien 1951; O.E. Muck, Atlantis gefunden, Stuttgart 1954, Neuauflage 1976 mit dem Titel: Alles über Atlantis; J. Spanuth, Das enträtselte Atlantis, Stuttgart 1953; ders. Und doch: Atlantis enträtselt, Stuttgart 1955; ders. Atlantis, Heimat, Reich und Schicksal der Germanen, Tübingen 1965; ders. Die Atlanter, Tübingen 1977; J.W. Mavor jr., Reise nach Atlantis, München 1956; J. Lissner, Rätselhafte Kulturen, Olten 1961; Gadow, Der Atlantis-Streit, a.a. O.; A. Tomas, Das Geheimnis der Atlantiden, Stuttgart 1971; A.G. Galanopoulos – E. Bacon, Die Wahrheit über Atlantis, München 1976; Ch. Berlitz, Das Atlantis-Rätsel, Wien-Hamburg 1976; U. Topper, Das Erbe der Giganten, Olten und Freiburg 1977; K.A. Frank, Atlantis war anders, Graz 1978; M. Ebon, Atlantis – Neue Beweise, München 1978; D. Zink, Von Atlantis zu den Sternen, München 1978; unentschieden J.V. Luce, Atlantis, Legende und Wirklichkeit, Bergisch Gladbach 1969.
3) Bereits im Altertum war die Frage kontrovers, ob die Erzählung Geschichte oder Fabel sei. Während außer Krantor und Proklos auch Poseidonios, Marcellus, Strabo, Diodor, Plinius d.Ä., Plutarch und Amianus Marcellinus für ihre Geschichtlichkeit plädierten, war es namentlich Aristoteles, der große Schüler des Platon, der sie für eine Fabel hielt. Bei dem starken Einfluß des A. auf die spätere Wissenschaft hat seine ablehnende Haltung die Atlantis-Forschung jahrhundertelang nachteilig beeinflußt. – Das Fehlen alter ägyptischer Aufzeichnungen über Atlantis beweist gar nichts; es erklärt sich unschwer durch die wiederholten Brandschatzungen der berühmten Bibliothek von Alexandria (47 v., 391, 642 n. Chr.), bei denen viele Hunderttausende von Buchrollen vernichtet wurden. Im Jahre 642 ließ der Kalif Omar allein 700 000 Bände verbrennen, um die öffentlichen Bäder zu heizen.
4) Vermutlich um 300 n. Chr. war Krantor in Ägypten. Vgl. Luce, a.a.O., S. 15; H. Biedermann, Die versunkenen Länder, Graz 1978, S. 70; Muck, a.a.O., S. 15. – Solons Besuch in Ägypten bezeugt Plu-

tarch in seinem Buch, Das Leben Solons, 2, 8. Auch Platon dürfte in Ägypten gewesen sein. So schon v. Wilamowitz-Moellendorf, Platon, Berlin 1920, S. 242 f.; ebenso Luce, in E.S. Ramage, Atlantis, Mythos, Rätsel, Wirklichkeit, Frankfurt a. M. 1979, S. 79 f.

5) Für Kreta zuerst A. Nicaise (1855), sodann die Engländer J.K. Frost (1909) und J. Bailie, The Sea Kings of Crete (1910). Weitere Vertreter der Mittelmeer-Theorie u.a.: R. Carpenter, Discontinuity in Greek Civilisation, Cambridge 1966 (Thera); Luce, Atlantis (minoische Kultur); Galanopoulos – Bacon, a.a.O. (Santorin-Thera); Mavor jr., a.a.O. (Thera), ebenso Ebon, a.a.O. Der verstorbene griech. Archäologe Marinatos hatte sich für Kreta eingesetzt.

6) Für eine Lokalisation im Bereich des Atlantik u.a.: A. Kircher, Mundus subterraneus, 1665 (gr. atl. Insel); B. de St. Vincent, Essais sur les Isles Fortunées de l'antique Atlantide, 1803 (Rieseninsel zwischen Azoren und Kap Verden); Donnelly, a.a.O. (Rieseninsel zwischen Afrika und Amerika); Spence, a.a.O. (gr. Insel vor Westafrikas Küste); Muck, a.a.O. (Sperrinsel im Atlantik); J.A. Foëx, Der Unterwassermensch, Stuttgart 1966 (Kanarien und Madeira); Brinsley le Poer Trench, Secret of the Ages, London 1974 (Kap Verden); Frank, a.a.O. (Insel vor Gibraltar); für Tartessos Schulten, a.a.O., Hennig, a.a.O., Lissner. a.a.O. Für Andalusien E.M. Wishaw, Atlantis in Andalucia, London 1929, und Topper, a.a.O.

Dagegen lokalisieren Spanuth, a.a.O., und Gadow, a.a.O., Atlantis in der Deutschen Bucht, östlich von Helgoland. Ebenso J. Paul, Das Atlantis Rätsel – kaum noch ein Rätsel, in Mare Balticum, 1978/79, S. 5.

7) Für den Untergang nur der kleinen Königsinsel ebenfalls Spanuth, enträts. Atlantis, S. 120, und Atlanter, S. 106; Gadow, a.a.O. S. 12; ähnlich Galanopoulos-Bacon, a.a.O., S. 32 f., 130, 137 mit abw. Begründung (Mutterstadt auf einer kleinen, Königsstadt auf einer großen Insel). Für diese Zweiteilung auch Mavor, a.a.O., S. 46. Frank, a.a.O., nimmt für ganz Atlantis eine kleine Insel an.

8) Der Mittelatlantikrücken läßt sich als Überbleibsel (Scheitelzone) erklären, als entspr. der Wegner'schen Kontinentalverschiebungstheorie Amerika und Afrika auseinandertrifteten. – Gegen die Auffassung, die Azoren seien die letzten Bergspitzen von Atlantis vor allem: H. Petterson, Atlantis und Atlantik, Göteborg 1948, S. 62 f.; Luce, Atlantis, S. 56, 61; Spanuth, Atlanter, S. 424 f.; Galanopoulos-Bacon, a.a.O., S. 44 f.; Biedermann, Versunkene Länder, S. 24; Gadow, a.a.O., S. 20 f.

9) Vgl. die Aufstellung bei Berlitz, Atlantis-Rätsel, S. 196 f. Mit dem einen Forscher, der Atlantis in Großbritannien lokalisiert, dürfte vermutlich Francis Wilford gemeint sein, ein englischer Offizier im 19. Jh., der die britischen Inseln als Überrest des verlorenen Kontinents Atlantis ansah. Siehe R. Stemman, Ungelöstes Rätsel Atlantis, Frankfurt-Berlin-Wien 1980, S. 22. – Für die Sahara als Atlantis bereits Godron (1868), sodann E.F. Berlioux, Les Atlantes, Lyon 1883, unter besonderer Betonung, die Atlas-Berber seien z.T. blond, blauäugig und von heller Hautfarbe. Für das Gebiet der vielfach ähnlichen Tuareg, das Ahagger-Gebirge, Borchardt, Platons Insel Atlantis. Für Tunesien A. Herrmann, Unsere Ahnen und Atlantis, Berlin 1934. Für Joruba-Land in Nigeria Frobenius, Und Afrika sprach, S. 348 f.

10) Für „mitten" statt „größer" P.B.S. Andrews, Larger than Africa and Asia, in „Greece and Rome", 1945, S. 76 f. Für „mächtiger" statt „größer" Spanuth, entr. Atlantis, S. 121. Verfehlt sind auch die Ansichten von Luce, a.a.O., S. 60, die Größenangabe sei irreal, und von Frank, Atlantis war anders, S. 61 f, der von „utopischen Riesenmaßstäben" spricht.

11) Pytheas Werk „Über das Weltmeer" ist nur bruchstückhaft aus fremden Zitaten erhalten. – Zu dieser Frage vgl. A. Schulten, Iberische Landeskunde, Hamburg 1955, I, S. 16 f. Lediglich Eratosthenes, Poseidonios und einige wenige schlossen sich Pytheas an, während die Mehrheit der Wissenschaftler seine Forschungsergebnisse verwarf. Vgl. D. Stichtenoth, Pytheas von Marseille, Köln-Graz 1959.

12) H. Lamer – P. Kroh, Wörterbuch der Antike, 7. Aufl., Stuttgart 1966, Stichwort „Stadion", S. 559; L.

Drews, Olympia, Stuttgart 1967, S. 103. Galanopoulos-Bacon, a.a.O., S. 30, Fußnote, gehen von 192 Meter aus; ebenso Biedermann, a.a.O., S. 78. Für 178,6 m Berlitz, Atlantis-Rätsel, Fußnote S. 45; für 180 m Muck, Alles über Atlantis, Anm. 34; Frank, a.a.O., S. 43; Luce, a.a.O., S. 324 Anm. 15; Töpper, Erbe . . . , S. 44. Für 166 m Zink, Von Atlantis, S. 218. – Über das Itinerarstadion vgl. O. Zeller, Auf des Odysseus und der Argo Spuren, Aalen 1959, S. 23-24.

13) Für Halbierung Muck, a.a.O., S. 128. – Über die Bezirkseinteilung vgl. Kapitel 8, die Hundertschaften.

14) Für 300 x 200 Stadien Luce, Atlantis, S. 278; Mavor, Reise nach Atlantis, S. 32; Galanopoulos-Bacon, Wahrheit über Atlantis, S. 138. Frank, Atlantis war anders, S. 44, läßt die großen Zahlen als „widersinnig" einfach außer acht.

15) Biedermann, Versunkene Länder, S. 70: „Es ist ausgeschlossen, daß um 9000 v. Chr. eine metallzeitliche Stadtkultur mit Streitwagen und Reiterheeren existierte, . . . " Für die Bronzezeit ebenfalls Galanopoulos-Bacon, a.a.O., S. 21, 28, 40: „Die Datierung 9600 v. Chr. für Atlantis ist unglaubhaft und unmöglich, im einzelnen wie im allgemeinen." Gegen eine so frühe Datierung in das 10. Jahrtausend v. Chr. vor allem Spanuth, entr. Atlantis, S. 21 f., und Atlanter, S. 15 f. Selbst Muck, a.a.O., S. 80, muß zugeben, daß es „im nacheiszeitlichen Europa und im gleichzeitigen Nahen Osten vor dem Jahre 4000 v. Chr. kaum Metall gab, vor dem Jahre 3000 v. Chr. kaum Kupfer und schließlich Bronze vermutlich erst um 2000 v. Chr."

16) Zur Frage der ägyptischen Jahreszählung vgl. J.H. Breasted, Geschichte Ägyptens, Wien 1954. Über den Mond als Zeitmesser vgl. F. Kluge, Etymologisches Wörterbuch der deutschen Sprache, 18. Aufl., Berlin 1960, S. 485; E. Jung, Germanische Götter und Helden in christlicher Zeit, 2. Aufl., München-Berlin 1939, S. 303 f. Schon vorher M.B. Cotsworth, Zeitmessung in der Vorzeit, zitiert bei Jung, a.a.O., der zutreffend feststellt: „Der Mond ist geschaffen nach der Kirchenlehre sowohl wie nach der Edda, um die Zeit zu messen". – Für eine Zählung nach Mondmonaten vor allem Spanuth, entr. Atlantis, S. 22, und Atlanter, S. 25, unter Berufung auf den schwedischen Forscher Olaf von Rudbeck (1630 bis 1703), der bereits darauf hingewiesen hatte, daß hier statt von Jahren von Monaten auszugehen sei.

17) Für eine entsprechende Richtigstellung vor allem Spanuth, a.a.O. Für die Zeit „um 1200 v. Chr." ebenfalls Gadow, Atlantis-Streit. Bereits J. Velikowsky, Als die Sonne stillstand, Stuttgart 1950, S. 166 f., hat den Untergang von Atlantis auf Grund von Katastrophen in die Mitte des 2. JT. v. Chr. datiert. – Mit abweichender Begründung gleichfalls für 900 statt 9000 Jahre Luce, Atlantis, S. 271, 278; Mavor, Reise nach Atlantis, S. 32 f, und 178; Galanopoulos-Bacon, Wahrheit über Atlantis, S. 40, 138 f. – Für das 13. bis 12. Jh. v. Chr. A. Herrmann, Atlantis und Troja, in Petermanns Mitteilungen, 1927, 1930.

18) Für die Datierung „9000 Jahre" u.a. Donnelly, Atlantis, S. 32; Spence, Problem of Atlantis; Braghine, Atlantis; W. Bischoff, Wir und das Weltall, Berlin 1952, S. 143; Muck, Alles über Atlantis, S. 75 f.; L.S. und C.C. de Camp, Geheimnisvolle Stätten der Geschichte, Düsseldorf 1966, S. 14, 30; Brinsley le Poer Trench, Secret of Ages, S. 33, 41; Berlitz, Atlantis-Rätsel, S. 125; Frank, Atlantis war anders, S. 1 f., 170 f.; Foex, Unterwassermensch, S. 25 f.; H. und G. Schreiber, Versunkene Städte, Stuttgart 1955, S. 41; Biedermann, Versunkene Länder, S. 69 f.; Tomas, Atlantiden, S. 35, 36; Topper, Erbe d. Giganten, S. 23, 55 f.; Ramage, Atlantis, S. 30; H. Wright jr., Gletscher, Ansteigen des Meeresspiegels und Flutkatastrophen, bei Ramage, a.a.O., S. 204; R. Stemman u. E. v. Zandt, Rätselhafter Untergang alter Kulturen, Glarus 1978, S. 119, 127; G. v. Haßler, Wenn die Erde kippt, Bern-München 1981, S. 262.

19) Lamer-Kroh, Wörterbuch d. Antike, Stichworte „Athen", „Athenische Geschichte", S. 54, 55, und „Pelasger", S. 423. Die Pelasger waren, ebenso wie die Karer und Leleger, ein bisher noch nicht identi-

fiziertes Volk der Ureinwohner Griechenlands. – Vgl. ferner F. Dirlmeier, Die Pelasgermauer der Athener Akropolis, Berlin 1940, S. 42. Nach K. Kübler, Kerameikos, in H. Berve, Das neue Bild der Antike, I, Leipzig 1942, S. 34, wurden die zyklopischen Burgmauern von Athen erst im vorgerückten 13. Jh. v. Chr. ausgebaut.

20) Die Daten der Regierungszeit Ramses III., des 2. Pharao aus der 20. Dynastie, sind nicht gesichert. Für 1200-1168 Spanuth, zuletzt in Atlanter, S. 317; ebenso Gadow, Atlantis-Streit, S. 93. Überwiegend nimmt die Wissenschaft die Jahre 1198-1166 an. Vgl. dazu G. Clark, Frühgeschichte der Menschheit, Stuttgart 1964, S. 161; J. Lehmann, Die Hethiter, München 1975, S. 306; Der Große Herder, Freiburg 1953, 5. Aufl.; Encyclopaedia Britannica, London 1968, Bd. 9. – Für 1197-1165 G. Herm, Die Kelten, Düsseldorf-Wien 1975, S. 154; Dizionario Encyclopedico Italiano, Rom 1959, Bd. X. – Für 1195-1164 W. Keller, Und die Bibel hat doch Recht, Stuttgart-Hamburg 1955, S. 167. – Für 1192-1160 Der Bertelsmann Lexikon, Gütersloh 1963, 3. Bd. – Für 1188-1157 v. Soden in Ploetz, Auszug aus der Geschichte, Würzburg 1960, 26. Aufl., S. 74. – Für 1186-1155 Meyers Enzyklopädisches Lexikon, Mannheim 1977, 9. Aufl., Bd. 19. – Für 1184-1153 Brockhaus Enzyklopädie, Wiesbaden 1972, 17. Aufl., Bd. 15. Die Lexika geben am treffendsten die völlige Uneinigkeit der Wissenschaft wieder.

21) Auch das Datum der Entscheidungsschlachten am Nil gegen die Seevölker ist umstritten. Für 1195 Spanuth, a.a.O., S. 317; Gadow, a.a.O., S. 95. – Für 1194 R. Pörtner, Bevor die Römer kamen, Düsseldorf-Wien 1961, S. 282; O. Paret, Das neue Bild der Vorgeschichte, Stuttgart 1946, S. 139. – Für 1190 J.A. Wilson in Propyläen Weltgeschichte, Berlin-Frankfurt-Wien 1961, S. 471, Bd. 1, S. 479 „um 1190 bis 1185 v. Chr." Ähnlich L. Paturi, Zeugen der Vorzeit, Düsseldorf-Wien 1976, S. 268; Lamer-Kroh, Wörterbuch der Antike, Stichwort „Danaer", S. 111. Häufig wird das Jahr 1177 angenommen. Vgl. Frank, Atlantis war anders, S. 124; Meyers Enzyklopädisches Lexikon, a.a.O.; Grote Winkler Prins Encyclopedie, Amsterdam-Brüssel, 7. Aufl., 1974, Bd. 16.

22) So haben z.B. die neuesten Ausgrabungen (1980) des Dtsch. Archäol. Instituts in Griechenland den Beweis erbracht, daß ein Erdbeben am Ende des 13. Jh. v. Chr. die Burg Tiryns zerstörte (Jahresbericht des Institutsleiters Prof. Dr. Kyrieleis).

23) Noch heute sind, wie die starken Eruptionen von 1963-66, 1977-78 und 1980 gezeigt haben, die Vulkane auf Island nicht zur Ruhe gekommen. Sie haben sogar im J. 1963 zur Bildung einer neuen, 200 m hohen Insel, Surtsey, geführt. – Von Irland sind zahlreiche Erdbeben in früher und später Zeit historisch belegt, so besonders 1490 und 1788. – Das Erdbeben von Lissabon (1775), bei dem 60000 Menschen ums Leben kamen, ist in Portugal noch in unguter Erinnerung. – Die Azoren besitzen 5 aktive Vulkane, die ständig die Gestalt der Insel verändern. Die letzten Ausbrüche geschahen 1959 und am Neujahrstag 1980. – Madeira, ebenfalls ein submariner Vulkan, besitzt 32 Ausbruchskegel, deren Tätigkeit nicht abgeschlossen ist. Ständige Erdbeben, zuletzt 1816, 1883 und 1918, lassen auf einen Fortgang der Vulkantätigkeit schließen. Hartnack, Madeira, Hamburg 1930, S. 19. Auch die Kanarischen Inseln wurden in den verflossenen Jahrhunderten wiederholt von vulkanischen Eruptionen erschüttert. Im Herbst 1957 tauchte bei der Insel Fayal eine Vulkaninsel auf, die nach 4 Wochen wieder im Meer versank. Nach Spanuth, Atlanter, S. 192, 255, fand zwischen 1200 und 1000 v. Chr. auf Gran Canaria ein verheerender Vulkanausbruch statt. – Zur Kette der atlantischen Vulkane gehört auch der fast 3000 m hohe Pico do Fogo auf den Kap Verdischen Inseln, dessen letzter Ausbruch 1841 erfolgte.

24) Über den Halley'schen Komet vgl. M. Zanot, Die Welt ging dreimal unter, Wien-Hamburg 1976, S. 26 f. Hierzu auch Spanuth, a.a.O., S. 232 f. Ferner Paret, Bild der Vorgeschichte, S. 140 f. Er datiert die Hitze- und Trockenheitsperiode ebenfalls in die Zeit „vor und um 1200 v. Chr." – Dafür, daß gerade das Datum 1226 v. Chr. des Kometenzyklus maßgebend ist, sprechen auch die ägyptischen Papyri

und Inschriften von Medinet Habu, die für diese Zeit von einer Austrocknung des Landes durch Feuerflammen vom Himmel berichten. Vgl. Spanuth, a.a.O., S. 226 f. Für 1226 v. Chr. auch Paul, Das Rätsel Atlantis, S. 4.

25) Für Rechteck u.a. Donnelly, Atlantis, S. 21; Schreiber, Versunkene Städte, S. 42; Galanopoulos-Bacon, Wahrheit über Atlantis, S. 34, 37, 130; Topper, Erbe d. Giganten, S. 44; Frank, Atlantis war anders, S. 40, 43. – Für Viereck u.a. Muck, Alles über Atlantis, S. 40; Mavor, Reise nach Atlantis, S. 17; Spanuth, entr. Atlantis, S. 232; in Atlanter, S. 469, übersetzt Sp. ausdrücklich mit „Dreieck".

26) J.A. Steers, The Coast of England and Wales in Pictures, Cambridge 1960. Vgl. ferner die Küstenbeschreibungen mit Höhenangaben in den Handbüchern des Deutschen Hydrographischen Instituts Hamburg, Seehandbücher Nr. 2017 Die Südküste Englands, Nr. 2019 Britstol Kanal, Nr. 2021 Irische See, Nr. 2023 Westküste Schottlands, Nr. 2009 Nordsee-Handbuch, Nördl. Teil, Nr. 2008 Nordsee, westl. Teil, Nr. 2007 Nordsee, südl. Teil.

27) Spanuth, entr. Atlantis, S. 95 f. u. Atlanter, S. 60 f. Ebenfalls für Bernstein u.a.: H.W. Pfannmüller, Buchbespr. in Mannus, 36. Jg., 1970, S. 72; Gadow, Atlantis-Streit, S. 39; Herm, a.a.O., S. 149. – Für Bernstein als Baumharz Plinius, Naturgeschichte, Kap. 37; Tacitus, Germania, Kap. 45.

28) Für Goldkupfer: Donnelly, Atlantis, S. 19, 23; Bessmertny, Rätsel von Atlantis, S. 61 f.; Galanopoulos-Bacon, a.a.O., S. 15, 39, 83. Für Messing: Bischoff, Wir und das Weltall, S. 98; Lissner, Rätselhafte Kulturen, S. 170; Frobenius, Und Afrika sprach, S. 304 f.; de Camp, Geheimnisvolle Stätten, S. 16, „wahrscheinlich Messing oder eine Kupferlegierung"; Berlitz, Atlantis-Rätsel, S. 38; Frank, Atlantis war anders, S. 100, „messingähnliches Material".Für Eisen: Topper, a.a.O., S. 51, „eine besondere Art von Eisen, vielleicht Stahl". Für natürliches Mischerz: Muck, a.a.O., S. 365 Anm. 18, unter Hinweis auf Cornwall als Fundort. Unentschieden: Luce, a.a.O., S. 283, „Bronze bzw. Messing"?; Ramage, Atlantis, S. 27, „vielleicht eine Kupferlegierung"; Biedermann, Versunkene Länder, S. 78, „Goldkupfererz", S. 104, „eine goldhaltige Bronzelegierung".

29) Für Bronze könnte das Epos von Hesiod (7. Jh. v. Chr.) „Der Schild des Herakles", sprechen. Bei der Rüstung des Helden werden „die Schienen aus funkelndem Oreichalkos rings um die Unterschenkel" erwähnt. Der Beinschutz bestand damals aus Bronzeblechen. – Auch die Stelle IV, 973 der Argonautika, „aber Lampetie folgte den Rindern und schwenkte den leuchtend hellen Krummstab, der gefertigt aus Bergerz", deutet auf Bronze. Denn von Phaetusa, der anderen Hirtin, wird gesagt, sie „hatte einen Hirtenstab aus Silber". Der Stab der Lampetie war offenbar der wertvollere, weil aus Bronze.

30) Über die Klimaverschlechterung statt vieler: K. Kluxen, Geschichte Englands, Stuttgart 1968, S. 2. Wegen der besonders warmen Witterung Cornwalls vgl. F. Klute, Handbuch der geographischen Wissenschaften, Potsdam 1938, S. 234. Vgl. auch die Seehandbücher Nr. 2023 – Handbuch der Westküste Schottlands – S. 49 f. u. 97 sowie Nr. 2021 – Handbuch der Irischen See – S. 75 f.

31) R.J.W. Hammond, West Cornwall and the Isles of Scilly, 6. Aufl., 1971, S. 53; J. Sölch, Die Landschaften der britischen Inseln, Wien 1952, I, S. 301; Grieben, Reiseführer, England und Wales, 1965, Bd. 243, S. 165, 190; Nagels Reiseführer, Großbritannien und Irland, 3. Aufl., Genf 1973, S. 190; Die große illustrierte Länderkunde, hrsg. vom Bertelsmann Verlag, 1965, I, S. 387, 380.

32) „Ägypten war seit jeher arm an Hölzern", H. Müller-Feldmann, in E. v. Khuon, Waren die Götter Astronauten?, München-Zürich 1970, S. 200. – Über den Artenreichtum und die Dichte der englischen Wälder vgl. Bertelsmann Länderkunde, a.a.O., S. 389. Mitschuldig an der Vernichtung vor allem der Läubwälder in Britannien dürfte auch der Klimasturz im 13. Jh. v. Chr. gewesen sein.

33) Für die Banane u.a. schon Frobenius, Und Afrika sprach, S. 348; ferner L. Spence, The History of Atlantis, London 1928. Der Hinweis von Muck, Alles über Atlantis, S. 160, auf die Pacoba, eine in Brasilien wildwachsende Banane, hilft da nicht weiter.

34) Für die Weinrebe Galanopoulos-Bacon, Wahrheit über Atlantis, S. 13; dagegen mit Recht Muck,

a.a.O.

35) R. Carew, The Survey of Cornwall, London 1602, S. 21, bestätigt für das 16. Jh. n. Chr., daß auf den Sandsteinböden Cornwalls damals Wein wuchs. – Bekannt ist, daß in christlicher Zeit die Weinrebe besonders von den Klöstern in vielen Gegenden Englands angebaut wurde. Von Abt Martin von Petersborough in Northampton sagt die Sachsenchronik unter dem Jahr 1137, daß er Weingärten anlegte. Beda berichtet in seiner Histor. Eccles. I, 1, daß es im 8. Jh. n. Chr. in einigen Gebieten Englands Weingärten gebe. Vgl. J. Hoops, Geschichte des Ölbaums, Heidelberg 1941, S. 81.

36) Für Hülsenfrüchte auch Luce, Atlantis, S. 317. Ebenso Frank, Atlantis war anders. S. 21.

37) Für die Kokospalme als die „baumartige" Frucht vor allem Donnelly, Atlantis, S. 29; Muck, a.a.O. Für Ölpalme Frobenius, a.a.O. Aus denselben Gründen scheidet auch die von Spanuth, und doch Atl. enträtselt, S. 124, vorgeschlagene Buche aus, die zudem kein Getränkelieferant ist.

38) Über den Holder- oder Hollerbusch genannten Holunder vgl. O. Schmeil, Pflanzenkunde, Heidelberg 1965, S. 182 f. Für das Holleröl als Rheumamittel vgl. H. Hertwig, Knaurs Heilpflanzenbuch, München 1954, S. 102.

39) Zur Frage eines Übersetzungsfehlers vgl. Spanuth, Atlanter, S. 182. – Herodot bestätigt, daß es damals in Nordafrika Elefanten gab (Hist. II, 191).

40) Vgl. L. Baltzer, Hällristningar fran Bohuslän, Göteborg 1918, deutsch Hagen 1919; E. Fuhrmann, Felsbilder von Bohuslän, in Versuch e. Geschichte d. Germanen, Bd. V, Berlin 1926, S. 28, 33, 126, Tafeln 5-6, 9-10, 59-60; F. v. Wendrin, Die Entzifferung der Felsbilder von Bohuslän, Berlin 1926, insbes. Abb. 25; Spanuth, a.a.O., mit Nachzeichnungen S. 183.

41) Fl. de Gomora, Historia de las Indias, Saragossa 1553. Für Amerika als das „gegenüberliegende Festland" bereits Kircher, Mundus subterraneus, 1665. Später vor allem Donnelly, Atlantis, S. 27, 306; Spence, The Problem of Atlantis. Ebenso Muck, Alles über Atlantis, S. 127: „Mit Sicherheit handelt es sich um . . . Amerika". Ferner Topper, Erbe d. Giganten, S. 44; Berlitz, Atlantis-Rätsel, S. 225.

42) Über die Megalither in Amerika vgl. P. Honoré, Ich fand den weißen Gott, Frankfurt 1965, der zahlreiche Beweise für das Auftreten der Megalither in Amerika erbringt. Ebenso für Südamerika M. Homet, Die Söhne der Sonne, Wiesbaden 1972, 2. Aufl. Neueste Radiokarbon-Datierungen haben ergeben, daß es in Mexiko bereits seit 1500 v. Chr. (!) Städte mit Tempelbauten gab. Vgl. Kühn, Vorgeschichte d. Menschheit, III, S. 145 f. Siehe ferner F. Katz, Vorkolumbianische Kulturen, München 1969; J.A. Mason, Das alte Peru, Zürich 1965. Die Idee, es handele sich um eine kulturelle Parallelentwicklung, hat bereits Donnelly zu Recht abgelehnt.

43) Dafür, daß Schweden zu Atlantis gehörte, außer Spanuth, entr. Atlantis, S. 112, 113, auch Topper, Erbe d. Giganten, S. 19. Über die skandinavische Reiseroute der Megalither C.A. Nordmann, The megalithic culture of Northern Europe, in Soumen, 39, Helsinki 1935 S. 80; G. Bibby, Faustkeil und Bronzeschwert, Berlin 1960, S. 304. Auffallenderweise hat man in Norwegen bisher nur einen einzigen Dolmen, südöstlich von Oslo, gefunden. F. Niel, Auf den Spuren der Großen Steine, München 1977, S. 36.

44) S. v. Reden, Die Megalith-Kulturen, Köln 1978, S. 23; Topper, a.a.O., S. 250 f.; Gadow, Atlantis-Streit, S. 111.

45) Wer unbedingt Zahlen hören will, kann die Größe von Gesamtatlantis wie folgt errechnen (in 1000 qkm): Großbritannien 245, Irland 70, 2/3 von Frankreich 360, Portugal 92, 40 % von Spanien 200, 1/2 von Belgien 15, NW-Deutschland 64, Dänemark 43, 1/8 von Schweden 55, Sardinien 24, Korsika 8, insgesamt rd. 1,2 Mioqkm. Die gleiche Größe ergibt sich, wenn man „Asien" großzügig mit 400000 qkm und „Libyen" mit 800000 qkm ermittelt.

46) Frobenius, Und Afrika sprach, S. 348 f., plädiert für einen negroiden Typus. Für „rothäutige" Menschen z.B. Muck, Alles über Atlantis, S. 162 f. Nach Donnelly, Atlantis, S. 334, bestand die Urbevöl-

kerung von Atlantis aus einem kleineren, dunkelbraunen oder rötlichen Typ und einer viel größer gebauten weißen Menschenrasse.

47) So auch H.D.F. Kitto, Die Griechen, Berlin 1967, S. 35.

48) H.J. Rose, Griechische Mythologie, 3. Aufl., München 1969, S. 63 f.; Lamer-Kroh, Wörterbuch d. Antike, Stichwort „Poseidon", S. 458.

49) Lamer-Kroh, a.a.O., Stichwort „Mythos", S. 384; Luce, Atlantis, S. 63 „Heute sind wir imstande zu erkennen, daß selbst die Mythen historische Substanz enthielten".

50) Rose, a.a.O.

51) Der Inzucht kam besonders in den Herrscherfamilien eine große Bedeutung zu. So mußten die ägyptischen Pharaonen viele Generationen hindurch ihre eigene Schwester zur Lebensgefährtin nehmen. Ebenso die Inkakaiser vgl. Mason, das alte Peru, S. 300; Katz, Vorkolumbianische Kulturen, S. 524. Auch in der „Odyssee" begegnet uns dieser Gedanke: König Aiolos verheiratet seine 6 Söhne mit ihren 6 Schwestern. – Von den (ursprünglich vorwiegend megalithichen) Bewohnern Irlands sagt der antike Geograph Strabo, „sie paarten sich sowohl mit anderen Weibern wie auch mit ihren Müttern und Schwestern". Über die Inzucht bei den ebenfalls megalithischen Guanchen s. Anm. 99.

52) Auch die Berber kennzeichnet starkes Freiheitsbewußsein und Fremdenhaß, ebenso die Iberer. Vgl. Topper, a.a.O., S. 306. Die Kyklopen und Laistrygonen der „Odyssee" legten ebenfalls ein feindseliges Verhalten gegen die ihnen fremden Griechen an den Tag. Bekanntlich töteten die L. die Besatzungen von 11 Schiffen des Odysseus.

53) Kluxen, Geschichte Englands, S. 4: „Nach 900 v. Chr. begannen die Kelten einzusickern, die nach 750 v. Chr. in größeren Scharen an den Südostküsten anlangten." Für das 8. Jh. H. Kühn in Ploetz, Auszug aus der Geschichte, S. 45. Auch J. Moreau, Die Welt der Kelten, Stuttgart 1958, S. 18, ist gegen eine frühe Besiedlung. Für die 2. Hälfte des 2. Jahrtausend v. Chr. haben sich u.a. ausgesprochen: J. Abercromby, A Study of the Bronze Age Pottery of Great Britain and Ireland, Oxford 1912; O.G.S. Crawford, J. Loth in „Revue Celtique", Bd. 38, 1921; H. Hubert, The rise of the Celts, London 1934; M. Dillon in Dillon-Chadwick, Die Kelten, Zürich 1967, S. 14, 380.

54) Strabo, Geographie, V, Kap. 28; Moreau, a.a.O., S. 9; Ammianus Marcellinus (gest. c. 400 n. Chr.): „Fast alle Gallier sind groß und zeigen eine rötliche Gesichtsfarbe; sie sind schrecklich durch ihren wilden Blick, sehr streitsüchtig, überaus stolz und anmaßend." – In der Antike hielt man die Kelten wegen ihrer Größe für Abkömmlinge von Kyklopen und Titanen. Vgl. Schulten, Tartessos, S. 57 Anm. 1.

55) F. Behn, Kultur der Urzeit, Berlin 1950, I, Die vormetallischen Kulturen, S. 101; v. Reden, Megalith-Kulturen, S. 304.

56) Über das vornehmlich aus den Steppen Südrußlands stammende Ackerbau-Volk der Bandkeramiker vgl. vor allem Kühn, Vorgeschichte der Menschheit, II, Neusteinzeit, S. 76 f.; Paret, Bild d. Vorgeschichte, insbes. S. 161 f., führt Auswanderung und Untergang der Bandkeramiker auf eine große Dürreperiode um 2000 v. Chr. zurück.

57) Vgl. E. Sprockhoff, Die Entstehung der Germanen, in Festschrift für H. Hirt, Heidelberg 1936; Paret, a.a.O., S. 161; Behn, a.a.O., S. 93, 109; v. Reden, a.a.O., S. 323; Pörtner, Bevor die Römer kamen, S. 388; S. Fischer-Fabian, Die ersten Deutschen, Locarno 1975, S. 96; Spanuth, Atlanter, S. 222. Seine Annahme, die Verschmelzung habe bereits um 2000 v. Chr. stattgefunden, ist datumsmäßig zu früh. – Der erbitterte Kampf der beiden Völker spiegelt sich in der Mythologie wider in dem Ringen der Wanen = Götter der Megalither mit den Asen = Götter der Streitaxt-Leute.

58) Fischer-Fabian, a.a.O., S. 180 f. – G.J. Cäsar, de bello gallico, 2. Buch, Kap. 30, erwähnt, daß die Aduatuker, Nachkommen der Kimbern und Teutonen, also Germanen, die Römer als „Zwerge" bezeichneten. Er bemerkt weiter, „im allgemeinen nämlich erscheint allen Galliern unsere geringe Grö-

ße im Vergleich mit ihrem hohen Wuchs verächtlich". Ebenso C. Tacitus, Germania, Kap. 4: „Daher denn auch die Leibesbildung, trotz der großen Menschenzahl, bei allen dieselbe, wild blickende, blaue Augen, rötliches Haar, große und nur zum Angriff kräftige Gestalten..." – Die Ansicht Spanuths, daß die Atlanter Germanen waren, vgl. sein Buch Atlantis – Heimat, Reich und Schicksal der Germanen, hat keine Zustimmung gefunden.

59) Dillon, Die Kelten, S. 14. Nach Kluxen, Geschichte Englands, S. 3, tauchen die sog. Becherleute „seit 1900 v. Chr." an den Ost- und Südküsten Englands auf. Clark, Frühgeschichte der Menschheit, S. 149: „Diese Becherhersteller scheinen sich unmittelbar von der iberischen Halbinsel her auf den Seewegen des Megalithikums ausgebreitet zu haben." Die sog. Glockenbecher-Leute gelangten bis nach Nordschottland vgl. J.D. Mackie, A History of Scotland, Hamonsworth 1964, S. 16. Siehe ferner B. Lundmann, Geographische Anthropologie, Rassen und Völker der Erde, Stuttgart 1967, S. 68. Nach Kühn, Vorgeschichte der Menschheit, II, S. 113, reichte ihre Kultur in England bis 1400 v. Chr.

60) Die übliche Bezeichnung „Glockenbecher-Leute" scheint nicht zutreffend. Vgl. dazu S. v. Cles-Reden, Die Spur der Zyklopen, Köln 1960, S. 196. Die Glockenbecher-Gefäßform dürfte in Wahrheit die typische Keramik der Megalither sein. So auch Spanuth, Atlanter, S. 201: „Glockenbecher, die als Eigenschöpfungen der iberischen Megalither gelten . . ." Die megalithische Herkunft beweisen einmal die Fundorte dieser Keramik, die sich in Südwest-, West- und Nordwesteuropa exakt mit den Siedlungsgebieten der Megalither decken und von Spanien entlang den Küsten bis zu den Shetland Inseln, von Irland bis Dänemark, von Rhone aufwärts bis zum Quellgebiet der Donau reichen. Sodann sind die Gefäßverzierungen der Glockenbecher mit ihren Dreiecken, Zickzack-Bändern und Winkelmustern typisch für megalithische Ornamente; sie begegnen uns hundertfach z.B. auf den Idolfiguren der Megalither. Darum ist es nur zu verständlich, daß wir diese Keramikform in unzähligen Megalithgräbern antreffen. Vgl. dazu v. Reden, a.a.O.; S. 123 f.; Behn, Kultur der Urzeit, II, S. 79 f.; Kühn, a.a.O.; Bibby, Faustkeil, S. 213. – Über den Körperbau der „Becherleute" vgl. insbes. K. Gerhardt, Die Glockenbecherleute in Mittel- und Westdeutschland, Stuttgart 1953.

61) Die Kymri oder Cymri sind nicht identisch mit den germanischen Kimbern aus Jütland oder den Kimmeriern am Schwarzen Meer. Der Name kommt vielleicht von keltisch gheam = Winter und air = Leute, was auf Wohnsitze in den winterkalten Regionen Englands deutet. Es sind die „kimmerischen Männer" der „Odyssee", die „ständig in Dunst und Wolken gehüllt sind" (Od. 11, 14, f.). Gemeint sind die Bewohner Nordschottlands, des Nebellandes par excellence. Urprünglich saßen die Kymrer beiderseits der Irischen See bis hinauf nach Schottland. Wales hieß bis 450 n. Chr. Cymru. Die im Firth of Clyde gelegene Insel Cumbraes bedeutet „island of the Cymry" vgl. W.C. Mackenzie, Scottish Places Names, London 1931, S. 130. In der anglisierten Form ist der Name noch in Cumbria und Cumberland erhalten. P. Berresford Ellis, The Story of the Cornish Language, Truro, o. J., S. 8.

62) Für die Identität von Atlantern und Phäaken vor allem: v. Rudbeck; Donnelly, Atlantis, 1911, S. 208: „Atlantis, das Land des Alkinoos"; Schulten, Tartessos, 1950, S. 106; Borchardt, Platons Insel; Hennig, Versunkene Länder, S. 64; Spanuth, Atlanter, S. 363 f. ; Frank, Atlantis war anders, S. 10; Gadow, Atlantis-Streit, bemerkt S. 26: „Allgemein wird heute nicht mehr geleugnet, daß beide Erzählungen dieselbe bronzezeitliche Inselkultur beschreiben."

63) Für Kerkyra (Korfu) bereits Thukydides (5. Jh. v. Chr.). Ferner Eustathios (12. Jh. n. Chr.), Clüver (17. Jh. n. Chr.), v. Schwerin, Odysseus Irrfärder, Lund 1909; W. Kranz, Die Irrfahrten des Odysseus, Hermes, 50, 1915; für die neueste Zeit statt vieler: E. Bradford, Reisen mit Homer, 3. Aufl., Bern 1965, S. 233 f.

64) Bibby, Faustkeil . . . , S. 262: „Offenbar hat es demnach keinen Megalithen errichtenden Volksstamm mit gemeinsamer Kultur, gleichen Traditionen und gleicher Lebensart gegeben." Nach s. M waren die Megalither lediglich Missionare. Dagegen spricht schon 1853 F. Lukis, zitiert bei Bibby, S. 250, von

einem Megalithvolk. Gegen eine besondere Megalithkultur auch R. Pittiosi, Propyläen – Weltgeschichte, 1. Bd., S. 247. Gegen ein Megalithvolk aber für eine Megalithkultur Paturi, Zeugen d. Vorzeit, S. 250; H.G. Wunderlich, Die Steinzeit ist noch nicht zu Ende, Reinbek 1974, S. 241. Gegen eine „megalithische Rasse" de Camp, Geheimnisvolle Stätten, S. 82.

65) Für die im Text angegebene Länge der Elle spricht auch, daß in der klassischen griechischen Zeit die Elle (pechys) der Länge von 1 1/2 Fuß, also etwa 45 cm entsprach. Lamer-Kroh, Wörterbuch d. Antike, S. 320, 652.

66) Zum überhöhten Längenwachstum unserer Zeit siehe G. Kurth, Anm. S. 404, in W. Howells, Die Ahnen der Menschheit, Zürich-Stuttgart-Wien 1963; Lundmann, Geographische Anthropologie, S. 6. – Über den Riesenwuchs der vorisraelischen Bewohner Palästinas, der Philister, Amalekiter, Ammoniter, Emiter, Samsuniter usw. vgl. 4. Buch Mose, Kap. 13, Verse 29 f., und 5. Buch Mose, Kap. 2, Verse 10 f.: „Man hielt sie für Riesen wie Enakiter"; „es ist auch geschätzt für der Riesen Land und haben auch vor Zeiten Riesen darinnen gewohnt." – Über die Hethiter vgl. Lehmann, Hethiter, S. 118. Über die Serer vgl. Plinius d.Ä., Naturgeschichte, VI, 24. Über den Riesenwuchs der Guanchen vgl. W.O. Heß, Die Kultur der voreuropäischen Bevölkerung der Canarischen Inseln, Diss. Gießen, 1950, S. 46 f.; L. Torriani, Die Kanarischen Inseln und ihre Urbewohner, deutsch von D.J. Wölfel, Leipzig 1940; über die Garamanten siehe K. Krafft, Die Begründung einer Wissenschaft von der Natur durch die Griechen, Freiburg 1971, S. 186; vielleicht sind sie identisch mit den Tamahus in Nordafrika, die von den Ägyptern als blond und blauäugig beschrieben werden, vgl. G. Möller, Die Ägypter und ihre libyschen Nachbarn, in Ztschr. f. Ethnologie, 1920/1, S. 428; vgl. ferner Topper, Erbe d. Giganten, S. 304, der die großgewachsenen, hellhaarigen und blauäugigen Berberstämme der Ghomera an der marokkanischen Mittelmeerküste und die Schiadtma am Atlantik erwähnt.

67) Zu Lanyon Quoit vgl. Antiquities of the Cornish Countryside, Truro, S. 12. Quoit ist die cornische Bezeichnung für die gewaltige Deckplatte. Über das Riesengrab von Trevegean vgl. Carew, Survey of Cornwall, S. 159. Über einen Riesenskelettfund in der Kirche auf dem St. Michaels Mount vgl. Stadtprospekt von Penzance, o.J., S. 1. Noch heute erzählt der Fremdenführer auf dem St. Michaels Mount die Geschichte von dem Riesen Cormoran, der von Jack, dem tapferen Cornishman, im Kampf getötet wurde. Nach Carew, a.a.O., S. 1, fand dieser Kampf zwischen dem Riesen Gogmagog und Corineus, dem 1. Eroberer Cornwalls statt. – Ein anderes Beispiel für Riesenwuchs in Cornwall ist das Konterfei des. 2,24 Meter großen „Cornischen Riesen" Anthony Payne aus dem 17. Jh., das heute im Museum in Truro hängt. F. Sager, Süd-England, Köln 1979, 3. Aufl., S. 301 f.

68) Über die Giant's Graves vgl. Antiquities, a.a.O., S. 10 f. Eine Aufstellung der cornischen prähistorischen Monumente bei A. Fox, South West England, London 1964, und Ch. Woolf, An Introduction to the Archaeology of Cornwall, Truro 1970. – Beispiele von Riesengräbern andernorts, z.B. in Spanien, bei Topper, Erbe d. Giganten, S. 275: „In Almunecar, an der Mittelmeerküste von Granada, fand man am Ende des 17. Jahrhunderts ein Felsengrab, in dem ein gigantisches Skelett lag, mit Krone, Lanze, Schwert und zwei Goldringen."

69) Nach Schulten, Iberische Landeskunde, I, S. 83, unterschieden sich die Iberer von den nördlichen Völkern mit ihren großen, massigen Leibern „durch mageren, sehnigen Körperbau." – Zur Verwirrung in der Geschichtsschreibung über die Iberer vgl. Topper, Erbe d. Giganten, S. 294 f. Es gilt 3 Gruppen der iberischen Bevölkerung zu unterscheiden: die erste, eine nichtindogermanische, die bereits im 3. Jahrtausend v. Chr. von Afrika herübergekommen war – kleinwüchsige, rundköpfige Gestalten – ; die zweite, eine indogermanische Gruppe, ebenfalls von kleinem Wuchs, aber langschädelig, die im 9. Jh. v. Chr. aus dem östlichen Mittelmeer eingewandert war und sich hauptsächlich in der Ebro Ebene ansiedelte. Sie war es vornehmlich, die mit den vom Norden eingedrungenen Kelten zu den Keltiberern verschmolz. Vgl. hierzu auch Grieben, Reiseführer, Nordspanien, Bd. 263, München

1965, S. 19. Ein dritter, hochwüchsiger, aber rundköpfiger iberischer Menschenschlag waren die sog. Glockenbecher-Leute, die vermutlich aus der Kaukasus-Gegend stammten. So auch B. Jacobi, Als die Götter zahlreich waren, Frankfurt a.M. 1968, S. 119 f. Alle 3 Gruppen haben dunkle Haare und einen bräunlichen Teint.

70) Wer unbedingt anstelle der verwirrenden Vielfalt der Völkernamen wenige Rassenbezeichnungen hören will, für den sei vermerkt: die sehr großen Megalither gehören zur Cro Magnon Rasse, deren Reste die dalische oder fälische Rasse darstellt (soweit die Rasseforscher eine solche besondere Rasse anerkennen); die großen, langschädeligen Streitaxt-Leute sind der nordischen Rasse zuzurechnen. Während die ebenfalls langschädeligen, aber zierlichen Menschen der Natufien-, Chassey-, der frühen El Argar- und Almeria-Kultur Repräsentanten der mediterranen (westlichen) Rasse sind, zählen die großwüchsigen, aber rundköpfigen Menschen der sog. Glockenbecher-Kultur zur dinarischen Rasse. Vgl. hierzu v. Reden, Megalith-Kulturen S. 29, 120 f., 197 f., 207. Ferner Lundmann, a.a.O., S. 67 f. Gerhardt, Die Glockenbecherleute, S. 174 f., rechnet die Gl.-Leute zu den Tauriden als Oberbegriff der dinarischen und armenischen Rasse.

71) v. Reden, a.a.O., S. 16, 212 f., 301; St. Piggott, Vorgeschichte Europas, Zürich 1972, S. 99; D. du Maurier, Romantisches Cornwall, Zürich-Stuttgart 1968, S. 22.

72) Piggott, a.a.O.; Bibby, Faustkeil, S. 250; v. Cles-Reden, Spur d. Zyklopen, S. 52: „Die Kollektivbestattung, einer der wichtigsten Wesenszüge ... aller Megalithkulturen." – Das größte Gemeinschaftsgrab des Megalithikums überhaupt ist das unterirdische Hypogaeum auf Malta, in dem die Knochenreste von 7000 Menschen gefunden wurden. Siehe auch Lissner, Rätselhafte Kulturen, S. 64. Ferner Nordmann, Megalithic culture of Northern Europe, S. 28: „Tombs have been found in Denmark and Sweden containing about 100 Corpres." Neuerliche Ausgrabungen (1972-74) im Kuppelgrab von Maes Hove (Orkney-In.) haben die Gebeine von 160 Toten zutage gefördert. Vgl. C. Renfrew, in Antiquity, 1976, Nr. 199/200, S. 194 f. Datierung 3700 v. Chr.

73) Niel, Spuren gr. Steine, S. 210. – Über die zerstörende Kraft des Bodens vgl. Antiquities of the Cornish Countryside, S. 8: „... that human remains have been eaten away by the acid soil of Cornwall ..." – Der Kieselsäuregehalt ist bei magmatischen Gesteinen (Granit, Porphyr, Gabbro, Diabas) hoch, bei Porphyr sogar bis 70 %. – Vielleicht trug auch das vielfach in den Grabfronten vorhandene Loch („Seelenloch") zur rascheren Zersetzung bei. v. Reden, Megalith-Kulturen, S. 52, 57, 133, 278.

74) Dafür, daß es ein natürlicher Vorgang sei, den Toten mit Steinen zu umstellen, die ihn schützen, vor allem Pittiosi, Propyläen-Weltgeschichte, 1. Bd., S. 247. Auch sei es ganz natürlich, daß man den Toten auf dem Erdboden flach bestatte, ihn mit 4 großen Steinen umgebe und das Ganze mit einer Deckplatte abschließe. Dann sind die zahlreichen Hockerbestattungen, die Beisetzung in Flachgräbern oder die Urnengräber also etwas Unnatürliches? Demgegenüber stellt Niel, a.a.O., S. 44, zutreffend fest: „Die megalithischen Monumente sind auf bestimmte Regionen des Globus begrenzt. Neben Gebieten mit starken Anhäufungen, so z.B. Irland, Schottland, England, Frankreich, Holland, Dänemark, Portugal, Spanien und Malta, gibt es Gegenden fast ohne jegliche Megalithmonumente. Zu diesen bemerkenswerten Lücken gehören neben Zentralspanien vor allem die größten Teile Afrikas und Osteuropas, der Norden von Kleinasien, Persien sowie China. Handelte es sich bei den Megalithbauten um eine spontane, „natürliche" Schöpfung ganz verschiedener Völker, dann wären diese erheblichen Lücken unverständlich.

75) Niel, a.a.O. Dafür, daß die Atlanter die Urheber der Menhire und Dolmen waren, bereits A.F.R. Knötel, Atlantis und das Volk der Atlanter, Leipzig 1893, S. 214 f. – Die Steinhäuser von Skara Brae und Papa Westray auf den Orkney-In. (4. JT. v. Chr.) dokumentieren die einmalige Kunst der Megalither, steinerne Wohnbauten zu errichten; sie gehören zu den ältesten in NW-Europa, v. Reden,

a.a.O., S. 298.

76) Lamer-Kroh, Wörterbuch d. Antike, Stichwort „Kyklopische Mauern", S. 316.

77) Einer der größten Menhire überhaupt war der jetzt umgestürzte und in 4 Teile zerbrochene Men-er-Hroech, der Feenstein, von Locmariaquer in der Bretagne. Er hatte eine Länge von vermutlich 23 m und ein geschätztes Gewicht von 350 Tonnen! Er übertraf an Gewicht die meisten ägyptischen Obelisken. Niel, a.a.O., S. 50; v. Reden, a.a.O., S. 230; Biedermann, Versunkene Länder, S. 45.

78) Niel, a.a.O., S. 203 f. Wie einmalig die Arbeitsleistungen der Megalither beim Transport der Steine waren, zeigt sich auch bei ihren Gräbern. Während der längste Stein von Stonehenge 8,85 m mißt, hat ein Deckstein des Grabes von Bagneux (Zentralfrankreich) eine Länge von 18,60 m, ist rd. 5 m breit und wiegt 86 Tonnen. Lissner, Rätselhafte Kulturen, S. 70.

79) Auf die Vergleichbarkeit des atlantischen Reiches mit dem „British Commonwealth" hat bereits Donnelly, Atlantis, S. 337, hingewiesen. – Lamer-Kroh, a.a.O., Stichwort „Poseidon", S. 458, sagt vom Namen des Gottes, „das ursprünglich wohl kretische Wort". Vgl. ferner Rose, Griechische Mythologie, S. 18 f. Es ist Rose, S. 62, 63, beizupflichten, der als einleuchtende etymologische Erklärung des Namens Poseidon die von Kretzschmer ansieht, der ihn als „Gemahl der Da" – vermutlich ein vorgriechischer Name für die Erdgöttin – deutet. – Der von Odysseus geblendete Riese Polyphem betet zu seinem Vater und Herrn Poseidon (Od. 9, 526) und erklärt unumwunden, sie, die Kyklopen, kümmerten sich nicht um Zeus und die seligen Götter, da sie viel stärker seien als diese (Od. 9, 274). Hier bricht der alte Streit zwischen Titanen und Olympiern wieder auf.

80) v. Reden, Megalith-Kulturen, S. 110 f., 199, 255 f., 264 f., 282 f., 319. Spanuth, Atlanter, S. 172, 194, „Eulengesicht". Für einen Kult der Muttergottheit auch Bibby, Faustkeil und Bronzeschwert; G. Sieveking, Wanderung der Megalithen, in „Versunkene Kulturen", München 1963, S. 301. – Für eine Übernahme des Magna-Mater-Kultes aus dem Osten vor allem Kühn, Kunst Alt-Europas, S. 19, 73, 81 f.; Bibby, a.a.O. Dagegen Spanuth, Atlanter, S. 173 f.

81) Für eine Wanderungsrichtung der Megalither von Ost nach West u.a. Kühn, a.a.O., und ders., Wenn Steine reden, Wiesbaden 1966, S. 94; Sieveking, a.a.O.; P. Honoré, Es begann mit der Technik, Stuttgart 1969, S. 109; Pörtner, Bevor die Römer kamen, S. 203 f., 247; Clark, Frühgeschichte d. Menschheit, S. 85 f., 145 f.; Galanopolous-Bacon, Wahrheit über Atlantis, S. 28; Niel, Spuren d. gr. Steine, S. 255; v. Cles-Reden, Spur d. Zyklopen, S. 59 f.; in der neuen Auflage mit dem Titel „Die Megalith-Kulturen", unentschieden: „Die schöpferischen Kräfte der westlichen „Barbaren" wurden sicher unterbewertet." (S. 22). Vgl. ferner G. Childe, The Dawn of European Civilisation, London 1925; G. Daniel, The Megalithbuilder of Western Europe, London 1958.

82) Für die umgekehrte Zugrichtung von West nach Ost u.a.: F. Sprockhoff, Die nordische Megalithkultur, in Hdbuch d. Vorgesch. Dtschlds, III, Berlin-Leipzig 1938, S. 14 f.; G. Schwantes, Die Vorgeschichte von Schleswig-Holstein, Neumünster 1939, S. 221; Spanuth, Atlanter, S. 173 f.; Biedermann, Versunkene Länder, S. 43, 117; C. Renfrew, Carbon 14 and the Prehistory of Europe, in Scientific America, 1971, S. 69 f., ders., Before Civilisation, 1976; R. Wernick, Steinerne Zeugen früherer Kulturen, Time-Life, 1974, S. 34 f. – Vermittelnd Herm, Die Kelten, S. 147; er hält zumindest 2 Zivilisationspole, einen am östlichen Mittelmeer, den andern im atlantischen Norden, für vorstellbar. Für eine Entstehung der Megalithkultur im Norden Bibby, a.a.O., S. 155. Vor ihm schon G. Kosinna, Die deutsche Vorgeschichte, Leipzig 1933, S. 14.

83) Das gilt mit großer Wahrscheinlichkeit für die primitiveren Vorläufer der bretonischen Ganggräber, die Dolmen. Sie reichen mindestens bis ins 6. Jahrtausend v. Chr. zurück. Wernick, a.a.O., S. 33. So hat sich auch jetzt herausgestellt, daß die norddeutschen Megalithgräber, so das Hünengrab von Groß-Berßen im Emsland, bereits im 4. Jahrtausend v. Chr. entstanden sind. v. Reden, Megalith-Kulturen, S. 320.

84) Niel, Spuren d. gr. Steine, S. 293. – Über die Wiege der Megalith-Kultur vgl. Paturi, Zeugen d. Vorzeit, S. 204 f. Das Buch enthält eine Fülle von Abbildungen megalithischer Monumente. Für Norddeutschland vgl. die guten Abbildungen in E. Sprockhoff, Atlas der Megalithgräber Deutschlands, Teil 1 u. 2, Bonn 1966, 1967.

85) Niel, a.a.O., S. 279 f. Er untersucht 3 Hypothesen über den Ursprung der Megalith-Kultur, eine ägyptische, eine phönizische und eine ägäische, um sie schließlich mit Recht alle drei abzulehnen. – Für die umgekehrte Annahme, daß die Ägypter ihre Kultur von den Atlantern hatten, besonders Donnelly, Atlantis. Ebenso Bischoff, Wir und das Weltall, S. 115. Schon Diodor berichtet, die Ägypter hätten ihre Kenntnis von den Hieroglyphen, den Skulpturen und anderen Dingen von den Äthiopiern übernommen und Westäthiopien sei von den Atlantern bewohnt gewesen, die ursprünglich im Atlas-Gebirge gesessen hätten. Auch die Idee des Weiterlebens nach dem Tode hätten die Ägypter von den Atlantern entlehnt. – Die Fülle megalithischer Bauten (Dolmen, Menhire), die uns noch heute in Abessinien begegnet, scheint Diodor zu bestätigen.

86) Das hohe Ansehen der Frau ist auf den britischen Inseln schon sehr alt. Dillon, Die Kelten, S. 275 f. – Die Vorstellung, als höchste Gottheit eine Frau zu verehren, paßt dagegen schlecht in die orientalische Welt. Die phrygische Kybele und die sumerische Astarte sind da nur scheinbar ein Gegenargument, denn diese Gebiete gehörten ursprünglich ebenfalls zum megalithischen Siedlungsbereich. In der Kultur der Megalither und ihrer Vorfahren, der Cro Magnon Menschen, sind die Darstellungen der körperfülligen Fruchtbarkeitsgöttinnen von Malta nur Glieder einer Kette, die von den „Venus"-Statuetten der Steinzeit bis in das 1. Jahrtausend v. Chr. reicht. Sie betonen die große Bedeutung der Frau im göttlichen und sozialen Bereich. Es nimmt daher nicht wunder, daß uns im megalithischen Raum – Jahrhunderte vor dem Christentum – Darstellungen einer Gottesmutter mit dem Kind begegnen. Die meist bronzenen Statuetten dieser Art aus Sardinien aus der 1. Hälfte des 1. JT. v. Chr. beweisen das. Vgl. Lissner, Rätselhafte Kulturen, S. 97 f. Der sich in das christliche Religionsbild schwer einfügende Marienkult spricht für die Langlebigkeit dieses alten Mutterglaubens. v. Reden, a.a.O., S. 275: „Die Macht der ewigen Magna Mater aber lebt auch heute noch ungebrochen im inbrünstigen Kult der Madonna weiter". Spanuth, Atlanter, S. 223: „In christlicher Zeit wurde ... aus der magna mater die Maria ..."

87) Bibby, Faustkeil, S. 344 f.; Kluxen, Geschichte Englands, S. 3: „Die beiden Steinkreise von Stonehenge ... stellten wohl ein Sonnenheiligtum dar und dienten zugleich als Kalender für die Riten und Feste der Jahreszeiten." R.J.C. Atkinson, Was ist Stonehenge?, Swindon 1974, S. 21, hält St. ebenfalls für einen Tempel zur Sonnenanbetung, doch sei das nicht mit Sicherheit erwiesen. Nach H.B. Brenske, Sonnenwende – Symbol rinnender Zeit, in „Tagesspiegel" Berlin Nr. 8740 vom 16.6.1974, ist St. „eine der gewaltigsten Beobachtungsstätten der größten Morgenweite der Sonne, ein „Sonnen-Observatorium." Honoré, Ich fand den weißen Gott, S. 221, spricht ebenfalls von der „Sonnenreligion der Megalither." Siehe auch Spanuth, Atlanter, S. 135 f. Bereits Donnelly, Atlantis, hielt die Religion der Atlanter für einen Sonnenkult. Ebenso Berlitz, Atlantis-Rätsel, S. 107. Nach G.S. Hawkins, Stonehenge decoded, New York 1965, war St. ein steinernes Rechenzentrum. Vgl. auch R. Müller, Der Himmel über den Menschen der Steinzeit, Berlin 1970, S. 67. Unentschieden R.S. Newall, Stonehenge, London, 9. Aufl., 1975, S. 21 f.

88) Vgl. Krafft, die Begründung einer Wissenschaft, S. 186.

89) Zur Rassenfrage: V.G. v. Frankenberg, Menschenrassen und Menschentum, Berlin 1956, S. 331. – Man ist sich heute einig, daß auch die ersten Griechen, die Hellenen, die um 2000 v. Chr. in die Balkanhalbinsel einwanderten, aus dem Norden kamen. Lissner, Rätselhafte Kulturen, S. 114. – Wenn man in den „nördlichen Zonen" die Steppen und Lößböden Südrußlands um das Schwarze und Kaspische Meer sieht, könnte der Satz „ex oriente lux" in einem neuen Sinn richtig sein.

90) Piggott, Vorgeschichte Europas, S. 164. Vgl. auch Meyers Konversations-Lexikon, 9. Aufl., 1975, Stichwort „Megalithkulturen": „Die megalithischen Baudenkmale sind sichtbarer Ort eines differenzierten Totenkultes (Ahnenkult?), dem explizierter Jenseitsglaube zugrundeliegt." Honoré, Es begann mit d. Technik, S. 131: „Der Totenkult eines Auferstehungsglaubens ist der geistige Hintergrund der gewaltigen Megalithgräber".

91) Bibby, Faustkeil, S. 248; Sieveking, Wanderung d. Megalithen, S. 319; v. Reden, Megalith-Kulturen, S. 295 f. Die C 14-Messungen ergaben ein Datum von 2356 $\pm$ 65 Jahren. – Außer Grabräubern haben auch Amateurarchäologen vielen Schaden angerichtet. Vgl. für Cornwall: Antiquities of the Cornish Countryside, S. 8: „... and that grave goods (wordly possession of the deceased) have been pilfered or carelessly removed by amateur archaeologists".

92) Dafür auch Lissner, Rätselhafte Kulturen, S. 64, 74; Topper, Erbe d. Giganten, S. 227 f.; Niel, Spuren d. gr. Steine, S. 45.

93) Für eine weltweite Kolonisation der Atlanter bereits Donnelly, Atlantis, S. 337. Ferner Schulten, Iber. Ldskde, II, S. 498; Brinsley, Secret of the Ages, S. 27; Topper, a.a.O., S. 227: „Atlanter besiedelten und missionierten einst fast den ganzen Erdball". – Nimmt es bei einem so bedeutenden Seefahrervolk wunder, wenn nach der „Odyssee" die (megalithischen) Priesterinnen Kirke und Kalypso so viel von Navigation und Sternenkunde verstanden, daß sie dem Odysseus genaue Segelanweisungen geben konnten?

94) Vgl. Lissner, a.a.O., S. 67. „Stonehenge" bedeutet „hangig stone" = hängender Stein, eine Anspielung auf die Steinstürze der Trilithen. Avebury, die größte Megalithanlage von England, bestand ursprünglich aus mehr als 650 aufgestellten Steinblöcken, von denen heute nur noch ein bescheidener Rest erhalten ist.

95) Der Name „Cro Magnon" rührt her von einer Grotte des Vézères Tales in der Dordogne (Südfrankreich), wo die ersten Skelette dieser Rasse gefunden wurden. Breite Schultern, besonders beim Mann, ein etwas gedrungener Hals, starke Hüften und kräftige Gelenke – bei beiden Geschlechtern! – sind charakteristisch für diesen Typus. Die so gar nicht grazile „Venus von Milo" verkörpert anschaulich die frauliche Form dieses Menschenschlages. So ähnlich dürften die Frauen der Megalither ausgesehen haben.

96) Für die Atlanter als Cro Magnon-Menschen vor allem Donnelly, a.a.O.; Spanuth, Atlanter, S. 435 f.; ferner Berlitz, Atlantis-Rätsel, S. 211; Topper, a.a.O., S. 407: „Die Gründer von Atlantis hießen Thursen ... Vom Körperbau gehörten sie zum Cro Magnon-Typ, bildlich gesprochen waren sie Riesen". Ebenso Foëx, Unterwassermensch, S. 27, 30; Paul, Das Rätsel Atlantis, S. 4. Auch Homet, Die Söhne der Sonne, S. 24-26, weist daraufhin, daß die Ausbreitung des Cromagnon in Europa sich mit der Megalithkultur deckt. Allerdings hält er irrtümlich die Cromagnons für die Nachkommen der Atlanter.

97) Ebenso „mit guten Günden" Spanuth, Atlanter, S. 435. Auch Muck, Alles über Atlantis, S. 164, betrachtet die Menschen von Cro Magnon als die Ahnen der dalischen und fälischen Rasse. Geringe rassische Unterschiede sind jedoch festzustellen. So weisen die Schädel der Cromagnards stärkere Überaugenwülste auf als die fälisch-dalischen Megalither, die ihrerseits einen breiteren und schwereren Knochenbau zeigen.

98) Über die Guanchen vgl. D. Wölfel, Die Hauptprobleme Weißafrikas, in Archiv f. Anthropologie, 27, 1942, S. 89 f.; Heß, Die Kultur der voreuropäischen Bevölkerung der Canarischen Inseln; W. Giese, Rätselhafte Guanchen, in Merian Heft 17, 1964, S. 68 f.; bereits Torriani, Die Kanarischen Inseln, Kap. 30, 51, 59, bemerkt, bei den Männern der Guanchen sei eine Körpergröße von 2,20 Meter keine Seltenheit gewesen.

99) D. Wölfel, Monumenta Linguae canariae, 1965, S. 4 f. Er hält die Kultur der Kanaren für einen Gauty-

pus des Megalithikums mit starker Verwandtschaft zu den frühesten Hochkulturen des Mittelmeeres, zu Nordafrika und Westeuropa. Vgl. von dems. Verf., Die Kanarischen Inseln, die westafrikanischen Hochkulturen und das alte Mittelmeer, in Paideuma 4, 1950, S. 245 f.: „Für die Steinsetzungen des Megalithikums bieten die Inseln zahlreiche Beispiele". Für eine megalithische Kultur der Guanchen auch Paturi, Zeugen d. Vorzeit, S. 320. Schon Donnelly, Atlantis, S. 125, sah in den Guanchen ein Überbleibsel der alten atl. Bevölkerung. Braghine, Atlantis, S. 129. Wölfel, a.a.O. (Paideuma), S. 242, bemerkt: „Die gesellschaftliche Organisation der alten Kanarier zeigt . . . eine ganz hervorragende Stellung der Frau im Staat . . . und in der Familie". – Wie häufig bei den Megalithern herrschte auch bei den Guanchen, besonders in den Königsfamilien, Inzucht. Grieben, Reiseführer, Bd. 281, Kanarische Inseln, München 1968, S. 28.

100) Vgl. Aelian, Varia Histor., III. Auch sagte Theopompos, bei den Atlantern sei das Gold zahlreicher gewesen als das Eisen. – Bereits E.F. Berlioux, Les Atlantes, Lyon 1883, bemerkt von den Atlantern: „Die Menschen mit hellen Augen und blonden Haaren . . . sind die Nachkommen der ehemaligen Herrscher über Afrika und Europa".

101) Für eine Insel: außer Thukydides, Eustathios, Clüver, vor allem v. Schwerin, Odysseus Irrfärder; Kranz, Die Irrfahrten des Odysseus; Spanuth, entr. Atlantis; G. Baglio, Odisseo nel mare mediterraneo, Rom 1957; Bradford, Reisen mit Homer; M. Obrégon, Odysseus auf Flügeln, Wiesbaden 1975; K. Bartholomäus, Odysseus kam bis Helgoland, in Bild d. Wissenschaft, 1977, Heft 1.
Für Festland: E. Prigge, Homers Odyssee, 2. Aufl., Frankfurt und Berlin 1914; R. Hennig, Die Geographie des homerischen Epos, in Neue Wege zur Antike, 10, Leipzig und Berlin 1934; H.H. und A. Wolf, Der Weg des Odysseus, Tübingen 1968.

102) Für die Zeit zwischen 1209 und 1183 Clark, Frühgeschichte, S. 161. Nach Stemman - v. Zandt, Rätselhafter Untergang, S. 29, fiel Troja „etwa um 1200 v. Chr.". Für das Jahr 1260 A. Evans. Für 1300 H. Weigel, Der Trojanische Krieg, Darmstadt 1970, S. 159.

103) Lamer-Kroh, Wörterbuch d. Antike, Stichwort „Odysseus", S. 400: „vielleicht eine historische Person". Lissner, Rätselhafte Kulturen, S. 114: „Jedenfalls waren die homerischen Helden . . . Griechen, und es wird immer klarer, daß sie geschichtliche Gestalten sind."

104) W. Schadewaldt, Von Homers Welt und Werke, 4. Aufl., Stuttgart 1965, S. 96; Lamer-Kroh, a.a.O., S. 244; H. Gottschalk, Lexikon der Mythologie, Berlin 1973, S. 35 f.; J.V. Luce, Archäologie auf den Spuren Homers, Bergisch Gladbach 1975, S. 10: „2. Hälfte des 8. Jahrhunderts v. Chr."

105) So G.K. Furthmann, Wann lebte Homer?, Meisenheim a.d. Glan 1967. Ihrer Ansicht haben sich angeschlossen: F. Vonessen, in Ztschr. f. philosoph. Forschung, 23, 1969; Spanuth, Atlanter, S. 360 f.

106) Vgl. W. Bray – D. Trump, Lexikon der Archäologie, deutsch von J. Rehork, München 1973, Stichwort „Brandbestattung" und „Homer". Für die Mykener als Megalither ist Feuerbestattung unvorstellbar, weil der Körper für die „Auferstehung des Leibes" erhalten bleiben muß.

107) Vgl. hierzu R. Güngerich, Die Küstenbeschreibung in der griechischen Literatur, Münster 1950. – Sind vielleicht die sonst kaum verständlichen Stellen in der „Odyssee", wo davon die Rede ist, der zürnende Poseidon wolle auf die Stadt der Phäaken ein hohes Gebirg auftürmen (Od. 8, 569; 13, 152, 158, 177, 183), eine leise Erinnerung an die beim Untergang durch die abbrechenden Steine verschüttete Stadt Atlantis?

108) Für die Annahme zwei verschiedener Ebenen, einer kleinen um die Mutterstadt, und einer großen, in deren Mitte die Königsstadt lag, auch Spanuth, entr. Atlantis, S. 117 f.; ebenso Galanopolous-Bacon, Wahrheit über Atlantis, S. 34, allerdings auf zwei verschiedenen Inseln. Zum richtigen Verständnis der Stelle Kritias 118 a ist hinter den Worten „zum Meer hinabzogen" ein Punkt zu setzen, So auch Luce, Atlantis, S. 319, und Spanuth, Atlanter, S. 468.

109) Grieben, Reiseführer, England und Wales, S. 190: „Penzance – geradezu eine subtropische Perle un-

ter den Badeorten ..." Stichwort „Cornwall" in Encyclopaedia Britannica, 1968: „This coast is known as the English Riviera". Du Maurier, romant. Cornwall, S. 44. Auch R. Hennig, Wo lag das Paradies?, Berlin 1950, S. 46, spricht von der klimatisch besonders gesegneten englischen Südküste mit einer nahezu subtropichen Vegetation.

110) Mittelmeer-Handbuch, Teil III, Hamburg 1967, hrsggb. vom Deutschen Hydrographischen Institut Hamburg, S. 81: „Die Gezeiten des Mittelmeeres sind im allgemeinen ziemlich unbedeutend, der Springtidenhub beträgt fast überall weniger als 0,5 m."

111) Stadtführer von Penzance, hrsggb. von der Stadtverwaltung, o.J., S. 1; Sager, Süd-England, S. 303; Carew, Survey of Cornwall, S. 154 R.

112) Über die St. Michaels Weihe früherer heidnischer Kultstätten vgl. Jung, Germanische Götter und Helden, S. 162, 467; A. de Mailly, Das Wahrzeichen von St. Michael in der Wachau, in Christl. Kunst, 1925, Novemberheft.

113) G. de Beer, Reflections of a Darwinian, London 1962, S. 193. Oberhalb des Schlosses auf dem St. Michaels Berg findet sich ein felsiger Sitzplatz. Nach Carew, Survey of Cornwall, S. 154 R, handelt es sich bei dieser schwer zugänglichen Stelle um einen „holy place". Der Volksmund nennt den Platz „St. Michael's Chair".

114) Dillon, Die Kelten, S. 33: „Ein weiteres deutlich wahrnehmbares Charakteristikum der keltischen Religion ist, daß Brunnen, Flüsse und heilige Bäume Gegenstände der Verehrung waren ..." – John Aubrey, der 1649 den Steinkreis von Avebury entdeckte, hielt Stonehenge für einen Druidentempel. William Stuckley erklärt um 1700 die Steinsetzung für eine Sternwarte der Druiden. Noch zu Beginn unseres Jahrhunderts hielt N. Lockyer St. für einen der Sonnenanbetung dienenden Druidentempel. Nach Newall, Stonehenge, S. 29, und Atkinson, Was ist Stonehenge?, S. 21, hat St. nichts mit den Druiden zu tun. – Über die Fortführung der megalithischen Kultbräuche durch die Kelten vgl. Moreau, Die Kelten, S. 102, und v. Cles-Reden, Spur der Zyklopen, S. 275.

115) S. Jennett, Cornwall and the Isles of Scilly, 1965, Stichwort „Madron". Offensichtlich scheint die Austilgung des Aberglaubens nicht ganz gelungen, denn noch heute wird gelegentlich, vor allem zur Mitsommerzeit, die Ruine über der Quelle für Taufen benutzt. Vgl. Madron Parish Church, Kirchenführer, Penzance, o.J. (aber nach 1971) S. 2.

116) Kirchenführer von Madron Parish Church, S. 14, 15. – Die Heiligkeit der Quellen verbot ihre Benutzung zu profanen Zwecken. Sie zwang auch die phäakische Königsfamilie entlegenere Süßwasserstellen zum Wäschewaschen aufzusuchen. Daher der Satz in der „Odyssee": „es sind die Waschgruben weit vor der Stadt" (Od. 6, 40).

117) Kirchenführer a.a.O., S. 2. Jennett, a.a.O.: „ ... is dedicated to a saint otherwise unknown". Nach du Maurier, romant. Cornwall, S. 55, ist die Madronsquelle die Quelle der Matrona, der alten, ehrwürdigen Frau, der heiligen Priesterin. Auch in Frankreich z.B. gab es an der Marne-Quelle ein der Dea Matrona geweihtes Heiligtum. Dillon, die Kelten, S. 33.

118) Kirchenführer der Madron Kirche, S. 3; Stadtführer von Penzance, S. 7.

119) Ob „sans" wirklich eine Ableitung von lat. sanctus ist – wie meist angenommen – erscheint fraglich. Vielleicht ist es von kelt. sianta = sia = Elfe, Fee, Schicksalsgöttin, und ana = Frau abgeleitet? – Penzance wäre dann die „Stadt der Quelle der göttlichen Frau"?!

120) Zur Zerstörung der dtsch. Hünengräber vgl. Fischer-Fabian, Die ersten Deutschen, S. 91; Pörtner, Bevor die Römer kamen, S. 187 f. Während es in der Bundesrepublik heute nur mehr etwa 900 Riesengräber gibt, besitzt Frankreich noch c. 4350, Niel, Spuren d. gr. Steine, S. 38. In Dänemark blieben 4000 erhalten, v. Reden, Megalith-Kulturen, S. 327. Insgesamt gab es im Norden und Westen Europas 40-50 000 erhaltene Megalithgräber. V.G. Childe, Prehistoric Communities of the British Isles, London 1949, S. 101.

121) Auch der größte Steinkreis, der von Avebury, dürfte eine religiöse Aufgabe gehabt haben. Der riesige Umfassungsgraben diente nicht der Verteidigung, denn er liegt innerhalb der Böschung. Spuren einer Niederlassung haben sich im Steinrund nicht finden lassen. Niel, a.a.O., S. 68 f. – Für die cornischen Steinkreise vgl. Antiquities of the Cornish Countryside, S. 21: „It now seems probably that the stone circles were erected principally during the Bronze Age... used for pagan religious and ritual purposes". Dafür wohl auch Woolf, Archaeology of Cornwall, S. 27; O. Cook, England, Zürich und Freiburg 1971, S. 60: „Es scheint, daß diese Zirkel die Tempel eines weit ausstrahlenden Sonnen- und Himmelskultes waren".

122) Über den Steintanz von Bützow siehe Jung, Germanische Götter, S. 326 f. mit weit. Zitaten. Über den Steinkreis „Les Bonnettes" vgl. Niel, a.a.O., S. 65. Die Ausrichtung der Steinkreise und Steinalleen nach bestimmten Himmelspunkten ist vielerorts festgestellt worden. Topper, Erbe d. Giganten, S. 247. – Wie die Gräber wurden auch die Symbole der Megalither verketzert: aus dem heiligen Vogel, der Eule, wurde ein Unglücksbringer. Darum nagelten vielerorts irregeleitete Bauern getötete Eulen an die Scheunentore. – Auch die „Odyssee" (Od. 6, 100; 8, 372 f.) erwähnt Ballspiele bei den Phäaken.

123) Vgl. hierzu G.F. Tregelles, in Victoria History, I. Kap. stone circles, S. 379 f. Die 3 Steinkreise bei Liskard tragen den Namen „The Hurlers" (Die Spieler). Die Steinkreise bei Altarnum und St. Columb Major heißen, wie so oft, „Nine Maidens".

124) A. Thom, Megalithic Sites in Britain, Oxford 1967; Müller, Der Himmel über d. Menschen d. Steinzeit, S. 67. Vermutlich hat die Zahl 19 eine astromonische Bedeutung. Die Sterne benötigten 19 Jahre, um eine vollständige Umdrehung zu vollenden. Diodor berichtet – unter Bezug auf Hekataios –, daß Apollo alle 19 Jahre die Insel der Hyperboreer besuche und daß dann ein Frühlingsfest gefeiert werde (bibliotheke II, 47). Erinnert sei auch an den metonischen 19jährigen Mondzirkel – benannt nach dem griechischen Astronomen Meton (um 430 v. Chr.). Es ist der Zeitraum, in dem der Vollmond wieder auf dasselbe Datum fällt. – Auch Brenske, Sonnenwende, siehe Anm. 87, sieht in dem kleinen Findling neben dem Helstein von Stonehenge einen Beobachtungspunkt für die 19jährige Mondperiode.

125) du Maurier, romant. Cornwall, S. 102 f.; Sager, Süd-England, S. 307. Heute gibt es in Cornwall nur mehr 2 Bergwerke, obwohl Zinn und Kupfer noch immer unter der Erde sind. Cornwall war in der ersten Hälfte des 19. Jh. „Spitzenlieferant von Kupfer und Zinn". C.S. Hurlbut, Schätze aus dem Schoß der Erde, Gütersloh 1970, S. 280.

126) de Beer, Reflections, S. 192. Auch der von Plinius d.Ä. (Naturgeschichte IV, 104) gebrauchte Name Mictim für die Insel, den bereits Timaios von Sizilien (c. 346 - c. 250 v. Chr.) verwendet haben soll, kommt nach de Beer von „insulam ictim" = die Zinn-Insel. In dem irischen Glossary or Cormac und anderen irischen Urkunden wird der Ärmelkanal als „Muir-n-Icht" oder „Sea of Ikt" bezeichnet (de Beer, S. 194). Die Bemerkung des Timaios, die Zinninsel Victis liege „6 Tagesreisen nach innen von Britannien entfernt", ist durchaus korrekt, sofern man erkennt, daß damit die Entfernung von Britannien bis zur Straße von Gibraltar gemeint ist, wo das „innere Meer" (das Mittelmeer) beginnt.

127) An den durch den Klimasturz nach der Bronzezeit und einen jahrhundertelangen Erzabbau zerstörten einstigen Reichtum der cornischen Pflanzenwelt erinnert lediglich die Tatsache, daß Cornwall heute noch mehr botanische Spezialitäten besitzt als irgendein anderes englisches Land. Hill, Victoria History, I, S. 51.

128) W. Borlase, Natural History of Cornwall, 1758; de Beer, a.a.O., S. 190 f.; Hill, a.a.O., S. 7.

129) Carew, Survey of Cornwall, S. 3: „... which now is at euerie floud incompassed by the sea, and yet at some low ebbes, rootes of mightie trees are discryed in the sands about it."

130) Hill, a.a.O., S. 8.

131) So mit Recht de Beer, a.a.O., S. 199; J.F. Stone and F.S. Wallis, Third Report of the Subcommittee of

the South-Western Group of Museum and Art Galleries on the petrological identification of Stone Axes, in Proc. prehist. Society, 1951, S. 103.

132) Wiedergegeben bei de Beer, a.a.O., S 194.

133) J.A. Steers, The Sea Coast, London 1962, S. 242: „The granite peak of St. Michaels Mount was once part of the mainland", und S. 243: „There is no means of saying when it became an island".

134) de Beer, a.a.O., S. 196 f.

135) de Beer, a.a.O.

136) de Beer, a.a.O., S. 190: „It can only have been a small forest".

137) Mavor, Reise nach Atlantis, S. 293, legt eine Halbwertzeit von 5370 Jahren zugrunde. Nach v. Reden, Megalith-Kulturen, S. 17, taxiert man diese Zeit heute auf 5730 bis 5770 Jahre.

138) Honoré, Es begann m.d. Technik, S. 40. Ein weiterer Unsicherheitsfaktor liegt nach neuesten Erkenntnissen darin, daß die bisherige Annahme, der Gehalt der Atmosphäre an Radiokarbon 14 sei konstant, nicht zutrifft. Dieser Gehalt unterliegt vielmehr zeitlichen und örtlichen Schwankungen. Vgl. Mavor, a.a.O.; Lehmann, Hethiter, S. 100 f. – Die im Text angesprochene verbesserte Radiokarbon-Methode, die eine um 500 - 800 Jahre höhere Datierung der bretonischen und schottischen Megalithgräber ergibt, interessiert hier nicht. Sie betrifft nur Meßwerte v o r 1200 v. Chr., v. Reden, a.a.O., S. 20; nach Herm, Die Kelten, S. 146, vor 1500 v. Chr., weil erst vor dieser Zeit der Radiokarbongehalt der Luft wesentlich geringer war.

139) C.A.M. King, Die Küste, in „Die Meere der Welt", Stuttgart 1970, S. 225, berichtet von Flutwellen an der cornischen Küste, die von einem Hurrikan stammten, der vor der 5000 km entfernten Ostküste der USA tobte. An der kalifornischen Küste wurden sogar Wellen gemessen, die aus einem 13000 km entfernten Sturmgebiet im Südpazifik kamen.

140) Galanopoulos-Bacon, Wahrheit über Atlantis, S. 118; Muck, Alles über Atlantis, S. 249, 253. Mavor, a.a.O., S. 76, berichtet, im Jahre 1737 habe eine Flutwelle an der russischen Halbinsel Kamtschatka eine Höhe von 66 Meter erreicht. – Nach D. Vitalino, Atlantis vom geologischen Standpunkt aus, in Ramage, Atlantis, S. 188, sind bei diesen Flutwellen Geschwindigkeiten bis zu 926 km/h möglich. Über 300000 Tote gab es 1970 bei einer Sturmflut im Golf von Bengalen, v. Haßler, Wenn die Erde kippt, S. 131.

141) Galanopoulos-Bacon, a.a.O., S. 79 f. Der von Berlitz, Atlantis-Rätsel, S. 208, gutgeheißenen These von Foëx, der Unterwassermensch, S. 33, der Untergang von Atlantis sei auf ein Ansteigen der Weltmeere zurückzuführen, kann daher nicht zugestimmt werden. Ebenso hält Wright, Gletscher . . ., in Ramage, Atlantis, S. 204, 208, die Gletschertheorie für ungeeignet, weil diese Prozesse zu langsam ablaufen.

142) Galanopoulos-Bacon, a.a.O., S. 82.

143) King, Die Küste, S. 227. Für Schottland: A.C. O'Dell – K. Walton, The Highlands and Islands of Scotland, London 1962, S. 58. Das Land war, als die frühesten Völker in Schottland wohnten, etwa 30 Fuß tiefer in Bezug auf den Meeresspiegel als heute. – Dafür, daß es in der 2. Hälfte des 13. Jh. v. Chr. im Bereich der Nordsee zu einer Senkung und Überflutung der Küstenländer kam, auch Topper, Erbe d. Giganten. S. 254, sowie Spanuth, Atlanter, S. 263 f., und Gadow, Atlantis-Streit, S. 82. Schon vorher H. Schütte, Küstenbewegungen an der deutschen Nordseeküste, Stuttgart 1927.

144) Hill, a.a.O., S. 8. Bereits Carew, Survey of Cornwall, bemerkt S. 3: „The like ouerflowing hath happened in Plymouth Hauen, and diuers other places". Zu diesen anderen überfluteten Plätzen an der cornischen Küste gehört auch die St. Ives Bucht mit ihrer längst begrabenen Siedlung Upton Barton; du Maurier, romant. Cornwall, S. 25. – Welche beträchtlichen Ausmaße der Abbruch von Meeresküsten erreichen kann, dafür geben Galanopolous-Bacon, a.a.O., S. 92, zwei Beispiele: bei Nanking versank i.J. 1716 ein Landstreifen von 25 qkm im JangtseKiang; im J. 1961 glitt in Griechenland während

eines Seebebens ein 13 qkm großer Küstenstreifen ins Meer.

145) Für einen plötzlichen Untergang ebenfalls Steers, The Coastline of England and Wales, S. 151: „Submerges forest seems to imply a fairly rapid submergence". Unentschieden de Beer, Reflections, S. 198. – Für die gleichen Untergangsursachen Spanuth, a.a.O.; Herm, Kelten, S. 141.

146) Siehe Anm. 23). Ferner vgl. L. Suball, Die Neuentdeckung der Erde, Wien-München 1958, S. 106 f. Auch Muck, Alles über Atlantis, S. 199, weist darauf hin, daß die Vulkanbesetzung des Atlantik auffällig stark ist. Ebenso Berlitz, Atlantis-Rätsel, S. 130. – Nach Topper, a.a.O., S. 408, ist die Katastrophe von Atlantis durch den Sturz eines Himmelskörpers in den Golf von Cadiz ausgelöst worden.

147) Schreiber, Versunkene Städte, S. 28 f.; Biedermann, Versunkene Länder, S. 1 f. und 41 f.

148) du Maurier, a.a.O., S. 44. Besonders stark sind die oft 3 bis 4 Tage dauernden Winterstürme, die vornehmlich aus SW wehen und in Orkanböen Geschwindigkeiten bis zu 100 Knoten, also 185 km/h, erreichen. Handbuch d. Kanals, I, Die Südküste Englands, S. 64 f.

149) Vgl. die Karte Penzance des Geological Survey of Great Britain, Sheets 351 & 358. Ferner Hill, Victoria History, I, S. 3, 4. – Dem Felsencharakter verdankt Cornwall seinen Namen. Die keltischen Dumnoni, die hier saßen, nannten ihr Land „Pou Kernou" = Land der Felsen. Die sächsischen Eroberer bezeichneten die Region als „the land of the Cornish foreigners" = Cornu weahlas = Cornwall. Ellis, Cornish Language, S. 8.

150) King, Die Küste, S. 227 f. Er weist darauf hin, daß ein künstlicher Kanal, mit dem man im Jahre 1825 in Thyboron den Limfjord in Dänemark zur Nordsee öffnete, eine ausgedehnte Erosion zur Folge hatte.

151) O.G.S. Crawford, Lyonesse, in Antiquity 1927, S. 5. Siehe auch Steers, Coastline of England and Wales, S. 234, und ders. Seacoast, S. 40.

152) Encyclopaedia Britannica, 1968, Bd. 14, S. 480. Ferner R. Youlton, A Summary of King Arthur in Cornwall, 16. Aufl., Tintagel 1974, S. 11; de Camp, Geheimnisvolle Stätten, S. 194 und 303 Anm. 13. – Gelegentlich wird das Jahr 1449 als Erscheinungsjahr für das Buch von Malory angegeben. M's Buch geht auf Geoffrey Monmouth zurück, der in seiner „Geschichte der Könige Britanniens" (um 1135) die Artustradition begründet hat. Vgl. B. Cunliffe, Die Kelten und ihre Geschichte, Bergich Gladbach 1980, S. 180 f.

153) Carew, Survey of Cornwall, S. 3: „Lastly the encroaching Sea hath rauined from it, the whole Countrie of Lionesse, together with diurs other parcels of no little circuits..."

154) Steers, Seacost, S. 40, und Coast of England and Wales, S. 121. – Marcellus, zitiert bei Proklos, Arist. de mir. ausc., Kap. 149, Kommentar zu Platon's „Timaios".

155) Für die Sargasso-See vor allem L. Spence, The Problem of Atlantis. Für schwimmenden Bimsstein insbes. Luce, Atlantis, S. 250, 260, 300 f.; Muck, Alles über Atlantis, S. 265 f.; Stemman – v. Zandt, Rätselhafter Untergang, S. 233 f. Für das Wattenmeer Spanuth, Atlanter, S. 85 f.

156) Wegen der Untiefen und Felsriffe in der Mount's Bucht siehe die engl. Seekarte Nr. 2345 (Penzance Bay) und die deutsche Seekarte Nr. 276 D (Trevose Head bis Lizzard Point und Isles of Scilly). Vgl. ferner Handbuch des Kanals, a.a.O., S. 351 f.

157) Handbuch d. Kanals, a.a.O., S. 350 f. – Die abweichende Ansicht von Spanuth, und doch Atlantis entr., S. 99, die flache Ebene um die Stadt habe in Höhe des Meeresspiegels gelegen, ist nicht zutreffend. Sie widerspricht dem Text Platons.

158) Der Name der Stadt Marazion ist vermutlich eine Verstümmelung des cornischen Wortes marghasyow, der Mehrzahl von marghas = Markt. So de Beer, Reflections, S. 205. Siehe auch Jennett, Cornwall, Stichwort „Marazion".

159) Für die Benutzung eines natürlichen Flußbettes auch Frank, Atlantis war anders, S. 5. – Das Phänomen der Flußstauung durch die Gezeitenströme, das sogar dazu führen kann, daß ein Fluß „stromauf-

wärts" fließt, ist aus der „Odyssee" bei der Landung des schiffbrüchigen Odysseus an der Phäakenküste bekannt (Od. 5, 451 f.).

160) Das Wort „teichos" bedeutete ursprünglich Lehmmauer, Damm, Deich, Wall oder Aufwurf aus Erde. J.B. Hofmann, Etymologisches Wörterbuch des Griechischen, Darmstadt 1971, S. 356. Erst später erlangte es die Bedeutung Stadtmauer. Vgl. dazu Frank, a.a.O., S. 54.

161) Auch die Megalithsiedlung von Los Millares in SO-Spanien war von einer mächtigen Steinmauer mit Bastionen und Halbtürmen umgeben. Ebenso war die megalithische Burg von Vila Nova de Sao Pedro, südlich von Lissabon, befestigt. Gleiches gilt für Hattuscha, die Hauptstadt der megalithischen Hethiter, die durch eine bis zu 6 m hohe und bis zu 8 m dicke kyklopische Steinmauer mit Toren und Türmen gesichert war. Lehmann, Hethiter, S. 265.

162) Hill, Victoria History, I, S. 24 f., 32. Vgl. Kritias 116 b: Mauerwerk aus verschiedenfarbigen Steinen „zum Genuß für das Auge".

163) Führer der Stadt Penzance, S. 27.

164) Carew, Survey of Cornwall, S. 26.

165) S. Rietschel, Untersuchungen zur Geschichte der germanischen Hundertschaft, in Ztschr. d. Savigny Stiftung f. Rechtsgesch., 1907, S. 78 f. Bedeutsam ist der Hinweis R.'s, daß es sich bei der Ähnlichkeit zwischen skandinavischer und angelsächsischer Hundertschaft nicht um eine gegenseitige Entlehnung handele.; C. v. Schwerin, Die altgermanische Hundertschaft, Unters. z. dtsch. Staats- und Rechtsgeschichte, Breslau 1907. Ferner H. Brunner – E. Heymann, Grundzüge der deutschen Rechtsgeschichte, 7. Aufl., München – Leipzig 1927, S. 14, 17, 64.

166) du Maurier, a.a.O., S. 51. – Die vielfach – zu Unrecht – angezweifelte Zahl von 60000 Landlosen von je 10 x 10 Stadien ergibt – bei einem Stadionmaß von 157 m – eine Gesamtfläche von rund 147900 qkm. Sie deckt sich mit der Größenangabe der Ebene von 3000 x 2000 Stadien = 147900 qkm. Ein Beweis dafür, wie sorgfältig die Angaben Platons abgestimmt sind.

167) Für die Identität von Tartessos und Gadeira auch Spanuth, Atlanter, S. 422; Gadow, Atlantis-Streit, S. 28; Clark, Frühgeschichte d. Menschheit, S. 170.

168) Für Tartessos als Atlantis vor allem Schulten, Tartessos, 1922 und 1950. Ihm haben sich O. Jessen, Ztschr. d. Ges. f. Erdkunde, Berlin 1925, S. 185, und anfänglich auch Hennig, Von rätselhaften Ländern, angeschlossen. Dafür noch heute: Lissner, Rätselhafte Kulturen, S. 167 f.

169) Athanasius Kircher, Mundus subterraneus, 1665. Donnelly, erstmals in Atlantis, Mythos of the antediluvian World, New York 1882. – Aiolos, der „Gott der Winde", ist nicht der einzige der megalithischen Götter und Göttergleichen, dessen Name mit einem „A" beginnt. Man denke nur an Apollon, Athene, Aphrodite, Artemis, Ares, Aides, Asklepios, Ate, Atlas, Arganthonios, Antiphates, Alkinoos, Arete, Agamemnon, Achilles, Ajax, Andromache u.v.a. Offenbar hatten die Megalither eine Vorliebe für diesen Anfangsbuchstaben.

170) Der Name „Kassiteriden" kommt von dem griechischen Wort „kassiteros" = Zinn. Drei Inselgruppen kommen als diese „Zinninseln" in Betracht: die Scilly-Inseln vor Cornwall, die Insel Quessant mit ihren Nebeninseln vor der Westbretagne und die 10 kleinen Inseln vor der Nordwestküste von Spanien. Die heutige Wissenschaft neigt überwiegend dazu, die Scilly-Inseln als die antiken Kassiteriden anzusehen. Statt vieler: Krafft, Begründung einer Wissenschaft, S. 150, und Lamer-Kroh, Wörterbuch d. Antike, S. 215 und 650.

171) Über die engen ethnischen Beziehungen zwischen der Bretagne, der Iberischen Halbinsel und England vgl. insbes. Schulten, Iberische Landeskunde, I, S. 122 f. Der Volksstamm der Albiones (Albion ist der vorkeltische, vermutlich megalithische Name für England) begegnet in Galicia und in England. Die Oistrymnier treten in Galicia und in der Bretagne auf. Beide sind offenbar megalithische Volksgruppen. – Die Bretagne besitzt mit dem Feenstein von Locmariaquer (s. Anm. 77) nicht nur den

größten bekannten Menhir sondern mit dem reichornamentierten megalithischen Ganggrab auf Gavrinis, der Ziegeninsel im Golf von Morbihan, eines der eindrucksvollsten Bauwerke der Jungstein- und Bronzezeit. v. Reden, Megalith-Kulturen, S. 221 f, und Biedermann, Versunkene Länder, S. 44.

172) Spanuth, entr. Atlantis, und in den späteren Werken, zuletzt in Atlanter. Ihm folgt Gadow, Atlantis-Streit, S. 76. Offenbar zustimmend Paturi, Zeugen d. Vorzeit, S. 277. Ebenso Paul, Das Rätsel Atlantis, S. 4 f.

173) v. Reden, a.a.O., S. 279. Auch Spanuth, Atlanter, S. 186 f., sieht in Irland eines der 9 atlantischen Teilreiche. Weitere Teilreiche sind nach s. Ansicht, Nordafrika, die Küstenländer und Inseln im westlichen Mittelmeer, die Bretagne, die Normandie, England, Schottland sowie das gadeirische Land. Dem kann man nur bedingt beipflichten. Nordafrika und Tyrrhenien waren nicht Teile des Reiches, sie gehörten nur zum atl. Herrschaftsgebiet.

174) Für England als das Land der Hyperboreer: Hennig, Wo lag das Paradies?, S. 45 f.; zuvor schon S. Nilsson, Die Ureinwohner des skandinavischen Nordens, Hamburg 1866, S. 83; ferner P. Herrmann, Sieben vorbei acht verweht, Hamburg 1952, S. 118; Kühn, Wenn Steine reden, S. 106; Paturi, Zeugen d. Vorzeit, S. 241.

175) Für Stonehenge als das kreisrunde Apollo-Heiligtum: Hennig, a.a.O.; P. Herrmann, a.a.O.; Paturi, a.a.O.; auch v. Reden, a.a.O., vorausgesetzt, daß England das Land der Hyperboreer ist. Spanuth, a.a.O., S. 130 f, sieht in diesem Heiligtum den „im Schema der Sternsphären" erbauten Tempel auf der Königsinsel Atlantis. Dem könnte man zustimmen, wenn die Königsinsel in Cornwall lokalisiert würde. Es fänden sich dann auch – anders als in der Ebene von Salisbury – die erwähnte Stadt und der heilige Hain in der Nähe.

176) Bereits Hesiod (um 700 v. Chr.) ließ die Argonauten in den nördlichen Ozean gelangen. Diodor (bibl. 4, 56) nimmt an, die Argonauten hätten auf einem russischen Fluß (Don) den Nordatlantik erreicht, seien der keltischen Küste entlang gesegelt und wären bei Gadeira in das Mittelmeer eingefahren. Vgl. dazu Schulten, Tartessos, S. 59 f., und Iber. Ldskde, I, S. 41 u. 67. Ferner Zeller, Auf d. Odysseus u. d. Argo Spuren, S. 103 f.; J. Spanuth, Daa Urstromtal Schlei/Eider, in Mare Balticum, 1978/79, S. 7 f.

177) Für die Zitate vgl. Th. v. Scheffer, Argonautika, Wiesbaden 1947. Die Stationen der Argonauten im Atlantik entsprechen weitgehend denen des Odysseus. Verständlich, weil sein Vater Laertes einer der Argonauten war, der ihm vermutlich das Wissen über die ungefähre Fahrtroute vermittelt hatte. Es lassen sich daher die Insel der Kirke auch hier mit der Fair-Isle, die Sireneninsel mit den Shiant-Inseln, die Prallfelsen als die Westseite der Insel Skye, Thrinakia mit der Insel Muck und das Phäakenland mit Cornwall identifizieren. Vgl. H. Steuerwald, Weit war sein Weg nach Ithaka, Hamburg 1978. Die „Odyssee" erwähnt die Fahrt der Argo ausdrücklich (Od. 12, 69).

178) Wegen der Etymologie des Namens Eridanos siehe J.B. Hofmann, Etymologisches Wörterbuch des Griechischen, S. 50, 51, 93. – Für die Ableitung des Wortes Bernstein von Elektor schon F.A. Ukert, Über das Elektron . . . Ztschr. f. Alt. wiss., 1838, S. 427. Ferner H. Usener, Die Sintflutsagen, Bonn 1899. S 186; K. Andrèe, Der Bernstein . . . , in Kosmos 1951, S. 82.

179) Deutet man den Namen des Gottes Apollon aus altnordisch afl, althochdeutsch abalon = Kraft, als „Gott der Stärke", dann paßt auch dies ins Bild, denn England ist nach Hekataios und anderen die Heimat des vorgriechischen Gottes Apollon. Vgl. Lamer, Wörterbuch d. Antike, 2. Aufl., 1933, S. 36. – Über den Apfelgarten in der Chapelstreet von Penzance siehe du Maurier, romant. Cornwall, S. 155. – Für eine Gleichsetzung der Gärten des Alkinoos und der Gärten der Hesperiden bereits Donnelly, Atlantis; neuerdings auch Frank, Atlantis war anders, S. 157.

180) Vgl. Spanuth, a.a.O., S. 437 f. mit weiteren Literaturhinweisen.

181) So die briefliche Auskunft des „Institute of Oceanographic Sciences" in Wormley vom 20.3.1981, für

die ich mich an dieser Stelle nochmals bedanke.

182) Über die Goldfunde in Cornwall siehe J.B. Cornish, in Victoria History, I, S. 356 f., und Woolf, Archaeology of Cornwall, S. 36 f, 43. – Für die settlements in Cornwall vgl. Woolf, a.a.O., S. 45; Ch. Thomas – F.A.S. Pool, The Principal Antiquities of the Land's End District, 15. Aufl., Penzance 1975, S. 13 f. Der wegen des saueren Bodens seltene Metallfund einer vorrömischen Bronzespange in der eisenzeitlichen Siedlung von Carn Euny könnte für eine frühere Besiedlung sprechen.

183) Behn, Kulturen der Urzeit, II, Die älteren Metallkulturen, S. 92. – Nach Hesiod ist das Eisen, „das härteste der Metalle", im 7. Jh. v. Chr. bereits allgemein im Gebrauch. Behn, a.a.O., III, Die jüngeren Metallkulturen, S. 16.

Register

Nachweis der Abbildungen:

A. Forbiger, Handbuch d. alt. Geographie, Hamburg, Abb. 1, 2; Bildarchiv Preußischer Kulturbesitz, Berlin, Abb 3; G. Korff, Hamburg, Abb. 7; U. Burnautzki, Berlin, Abb. 8, 10, 11, 12; E. Holdorf, Hamburg, Abb. 9, 13. Die Zeichnungen Abb. 4, 5, 6 fertigte Baurat Hans B. F. Steuerwald, Friedrichsdorf.